Hampe · Das Auswärtige Amt in

Karl-Alexander Hampe

Das Auswärtige Amt in der Ära Bismarck

Mit einem Vorwort von
Klaus Hildebrand

1995

BOUVIER VERLAG · BONN

Die Deutsche Bibliothek - CIP-Einheitsaufnahme

Hampe, Karl-Alexander:
Das Auswärtige Amt in der Ära Bismarck / Karl-Alexander Hampe. Mit einem Vorw. von Klaus Hildebrand. - Bonn : Bouvier, 1995
Zugl.: Bonn, Univ., Diss., 1994

ISBN 3-416-02558-X

 Umschlaggestaltung: Michael Fischer, Köln. Satz: Bouvier Verlag, Bonn. Druck und Einband: Druckerei Plump, Rheinbreitbach. Gedruckt auf säurefreiem Papier.

Inhalt

Bildnachweis:

Abbildung auf dem Schutzumschlag (Das Ministerium des Auswärtigen in der Wilhelmstrasse 76, Aquarell von Carl Graeb, um 1850, Foto: Hans Joachim Bartsch) und Abb. 5: Berlin Museum. Alle anderen Abbildungen stammen aus dem Politischen Archiv des Auswärtigen Amts.

Vorwort

Unter den Berliner Ministerien der Bismarckzeit kam dem Auswärtigen Amt ohne Zweifel die ausschlaggebende Bedeutung zu. Was sich dort vollzog, war in einem ganz ursprünglichen Sinn für die Existenz des am 18. Januar 1871 gegründeten Deutschen Reiches entscheidend. Daher mag einleuchten, daß es lohnend, ja geboten ist, sich über die immer wieder anziehende Beschäftigung mit der Außenpolitik und Diplomatie Otto von Bismarcks hinaus auch mit dem Innenleben und der Arbeitswelt dieser Behörde zu beschäftigen, welche die Domäne des Reichsgründers war.

Intensiver und differenzierter, als das bislang geschehen ist, untersucht der Verfasser Rechtsstellung und Wirkungskreis, Organisation und Bürokratie, Stellenplan, Personalstand und Haushalt, räumliche Unterbringung, Geschäftsgang und Berichtswesen des Auswärtigen Amtes. Unmittelbar greift er dabei auf die archivalischen Quellen zurück, die über die abgehandelten Sachen und Personen Auskunft geben: Kaum ein anderer dürfte mit den einschlägigen Beständen, die im Politischen Archiv des Auswärtigen Amtes in Bonn aufbewahrt werden, so gut vertraut sein wie der Autor dieses Buches.

Unaufdringlich, unpolemisch, aber nichtsdestoweniger unmißverständlich gelingt es Karl-Alexander Hampe, durch eine nüchterne Darstellung der Sachverhalte, Entwicklungen und Zusammenhänge so manches bis heute auch von der Geschichtswissenschaft fortgeschleppte Klischee und Vorurteil zu korrigieren, das der nicht selten umrätselten Traditionsbehörde in der Berliner Wilhelmstraße anhaftet. Daß uns zudem die bekannten Persönlichkeiten aus der Umgebung des Reichskanzlers, Widersacher und Mitarbeiter gleichermaßen, vom Grafen Arnim über Friedrich von Holstein bis hin zu Herbert von Bismarck, über ihre politische und diplomatische Tätigkeit hinaus auch im lebensweltlichen Zusammenhang der Zeit begegnen, gehört zu den Vorzügen dieser sachkundigen Darstellung. Mit kritischem Verständnis, das die unabdingbare Voraussetzung der Historiographie beschreibt, versteht der Autor es, seinen über ein Jahrhundert zurückliegenden, in vielem definitiv vergangenen Gegenstand dem heutigen Leser ebenso anschaulich wie aufschlußreich vor Augen zu führen.

Bonn, im März 1995 — Klaus Hildebrand

A. Das Auswärtige Amt als Forschungsgegenstand der Geschichtswissenschaft

Der Auswärtige Dienst und sein Erscheinungsbild haben seit jeher die Öffentlichkeit interessiert, aber auch als Forschungsgegenstand immer wieder Historiker angezogen. So ist die deutsche Diplomatie und ihr Wirken nach sehr verschiedenen Gesichtspunkten untersucht worden, etwa auf ihre Fähigkeiten hin oder ihr Gebaren, ihren Platz und Ansehen in der Gesellschaft. Umso erstaunlicher ist es, daß sich für das deutsche Auswärtige Amt bislang noch niemand gefunden hat, der eine umfassende Darstellung der - neben dem Reichskanzleramt - ältesten Zentralbehörde des Deutschen Reichs in der Ära Bismarck vorgelegt hätte. Zwar hat Heinz-Günther Sasse die Geschichte des Auswärtigen Amts bis in die Gegenwart in einem Aufsatz knapp zusammenfassend in der Festschrift des Auswärtigen Amts anläßlich seines 100-jährigen Bestehens skizziert[1], und für die Zeit vor dem Ersten Weltkrieg liegen Untersuchungen von zwei amerikanischen Historikern vor: eine eher sozialgeschichtliche Studie von Lamar Cecil[2], die das Auswärtige Amt vornehmlich unter organisatorischen und personalpolitischen Gesichtspunkten vorstellt und ein Vergleich der auswärtigen Dienste Frankreichs und Deutschlands im ersten Viertel des 20.Jahrhunderts von Gordon Lauren[3], der die Entwicklung des Auswärtigen Amts in der Bismarckzeit in gedrängter Form wiedergibt. Indessen verzichten die Autoren auf eine Darstellung diplomatischer Tätigkeit und deren Ergebnisses, so daß beide Arbeiten keine weitgespannte Geschichte des Auswärtigen Amts bieten, wie es sie beispielsweise für Frankreich mit "Les Affaires Etrangères et le Corps Diplomatique Français"[4] oder für England mit Zara Steiners "The Foreign Office and Foreign Policy"[5] schon gibt.

Das französische Werk, das 67 Verfasser aufweist, könnte in Anlage und Aufbau mit seiner eingehenden Darstellung der Organisation, des Personals und dessen Einwirkung auf die auswärtigen Beziehungen am

---

1 100 Jahre Auswärtiges Amt 1870-1970, herausgegeben vom Auswärtigen Amt, Bonn 1970.

2 Lamar Cecil, The German Diplomatic Service 1871-1914, Princeton 1976, vgl. Klaus Hildebrand in HZ 226 (1978), S.735 f.

3 Paul Gordon Lauren, Diplomats and Bureaucrats. The First Institutional Responses to 20th century Diplomacy in France and Germany, Stanford, Calif. 1976, vgl. Klaus Hildebrand in HZ 227 (1978), S.721 ff.

4 Les Affaires Etrangères et le Corps Diplomatique Français, Paris 1984.

5 Zara Steiner, The Foreign Office and Foreign Policy 1898-1914, Cambridge 1969, vgl. Klaus Hildebrand, HZ 213 (1971), S.194 ff.

ehesten Modellcharakter beanspruchen. Zara Steiners Studie ist ein Beispiel für die gelungene Verbindung von Diplomatie- und Behördengeschichte.

In den kritischen Editionen der nachgelassenen Papiere von Diplomaten, insbesondere von Radowitz[6], Holstein[7], Hatzfeldt[8] und Herbert Bismarck[9] finden sich gelegentliche Bemerkungen über das Auswärtige Amt der Bismarckzeit, die ein Licht auf die Verhältnisse in der Behörde werfen. Das gilt insbesondere für die einführenden Kommentare der Herausgeber dieser Werke, vor allem für den Walter Bußmanns. Die ausführlichste, auf vielfältiges Material gestützte wissenschaftliche Untersuchung über das Auswärtige Amt der siebziger und achtziger Jahre des 19.Jahrhunderts findet sich in Morseys Werk über "Die oberste Reichsverwaltung unter Bismarck". Sie beschränkt sich allerdings auf die Beschreibung des organisatorischen Aufbaus und Geschäftsgangs sowie die Stellung des höheren Personals der Behörde. Im übrigen waren Morsey die Akten des Auswärtigen Amts Anfang der fünfziger Jahre nicht vollständig zugänglich, da sie noch in England lagen.[10]

Wenngleich also Ansätze für eine Geschichte des Auswärtigen Amts zu finden sind, so bleiben die erwähnten Darstellungen doch fragmentarisch und lassen eine Gesamtschau der Behörde und kritische Würdigung der von ihr erbrachten Leistung vermissen. Von diesem Stand der Forschung ausgehend ist es das Ziel vorliegender Abhandlung, ein möglichst umfassendes Bild des Auswärtigen Amts unter Bismarck in einem in sich abgeschlossenen Zeitraum zu entwerfen. Dafür konnte das im Auswärtigen Amt mustergültig zugängliche Archivgut genutzt werden, das trotz eines wechselvollen Schicksals tadellos erhalten ist und sich nicht nur auf die Außenpolitik bezieht, sondern gleichzeitig Einblicke in die Funktionsweise des Verwaltungsapparats gibt und dank der Personalakten eine Innenansicht der Behörde vermittelt.

---

6 Radowitz, Joseph Maria von, Aufzeichnungen und Erinnerungen aus dem Leben des Botschafters Joseph Maria von Radowitz, hg. von Hajo Holborn, Berlin 1925.

7 Holstein, Friedrich von, Die geheimen Papiere Friedrich von Holsteins, hgg. Rich, Norman/Fisher, M.H., Deutsche Ausgabe von Werner Frauendienst, 4. Bde., Göttingen 1956-1963.

8 Gerhard Ebel (Hrsg.), Botschafter Graf von Hatzfeldt, Nachgelassene Papiere 1838-1901, 2.Bd., Boppard 1976.

9 Walter Bußmann (Hrsg.), Staatssekretär Graf Herbert von Bismarck. Aus seiner politischen Privatkorrespondenz, Göttingen 1964.

10 Sie waren von Berlin in den Harz ausgelagert und als alliierte Kriegsbeute nach England gebracht worden.

Beamte des historischen Referats im Auswärtigen Amt hatten schon in den 30er Jahren und nach 1951 auf Wunsch der Amtsleitung die Abfassung einer Geschichte ihrer Behörde mit Theodor Schieder als Herausgeber ins Auge gefaßt. 1970 hatte der damalige Bundesminister des Auswärtigen, Walter Scheel, eine "wissenschaftliche Geschichte Auswärtigen Amts" angekündigt[11]. Diese Pläne konnten aus mannigfachen Gründen nicht ausgeführt werden. Eine Bearbeitung des Themas erscheint daher angezeigt, zumal auf diese Weise dem sich allenthalben, auch im öffentlichen Dienst, regenden Interesse an der eigenen Vergangenheit Rechnung getragen würde.

Es soll zunächst der verfassungsrechtliche Platz sowie das organisatorische Gefüge des Auswärtigen Amts und seiner Auslandsvertretungen untersucht und festgestellt werden, ob das Amt unangefochten in seiner Zuständigkeit war und inwieweit es sich den Anforderungen des außenpolitischen Entscheidungsprozesses gewachsen zeigte. Es wird zu ermitteln sein, wer an diesem Entscheidungsprozeß beteiligt war und ob die vom Auswärtigen Amt ausgehende Politik Einmischungsversuchen interessierter Kreise ausgesetzt war, etwa von seiten des Hofes, des Generalstabs, der Bundesstaaten oder des Reichstags. Dabei wird sich herausstellen, welche Rolle der Außenpolitik und dem Auswärtigen Amt in der deutschen konstitutionellen Monarchie zukam unter einem Kanzler, der einmal gesagt hat: "Mir sind die auswärtigen Dinge an sich Zweck und stehen mir höher als die übrigen [...]"[12].

Wenn sodann die für die Arbeitsweise der Behörde maßgebende Technik des Geschäftsgangs behandelt wird, so, um damit zu zeigen, wie das Auswärtige Amt unter Bismarck auf der Schwelle zum 20. Jahrhundert in einer Zeit unerhörter technischer und wirtschaftlicher Entwicklung und der Ausdehnung der Staatssphäre zu einer modernen und leistungsfähigen Verwaltungseinrichtung für die internationalen Beziehungen entwickelte. Die Personen, die in dieser ständig wachsenden Bürokratie arbeiteten, waren jetzt "Beamte" und galten nicht mehr als "Staatsmänner", wie man die Diplomaten noch bis in die Mitte des 19.Jahrhunderts gern nannte.

Unter diesem Gesichtspunkt wird beispielhaft die Auseinandersetzung Bismarcks mit Botschafter Graf von Arnim behandelt und deren Bedeutung für die Entwicklung des Verhältnisses zwischen der Zentrale und den Missionschefs. Es wird ferner versucht, die nicht selten aufgeworfene Frage zu klären, in welcher Weise das Personal im Auswärtigen Dienst von der Persönlichkeit des "Chefs", wie man Bismarck nannte, geführt und geprägt wurde, das heißt, ob sich ein spezifisch deutscher Typ des

---

11 Walter Scheel, 100 Jahre Auswärtiges Amt, Bonn 1970, S. 7f.

12 Bismarck im preußischen Landtag 1866, zitiert nach Rothfels, Bismarck, S.277.

Diplomaten bildete. In diesem Zusammenhang wird die Leitung der Behörde durch den Reichskanzler ebenso wie sein Führungsstil und Einfluß auf den Geschäftsgang untersucht[13]. Dabei wird sich herausstellen, daß der "Chef" zwar eine machtvolle, oft bewunderte, bei manchen auch gefürchtete Herrschaft ausübte, die aber einzelne Mitarbeiter nicht davon abhielt, von seiner Politik abzuweichen. So ist der Versuch Holsteins zu betrachten, hinter dem Rücken Bismarcks die österreichische Balkanpolitik während der zweiten Hälfte der achtziger Jahre des 19.Jahrhunderts in eine von der amtlichen Linie abweichende Richtung zu bringen. Hierbei zeigten sich die Grenzen der Macht des Kanzlers. So werden auch die Schwierigkeiten der Personalführung einer heterogen zusammengesetzten und in alle Welt verstreuten Behörde behandelt.

Eingehend untersucht wird die Personalpolitik, d.h. die Gesichtspunkte bei der Rekrutierung (Vorbildung, soziale und landsmannschaftliche Herkunft, Konfession, usw.) werden ebenso dargestellt wie die Ausbildung und das Fortkommen in der Dienstlaufbahn. Es gilt festzustellen, ob - wie oft behauptet wird[14] - tatsächlich dem Adel und den Grundbesitzern die entscheidenden Positionen im Auswärtigen Amt vorbehalten waren.

Eingegangen wird ferner auf den bemerkenswerten Anteil, den die Beamten des "mittleren" Dienstes am reibungslosen Funktionieren der Behörde hatten. Des weiteren dürfen das Dienstrecht und die Rangverhältnisse des Personals sowie seine Besoldung, besonders die finanzielle Ausstattung beim Dienst an den Auslandsmissionen nicht übergangen werden.

Danach wird versucht, den Standort der Beamten in Staat und Gesellschaft ebenso wie im politischen und geistesgeschichtlichen Bereich zu bestimmen. Eine Anzahl biographischer Skizzen sollen Erscheinungsbild und Qualität der deutschen Diplomatie sichtbar machen und ein lebendiges Bild dessen geben, was in der Bismarckzeit im Auswärtigen Amt vor sich ging. Das alles könnte durchaus, wenn man einer methodischen Anregung Rothfels' folgt, zum besseren Verständnis der damaligen deutschen Außenpolitik beitragen[15].

---

[13] Bemerkenswert ist, daß die Bismarck-Bibliographie von K. Born (Quellen und Literatur zur Geschichte Bismarcks und seiner Zeit, bearbeitet von W. Heckel und H. Henning, Köln, Berlin 1966) keinen Titel aufweist, der auf eine Behandlung der Tätigkeit Bismarcks als Behördenchef als alleinigen Forschungsgegenstand schließen läßt.

[14] Cecil, Dienst, S. 27; Doß, History, S. 82f.

[15] Hildebrand, Deutsche Außenpolitik, S.118, meint, daß "der Geschichte der kaiserlichen Diplomaten als Individuen und als "Korps" [...] auch zukünftig das wissenschaftliche Interesse gehören" sollte; Rothfels, Erinnerungen des Botschafters v. Radowitz, Archiv für Politik und Geschichte 4. Bd. (1925), S.391.

In einem der Leistung des Auswärtigen Amts unter Bismarck gewidmeten abschließenden Kapitel wird versucht, die Tätigkeit leitender Beamter auf dem Gebiet der auswärtigen Beziehungen zu erfassen. Insbesondere wird ihr Anteil an der Gestaltung der Beziehungen Deutschlands zu anderen Ländern zu untersuchen sowie festzustellen sein, in welchem Ausmaß sie Bismarck beraten konnten und inwieweit sie dadurch an der deutschen Außenpolitik mitgewirkt haben. Es ist oft gesagt worden, daß die Angehörigen des Auswärtigen Amts nur "Werkzeuge" eines großen Meisters bei der Gestaltung der deutschen Außenpolitik waren. Es erscheint also notwendig, anhand der Akten festzustellen, welche Rolle den Mitarbeitern Bismarcks im Entscheidungsprozeß zukam[16], welche eigenen Beiträge sie geleistet haben und ob sie ihrer Aufgabe gerecht geworden sind.

Dabei wird sich auch herausstellen, welches der intellektuelle und geistige Zuschnitt der Beamtenschaft des Auswärtigen Amts war, und wie ihre politische Urteilsfähigkeit zu werten ist, ob sie beispielsweise die prekäre Lage Deutschlands nach der Reichsgründung und den Wandel des europäischen Mächtesystems erkannt haben. Aufgrund der Erkenntnisse bisheriger Forschung kann man sagen, daß maßgebende Beamte wie Holstein sich Bismarcks Denkungsart und die Grundmuster seiner Außenpolitik nicht zu eigen gemacht und später bewahrt haben. Es bildete sich keine "Bismarck-Schule" im eigentlichen Sinne des Wortes als Grundlage für eine Tradition der neuen Behörde. Man begnügte sich mit der ehrerbietigen formellen Hervorhebung der außenpolitischen Genialität des Reichsgründers.

Bei allen Untersuchungen in dieser Studie ist ohne die Berücksichtigung der außenpolitischen Zusammenhänge nicht auszukommen. Der außenpolitische Hintergrund wird indem Maße herangezogen, wie er zum Verständnis der Tätigkeit der in der Behörde arbeitenden Beamten notwendig ist. Da die Arbeit eine nach Sachgesichtspunkten gegliederte Behördengeschichte ist, läßt es sich nicht vermeiden, daß die chronologische Abfolge gelegentlich zerschnitten und erst an anderer Stelle fortgesetzt wird, so daß im Einzelfall Überschneidungen oder Wiederholungen auftreten können.

---

[16] Darüber geben Bände der Großen Politik der Europäischen Kabinette Bd. 1 - 6 (1871-1890) nur selten Aufschluß.

B. Organisation und Personal des Auswärtigen Amts

B.I. Rechtsstellung und Wirkungskreis des Auswärtigen Amts in Regierungssystem und Behördenorganisation des Deutschen Reichs

B.I.1. Das Auswärtige Amt im Gefüge des Staats- und Verwaltungsrechts

Für die Pflege der auswärtigen Beziehungen und als Organ der vollziehenden Gewalt war nach der Gründung des Deutschen Reichs[1] das Auswärtige Amt zuständig. Unter dieser Bezeichnung war schon im Norddeutschen Bund eine Verwaltungsbehörde der Zentralgewalt, die zweite nach dem Reichskanzleramt, unter der Leitung des Kanzlers "als Organ [...] nach außen tätig" gewesen[2].

Über den Aufgabenbereich und Aufbau der obersten Reichsverwaltung, auch der des auswärtigen Dienstes, schwieg die Reichsverfassung (RV).

---

[1] Nach den im November 1870 abgeschlossenen sogenannten Verfassungsverträgen zwischen dem Norddeutschen Bund und Baden, Hessen, Württemberg und Bayern sowie deren Ratifikation durch den Reichstag, den Bundesrat, die süddeutschen Parlamente und - schließlich - die Erklärung des preußischen Königs als Inhaber der Bundespräsidialgewalt trat die Reichsverfassung am 1. Januar 1871 in Kraft (Gesetzblatt des Norddeutschen Bundes Nr.5 vom 18. Dezember 1870).

Damit war das Deutsche Reich, staats- und völkerrechtlich gesehen, entstanden. (vgl. Huber, Bd.III, S.749), und am 18. Januar 1871 folgte die feierliche Amtseinweisung und Amtsübernahme durch Wilhelm I. sowie die Bestellung der obersten Reichsorgane.

[2] Von 1867- 1869 hatte das preußische Außenministerium die außenpolitischen Angelegenheiten für den Bund wahrgenommen. 1869 wurden sich die Einzelstaaten darüber einig, daß dies durch eine bundeseigene Behörde zu geschehen habe. Gemäß dem Immediatbericht vom 4. Januar 1870 sollte das "Ministerium der Auswärtigen Angelegenheiten des Norddeutschen Bundes" als "Auswärtiges Amt" bezeichnet werden, und nach Billigung durch das Präsidium des Norddeutschen Bundes wurde das mit Runderlaß vom 10. Januar 1870 den Auslandsvertretungen mitgeteilt. Durch ein Zirkular des Bundeskanzleramts vom 13. Januar 1871 wurde der auf den Norddeutschen Bund hinweisende Zusatz gestrichen und das Wort "Kaiserlich" vorangestellt (Morsey, S.108). Später entfiel auch dieses Adjektiv. Durch Runderlaß vom 4. Mai 1871, fotografisch wiedergegeben auf S. 71 des Werks "100 Jahre Auswärtiges Amt 1870-1970", wurde die Bezeichnung der Behörde als "Auswärtiges Amt des Deutschen Reichs" festgelegt. Gemäß Erlaß vom 14. November 1871 sollten die Worte "des Deutschen Reichs" im innerdeutschen Verkehr wegfallen (PA, I B Rep IV.11,9; vgl. auch Sasse, Die Entstehung der Bezeichnung "Auswärtiges Amt", Zeitschrift der Vereinigung deutscher Auslandsbeamten, 1956, S.85ff). Zur Geschichte des preußischen Außenministeriums und seiner Umwandlung in eine Behörde des Norddeutschen Bundes: Morsey, S.104 ff.

Die Behördenorganisation bot daher - wie Oncken meint - das "schwierigste aller Innenprobleme"[3]. Für die auswärtigen Beziehungen, des Reichs sah Artikel 11 Abs. 1 RV allerdings folgendes vor: "Das Präsidium des Bundes steht dem König von Preußen zu, welcher den Namen Deutscher Kaiser führt. Der Kaiser hat das Reich völkerrechtlich zu vertreten, im Namen des Reichs Krieg zu erklären, Frieden zu schließen, Bündnisse und andere Verträge mit fremden Staaten einzugehen, Gesandte zu beglaubigen und zu empfangen".[4]

Die nach Art. 15 RV dem Reichskanzler zukommende "Leitung der Geschäfte" galt insbesondere im Rahmen der Zuständigkeit auf dem Gebiet der Außenpolitik des Reichs. Wenn auch die Kriegserklärung der Zustimmung der deutschen Einzelstaaten bedurfte (Art.11 RV) und diese als Reservatrechte das aktive und passive Gesandtschaftsrecht behielten[5], ebenso wie die Befugnis, völkerrechtliche Verträge zu schließen - unter der Voraussetzung, daß diese dem Reichsrecht nicht widersprachen[6] -, so gab es doch keine Mitwirkung der Gliedstaaten im Bereich der "Großen Politik". Zwar standen dem Bundesrat nach Art. 7 RV wichtige Kompetenzen in der Reichspolitik zu und es war auch - wie bei den Beitrittsverhandlungen mit Bayern vereinbart - ein außenpolitischer Ausschuß (unter bayerischem Vorsitz) gebildet worden[7]. Dort kam es jedoch nur ganz selten zu Mitteilungen des Auswärtigen Amts über die Außenpolitik und zum Gedankenaustausch darüber. Operative Wirkung ging von diesem Ausschuß nicht aus.

Es hat gelegentlich Vorstöße gegeben, den sogenannten "diplomatischen" Ausschuß zu aktivieren, etwa 1874 von seiten des bayerischen Staatsministers des Auswärtigen. Bismarck blieb demgegenüber reserviert und ließ durch Staatssekretär von Bülow erklären, daß bei der Unterrichtung der Bundesstaaten über die auswärtigen Beziehungen des Reichs mit Hilfe der Überlassung von Berichten deutscher Auslandsmissionen ein Gedankenaustausch stattfinde, an dem die diplomatischen Vertreter Preußens in den Ländern oder deren Gesandte in Berlin beteiligt wären; das Auswärtige Amt sei immer bereit, Anfragen zu beantworten. Ausschuß-

[3] H. Oncken, Das Deutsche Reich und die Vorgeschichte des Weltkriegs, Leipzig 1933, 1.Bd. S.184.

[4] Bismarcksche Reichsverfassung (RV) in der Fassung des Gesetzes vom 16. April 1871 - RGBl. 1871, Nr.16, S.63ff.

[5] Morsey, Reichsverwaltung, S. 108. In der Verfassung ist das Gesandtschaftsrecht der Bundesstaaten nicht erwähnt. Die Entsendung von Konsuln gehörte aber zur ausschließlichen Kompetenz des Reichs (Art. 4, Abs. 7 RV).

[6] Oppenheim/Lauterpacht, S.167.

[7] Der Bundesrat hatte bei der Erklärung des Kriegszustandes zuzustimmen (Art. 11, Abs. 2 RV).

sitzungen könnten wohl kaum mehr Einblick verschaffen[8]. Nach Abschluß des deutsch-österreichischen Vertrages trat der Ausschuß am 16. Oktober 1879 zusammen, ohne daß diese Sitzung, die einzig wichtige während der Amtszeit Bismarcks, zu irgendwelchen Weiterungen geführt hätte.

Ein Widerstreit der in der Reichsverfassung angelegten föderalen Struktur des Reiches mit den einem Zug der Zeit entsprechenden zentralistischen Tendenzen blieb in der Außenpolitik aus, denn die Bismarck'sche Politik wurde als Ausdruck des nationalen Gesamtwillens angesehen und nicht in Frage gestellt.

Streitigkeiten mit den deutschen Staaten auf dem Gebiet der auswärtigen Politik sind unter Bismarck nicht aufgetreten, obwohl die Rechtsnatur des Reiches in der Staatsrechtslehre umstritten war und deshalb die Frage offen blieb, ob man einen Bundesstaat oder einen Staatenbund vor sich hatte, d.h. ob das Reich Träger der Souveränität war oder die Gesamtheit der vereinigten Monarchen und Freien Städte[9]. In der Regierungspraxis hat aber eine Mitwirkung der Gliedstaaten an außenpolitischen Entscheidungen nie zur Debatte gestanden.

Was die Hegemonialmacht Preußen anbelangte, so waren auch von dort keine Impulse zu erwarten, weil Bismarck bis zu seinem Abgang preußischer Minister für die auswärtigen Angelegenheiten blieb, die im Auswärtigen Amt bearbeitet wurden.

Für das Konsulatswesen war nach Art. 56 RV - wie schon im Norddeutschen Bund - das Reich zuständig, und bestehende Konsulate der Länder waren aufzuheben, sobald vom Reich im selben Amtsbezirk ein Konsulat errichtet wurde.

B.I.2. Die Leitung des Auswärtigen Amts und die Staatssekretäre 1871- 79

An der Spitze des Auswärtigen Amts gab es den Staatssekretär, einen Reichsbeamten, der dieser Behörde "vorstand"[10], wie die Staatssekretäre in sonstigen Ämtern der Zentralverwaltung. Tatsächlich hatte sich der Reichskanzler aber die "unmittelbare Leitung" des Auswärtigen Amts vorbehalten und war dort als "Chef" die beherrschende Figur[11]. Bis 1878

---

8 PA, R 687.

9 Berber, Bd.1, S.144 bezeichnet das Bismarck-Reich als "unechten Bundesstaat", Nipperdey als Bundesstaat, S. 85.

10 Immediatbericht vom 4. Januar 1870, zitiert nach Morsey, Reichsverwaltung, S. 107.

11 Anrede: "Höchstgebietender Chef".

wohnte er im Amtsgebäude. Schon dies zeigt seine enge Verbindung zu den auswärtigen Beziehungen, die er seit dem Eintritt in den preußischen auswärtigen Dienst hatte. Außenpolitik sah er als seine "ureigenste Domäne" an[12]. Im Auswärtigen Amt war Bismarck "eigentlicher Amtschef"[13], und das ging über die als Kanzler in anderen Ressorts nach Art. 15 RV zur Leitung der Geschäfte ausgeübten Weisungsbefugnis des politisch verantwortlichen Ministers hinaus. In einem Erlaß vom 2. Februar 1881 hat denn auch Bismarck darauf hingewiesen, daß das Auswärtige Amt "nicht nur tatsächlich [...] sondern auch staatsrechtlich [...] in einem engeren Verhältnis als die übrigen Reichsämter" zu ihm stehe[14]. Dabei dürfte er sich wohl in der Eigenschaft als preußischer Außenminister gesehen haben, dem das Auswärtige Amt - als preußisches Ministerium - unterstand.

Nach dem Gesetz über die Stellvertretung des Reichskanzlers vom 17. März 1878 (StVG)[15] konnten die Staatssekretäre auf Anordnung des Kaisers die Befugnis erhalten, in ihrem Geschäftsbereich den Reichskanzler zu vertreten. Die Regelung war angesichts der starken Zunahme der Verwaltungstätigkeit, der Überlastung Bismarcks und dessen häufiger Abwesenheit von Berlin notwendig geworden. Dem Kanzler blieb es jedoch vorbehalten, "jede Amtshandlung auch während der Stellvertretung selbst vorzunehmen" (§ 3 StVG).

"Als ständiger Vertreter des Reichskanzlers in der Leitung des Auswärtigen Amts fungiert der Staatssekretär für auswärtige Angelegenheiten". Dazu war Staatssekretär von Bülow bereits 1877 ermächtigt worden[16]. Der Staatssekretär konnte also gegebenenfalls die in Art. 17 RV vorgesehene "Gegenzeichnung" der Anordnungen des Kaisers vornehmen, er legte ihm Berichte vor (Art. 1 StVG), hielt Vortrag, konnte beim Reichstag Stellungnahmen abgeben[17], und trat bei allem in die "Verantwortlichkeit" des Reichskanzlers nach Art. 17 RV ein. Dabei übte er allerdings "nicht eigenes sondern delegiertes Recht aus"[18]. Eine Ministerverantwortlichkeit der Leiter der Reichsämter, die im Reichstag oft gefordert wurde, und wie sie ja auch nach der preußischen Verfassung bestand, gab das Stellvertretergesetz nicht her. Bismarck hatte das zu verhindern

---

12 Vgl. hier S.78 f.

13 Vgl. hier S.13 f.

14 Zitiert nach Huber, Bd.IV, S.136.

15 RGBl 1878, S.7.

16 PA, Pers.Akte Nr. 83.

17 Nach der RV hatte der Reichstag kein Recht, Informationen von der Exe-kutive zu verlangen. Die Beantwortung von Fragen wurde aber immer mehr zur Gewohnheit.

18 Erlaß des Reichskanzlers vom 24. März 1888 in PA, R 290.

gewußt. Schon bei der Veränderung des Namens des Außenministeriums des Norddeutschen Bundes in "Auswärtiges Amt" hatte Bismarck bemerkt, daß "diese Behörde [...] nicht den Wirkungskreis eines verfassungsmäßigen Ministers darstellt"[19]. Der Reichskanzler behielt die alleinige Verantwortlichkeit, aber die Stellung des Staatssekretärs kam nach dem StVG der eines Ministers etwas näher[20]. Da der Staatssekretär des Auswärtigen Amts zum preußischen Staatsminister ernannt wurde, war er gleichzeitig einer der Bevollmächtigten im Bundesrat.

Bei der Reichsgründung stand Staatssekretär von Thile an der Spitze der Behörde, ein sehr geschätzter Beamter, der den Posten seit langem, zuerst als Unterstaatssekretär in preußischen Diensten, ab 1869 als Staatssekretär des Norddeutschen Bundes, gut ausgefüllt hatte. Das galt besonders für die Kriegszeit, in der Bismarck mit seiner Feldkanzlei in Frankreich arbeitete.

Thile war ein feingebildeter, wohlhabender, unabhängiger Mann, unterhielt gute Beziehungen zum Hof und zwar auch zu dessen Bismarck feindlich gesonnenen Angehörigen. Im Verhältnis zu Bismarck traten häufig Differenzen und Spannungen auf, die ihren Ursprung in den sehr verschiedenartigen, ja gegensätzlichen Naturen des Ministers und seines Vertreters hatten. 1872 mußte Thile seinen Abschied nehmen. Es hatte den Kanzler sehr verärgert, daß Thile während der Abwesenheit seines Vorgesetzten und auch gegen dessen Intentionen die Verleihung des Schwarzen Adlerordens an den russischen Botschafter Oubril betrieben hatte[21].

Als Nachfolger faßte Bismarck den Gesandten in Brüssel, Hermann Ludwig von Balan, ins Auge, der den Staatssekretär schon verschiedentlich vertreten hatte. Dieser 1812 geborene Sohn eines Vortragenden Legationsrats hatte vielseitige diplomatische Verwendungen hinter sich, war in den 50er Jahren Leiter der Politischen Abteilung gewesen und seit 1864 Gesandter in Brüssel. Kaiser Wilhelm I. stimmte Bismarcks Vorschlag nicht zu, und nun fiel die Wahl auf einen früheren Kollegen des Kanzlers beim Frankfurter Bundestag, Bernhard Ernst von Bülow. Dieser war Bismarcks Altersgenosse und nach seiner diplomatischen Laufbahn in dänischen und mecklenburgischen Diensten seit 1862 Chef der mecklenburgischen Regierung und zugleich Gesandter in Berlin. Bismarck hatte

---

[19] Immediatbericht vom 4. Januar 1870, nach Sasse, Geschichte, S.135. Gemeint hat Bismarck, daß das Auswärtige Amt als solches kein Ministerium darstellte, daß er es aber als verantwortlicher Minister tatsächlich leite, stehe auf einem anderen Blatt.

[20] Morsey, Reichsverwaltung, S. 309, spricht von "einer Art Unterminister".

[21] Saß, Johann, Hermann von Thile und Bismarck, in: Preußische Jahrbücher 217 (1929), S. 257 ff.

den früheren dänischen Gesandten beim Bundestag als einen klugen und ungewöhnlich kenntnisreichen Diplomaten kennengelernt. Bülow seinerseits hatte die Bedeutung von Bismarcks Persönlichkeit und seinen politischen Konzeptionen schnell erkannt und ein vertrauensvolles Verhältnis zum preußischen Gesandten entwickelt[22].

In seinem Vorschlag, Bülow zum Staatssekretär zu ernennen, legte Bismarck dem Kaiser dar, daß angesichts der "Ansprüche, die an den Inhaber dieses Postens gestellt werden [...], die Auswahl der dazu geeigneten Persönlichkeit besonders schwierig" sei[23]. Für die Leitung der beiden Abteilungen und den Verkehr mit den in Berlin akkreditierten Diplomaten wären "reiche Verwaltungserfahrungen" und "diplomatische Verkehrsformen" erforderlich. Am 19. September 1873 wurde Bülow ernannt und erwies bald seine hervorragende Eignung für diesen Posten. Es waren nicht nur seine Kenntnisse auf allen Rechtsgebieten, der Verwaltung, der Wirtschaft, sondern auch seine ungeheure Arbeitskraft, diplomatische Begabung, Gerechtigkeitssinn und seine Loyalität gegenüber dem Kanzler, die ihm allgemeine Anerkennung verschafften. Er führte die Behörde straff, was zur Folge hatte, daß die Vortragenden Räte der Politischen Abteilung beim Kanzler seltener zum Zuge kamen als früher.

Die Arbeitslast des Staatssekretärs nahm im Laufe der 70er Jahre immer mehr zu, da der ständig steigende Geschäftsanfall in einer sich ausweitenden Verwaltung, und die Intensivierung der Pflege des Verkehrs mit den ausländischen Missionen in Berlin immer höhere Anforderungen an das Auswärtige Amt stellten. Dazu kamen eine wachsende Beanspruchung durch die "große" Politik wegen der Bedeutung des Reichs als eines neuen Gravitationszentrum in Europa und die Suche nach einem angemessenen Platz für die neue Großmacht.

Bismarck hat Staatssekretär von Bülow mehr als sonst einen Mitarbeiter bei der Gestaltung seiner Politik beteiligt, weil er großes Vertrauen zu ihm hatte. Dieser leistete beträchtliche Hilfe, etwa bei der Ratifikation des deutsch-österreichischen Bündnisses durch den Kaiser oder im Rahmen des Berliner Kongresses. Ob der kluge und hochgebildete Mann allerdings erkannt hat, daß Mitte der 70er Jahre die internationale Lage anders war als die Situation in der Mitte des 19. Jahrhunderts[24], die die deutsche Einigung begünstigt hatte, ist zweifelhaft: seine Haltung während der

---

[22] Bülows treffende Berichte nach Kopenhagen vermitteln, wie Andreas Kaernbach in seiner Studie über Bismarcks Konzepte zur Reform des Deutschen Bundes, Göttingen 1991 (S. 8.), festgestellt hat, guten Einblick in die Frankfurter Tätigkeit des damaligen preußischen Bundesgesandten.

[23] Immediatbericht vom 23. Juli 1873, PA, Pers.Akte Nr.83.

[24] Hillgruber, Otto von Bismarck, Göttingen, Frankfurt a.M. 1978, S.107; Hildebrand, Die "Krimkriegssituation", S.38.

"Krieg-in-Sicht-Krise" läßt nicht darauf schließen[25]. Im Auswärtigen Amt ist Bismarck wohl der einzige gewesen, der die Zeichen der Zeit sah. Auch für Bülow wurden nach den deutschen Erfolgen des letzten Jahrzehnts die dem Reich innewohnenden Schwächen und seine Gefährdung zwischen den Flügelmächten nicht so recht sichtbar. Das zu erfassen und danach zu handeln, blieb dem Weitblick des Kanzlers vorbehalten.

Die "Überbürdung" des Staatssekretärs schädigte dessen Gesundheit, was Bismarck am 5. Februar 1878 dazu veranlaßte, in einem eigenhändigen Schreiben aus Varzin folgendes mitzuteilen:

> Verehrter Freund, Ich bin beunruhigt darüber, daß Sie sich zu wenig Ruhe gönnen und daß ich daran durch meine Abwesenheit mitschuldig bin [...]. Sie sehen in mir ein Opfer der Überarbeitung, folgen Sie mir auf diesem Wege nicht und schonen Sie sich aus Freundschaft, denn ich kann nur mit Ihrem Beistand noch weiter arbeiten [...]. Mit der nochmaligen Bitte, daß Sie sich schonen, spazierengehen, zwei Tage wöchentlich krank melden und den Ihrigen und dem Lande Ihre Gesundheit und mir Ihre Freundschaft erhalten, der Ihrige [...][26]

Auch der weitere Rat, "wenigstens die Geselligkeitslast abzuwehren", nützte wenig, und als der Staatssekretär im September 1879 Urlaub nahm, mußte er Bismarck um Enthebung von den Dienstposten bitten, nach dem ärztlichen Attest wegen "Überanstrengung, allgemeiner körperlicher und Nervenschwäche"[27]. Schon wenige Wochen später, am 20. Oktober 1879, ist der Staatssekretär in Frankfurt a.M. gestorben.

Obwohl sein Wirken und seine "hervorragenden Leistungen" nicht in weiterem Umfange in die Öffentlichkeit dringen konnten, wie es im Nachruf des Deutschen Reichs- und Königlich-preußischen Staatsanzeigers am 20. November 1879 hieß, fand er als "Gehilfe des Kanzlers in der Leitung des Auswärtigen Amts" allgemeine Anerkennung:

> Wenn [...] dereinst auf Grund archivarischer Quellen die politische Geschichte der letzten bewegten Jahre geschrieben werden wird, so werden die ausgezeichneten staatsmännischen Eigenschaften des Verewigten ganz und voll zur allgemeinen Würdigung gelangen.

---

25 Vgl. hier S.154.

26 PA, Pers.Akte Nr.83.

27 Antrag vom 28. September 1879, PA, Pers.Akte Nr.83.

B.I.3. Organisatorischer, finanzieller und geschäftsmäßiger Rahmen des Auswärtigen Amts

B.I.3.a. Organisation der Behörde und Zuständigkeiten

Das Auswärtige Amt war eine nach monokratischem System funktionierende Behörde[28], wie sie als preußisches Ministerium seit den Reformen zu Beginn des 19. Jahrhunderts bestanden hatte. Ihre Gliederung in Abteilungen, Dezernate (auch Referate genannt), Bürodienste und Auslandsvertretungen hat sich auch nach der Reichsgründung als beständig erwiesen.

Leiter der Behörde war der Staatssekretär, dem 1881 ein Unterstaatssekretär zur Seite trat. Zunächst gab es zwei, später drei Abteilungen. Aus der Politischen Abteilung, I A, wurde 1879 die für Personal und gewisse andere nicht politische Angelegenheiten zuständige Arbeitseinheit I B ausgegliedert und - unter gleicher Bezeichnung - zu einer selbständigen Abteilung erhoben[29]. Außerdem wurden Mitte der achtziger Jahre die Rechtssachen von der Abteilung II getrennt und unter Leitung eines Vortragenden Rats als Direktor in der Abteilung III zusammengefaßt.

Die organisatorischen Strukturen zeigten sich anpassungsfähig, wenn infolge politischer Veränderungen neue Aufgaben auftraten oder die Arbeitsbelastung quantitativ und qualitativ zunahm. So entstand Anfang der siebziger Jahre ein Orientreferat, wurde im Frühjahr 1878 ein Sekretariat für den Berliner Kongreß gebildet und Mitte der 80er Jahre ein Kolonialreferat, aus dem 1890 die Abteilung IV wurde. Für die Beweglichkeit des Apparats ist die Einrichtung des von etwa zehn Beamten betriebenen "mobilen Auswärtigen Amts" kennzeichnend, mit dem Bismarck 1870/71 im Feldquartier zu Versailles die Außenpolitik führte.

Die Dezernate der Politischen Abteilung waren regional gegliedert, die Zuständigkeit der Dezernate der Abteilung II richtete sich bei Handels- und Wirtschaftssachen sowohl nach regionalen Gesichtspunkten wie auch nach dem fachlichen Einschlag des Vorgangs. Bei Rechtssachen, in der späteren Rechtsabteilung, bestand sektorale Zuständigkeit.

In Abteilung I A gab es vier, später fünf Referate, in denen die politischen Beziehungen zu den europäischen und den überseeischen Staaten ebenso bearbeitet wurden (sog. "große Politik") wie die "innerdeutschen" Beziehungen zwischen dem Reich bzw. Preußen und den deutschen Glied-

---

[28] D.h. ein "einheitlich" organisiertes Ministerium im Gegensatz zur preußischen "Kollegialbehörde" des 18. Jahrhunderts.

[29] Außer Personalien wurden Ordens- und Hofsachen, Etat- und Kassensachen, geistliche Angelegenheiten bearbeitet. Der Leiter erhielt eine Funktionszulage von 1500,- M jährlich.

staaten. Es gab keinen Direktor für diese Abteilung, die Leitung teilten sich der Reichskanzler und der Staatssekretär. Waren Kanzler und Staatssekretär abwesend, hatte der Direktor der Abteilung II die allgemeine Vertretung; für gewisse politische Vorgänge zeichnete jedoch kraft besonderen Auftrags der älteste Rat der Abteilung I A die Vorlagen[30]. In den 80er Jahren vertrat dann der Unterstaatssekretär den Staatssekretär.

Die Geschäftsverteilung in dieser Abteilung wechselte häufig, nicht nur wegen Versetzung, Krankheit, Urlaub, Überlastung, sondern auch, weil Bismarck sich bei seinen Aufträgen oft nicht an die regionalen Zuständigkeiten hielt. Die "politischen" Räte arbeiteten wie in einem "Familienbetrieb"[31] vielfach nach besonderen Weisungen des Kanzlers, der etwa Bucher beauftragte, Presseerlasse zu fertigen, obwohl der zuständige Dezernent anwesend war. Während der Verfahren gegen den Botschafter in Frankreich, Graf Arnim, wurden gleichzeitig Radowitz, Bucher und Busch mit Aufträgen in dieser Sache versehen. Soweit eine feste Geschäftsverteilung bestand, war sie vom Kanzler auf einschlägige Kenntnisse des Referenten zugeschnitten. So wurde das - in Voraussicht zukünftiger stärkerer Berührung des Reichs mit den Problemen des Balkans - Anfang der siebziger Jahre eingerichtete Orientreferat (Türkei, Griechenland, Rumänien, Serbien, Bulgarien, Ägypten, Persien und Afrika) durch Sachkenner wie Radowitz und später Brauer besetzt. Buchers Referat beschäftigte sich mit England, Nordamerika, Österreich, Rußland, Polen, Italien, dem Heiligen Stuhl, den Fragen des Sozialismus und kirchenpolitischen Angelegenheiten. Holstein war für Frankreich, Belgien, Holland, Spanien, die Schweiz zuständig. Ostasien und Lateinamerika wurden von dem gleichzeitig als Pressereferent tätigen Aegidi bearbeitet. Schließlich gab es in Abteilung I A noch ein "Spezialbüro" für Bismarcks "persönliche Angelegenheiten" (Einladungen, Danksagungen usw.), wo auch die Einzelheiten des Verkehrs mit den deutschen Staaten erledigt wurden. Der Dezernent, Graf Rantzau wurde häufig als persönlicher Sekretär zum Kanzler nach Varzin oder Friedrichsruh abgestellt. Dieses Referat war gewissermaßen der Vorläufer der 1878 ins Leben gerufenen Reichskanzlei.

Der starke Geschäftsanfall und häufige Wechsel der Zuständigkeit brachten es mit sich, daß die I A - Referenten über alle anfallenden Vor-

---

30 In den 70er Jahren taten es der Gesandte von Radowitz und Bucher gemeinsam. Beide paraphierten die "Conzepte", die Reinschriften unterschrieb Bucher außer den Vorlagen an den Kaiser, die Radowitz zeichnete (wohl wegen seiner Beliebtheit bei Kaiser Wilhelm I.) ebenso wie den Schriftverkehr mit den ausländischen Missionen und die Erlasse in orientalischen Angelegenheiten (PA R 285).

31 Naujoks, Rudolf Lindau, S.334; Geschäftsverteilungspläne für I A finden sich nur sporadisch in den Akten.

gänge in der Politischen Abteilung Bescheid wußten und austauschbar waren[32].

Wer das Ziel der Wünsche eines "strebsamen Diplomaten", in "einer Vortragende Ratsstelle in der Politischen Abteilung"[33] berufen zu werden, erreicht hatte, mußte mit einer langen Zeit der Verwendung auf einem solchen Posten rechnen. Für die Amtsleitung bestand

> "... die Notwendigkeit, in der Politischen Abteilung Wechsel möglichst zu vermeiden und ein constantes Beamtenpersonal zu erhalten. Nur bei langjähriger Beschäftigung können die Beamten der Abteilung den Stoff voll beherrschen, sich mit den Zielen und Traditionen unserer Politik durchdringen und die nötige Ruhe und Reife des politischen Urteils erwerben".[34]

Die Anforderungen, die an dort tätigen Beamten gestellt wurden, waren schon angesichts der Arbeitszeit von täglich 12 bis 14 Stunden hoch. Jeder mußte gewärtig sein, plötzlich zu Dienstleistungen für den Kanzler gerufen zu werden oder bei ihm zum Vortrag erscheinen zu müssen. Die Arbeit war aber auch lohnend, denn wenn es auch Bismarck war, der die Richtung angab, so öffnete sich bei der Ausführung seiner Politik manche Möglichkeit zur Mitgestaltung. Nicht immer konnten die Weisungen des Kanzlers vollständig mitgeschrieben werden, und die "Redakteure" mußten in ihren Entwürfen oft genug Lücken ausfüllen oder Ergänzungen vornehmen[35].

Die starke Inanspruchnahme im Büro ließ diesen Beamten kaum Zeit für die Teilnahme am gesellschaftlichen Verkehr, von dem "die Politische Abteilung ganz abgesondert" war[36]. Das unterstrich die Sonderstellung der "politischen Räte" und rief bei den übrigen Beamten "keine sehr wohlwollende Gesinnung" hervor[37]. Ein Amtsangehöriger verglich die Distanz zwischen den Abteilungen des Amtes mit dem Unterschied zwischen einem Kavallerie-Regiment und einem Trainbataillon[38]. Dieses Urteil ist von der Geschichtsschreibung gelegentlich übernommen worden[39], entspricht aber nicht der Wirklichkeit. Der Austausch von Beamten der Politischen Abteilung mit denen der anderen Abteilungen oder den diplo-

---

32 Brauer, Erinnerungen, S.95 f.

33 Poschinger, Stunden mit Bismarck, S.70.

34 PA, Personalakte Nr.78.

35 Vgl. hier S.91.

36 Brauer, a.a.O., S.95.

37 Raschdau, Unter Bismarck und Caprivi, S.10.

38 Raschdau, Erinnerungen, S.43.

39 Craig, S.130. Raschdau war übrigens nichtadelig, wie es bei Craig heißt.

matischen Missionen, der hohe Anteil von Adeligen in der Handelspolitischen Abteilung läßt das Urteil Raschdaus, der von der Handelspolitischen zur Politischen Abteilung versetzt wurde, als Übertreibung erscheinen. Sicher war aber eine Tätigkeit in der Politischen Abteilung - stets im Blickpunkt des Chefs - der Laufbahn förderlich; das läßt sich bei Hatzfeldt, Radowitz, Keudell, Brauer,Busch und Raschdau, um nur einige zu nennen, feststellen.

Im Rahmen der Abteilung I gab es bis 1879 eine Arbeitseinheit, größer als ein Dezernat, in der Angelegenheiten bearbeitet wurden, die keine politischen waren. Diese Sachen wurden vom Centralbüro in ein "Journal" (Tagebuch) eingetragen, das mit dem Buchstaben B bezeichnet wurde, im Gegensatz zum Journal A für die politischen Vorgänge. So bürgerte sich die Bezeichnung I B für diese Arbeitseinheit ein. Sie unterstand, ebenso wie die politischen Referate, dem Staatssekretär. Ihr Leiter, der Geheime Legationsrat Otto von Bülow[40], war aber selbständiger. Zu seinen "speziellen" Zuständigkeiten zählten allgemeine Personalangelegenheiten und Personalien der Beamten in der Zentrale und bei den diplomatischen Missionen, die Beziehungen des Auswärtigen Amts zur Staatspolizei, die Haushaltsfragen, die Verwaltung der geheimen und Dispositionsfonds. Auch die Legationskasse unterstand ihm als "Kassenkurator". Für die Personalien der Berufskonsuln arbeitete er mit einem Referenten der Abteilung II zusammen. Bei Ordenssachen, "Ceremonial- und Etiketten-Fragen" stand ein Hofrat zur Verfügung[41]. Unter einem weiteren höheren Beamten ressortierten bei I B "geistliche Sachen nicht politischer Natur"[42], deutsche Auslandsgemeinden, Schulsachen[43], die archäologischen Institute[44], Wissenschaft und Kunst.

Von 1879 an hatte I B die Stellung einer Abteilung, als deren "Dirigent" ein älterer Vortragender Rat fungierte[45]. Der zunehmende Geschäftsanfall bei sich ausweitenden Zuständigkeiten hatte dies zweckmäßig erscheinen lassen.

Abteilung II war die größere Abteilung mit 14, später 15 Referaten. Ihre Zuständigkeit reichte von den bilateralen und multilateralen internationalen Wirtschaftsbeziehungen über alle die Konsulate betreffenden

---

40 Genannt der "lahme Bülow" oder Bülow II.

41 Für das "eigentliche" Protokoll war das Königliche Oberhofmarschallamt zuständig.

42 1885 kamen diese Sachen zu Abteilung III, für die Kirchenpolitischen blieb Abteilung I zuständig.

43 1879 wurde ein "Schulfonds" geschaffen; seit 1885 wurden die deutschen Auslandsschulen bei Abteilung III bearbeitet.

44 In Rom, Athen, Konstantinopel.

45 Er erhielt eine "Funktionszulage" von 1500,- M jährlich.

Fragen bis hin zur Unterstützung hilfsbedürftiger Deutscher im Ausland. Die Federführung für die Verhandlungen über Handelsverträge war vom Reichskanzleramt nach dem Kriege mit Frankreich auf das Auswärtige Amt übergegangen. Während der Bismarckzeit wurden nach einer Statistik des Auswärtigen Amts achtzehn Handelsverträge abgeschlossen.

Die Auswertung und Verteilung von Wirtschaftsberichten der diplomatischen und konsularischen Vertretungen war einer der Schwerpunkte der Arbeit bei Abteilung II. Bismarck hatte die Bedeutung der wirtschaftlichen Berichterstattung wohl erkannt, wenn er sich größere Berichte, auch die über Landwirtschaft, vorlegen ließ und dafür sorgte, daß ihr Inhalt gegebenenfalls durch die Tageszeitungen verbreitet wurde[46]. Im übrigen war Bismarck aber der Ansicht, man habe bei der Außenpolitik politische von wirtschaftlichen Gesichtspunkten zu trennen: im politischen Bereich könne man eng verbunden sein, gleichzeitig aber in "scharfer Konkurrenz des Handels" leben[47]. Nicht wenige Missionschefs hielten eine wirtschaftliche Berichterstattung für unter ihrer Würde. Es bildete sich deshalb die vor dem Ersten Weltkrieg weitverbreitete Meinung, die deutschen Diplomaten hätten Wirtschaftsdingen nicht genügend Interesse entgegengebracht und entsprechende Aktivitäten vernachlässigt. Daß dieses Urteil aber nicht allgemein geteilt wurde, zeigt die Haltung von Max Warburg, der wegen einer Auslandsanleihe tat, "was jeder brave Bankier in solchen Fällen zu tun hat: Ich fuhr zum Auswärtigen Amt in Berlin"[48].

Die Geschäftsverteilung bei Abteilung II zeigt die große Vielfalt der bearbeiteten Vorgänge. In den 70er und 80er Jahren war die Abteilung in 14 Referate gegliedert:

1. Handelsbeziehungen zu sämtlichen europäischen Staaten und Handelsverträge mit ihnen; Gesetzgebung dieser Staaten mit Bezug auf Handelsverhältnisse; Reklamationen gegen diese Staaten aus Gründen des Handels; Statistik, Volkszählung; speziell übertragene Fragen. In diesem Referat waren außer dem Dezernenten zwei Hilfsarbeiter tätig.
2. Handelsbeziehungen zu sämtlichen außereuropäischen Staaten, Gesetzgebung dieser Staaten betreffend den Handel; Reklamationen gegen diese Staaten; Angelegenheiten deutscher und fremder Kriegsmarine. Ein Dezernent tätig.

---

[46] Erlaß vom 26. Oktober 1882, PA, IB Rep IV Gg Bd. 19.

[47] Gall, Bismarck, S. 635. Ein Beispiel ist die deutsche Haltung Rußland gegenüber 1887.

[48] Stern, S.580.

3. Personalien der Konsulate (bei Berufskonsuln unter Mitzeichnung von I B); allgemeine Leitung und Instruierung der Konsuln; Beschwerden gegen Konsuln; Differenzen zwischen Konsuln und fremden Behörden; Jahresberichte der Konsuln; fremde Konsuln auf Reichsgebiet. Ein Dezernent und ein Hilfsarbeiter tätig.
4. Eisenbahnen; Auswanderung und Kolonisation; Nachdrucksangelegenheiten, Versicherungssachen, Sanitäts- und Quarantänesachen; Ausführung der Genfer Konvention; Zuwendung für Zwecke der Invalidenstiftungen; Ausstellungen für Gewerbe, Landwirtschaft und Künste. Ein Dezernent tätig.
5. Seeschiffahrt, Dampfschiffahrt, Flußschiffahrt mit Ausnahme der Donau; Strandungen und Seeunfälle deutscher Handelsschiffe; Anerkennungen und Belohnungen für Hilfen und Rettungen bei Seeunfällen deutscher Handelsschiffe; Disziplin auf deutschen Schiffen, Streitigkeiten zwischen Kapitän und Mannschaften, Vergehen der Kapitäne; unterlassene Meldung deutscher Handelsschiffe in den Konsulaten; Desertation; Flaggen; Schiffspapiere; Seefahrtsbücher; Musterungswesen. Ein Dezernent und ein Hilfsarbeiter tätig.
6. Gewerbe- und Münzsachen; Patentwesen, Erfindungen nicht militärischer Natur; Einziehung von Nachrichten verschiedener Art; Empfehlungen; Beschaffung von Tauf- und Todesscheinen; Beglaubigungen; Verteilung und Austausch amtlicher Drucksachen. Ein Hofrat als Dezernent tätig.
7. Intercessionen[49] Rußland, Asien, Afrika, Australien. Regelung des Nachlasses von Matrosen, Postsachen, Telegraphensachen, Zollfreiheit der Fürsten und Gesandten. Ein Dezernent tätig.
8. Intercessionen Deutschland, Österreich, Schweiz, Niederlande, Belgien, Schweden, Norwegen, Dänemark (und Kolonien), Spanien (und Kolonien), Portugal (und Kolonien), Griechenland, Türkei; Hafenanlagen, Leuchtfeuer; Donau-Schiffahrt; Civilstands- und Ehesachen. Ein Dezernent tätig.
9. Intercessionen Nord-, Mittel- und Südamerika, England (und Kolonien), Frankreich (und Kolonien), Italien. Ein Dezernent und zwei Hilfsarbeiter tätig.
10. Justizsachen, soweit sie nicht in die Zuständigkeit anderer Referate fallen; Jurisdikationsverträge mit anderen Staaten; Zivilprozeßsachen mit Ausnahme Insinuationen[50] und Requisitionen; Staatspolizeisachen; Verfolgung von Beleidigungen; Ausgleichungen mit fremden

---

[49] Das sind Interventionen sowie Einflußnahmen auf fremde Regierungen und Ratschläge an diese im Interesse deutscher Staatsangehöriger.

[50] Eingaben von Privatpersonen, gerichtliche Entscheidungen herbeizuführen.

Staaten über Leistungen aus staats- und privatwirtschaftlichen Titeln; Pressesachen. Ein Dezernent und zwei Hilfsarbeiter tätig.

11. Polizeisachen; Staatsangehörigkeitssachen; Heimatscheine; Ausweisungs- und Übernahmesachen; Militärsachen (Militärpflicht); Auslieferung von Deserteuren; Sachen, die aus dem preußischen Staatsministerium hervorgehen; Gesetzentwürfe anderer Ressorts; Konsularverträge; internationales Wechselrecht; Havarierecht; internationales Seerecht; Justizreform in Ägypten. Ein Dezernent tätig.
12. Hoheitssachen; Jadegebiet; Grenzsachen; Chausseen; Grenzverletzungen; Requisitionen in Gerichtssachen, Insinuationen, gerichtliche Verfügungen. Ein Dezernent tätig.
13. Immunitäten der Diplomaten und Konsuln[51]; privatrechtliche Ansprüche gegen Gesandte und ihr Gefolge; Steuersachen; Beschaffung und Austausch parlamentarischer Drucksachen; Unterstützung und Heimschaffung Reichsangehöriger (außer Seeleuten); Paßsachen; Nachrichten bezüglich militärischer Einrichtungen; Waffen usw., Kommandierung von Offizieren[52]. Ein Dezernent tätig.
14. Auslieferungsverträge und Einzelsachen; Begnadigungen; Nachrichten bezüglich der Rechtspflege; Gefängniswesen; Reklamationen gegenüber Regierungen in Nord-, Mittel- und Südamerika. Ein Dezernent und ein Hilfsarbeiter tätig.

Einer der Dezernenten der Abteilungen II (später III) war als "Justitiar" des Amtes für die Disziplinarsachen und beamtenrechtliche Fragen zuständig. So haben die Vortragenden Räte Wilke und später von Frantzius etwa bei dem Verfahren gegen Botschafter Graf von Arnim oder bei der Pensionsregelung für den Staatssekretär Herbert von Bismarck im Entscheidungsprozeß eine wichtige Rolle gespielt.

Im Laufe der Jahre wurde die Aufteilung der Sachgebiete von Zeit zu Zeit geändert und seit 1885 bestand eine Dritte Abteilung für Rechtsangelegenheiten. Bismarck hatte lange Zeit hindurch amtsinterne Vorschläge, die auf die Einrichtung einer Justizabteilung zielten, abgelehnt. Er meinte, daß der "Geschäftsgang in der ganzen Behörde durch die Kreierung einer neuen Abteilung eher gestört als gefördert" würde und der "Stoff zu klein" sei dafür[53]. Erst Mitte der achtziger Jahre hat er dann unter dem Eindruck des immer größeren Geschäftsanfalls sich für die Teilung der Abteilung II ausgesprochen und - nach heftigen Auseinander-

---

[51] Der im Deutschen Reich akkreditierten.

[52] Zu deutschen Missionen im Ausland.

[53] Dazu hier S.92 f.

setzungen mit dem Reichstag - die Errichtung der Rechtsabteilung mit der Bewilligung einer Direktorenstelle erreicht.

Die Verhandlungen über zweiseitige und mehrseitige ("internationale") Verträge bildeten wohl die wichtigste politische Aufgabe der Abteilung II. Sie waren mitunter schwierig zu führen und mit längeren Anwesenheiten in Berlin verbunden. Nach dem Abschluß erfolgten Ordensverleihungen an die Delegationen, die in erster Linie den Beamten der Abteilung II galten.

Es kamen Handels- und Schiffahrtsverträge mit folgenden Ländern zustande: China (1880), Costa Rica (1875), England (1875)[54], Griechenland (1884), Hawaii (1879), Italien (1883), Korea (1883), Mexico (1882), Österreich-Ungarn (1878 und 1881), Persien (1873), Portugal (1872), Rumänien (1877), El Salvador (1870), Samoa (1879), Schweiz (1881), Serbien (1883), Spanien (1883) und Tonga (1876). Daneben wurden Postverträge mit neun Ländern geschlossen, solche über gewerblichen Rechtsschutz mit elf, über Urheberrecht mit vier, Auslieferungsverträge mit fünf und Konsularverträge mit acht Ländern. An multilateralen Abkommen beteiligte sich Deutschland: 1871 am Schiffahrtsvertrag über das Schwarze Meer und die Donau, 1875 an der Meterkonvention, 1878 am Weltpostvertrag, 1881 an der Reblauskonvention und 1882 am Abkommen über die Fischerei in der Nordsee.

Die Trennung des politischen und wirtschaftlichen Bereichs brachte es mit sich, daß die Dezernate der Abteilung II über politische Entwicklungen nicht immer hinreichend orientiert wurden, während das Interesse der Politischen Abteilung an wirtschaftlichen Vorgängen nicht besonders ausgeprägt war. Demgegenüber ist die Leitung des Auswärtigen Amts bemüht gewesen, die Zusammenarbeit der Abteilungen eng zu gestalten. So hatten die Referate der Abteilung II ihre Erlasse von Abteilung I A mitzeichnen zu lassen, sobald politische Aspekte hineinspielten. Dazu hat Herbert von Bismarck sich als Staatssekretär 1886 wie folgt geäußert:

> Da ich im dienstlichen Interesse Wert darauf lege, die Verbindung der Abteilung II, III und I B mit der politischen Leitung in solchen Angelegenheiten aufrecht zu halten, welche mir wegen meiner geschäftlichen Überlastung nicht vorgelegt werden, bestimme ich, daß [...] alle das politische Gebiet irgendwie berührenden Angelegenheiten nicht allein dem betreffenden Abteilungsleiter, sondern auch dem Unterstaatssekretär oder Wirklichen Geheimen Legationsrat von Holstein als seinem Vertreter vorzulegen bzw. zu paraphieren oder zu vollziehen sind[55].

---

54 "Ergänzende Erklärung".

55 Bemerkung vom 3. Oktober 1886 in: PA, IB Rep IV Gg, Bd.20.

B.I.3.b. Stellenplan und Personalstand

Die Zahl der für die Zentrale bewilligten Planstellen entsprach nicht dem Bedürfnis der Behörde, eine "notorische, in fortlaufender Steigerung begriffene Zunahme der Geschäfte des Auswärtigen Amts" zu bewältigen, wie es in den Bemerkungen zum Haushalt des Auswärtigen Amts 1874 heißt. So bestand schon damals bei den Hilfsarbeitern ein grobes Mißverhältnis zwischen den vier, später fünf etatsmäßigen Stellen und den tatsächlich beschäftigten 14 Beamten. Im mittleren und einfachen Dienst waren sogar 57 Beamte überplanmäßig eingestellt[56]. Diese Kräfte wurden entweder von anderen Behörden "ausgeliehen" und erhielten dort ihre Besoldung oder wurden mit "Diäten"[57] abgefunden, die für "extraordinäre" Personalausgaben im Haushalt des Auswärtigen Amts zur Verfügung standen. Auch von den Auslandsmissionen mußten Beamte[58] einberufen werden, die ihre - gekürzten - Auslandsbezüge[59] behielten.

Gegen Ende der siebziger Jahre[60] standen im höheren Dienst (Staatssekretär, Direktor, Dezernenten, Hilfsarbeiter, Expedienten) 39 Planstellen zur Verfügung, im mittleren Dienst 52 und zwar beim Zentral- und Depeschenbüro fünf, im Chiffrierbüro zwölf, bei der geheimen Registratur neun und der geheimen Kanzlei 22, in der Legationskasse vier. Dazu kamen 24 Planstellen für Portiers, Amtsboten, Amts- und Hausdiener sowie andere "Unterbeamte"[61]. In der Zentrale waren also 128 Beamte "etatmäßig", während die Zahl der nicht auf Planstellen Beschäftigten 67 betrug (zehn im höheren Dienst, 57 in den anderen Diensten: 38 mittlerer Dienst und 19 Unterbeamte)[62].

Im Ausland[63] unterhielt das Deutsche Reich in den siebziger Jahren sechs Botschaften (in England, Frankreich, Italien, Österreich, Rußland und der Türkei), elf Gesandtschaften (in Belgien, Brasilien, China, Dänemark, Griechenland, den Niederlanden, Portugal, Schweden, der

---

56 Reichshaushalt 1877/78, Erläuterungen (Tit.7).

57 Dazu hier S.100.

58 So waren 1873/74 Graf Limburg-Stirum, Graf Wrangel, Freiherr von Plessen einberufen.

59 Vgl. hier S. 106ff.

60 Die folgenden Zahlen stammen aus 1877/78.

61 Zu den einzelnen Beamtengruppen vgl. hier S.56ff.

62 Es liegen keine vollständigen Ordnungspläne vor, denen man die Zahl der - tatsächlich - Beschäftigten entnehmen könnte. Aber auch das Zahlenbild, das nach dem Handbuch für das Deutsche Reich zu gewinnen ist, bleibt unvollständig, weil nicht alle "Unterbeamten" aufgeführt sind.

63 Die diplomatischen Missionen in den deutschen Staaten erschienen nicht im Reichshaushalt sondern im preußischen.

Schweiz, Spanien und den Vereinigten Staaten von Amerika) und schließlich neun Minister-Residenturen (für Zentralamerika, Chile, Columbien, Japan, die La Plata Staaten, Marokko, Mexiko, Peru und Serbien).

Gegenüber der Zeit vor der Reichsgründung waren in den siebziger Jahren für Lateinamerika vier Missionen dazugekommen, außerdem die Vertretungen in Marokko und Japan.

Daneben gab es 633 "Konsularämter"[64], davon waren 591 "Wahlkonsulate" und 42 Berufskonsulate. Generalkonsulate bestanden in Alexandria, Belgrad[65], Bukarest[65], Genua, Guatemala[65], London, New York, Budapest[65], Warschau. Berufskonsulate gab es in Algier, Amoy, Bangkok, Barcelona, Beirut, Kairo, Canton, Chicago, Christania, Constantinopel, Copenhagen, San Francisco[66], Havana, Havre, Helsingfors, Hiogo, Jerusalem, Kowno, St.Louis, Marseille, Messina, Moskau, Odessa, St. Petersburg, Port au Prince, Sarajevo[66], Shanghai[66], Singapore, Smyrna, Stockholm, Tientsin, Tiflis, Yokohama. Vizekonsuln amtierten für die Dardanellen und in Jassy.

Am Ende der Bismarckzeit war die Zahl der diplomatischen und berufskonsularischen Vertretungen im Ausland von 65 auf 150 gestiegen: 30 Botschaften und Gesandtschaften, 17 Generalkonsulate, 51 Konsulate und sieben Vizekonsulate[67].

Die Gesamtzahl des Personals bei den Auslandsvertretungen lag 1874 bei 252; davon entfielen 92 auf die diplomatischen und 160 auf die berufskonsularischen Vertretungen[68]. Der erste Etat des Deutschen Reichs von 1872 hatte die Zahl der Stellen für das ins Ausland entsandte Personal noch mit insgesamt 193 ausgewiesen. Der Zuwachs ist mit der Errichtung von Konsulaten, aber auch neuer diplomatischer Missionen und durch Personalverstärkungen bei bereits bestehenden zu erklären. Es war hauptsächlich der Ausbau des Netzes von Berufskonsulaten, der im Zuge der Ausweitung von Schiffahrt und Handel kontinuierlich für das Anwachsen des Personals im Ausland sorgte. So kamen allein bis Anfang der achtzi-

---

64 Diese Zahl ist im Handbuch für das Deutsche Reich 1874 ausgewiesen. Sie schwankte von Jahr zu Jahr, allerdings nur unwesentlich.

65 Diese Generalkonsulate hatten die Aufgaben diplomatischer Vertretungen; 1890 wurde Belgrad Gesandtschaft.

66 Die Schreibweise der Ortsnamen nach damaliger Übung, Brockhaus Konversationslexikon, Bd. 14, 1903, S.270.

67 Stand 1890.

68 Einschließlich der überplanmäßig zugeteilten und diätarisch bezahlten Beamten (Eleven), der "kommandierten" Offiziere und der nicht "ständig" beschäftigten Ortskräfte bei den Konsulaten (soweit sie im Haushaltsplan aufgeführt waren, etwa Diener, Kavassen, Hafenkapitäne, Türhüter, Wächter). Die bei den diplomatischen Vertretungen nicht festbesoldeten Ortskräfte wurden damals im Haushalt nicht einzeln aufgeführt, sie wurden aus einer Pauschale besoldet.

ger Jahre Konsulate in Foochow, Guatemala, Kopenhagen und San Francisco hinzu.

Für den letzten Haushalt, den Bismarck 1890 vorlegte, waren bei den diplomatischen Missionen 112 Stellen vorgesehen, im konsularischen Bereich 175. Diese insgesamt 287 Stellen bedeuteten im Vergleich der Jahre 1890 und 1872[69] einen Zuwachs von 94 Stellen, der hauptsächlich in dem stärkeren Wachstum der wirtschaftlichen Beziehungen begründet war.

Dabei ist zu berücksichtigen, daß die nicht fest angestellten Kräfte bei den Konsulaten im Haushaltsplan 1890 mit 65 einzeln aufgeführt waren und für ihre Bezahlung eine Pauschale von 404.000 M vorgesehen war, während für Ortskräfte bei den diplomatischen Missionen 120.000 M vorgesehen waren, ohne daß eine Spezifizierung erfolgte. So war eine Anzahl von Ortskräften, vielleicht 25, im Haushalt nicht aufgeführt. Mit den Ortskräften erhöht sich der Personalstand im Ausland auf 377.

Für die Zentrale wies der Haushalt 1890/91 insgesamt 190 Stellen aus, ein Zuwachs von 95 gegenüber den ersten Jahren nach der Reichsgründung[70]. Inzwischen gab es neben dem Staatssekretär einen Unterstaatssekretär, zwei Direktoren, 18 Vortragende Räte, 15 Hilfsarbeiter, 17 Expedienten, 89 Beamte im mittleren Dienst, 47 Unterbeamte.

B.I.3.c. Der Haushalt des Auswärtigen Amts

Der Haushalt des Auswärtigen Amts war in erster Linie ein Verwaltungshaushalt, d.h. die vom Reichstag bewilligten Mittel dienten der Wahrnehmung von Verwaltungsaufgaben. Außer den Kosten für das Personal im Inland und Ausland waren aus diesen Mitteln "sächliche Ausgaben" wie für Schreibmaterialien, Porti für Korrespondenz, Druckkosten, Reisekosten, Erwerb und Unterhaltung von Dienstgebäuden, die Mieten dafür usw. zu bestreiten. Daneben waren aber auch Beträge vorgesehen für die Unterstützung hilfsbedürftiger Deutscher im Ausland[71], Beiträge für das Orientalische Seminar in Berlin, Dotationen für die Archäologischen Institute im Ausland[72] oder Zuwendungen für den Bau eines deutschen Krankenhauses in Constantinopel[73].

---

69 Da für 1872 kein Handbuch des Deutschen Reichs vorliegt, konnte die Zahl der überplanmäßig Beschäftigten nicht angegeben werden.

70 1874: insgesamt 95 Stellen: 33 höherer Dienst (einschließlich der Expedienten), 44 mittlerer Dienst, 18 Unterbeamte.

71 Haushalt 1890: 72.000 M.

72 Haushalt 1890: 60.000 M.

73 Haushalt 1873 bis 1876: insgesamt 300.000 M.

Die Einnahmen des Auswärtigen Amts für Dienstleistungen und an Gebühren kamen im Durchschnitt der 70er und 80er Jahre etwa auf 400.000 M jährlich[74]. Der größte Posten war die Zahlung von 90.000 M für die Wahrnehmung von Aufgaben des preußischen Ministeriums für Auswärtige Angelegenheiten in der Zentrale des Auswärtigen Amts.

Die gesamten "fortdauernden" Ausgaben des Auswärtigen Amts im Haushaltsjahr 1872 beliefen sich auf 4.092.915,- M, 1890 auf 8.835.510,- M, eine Steigerung auf etwas mehr als das Doppelte. Im Haushalt 1890 wäre allerdings die Besoldung der Beamten in den sogenannten Schutzgebieten, die seit Mitte der 80er Jahre vom Auswärtigen Amt mit insgesamt 193.050,- M gezahlt wurden, abzusetzen.

Die Mittel für die Besoldung der Auslandsbeamten betrugen 1872: 2.558.910 M (diplomatische Missionen: 1.763.610 M, Konsulate: 795.300 M), 1890: 5.383.750 M (diplomatische Missionen: 2.656.300 M, Konsulate: 2.727.450 M).

Die seit 1872 ständig wachsenden Personalausgaben waren die Folge des Ausbaus des auswärtigen Dienstes im Zuge der fortschreitenden Intensivierung der internationalen Beziehungen.

Das wird anschaulich in den Erläuterungen zum Haushalt des Auswärtigen Amts im Jahre 1887/88:

> Bei der steten Zunahme der Geschäfte im Auswärtigen Amt und der Steigerung der Beziehungen zum Ausland müssen alljährlich in allen Dienstzweigen eine große Anzahl von Hilfskräften herangezogen werden. Auch erfordert es die erhebliche Zunahme der auswärtigen, namentlich konsularischen Posten [...], eine größere Zahl von höheren und subalternen Beamten bei der Centralstelle vorzubereiten und jederzeit bereitzuhalten. Endlich bedingen die im auswärtigen Dienst häufig vorkommenden Krankheiten und notwendigen Beurlaubungen die Heranziehung zahlreicher Hilfskräfte.

Die steigenden Personalkosten erklären sich aber außerdem durch Gehaltserhöhungen, weniger der "persönlichen" Gehälter als der Ortszulagen[75], die den veränderten Verhältnissen angepaßt und neu berechnet wurden. Das stellt sich an den Bezügen der Missionschefs ausgewählter diplomatischer Vertretungen so dar:

---

74 Haushalt 1879: 388.450 M.

75 Vgl. hier S. 103.

	1872	1890
Brüssel	27.000 M	48.000 M
London	108.000 M	150.000 M
Mietzuschuß	11.000 M	
Paris	108.000 M	120.000 M
Rio de Janeiro	36.000 M	48.000 M
Rom	45.000 M	100.000 M
Washington	54.000 M	63.000 M
Wien	75.000 M	120.000 M
Mietzuschuß	5.500 M	

Im Vergleich dazu die Bezüge der 1. Sekretäre an den genannten Dienstorten[76]:

	1872	1890
Brüssel	7.800 M	9.000 M
London	14.000 M	17.400 M
Paris	13.500 M	16.500 M
Rom	6.600 M	12.000 M
Washington	9.300 M	10.800 M
Wien	9.300 M	16.500 M

Bei den Gehältern der Kanzleibeamten (Kanzleivorsteher) ergibt sich folgendes Bild:

	1872	1890
Brüssel	4.500 M	5.400 M
London	10.050 M	11.400 M
Paris	7.500 M	10.000 M
Rio de Janeiro	6.000 M	7.500 M
Rom	---	9.000 M
Washington	7.500 M	8.400 M
Wien	7.500 M	9.000 M

76 In Rio gab es 1872 keine Planstelle für einen Legationssekretär.

Auch im konsularischen Dienst (Generalkonsuln) erhöhten sich die Gehälter:

	1872	1890
Konstantinopel	15.000 M	24.000 M
London	36.000 M	40.000 M
New York	40.500 M	48.000 M
St. Petersburg	18.000 M	24.000 M
Warschau	24.000 M	30.000 M

Der Leitung des Auswärtigen Amts standen auch Haushaltsmittel für "geheime Ausgaben" zur Verfügung und ein "Extraordinarium" als "Dispositionsfonds": bei Kap. 6 Titel 4 waren in der Ära Bismarck 48.000,- M und bei Kap. 6 Titel 7 138.000,- M vorgesehen[77]. Hier konnten Zahlungen geleistet werden, die im Ermessen des Behördenchefs standen und nicht der Überprüfung durch den Rechnungshof unterlagen. Die geheimen Ausgaben sollten zum Nutzen der Reichsleitung verwendet werden und dazu beitragen, beim Empfänger für eine freundliche Aufnahme der deutschen Außenpolitik zu sorgen. Derartige Haushaltsmittel standen übrigens in den anderen Außenministerien ebenfalls zur Verfügung, etwa im Foreign Office umgerechnet 714.000,- M, im Quai d'Orsay 2 Mio. M, am Ballhausplatz 1 Mio. M und im russischen Außenministerium 2,4 Mio. M[78].

Bei besonderen Ausgaben, für die es offene Haushaltsmittel nicht gab, konnte Bismarck zusätzlich auf den sogenannten Welfenfonds zurückgreifen[79]. Dabei standen ihm Zinsen aus dem 1866 beschlagnahmten Vermögen des Hannoverschen Königs Georg V. und des Herzogs von Nassau zur Verfügung. Deren Besitz war enteignet und als Ausgleich und Entschädigung dafür eine Abfindung von 16 Mio. Thalern (48 Mio. M) festgesetzt worden. Der auf diese Weise gebildete Fonds wurde aber wegen der "feindlichen Haltung" der welfischen Legitimisten nicht ausgezahlt und das Geld von der preußischen Regierung in Wertpapieren angelegt. Über die Erträge - das waren etwa 2,3 Mio. M im Jahr - konnte Bismarck frei verfügen. Er war dabei nur dem König verantwortlich, der Rechnungshof hatte keinerlei Kontrollmöglichkeit. Auf das Auswärtige Amt entfielen jährlich von 1871 und 1890 zwischen 175.000,- und 770.000 M für "geheime" Ausgaben[80].

---

77 Daraus wurden auch Diäten, Umzugskosten usw. gezahlt.

78 Sasse, Werkstatt, S. 229.

79 Nöll von der Nahmer, Bismarcks Reptilienfonds, Mainz 1968.

80 1872: 200.000 M; 1880: 770.000 M; 1886: 550.000 M; 1890: 770.000 M.

Die Verwendung dieser Gelder ist von den Parlamentariern des Reichstags und des preußischen Abgeordnetenhauses immer wieder beanstandet und der Reichskanzler und preußische Ministerpräsident deswegen oft angegriffen worden: Zur Verteidigung der Beschlagnahme und Nutzung des Fonds wies Bismarck im preußischen Abgeordnetenhaus darauf hin, daß eine Aufhebung dieser Maßnahmen solange nicht in Frage käme, wie "Agenten des hannoverschen Königshauses" ihre Umtriebe gegen Preußen bzw. den Norddeutschen Bund nicht einstellten[81]. Er nannte diese Personen "Reptilien", eine Bezeichnung, die dann später von Bismarckgegnern auf die regierungsfreundlichen Journalisten übertragen wurde, die aus dem Welfenfonds mit Zuwendungen bedacht wurden. Seit dieser Zeit war von der Finanzierung "innerer und äußerer Reptile"[82] und vom "Reptilienfonds" die Rede.

Empfänger von Geldern aus dem Welfenfonds waren das Wolffsche Telegraphenbüro ebenso wie König Ludwig II. von Bayern und sein Vertrauter, Graf Holnstein, Beamte des auswärtigen Dienstes wie Bucher, Dr. Busch und andere. Dazu gehörten weiter Marschall Bazaine[83] oder Minister wie Bötticher[84], während des Kulturkampfs abgesetzte geistliche Personen, die Bismarck gegen Arnim zur Seite gestanden hatten, Zeitungsredaktionen und in den geheimen Nachrichtendiensten tätige Personen. Schließlich soll nach einer Äußerung von Holstein Bismarck bei seiner Entlassung 231.000,- M nach Friedrichsruh mitgenommen haben[85]. Es flossen aber auch Gelder nach Hannover: die Königin-Witwe Marie, die Gärtner in Herrenhausen wurden versorgt, Kasernen in der neuen Provinz gebaut.

Die Bewirtschaftung des Fonds im Auswärtigen Amt wurde zuerst durch den Vortragenden Rat von Keudell wahrgenommen, später durch Hofrat Wiegener[86]. Die jährlichen Unterlagen über Auszahlungen wurden ganz überwiegend nach Vorlage beim Kaiser vernichtet. Übrig gebliebene Abrechnungen sind bis auf eine im Zweiten Weltkrieg verloren gegangen[87].

---

81 Sitzung am 30. Januar 1869: "bösartige Reptilien".

82 Windthorst im Reichstag am 9. Februar 1876.

83 Wegen der Kapitulation von Metz.

84 Zur Bewahrung seines Schwiegervaters vor dem Konkurs.

85 Holstein, Bd.1, S. 149.

86 PA, I B Rep II Generalia 184.

87 Philippi, Zur Geschichte des Welfenfonds, Niedersächsisches Jahrbuch für Landesgeschichte, 1959, S. 200 ff.; hier S. 214.

B.I.3.d. Die räumliche Unterbringung des Auswärtigen Amts und der Auslandsvertretungen in Dienstgebäuden

Wenn vom Auswärtigen Amt als der "Wilhelmstraße" die Rede war, dürfte sich kaum jemand über die beengte und unzulängliche Unterbringung der Beamten in den Dienstgebäuden im Klaren gewesen sein.

Der Sitz des preußischen Außenministeriums war seit 1819 in der Wilhelmstraße 76, einem Palais aus dem 18. Jahrhundert, das unter anderen der Ballettänzerin Barberina gehört hat. Hier wohnte - im Obergeschoß - der Außenminister, seit 1863 Bismarck, auch als er 1866 Kanzler des Norddeutschen Bundes wurde. Die Politische Abteilung befand sich im Parterre des Gebäudes, während Abteilung II ihre Diensträume schräg gegenüber in Nr. 61 an der Südweststrecke des Wilhelmplatzes hatte.

Das Gebäude Nr. 76 besaß eine einfache, aber wirkungsvolle Fassade. Bemerkenswert waren zwei Sphinx-Figuren im Aufgang zum Treppenhaus. In den großen Garten ragten zwei Seitenflügel.

Neben der Wohnung und den Arbeitszimmern des Kanzlers und des Staatssekretärs gab es für die Beamten der Politischen Abteilung (I A und I B), das Zentralbüro (mit Archiv und Registratur) sowie das Chiffrier- und Depeschenbüro, insgesamt 23 Personen, 12 Zimmer. Die Dezernenten und Hilfsarbeiter mußten also zu zweit oder gar zu dritt in einem Raum arbeiten bzw. dazu oft nach Hause ausweichen. Günstiger war die Unterbringung der Abteilung II, der geheimen Registratur und der Legationskasse: 58 Personen in 51 Zimmern.

Bismarck schlug schon 1871 einen sich in den Garten der Wilhelmstraße 76 erstreckenden Erweiterungsbau vor[88]. Dieser Anbau unterblieb jedoch, obwohl 1873 Haushaltsmittel dafür bewilligt wurden. Es zeichneten sich nämlich andere Möglichkeiten ab, die Bürofläche zu vergrößern[89]. 1875 kaufte das Deutsche Reich als Wohnsitz für den Reichskanzler das Palais Radziwill, Nr. 77 der Wilhelmstraße, neben dem Auswärtigen Amt. Ferner bestand die Aussicht, das rechts neben Nr.76 gelegene Gebäude, Wilhelmstraße 75, wo die Oberhofdruckerei Decker untergebracht war, erwerben zu können. Anfang 1878 zog Bismarck in das neu hergerichtete Palais Radziwill und die von ihm bisher bewohnten Räume wurden Arbeits-, Sitzungs-, und Wartezimmer (für Besucher). 1882 bezog das Auswärtige Amt die 1877 gekaufte Nr. 75 der Wilhelmstraße, nachdem das Gebäude geräumt, renoviert und ein Mauerdurchbruch als

---

[88] Denkschrift vom 29. April 1871 wird bei Sasse, Baugeschichte S.363, ausführlich besprochen.

[89] Es gab auch den Plan, das Gebäude Wilhelmstraße 61 zu renovieren, das angrenzende Grundstück Wilhelmplatz 2 zu erwerben, dort zu bauen und in dem neuen Komplex beide Abteilungen unterzubringen.

Verbindung zu Nr. 76 geschaffen war. Nun konnten, nachdem schon vorher das Gebäude Wilhelmstraße 61/Wilhelmplatz 1 aufgegeben und eine vorübergehende Unterkunft in der Wilhelmstraße 70a bezogen war, beide Abteilungen auf einer Straßenseite vereint werden.

In dem großen Garten der Deckerschen Druckerei, Wilhelmstraße 75, hatte sich der Besitzer vor Jahren ein Haus bauen lassen, die sogenannte "Villa". Sie diente ab 1882 dem Staatssekretär als Wohnung.

Da die Gebäude in der Wilhelmstraße wegen ihres Zuschnitts für die Unterbringung einer Behörde nicht geeignet waren und die Baussubstanz Mängel aufwies, konnte auch nach diesen Veränderungen niemand mit der Unterbringung des Auswärtigen Amts zufrieden sein. Die meisten Zimmer waren dunkel, so daß oft tagsüber Lampen brennen mußten. Die Fußböden hatten sich gesenkt. Wegen unzureichender Heizung war es überall kalt und feucht. Der Zugang zu den einzelnen Räumen war "eine höchst winkelige und verzwickte Angelegenheit"[90]. Die Flure waren überdies mit Aktenschränken verstellt. Die Ausstattung der Dienstzimmer war mehr als bescheiden[91].

Die Verhältnisse bei den Auslandsvertretungen waren besser. In die siebziger und achtziger Jahre fällt der Bau neuer Botschafts- und Gesandtschaftsgebäude sowie deren Einrichtung (z.B. Brüssel, Wien, Tokio, Rom, Peking, Belgrad, Therapia - Sommerresidenz Konstantinopel -, London) oder deren Ausbau (St. Petersburg, Palazzo Caffarelli in Rom, Konstantinopel). Auch für Konsulate wurden Häuser gekauft (Shanghai, Kanton, Swatau, Yokohama). Die meisten Dienstgebäude der Auslandsvertretungen waren allerdings nur gemietet.

B.I.3.e. Geschäftsgang und Berichtswesen in der Zentrale und bei den Auslandsvertretungen

Die Regeln des Geschäftsbetriebs im Auswärtigen Amt stammten von der gut organisierten und kompetenten preußischen Staatsverwaltung. Bismarck hat alles getan, um dem Verwaltungsapparat im Dienste seiner Außenpolitik ein Höchstmaß an Effizienz zu geben. Nicht nur, daß er zu einer Zeit, in der sich der bürokratisch-zentralistische Anstaltsstaat durchsetzte[92], um die schnelle Anpassung organisatorischer Strukturen an neue Verhältnisse bemüht war, darüber hinaus kümmerte er sich um die Ein-

---

[90] Kühlmann, Erinnerungen, Heidelberg 1948, S.121. Schilderungen des Gebäudes gibt es auch bei Poschinger, Stunden bei Bismarck, Wien 1910.

[91] Brauer, Erinnerungen, S.96.

[92] Gall, Bismarck, S.400.

zelheiten des Verwaltungsablaufs wie kein anderer Minister vor oder nach ihm. Er war Regierungs- und Verwaltungschef in einer Person.

Instrumente des Geschäftsgangs waren das Centralbüro[93], die geheime Registratur, das Chiffrierbüro und die geheime Kanzlei - alle mit hochqualifizierten Beamten des mittleren Dienstes besetzt. Das Centralbüro war Eingangs- und Verteilungsstelle für alle Eingänge sowie Registratur und Archiv für die Politische Abteilung und die geheimen Vorgänge der anderen Abteilungen. Im Chiffrierbüro wurden Erlasse und Berichte ver- und entschlüsselt und der Schriftverkehr der Politischen Abteilung erledigt. Für die Abteilungen I B, II und später III war die Geheime Registratur zuständig und die Vereinigte geheime Kanzlei führte die Schreibarbeiten aus.

Der Geschäftsverkehr lief schnell ab, auch wenn der Kanzler sich in Varzin oder Friedrichsruh aufhielt. Eisenbahn und Telegraph waren Voraussetzung dafür. Die Post für den Kanzler ging nachmittags ab, lag in Friedrichsruh zweieinhalb Stunden später vor, wurde bearbeitet, ging mit dem Nachtzug nach Berlin und konnte morgens vom Centralbüro verteilt werden.

Im "Centralbüro" wurde jeder Eingang, d.h. Noten, Berichte und sonstige an den "Chef", den Reichskanzler, gerichtete Schreiben mit laufender Nummer, Aktenzeichen und Inhalt im Eingangs- oder Hauptjournal[94] erfaßt. Die für die Abteilung II und III bestimmten Stücke gingen an die "geheime Registratur" weiter und wurden dort in die den Abteilungen entsprechenden Journale eingetragen. Die Eingänge für die Politische Abteilung gingen zuerst zum Staatssekretär, der sie - über das Centralbüro - je nach Inhalt dem Kanzler vorlegte oder gleich dem Referenten zuleitete. Im Journal wurden Präsentationsvermerke eingetragen, so daß man immer wußte, wo sich das Stück gerade befand und wie man es schnell herbeischaffen könnte. Dazu trugen auch die sorgfältig geführten "Archivbücher" (Findbücher) bei. Es bestand eine Sacheinteilung der Akten, die nicht mehr, wie früher üblich, ohne Rücksicht auf den Inhalt nur nach der Herkunft der Berichte (oder sonstiger Schreiben) geordnet waren. Die von Bismarck hochgeschätzten Vorstände des Centralbüros, die Hofräte Roland und Melcher, kannten jeden Vorgang und ihre Mitarbeiter arbeiteten präzise und schnell. Man hat das Centralbüro für den am besten funktionierenden Teil des Auswärtigen Amts gehalten[95]. Das Cen-

---

[93] Gelegentlich auch als "Depeschenbüro" bezeichnet. Obwohl die Zuständigkeit für die Absendung und Abfertigung der Depeschen beim Chiffrier-Büro lag.

[94] Später unter der Bezeichnung "Tagebücher" bekannt.

[95] Rosen, Wanderleben, Bd. 1, S. 21; Sasse, Geschichte des Auswärtigen Amts, S.117.

tralbüro diente gleichzeitig als Archiv, und so mußte sich der preußische Archivdirektor, Geheimer Oberregierungsrat Prof. von Sybel, dorthin wenden, als er für historische Ausarbeitungen auf Akten des Auswärtigen Amts zurückgreifen wollte[96].

Die Akten wurden nach Sachgebieten geführt, die einzelnen Stücke in chronologischer Reihenfolge abgelegt und durch Fadenheftung gebunden. Bismarck verfügte, daß kein Aktenband schwerer als 2 kg sein durfte[97].

Wie das Centralbüro war das Chiffrierbüro eng mit der Politischen Abteilung verbunden. Es hatte die doppelte Aufgabe, für das Verschlüsseln und Entschlüsseln der Erlasse, Berichte und Telegramme zu sorgen und die Schreibarbeiten der Abteilung I A zu erledigen. Auch Einsatz und Abfertigung der Feldjäger[98] fielen in seine Zuständigkeit. Leiter dieser Arbeitseinheit war der "compositeur des chiffres", der die Schlüssel aufstellte und die Umsetzung des Klartextes[99] in Zahlen veranlaßte. Der chiffrierte Verkehr zwischen der Zentrale und den Auslandsmissionen vollzog sich nach der "Instruktion für die Behandlung des Chiffrierwesens" von 1867, die durch Erlaß vom 18. Juni 1874 ergänzt wurde[100]. So durfte etwa ein Text nicht zu einem Teil "en clair" (klar) und zum anderen chiffriert abgehen. Wurden Mitteilungen, die eine Auslandsmission an fremde Regierungen weitergeben sollte, chiffriert übermittelt, so mußte der Wortlaut geändert werden, d.h. der ins Ausland übermittelte Text wurde umgestellt, um den Schlüssel nicht zu gefährden. Die Bedeutung, die Bismarck dem Chiffrierbüro beilegte, zeigt sich bei seinen Äußerungen im Reichstag, als er Vorbildung und Qualität des in dieser Arbeitseinheit eingesetzten Personals hervorhob[101].

Das Bedürfnis nach Geheimhaltung entsprang dem Wunsch, möglichst viel von dem, was im Auswärtigen Amt vor sich ging, nicht bekannt werden zu lassen. Schon nach dem Reichsbeamtengesetz (§§ 11 und 12) hatte die Pflicht zur Amtsverschwiegenheit einen hohen Rang. Im Auswärtigen Dienst gehörte Geheimhaltung zu den streng zu befolgenden Grundsätzen. Nicht ohne Grund ist in diesem Zusammenhang von Geheimdiplomatie die Rede, zu deren Wesen es gehörte, Aktivitäten der hohen Politik, etwa

---

96 Im Jahre 1881 wünschte er Akten über die ungarische Legion, Luxemburg, Verhandlungen mit Italien 1866, Hohenzollernsche Thronkandidatur einzusehen. Die Freigabe verfügte Bismarck selber. Bei Poschinger war er weniger großzügig. PA, R 2477.

97 Anordnung vom 3. Februar 1875, PA IV No. 11 Bd. 5.

98 Vgl. hier S. 75.

99 An dessen Stelle Abkürzungen traten.

100 PA, R 284.

101 Reichstagsdebatte am 4. Dezember 1884.

vertragsmäßige Bedingungen zu anderen Staaten, der Öffentlichkeit nicht zugänglich zu machen[102].

Wenn auch gewisse Vorgänge als "geheim" gekennzeichnet und seit 1873 in einem "secreten Journal" des Centralbüros geführt wurden[103], so gab es doch keinen gesetzlich geregelten Geheimschutz mit Strafbestimmungen. Aber auch ohne das unternahm man jede Anstrengung, um den Bereich der auswärtigen Angelegenheiten geheim zu halten. So waren die Beamten der Politischen Abteilung angewiesen, bei gesellschaftlichen Veranstaltungen nicht über dienstliche Vorgänge zu sprechen[104].

Die Kanzlei-Sekretäre fertigten für Schreiben, die das Auswärtige Amt verlassen sollten, nach Diktat[105] oder handschriftlichem Entwurf des Referenten bzw. Hilfsarbeiters auf 1/4 Folien-Bogen halbseitig geschriebene Konzepte, am Anfang mit dem Namen des Verfassers versehen und am Ende paraphiert, die dem Zeichnungsberechtigten vorgelegt wurden. Dieser konnte den Text verändern, der Kanzler tat es mit Bleistift. Seine "Korrekturen" wurden mit Tinte "nachgezogen", so daß sie der Schönschreiber bei Anfertigung des "Mundums" (Reinschrift) "klar" lesen konnte. Oft wurde danach ein Reinkonzept angefordert, das der Zeichnungsberechtigte erneut überprüfen und ändern konnte, bevor es zur Reinschrift kam.

Die kalligraphische Qualität der Schrift - auch der höheren Beamten - als Voraussetzung für schnelles Lesen spielte bei Bismarck eine große Rolle, weshalb die Prüfungsarbeiten eigenhändig geschrieben werden mußten. Als ein Ziel der Ausbildung galt die "Erwerbung einer klaren, deutlichen Handschrift"[106]. Auch Unterschriften sollten leserlich sein[107]. In einem Erlaß über "Schönschreiben" vom 2. Dezember 1881[108] wurde das Kanzleipersonal angehalten, sich einer "besseren und deutlicheren Handschrift zu befleißigen".

---

102 In der Praxis ist es allerdings selten gelungen. Der Vertrag zwischen Preußen und Italien (1866) war schon bei der Paraphierung bekannt, ebenso der deutsch-österreichische von 1879 (vor seiner Veröffentlichung 1887). Auch die Grundzüge des Rückversicherungvertrages hatten sich - trotz aller Bemühungen - nicht geheimhalten lassen.

103 1878 richtete man eine geheime Registratur für beide Abteilungen ein.

104 Brauer, Erinnerungen, S.203.

105 Stenographieren konnten nur wenige Sekretäre. Schreibmaschinen kamen im Auswärtigen Amt erst um die Jahrhundertwende auf.

106 PA, IB Rep IV, Personalia Nr. 27;

107 Vgl. dazu NAZ vom 21. Januar 1890.

108 PA, IB Rep IV, Gg, Nr.11, Bd. 17; vgl. Bismarck, GW, Bd. 6c, Nr.230.

Deutsche Schrift war vorgeschrieben, auch für Eigennamen und sogar Fremdworte[109]. Die Qualität des Papiers und der benutzten Tinte sollte so beschaffen sein, daß die Schriftstücke noch nach Jahrzehnten leserlich waren. 1880 beanstandete Bismarck, daß die Tinte, die vom Generalkonsulat Warschau für Berichte verwendet wurde, "schlechte Beschaffenheit" habe; falls am Dienstort keine bessere Tinte zu erhalten sei, solle man sie dort man sie dort "aus Galläpfeln nach dem alten Rezept herstellen" lassen[110].

Die als Tagespensum verlangte Leistung der Schönschreiber betrug sieben Bogen, d. h. 28 Seiten zu 24 Zeilen (eine Zeile mit zehn Silben). Wer mehr schaffte, erhielt eine "extra Vergütung". Bei starkem Arbeitsanfall wurden Aushilfskräfte eingestellt, die Stücklohn erhielten. Um Fehler in der Reinschrift auszuschließen, wurde der Text "kollationiert", d. h. durch einen weiteren Kanzlisten Korrektur gelesen oder das "Mundum" gar dem Referenten zur Überprüfung vorgelegt. Bei Verstößen gegen die Regeln waren Ordnungsstrafen (zwischen drei und zehn Mark) fällig. Es mußten häufig Abschriften angefertigt werden, um einen Text anderen Stellen mitzuteilen oder in andere Akten einzufügen. Dabei half die "Metallographie" mit einem Apparat, der eine Vielzahl von Kopien drucken konnte. In der "Metallographischen Anstalt" des Auswärtigen Amts ritzten fünf sogenannte "Stein-Drucker" den Text mit "Feder auf Zinkplatten", durch die dann in einer "Schnellpresse" Kopien von Berichten, Runderlassen, Handelsverträgen, Sitzungsprotokollen usw. hergestellt wurden. Ein weiteres, weniger aufwendiges Verfahren war die "hektographische Abklatsche" für geringere Auflagen.

Der Schriftverkehr vollzog sich in Form von "Erlassen" an die Missionen im Ausland[111] und von "Berichten" an die Zentrale, von "Immediatberichten", d.h. Vorlagen des Auswärtigen Amts an den Kaiser, von Noten oder Aide-mémoires an fremde Regierungen beziehungsweise deren Missionen und schließlich von Schreiben an andere Dienststellen und Einzelpersonen. Für den inneren Dienstgebrauch waren Memoranden und Promemoria bestimmt.

Alle Schriftstücke waren nach einem System aufgebaut: Der Empfänger wurde auf der ersten Seite unten links genannt, oben links befanden sich als sogenanntes Rubrum die Worte "Das Auswärtige Amt"[112]. Ein Datum

---

[109] Erlasse vom 14. Februar 1875, vom 21. August 1878, vom 24. März 1880.

[110] PA, R 286.

[111] Oder die preußischen Gesandtschaften in den deutschen Staaten

[112] Ab 1879 ohne den Zusatz "des Deutschen Reichs".

kam oben rechts auf die erste Seite[113]. Die Unterzeichnung eines Schriftstücks erfolgte auf der letzten Seite unten, wobei der Raum zwischen dem Ende des Textes und der Unterschrift von einem sogenannten "Devotions-Strich" ausgefüllt wurde. Im Auswärtigen Amt wurde sorgfältig auf Form und Stil der gefertigten Schriftstücke geachtet. Das bewirkte Bismarcks erzieherische Arbeit. Die sprachliche Meisterschaft des Chefs und seine Formulierungskunst schlugen sich in den Änderungen auf den Entwürfen der Mitarbeiter nieder, die Bismarck vorgelegt wurden. Die endgültige Fassung eines Schriftstücks kam oft erst nach mehrfacher Überarbeitung zustande, wobei der Kanzler auch eigene Formulierungen wieder änderte. Er verlangte Anschaulichkeit, Klarheit, Kürze und Genauigkeit, woran die Beamten sich gewöhnten, weil sie "Korrekturen" früherer Konzepte notierten und sich angelegen sein ließen. So bemühte man sich im Auswärtigen Amt der Bismarckzeit um gutes Deutsch, nachdem noch vor einem halben Jahrhundert die Korrespondenz in Französisch geführt worden war. Schriftstücke wie das Kissinger Diktat haben nicht zuletzt wegen ihres prägnanten Stils Beachtung und Anerkennung späterer Generationen gefunden.

Ein bedeutendes Schriftstück der Bismarckschen Außenpolitik zeigt nicht nur, wie durchdacht und sorgfältig der Kanzler arbeitete, sondern auch, wie die Beamten an seinen Konzeptionen teilhatten. Es handelt sich um das Schreiben des Reichskanzlers an den englischen Premierminister vom 22. November 1887, das als "großer Staatsschrieb"[114] bezeichnet wurde.

Auf einen Bericht von Botschafter Graf Hatzfeldt hatte Bismarck zugesagt, dem Wunsch von Lord Salisbury nachzukommen, im Rahmen der Gespräche über das zweite Mittelmeerabkommen, das sogenannte Orientabkommen, eine schriftliche Äußerung über die Zukunftsperspektiven der deutschen Außenpolitik zu erhalten[115].

Der erste Entwurf für ein persönlich an Salisbury gerichtetes Schreiben[116] ist teils vom Staatssekretär, teils unter seiner Anweisung von Be-

---

[113] PA, R 287.

[114] Auf französisch in GP, Bd. 4, Nr. 930; zum ersten Mal - in deutscher Sprache - veröffentlicht bei Otto Hammann, Zur Vorgeschichte des Weltkriegs, Berlin, 1918, S. 238 ff. und in der Norddeutschen Allgemeinen Zeitung vom 18. Dezember 1918; vgl. Herzfeld, Die moderne Welt, S. 239; Steglich, Bündnisvorschläge, S. 284-348.

[115] Bericht London vom 12. November 1887, GP Bd. 4, Nr. 925, 926, 929. Salisbury bat darum, "pour être assuré de l'approbation morale de l'Allemagne de l'arrangement".

[116] Ein Privatbrief war am 18. November 1887 telegraphisch angekündigt worden, PA, R 14526.

amten der Politischen Abteilung ausgearbeitet worden[117]. Entsprechend den Gepflogenheiten im Auswärtigen Amt dürften die zu behandelnden Punkte vom Kanzler, der am 15. November 1887 aus Friedrichsruh nach Berlin kam, um beim Besuch des Zaren anwesend zu sein, dem Referenten durch Herbert Bismarck vorgegeben worden sein. Auch eine Niederschrift Graf Rantzaus vom 13. November 1887, in der der Reichskanzler seine Überlegungen zu den England interessierenden Fragen geäußert hatte, lag den Mitarbeitern vor[118].

Die 27 halbe Seiten umfassende Ausarbeitung ist auf den 17. November datiert, aber nicht paraphiert. Bismarck hat sie geändert, ergänzt, Passagen gestrichen usw. Der nun entstandene Text wurde vom Kanzlisten neu geschrieben und sodann - vielleicht vom Geheimen Legationsrat Lindau, möglicherweise aber auch vom Französisch-Experten, Prof. Aubert - zwischen dem 18. und 20. November ins Französische übersetzt und Bismarck vorgelegt.

Nach erneuten Änderungen stilistischer und auch inhaltlicher Art entstand eine kürzere und präzisere Fassung, von der die Kanzlei ein Reinkonzept fertigte. Das hat Bismarck noch einmal - geringfügig - geändert, bevor am 22. November 1887, dem Tag von Bismarcks Rückkehr nach Friedrichsruh, der endgültige Text an die Botschaft London zur Aushändigung an Salisbury abging.

In diesem Schreiben wurde einleitend auf die Lage des Deutschen Reichs zwischen zwei Großmächten hingewiesen, die möglicherweise zusammen gegen Deutschland antreten könnten. In der Notwendigkeit, sich dagegen zu verteidigen, liege der hohe Stand der deutschen Rüstung begründet. Davon unberührt seien die friedlichen Absichten des Reiches,

---

117 Auf die intensive Beschäftigung Herbert Bismarcks deuten die von Steglich auf S.309 Anmerkung 98 und S.312 angeführten Tagebuchnotizen des Staatssekretärs, der schon bei seinem Besuch in London einige Wochen vorher mit Salisbury gesprochen hatte. In der Akte Deutschland Nr. 137 secretissime ist als Referent Dr. Lindau genannt und zwar von der Hand Herbert Bismarcks. Eine Paraphe Lindaus jedoch fehlt. Steglich (Anm. 98) hat die Hand des ersten Teils dieses ersten Entwurfs nicht identifizieren können. Er meint, daß ab Bl. 14 vom Chef der Reichskanzlei, v. Rottenburg, auf Diktat des Kanzlers geschrieben wurde. Eine Überprüfung von Handschriften bestätigt das von Steglich dargelegte Ergebnis. Der erste Teil dürfte wohl kaum von der Hand eines Kanzlisten stammen, sondern der eines Referenten. Von Brauer ist es aber nicht, obwohl er - als Österreich-Referent - im November 1887 federführend das Orientabkommen bearbeitete und auch entsprechende Erlasse an die Botschaft London entworfen hat. Seine Schrift ist der des Entwurfs (1.Teil) ähnlich, aber die Feder verschieden. Holstein hat in der Sache gearbeitet, er war nach dem Ausscheiden Buchers für England zuständig. Sein Schriftbild hat mit der des 1. Entwurfs (1.Teil) Ähnlichkeiten, ist aber nicht identisch damit. Lindaus Schrift weist manche Ähnlichkeit auf; dennoch dürfte der Entwurf nicht von seiner Hand sein.

118 GP, Bd. 4, Nr. 925.

unter welchem Monarchen es auch immer stehen möge[119]. Für Deutschland käme ein Eingreifen nur in Frage, wenn seine Grenzen angegriffen würden oder die Unabhängigkeit Österreichs, d.h. dessen Großmachtstellung, durch Rußland oder die "Stärke" Englands oder Italiens durch Frankreich gefährdet seien.

Ein Vergleich des ersten Entwurfs mit dem endgültigen Brieftext zeigt, daß Aufbau und Gedankenführung des Schriftstücks im Wesentlichen erhalten blieben, wenn Bismarck auch längere Passagen, die ihm wohl entbehrlich erschienen, im Interesse der Straffung, gestrichen hat. Die Darstellung der Gegebenheiten der deutschen Politik und ihrer Problematik blieb erhalten, ebenso ein entscheidender Punkt, daß man nämlich mit einem deutschen Eingreifen zugunsten Österreichs, Italiens und Englands nur rechnen könne, wenn Deutschland bei einem Zwei-Fronten-Krieg deren Unterstützung zuteil würde und eine ernste Schädigung einer dieser Mächte zu erwarten sei. Daß andernfalls die Möglichkeit der Verständigung mit Rußland zur Vermeidung eines Krieges ins Auge gefaßt würde, zeigt sich bereits im ersten Entwurf[120], der die deutsche Neutralität in einem Krieg wegen seiner "Spezialität der orientalischen Frage", d.h. "durch orientalische Interessen provoziert", stärker betonte. Wenn auch die Formulierungen sich unterscheiden, ist doch die Frage eines deutschen militärischen Eingreifens und "das deutsche Verlangen nach einer Gegenseitigkeit der Beistandsleistungen", wie Steglich es nennt,[121] schon dort behandelt.

Der Salisbury-Brief ist ein Beispiel für die Gedankenarbeit, die in der Politischen Abteilung zur Umsetzung der Bismarckschen Außenpolitik geleistet wurde. Hier kommt der Wunsch Bismarcks, "die Briten stärker an sich zu binden"[122] ebenso zum Ausdruck wie darzulegen, wann - im Falle eines Krieges - mit deutscher Hilfe gerechnet werden könne. Es wird versucht, "Deutschland die Unterstützung Englands für den Fall eines Krieges mit zwei Fronten zu sichern"[123], ja ein "verschleiertes Bündnisangebot"[124] zu unterbreiten.

---

119 Salisbury hatte angesichts des Alters Wihelm I. und der Krankheit des Kronprinzen auf die Möglichkeit einer Änderung der deutschen Politik verwiesen, wenn Prinz Wilhelm Thronfolger würde.

120 Erster Entwurf: "Wir müssen ihn [einen russischen Krieg] also vermeiden, solange es irgend [...] möglich ist". Zweiter Entwurf: "[...] vermeiden, solange [...] die für uns entscheidende und notwendige Existenz der österreichisch-ungarischen Großmacht nicht gefährdet ist [...]. Dritter Entwurf: "[...] nous tâcherions de l'éviter par un arrangement à l'amiable avec la Russie s'il fallait la faire sans allié".

121 Steglich, S.313.

122 Hildebrand, Außenpolitik, S.23.

123 Steglich, S. 314.

124 Deutsche Allgemeine Zeitung vom 16. Februar 1919.

Bei einer Betrachtung des Zustandekommens des Schreibens an Salisbury fällt auf, daß es damals noch keine allgemeine Geschäftsordnung für die Ministerialbehörden gab. Bismarck hatte auch eine solche nicht vermißt, wahrscheinlich weil er es gewohnt war, daß im Auswärtigen Amt eine Sammlung von "Bürobestimmungen" zur Verfügung stand. Dieses "Kompendium" von weit über zweihundert Anweisungen zeugt von einer gut entwickelten Technik des Geschäftsbetriebs in der Zentrale. Für die diplomatischen Vertretungen mußte man sich allerdings 1876 - als Folge der im Untersuchungsverfahren gegen Graf Arnim zutage getretenen Unregelmäßigkeiten des Geschäftsgangs bei der Botschaft Paris - entschließen, eine Geschäftsordnung für die Auslandsvertretungen zu erlassen[125]. Bismarck war nämlich zu der Überzeugung gelangt, daß sich ein bisher vom Missionschef nach seinem Gutdünken gestalteter Geschäftsbetrieb besser durch feste, allgemein gültige Regeln zu vollziehen habe. Eine Dienstvorschrift von 45 Paragraphen regelte auf 38 Seiten die Kanzleitätigkeit und die Sachbearbeitung. Dabei waren die im Falle der Botschaft Paris gemachten Erfahrungen zugrunde gelegt worden.

Grundsätzlich hatte der Missionschef die Verantwortung für "die ordnungsmäßige Verwaltung der Kanzlei und der Registratur" (§ 1). Er führte die Aufsicht über die nachgeordneten Beamten und hatte Disziplinargewalt. Er teilte den ihm zugewiesenen Beamten ihre Arbeit zu (§ 46).

Der Missionschef öffnete die eingehende Kuriersendung und sonstige Schriftstücke und wies sie den nachgeordneten Beamten zur Bearbeitung zu. Dem Botschaftsrat oder ersten Sekretär war jeder Eingang vorzulegen, er führte das Politische Journal (§ 5), ein anderer Beamter für die nicht politischen Sachen das "Journal B". Für "Sachen secreter Natur", die der Missionschef "in eigene Verantwortung" nahm, war ein Journal anzulegen, das von ihm "persönlich zu führen" war (§ 7). Alle Journale waren einmal im Monat zu "revidieren" (§ 20). Politische Berichte sollten "in der Regel" durch Legationssekretäre oder Attachés vom Konzept in Reinschrift übertragen werden (§ 10). Die Berichte wurden an den Reichskanzler adressiert; Immediatberichte gingen "durch seine Vermittlung" an den Kaiser (§ 12). Format des Papiers, Tinte, Zeilenabstand, Datum, Unterschrift, Absender usw. waren vorgeschrieben. "Schleunige Sachen" seien "sofort" zu erledigen, "womöglich in der Zeit bis zum Abgang der nächsten Post. Nicht schleunige Sachen innerhalb der auf das Präsentdatum folgenden drei Tage" (§ 19)[126].

---

[125] Geschäftsordnung für die Missionen seiner Majestät des Kaisers und Königs mit Ausschluß der Konsulate, PA IB Rep IV Geschäftsgang Nr. 28.

[126] Nach Vorlage des Schriftstücks

Angesichts des Verhaltens von Graf Arnim wurde bestimmt, daß "alle Privatbriefe, welche der Reichskanzlern oder das Auswärtige Amt an den Chef der Mission richtet, und worin politische Angelegenheiten direkt oder indirekt berührt werden", als "amtliche Schriftstücke und demgemäß zur amtlichen Behandlung mit Einverleibung in das Archiv zu betrachten sind" (§ 21). Bei den Vorschriften über die Geheimhaltung erscheint § 24 für die damaligen Zustände kennzeichnend, daß die Eingänge "vor der Eröffnung sorgfältig zu prüfen" seien, "ob sie etwa einer heimlichen Öffnung unterworfen" waren.

Die Bestimmungen über die Ordnung der Registraturen bzw. Archive, die Zuteilung von Aktenzeichen, das Anlegen von Repertorien, eines "Index"[127], des Inventars entsprachen der in der Zentrale eingehaltenen Übung (§§ 29-30). Bestimmungen über die Kasse, das Postbuch, die Verwahrung von Gegenständen vervollständigten die Kanzleivorschriften (§§ 36-42).

Bei seiner Abberufung hatte der Missionschef alle in seinem Besitz befindlichen Akten dem Geschäftsträger zu übergeben. Darüber war ein Protokoll aufzunehmen und dem Auswärtigen Amt einzureichen (§ 44).

Was die überkommenen "Kurialien", d. h. Floskeln, anlangt, erwies sich Bismarck auch auf diesem Gebiet des Schriftverkehrs als Neuerer, indem er viele alte Formeln wegfallen ließ, zunächst in Telegrammen, später überhaupt[128].

Die Befugnis zur Zeichnung lag außer beim Reichskanzler beim Staatssekretär, beim Unterstaatssekretär, bei den Direktoren und Dezernenten. Oft ließ sich Bismarck ein Schreiben, das der Staatssekretär zeichnen sollte (Der Reichskanzler/In Vertretung) vor Abgang vorlegen und nahm noch Änderungen vor. Unterstaatssekretär und Direktoren unterschrieben: "In Vertretung des Staatssekretärs" oder "Der Reichskanzler/Im Auftrage". Referenten der Politischen Abteilung zeichneten nur selten. Bismarck führte gelegentlich über "die Sucht zu zeichnen" Beschwerde[129]. Dem Kanzler waren vorzulegen: Immediatberichte, Noten an fremde Missionen und Sachen von "besonderer prinzipieller Wichtigkeit". Erlasse an die Missionschefs, besonders wenn sie politische Aufträge erhielten, unterzeichnete der Reichskanzler oder der Staatssekretär. Der Direktor der Handelspolitischen Abteilung unterzeichnete außer Immediatberichten und Noten an fremde Missionen alles in seinem Bereich anfallende.

---

[127] Verzeichnis aller nicht politischen, insbesondere Namenssachen.

[128] PA, R 285.

[129] Holstein, Bd. 2, S. 13.

Stoff für die Berichterstattung der Auslandsvertretungen waren die verschiedensten Themen. Sie erstreckten sich auf Vorgänge und Entwicklungen in Herrscherhäusern, Regierungen, Parlamenten und in der Außen- sowie Innenpolitik, schlossen die Militärangelegenheiten ebenso ein wie Wirtschaft, Presse, Kirchen, Schulen, Universitäten. Jeder Gegenstand war in einem gesonderten Bericht zu behandeln. Dieser trug auf der Rückseite des letzten Blattes eine kurze Angabe des Inhalts. Bezugnahmen auf vorangegangene Korrespondenz sollten unterbleiben, damit bei Vorlage an den Kaiser nicht Akten beigefügt werden mußten. Erforderlichenfalls sollte zu Anfang des Berichts kurz auf die bisherige Entwicklung der Angelegenheit eingegangen werden. Berichte ("Depeschen")[130] bildeten eine Grundlage für die Willensbildung im außenpolitischen Entscheidungsprozeß: sie waren gerichtet an: "Seine Durchlaucht den Fürsten Bismarck"[131] und vom Missionschef unterschrieben.

Bis 1848 wurden die Berichte an den preußischen König gerichtet, erst danach waren sie "in der Regel" dem Minister "zur Vorlage an allerhöchster Stelle" zu erstatten. Immerhin blieb dem Missionschef die Möglichkeit, dem Monarchen einen Bericht unmittelbar zuzuleiten. Die sogenannte Immediatberichterstattung folgte aus dem unmittelbaren Vortragsrecht des Gesandten oder Botschafters. Dieses wurde aber in der Praxis immer mehr eingeschränkt, seit Bismarck Ministerpräsident und Reichskanzler geworden war. Schon Anfang der siebziger Jahre war es allgemein üblich, Wilhelm I. Berichte durch "Vermittlung des Reichskanzlers" (bzw. des Auswärtigen Amts) vorzulegen[132]. Kam es doch einmal vor, daß - wie bei den Botschaftern Grafen Arnim und Münster - Berichte zum Kaiser gelangten, ohne diesen Weg einzuhalten, hat Bismarck das mißbilligt: Als der die Verantwortung für die Außenpolitik tragende Minister fand er sich nicht bereit, das Monopol der Unterrichtung und Beratung des Monarchen mit den Botschaftern zu teilen. das hat er auch dem Kaiser unwidersprochen vor Augen geführt[133], und die 1876 erlassene Geschäftsordnung für die Auslandsmissionen bestimmte, daß Immediatberichte "durch Vermittlung des Reichskanzlers" vorzulegen seien. Im übrigen wurden aber die wichtigen politischen Berichte vom Auswärtigen Amt dem Kaiser vorgelegt, der sich dafür immer interessiert zeigte,

---

[130] Das Wort kommt vom Französischen: "dépêche diplomatique" und hat auch die Bedeutung "Kuriersendung".

[131] PA, R 246.

[132] PA, R 285.

[133] Vgl. Vorlage vom 5. Dezember 1872 a.a.O. Bei einem Bericht des Grafen Münster im Jahre 1876, der nach Bad Ems ging, weil Bismarck nicht in Berlin war, blieb es bei einer Rüge gegenüber dem Botschafter, vgl. Nostitz, S. 178.

schon um seinen Einfluß auf die Gestaltung der Außenpolitik zu behalten[134].

In den achtziger Jahren war die Berichterstattung so angewachsen, daß Unterstaatssekretär Dr. Busch die Missionschefs bat, sich zu "beschränken". Dann würde für den Reichskanzler, der sich "persönlich der Lektüre aller Eingänge [...] unterzieht" eine "Erleichterung eintreten"[135].

Ein Jahr später hat Bismarck selber darauf hingewiesen, daß "der große Umfang der von allen Seiten eingehenden Berichte" ihm "die Übersicht erschwere" und er es "im Interesse der hiesigen Arbeitskräfte [...] mit Dank erkennen werde, wenn die Berichte [...] stets einer Prüfung unterworfen würden, ob alles, was sie enthielten, für die Orientierung des Amtes und für die Vorbereitung der hier zu fassenden Entschließungen erforderlich sei"[136]. Über den Wert der Berichterstattung gehen die Meinungen auseinander. Nach Robolsky[137] soll Bismarck geäußert haben: "Wenn Sie einmal Geschichte schreiben danach, so ist nichts Ordentliches daraus zu ersehen". Diesem Urteil, das durch Moritz Busch die Runde gemacht hat, stehen zahlreiche Anerkennungen "für die fleißige und sachgemäße Berichterstattung" gegenüber. So hat Wilhelm I. einen "Bericht über die irischen Zustände [...]" als eine ebenso interessante wie klare Darstellung bezeichnet" und dem Verfasser "allerhöchste Anerkennung" ausgesprochen[138]. Die Randbemerkungen Bismarcks, die auf kaum einem Bericht fehlten, beweisen, mit welcher Aufmerksamkeit sich der Kanzler mit den Dingen beschäftigt hat, und wieviel davon in seine Überlegungen eingeflossen ist. Auch die Stellung nehmenden Antworten Bismarcks auf Berichte zeigen das[139]. Häufig wurden Berichte zur Unterrichtung an andere Auslandsvertretungen verteilt, um zur "Kenntnis des Ganges unserer Politik und Vorfällen im Ausland" beizutragen[140]. Eine andere Stimme zur Berichterstattung des deutschen auswärtigen Dienstes kommt vom

---

134 Hartung, S.75.

135 Erlaß vom 20. Juni 1884, PA, R 288.

136 Erlaß vom 3. Dezember 1885, PA, R 288; vgl. auch eine Bitte Bismarcks an Botschaftsrat von Bülow um kürzere Berichte, da der Kaiser nicht 30 Seiten lesen könne. PA, R 289.

137 Robolsky, Aus der Wihelmstraße, Berlin, S.105; Stern, S.427; Busch, Tagebuch, Bd. 3, S.375.

138 Erlaß an den Botschaftsrat von Stumm vom 20. April 1882, PA, Pers.Akte Nr. 62.

139 Etwa das Kissinger Diktat, vgl. Hampe, S.204ff.

140 PA, R 284 Erlaß vom 20. Januar 1870; nach einer Weisung vom 8. November 1875 sollten die "transatlantischen Missionen im größerem Umfang wie bisher Berichte, welche sich auf die politischen und handelspolitischen Verhältnisse Amerikas beziehen" erhalten (PA, R 284).

französischem Geschäftsträger in Berlin. Er gibt in seinem Bericht vom 8. April 1875 über die Lage im Kulturkampf eine Bemerkung des belgischen Gesandten wieder, wonach die Berichte der deutschen Missionschefs von "Servilität" gekennzeichnet seien. "Aus Angst vor dem Unwillen des Kanzlers" werde die Wahrheit entstellt und nur im Sinne der Auffassung des Chefs berichtet[141].

Die preußischen Gesandtschaften in München, Dresden, Stuttgart, Weimar, Oldenburg, Karlsruhe, Darmstadt und Hamburg erhielten solche Berichte, die sie nach Maßgabe einer Weisung auch "zur Mitteilung" vertraulich, mündlich oder schriftlich, weitergeben durften. Da die Fürstenhäuser und die Regierungen in den deutschen Staaten an "dem Fortgang der Reichspolitik" interessiert waren, erfreute sich diese Praxis großer Beliebtheit. Und für den Kanzler kam es darauf an, sich "ein sympathisches Interesse für die Politik des Reiches zu sichern"[142]. Blieb die Belieferung einmal aus, folgten sogleich Anfragen der preußischen Gesandtschaften beim Auswärtigen Amt. Die "Mitteilung von politischen Berichten an andere Reichsbehörden erfolgte mit besonderer Vorsicht"[143]. Die Wirtschaftsberichte dagegen wurden weit gestreut.

Die Berichterstattung der Auslandsmissionen kannte auch einen "diplomatischen Nebenkanal"[144], der mit Briefen benutzt wurde, die persönlich an einen Beamten in der Zentrale gerichtet waren. Solche Briefe wurden nicht von Kanzlisten geschrieben und nicht von einer Registratur erfaßt, sondern mit der Post oder mit der "Depesche" an den namentlich genannten Empfänger befördert. Auf gleiche Weise erfolgte eine Beantwortung. Die Bezeichnungen, die man diesen Schriftstücken beilegte, sind widersprüchlich, ein Botschafter nannte sie "offizielle Privatbriefe"[145]. Meist sprach man von "privater" Korrespondenz oder, wie es der Leiter des Centralbüros Roland im Strafverfahren gegen Graf Arnim ausdrückte, von "politischer Korrespondenz in privater Form". Holstein, der davon viel Gebrauch machte, nannte sie "direkte Berichterstattung"[146]. Diese besondere Art des Schriftverkehrs zwischen Auslandsmissionen und Zen-

---

141 Übersetzung aus: Archives du Ministère des affaires étrangères, Correspondance Politique, Allemagne, 1870-96, Bd. 16, No 24, nach Scholtyseck, S. 43. Zu allen Zeiten, in allen Ländern, hat es diplomatische Berichterstattung gegeben, die darauf zugeschnitten war, den Beifall des Ministers zu finden. Eine solche Haltung der deutschen Diplomaten ist für die Bismarckzeit keineswegs typisch.

142 PA, R 284, Erlaß vom 2. März 1874.

143 PA, R 285.

144 Bußmann, Herbert Bismarck, S. 41; Militärattachés machten gern davon Gebrauch.

145 Prinz Reuß am 18. Juni 1875, PA, R 6510.

146 Nostitz, S. 225, 306.

trale war nicht bloß dem deutschen Außenamt eigentümlich, sondern auch im französischen üblich, wo man diese Briefe "lettres particulières" nannte[147].

Die an den Empfänger persönlich gerichteten Briefe wurden meist für vertrauliche Mitteilungen benutzt, die einem größerem Personenkreis, etwa dem Kanzleipersonal, nicht bekannt werden sollten. So schreibt Otto von Bülow u.a. am 29. Juni 1877 an Radowitz:

> Ich bitte um Erlaubnis, Ihren Erlaß Nr. 5 mittels Privatbrief beantworten zu dürfen, weil man in einem solchen frei von der Leber weg reden kann[148].

Das Verfahren war im Auswärtigen Dienst allgemein bekannt und wurde geduldet: in manchen Fällen ersuchte die Amtsleitung sogar einen Auslandsbeamten, "Auffassungen, wie sie in gewissen Berichten erwähnt" wurden, die dem Kaiser vorzulegen waren, "lieber in Form von Privatbriefen hierher mitzuteilen"[149]. Dieser Schriftverkehr kam gelegentlich einer bewußten Umgehung des Dienstweges gleich. So hatte 1870 ein Botschaftsekretär aus London über die ihm zufällig bekannt gewordenen Überlegungen französischer Politiker über Belgien an einen Referenten berichtet, von denen der Botschafter erst durch die Zentrale erfuhr. Die unterbliebene Unterrichtung des Botschafters wurde von Bismarck gerügt[150].

In dem Strafverfahren gegen Botschafter Graf Arnim ist die Frage strittig gewesen, wem eine persönlich geführte Korrespondenz gehöre, und wer darüber verfügen dürfe, der Adressat oder der Staat, d.h. das Auswärtige Amt. Graf Arnim beanspruchte Schreiben des Kanzlers an ihn als sein Eigentum, ebenso wie übrigens die von ihm entworfenen Berichtskonzepte.

Im 18. und in der ersten Hälfte des 19. Jahrhunderts waren preußische Gesandte der Ansicht, nicht verpflichtet zu sein, "die Concepte ihrer politischen Berichte den gesandtschaftlichen Archiven einzuverleiben"[151]. Demgegenüber vertrat das preußische Außenministerium den Standpunkt, daß ein "Konzept ein amtliches Schriftstück sei, das dem Staat gehört"[152]. Bei den persönlichen Schreiben sei nicht die Anschrift sondern der Inhalt

---

147 Documents diplomatiques français, Bd. I, S. VIII.

148 Goldschmidt, Preußische Jahrbücher 235, S. 45.

149 Schreiben des Staatssekretärs an Graf Münster vom 29. November 1876, PA, R 285.

150 Erlaß an Kusserow, PA, Pers.Akte Nr. 27.

151 PA, R 246.

152 PA, R 249.

entscheidend. Daß dienstliche Schriftstücke Privateigentum des Missionschefs sein sollten, sei "absurd"[153]. In der Folgezeit ist dann auch im Auswärtigen Amt danach verfahren worden[154]. In der aus Anlaß der Arnimprozesse erlassenen "Geschäftsordnung für die Missionen Seiner Majestät mit Ausschluß der Konsulate" vom 22. November 1875 hieß es in § 21 Nr. 2, daß

> alle Privatbriefe, welche der Reichskanzler oder das Auswärtige Amt an den Chef der Mission richtet und worin politische Angelegenheiten direkt oder indirekt berührt werden

amtlich seien.

So wurden denn auch Privatbriefe "angesichts der Wichtigkeit des Inhalts" gelegentlich dem Kaiser vorgelegt[155] und regelmäßig zu den Akten genommen. Die Holstein-Papiere zeigen allerdings, daß das durchaus nicht immer der Fall war[156].

Die regelmäßige Arbeitszeit der Beamten bei den Reichsbehörden betrug sechs Stunden[157] am Wochentag. Die Dienststunden waren von April bis September auf 8 bis 14 Uhr festgelegt, von Oktober bis März auf 8.30 bis 14.30 Uhr. Die Besonderheiten des Auswärtigen Dienstes brachten es mit sich, daß die Kanzleibeamten Schichtdienst von 9 bis 15, und 15 bis 21 Uhr zu leisten hatten. Die Kanzleidiener hatten entweder von 9 bis 15 oder von 15 bis 21 Uhr Dienst.

Für den Fall, daß "die Fertigung und Ablieferung des Tagespensums oder andere dienstliche Veranlassung es notwendig" machten, waren die Beamten gehalten, "auch noch längere Zeit zu verweilen", manchmal bis 24 Uhr. Nach Dienstschluß gab es einen Bereitschaftsdienst bis 20 Uhr, desgleichen an Sonn- und Feiertagen. Die Bürovorsteher und ein Stenograph sollten auch zum "Abenddienst" möglichst im Amt sein, wenigstens aber "ohne Verzug" erreicht werden können[158].

---

153 PA, IB Rep IV Gg 28 adh. I vol 1.

154 Sehr anschaulich schildert Stamm, S. 165 ff, wie der Kanzler bei der Korrespondenz mit seinem Sohn verfuhr.

155 Erlaß an Botschafter von Schweinitz vom 22. Dezember 1886.

156 Im englischen auswärtigen Dienst haben Missionschefs die private politische Korrespondenz behalten und, wie Botschafter Lord Lyons, vererbt, das bestätigt das Werk von Lord Newton, A Record of English Diplomacy.

157 Bis 1. März 1909, danach 7 Stunden.

158 PA, Rep IV Gg No. 11 Bd. 22.

Für den höheren Dienst gab es keine starre Regelung, denn es war "ein nimmer ruhender Dienst, Sonntag wie Werktag"[159]. Wegen der beengten Unterbringung wurde viel zu Hause gearbeitet. Immerhin bestimmte der Unterstaatssekretär, daß ab 12 Uhr "alle Räte und Hilfsarbeiter [...] in ihren Arbeitsräumen anzutreffen seien"[160]. Die Räte der Politischen Abteilung arbeiteten dann vom Mittagessen (etwa 17 Uhr) oft bis in die Nacht[161]. Sie konnten "nicht viel an Geselligkeit" denken[162]. Diese große Arbeitslast beruhte auf der anspruchsvollen Amtsführung des Kanzlers und seiner persönlichen Lebensweise. Dem sind Staatssekretär von Bülow und der Direktor Bojanowsky zum Opfer gefallen. Auch Herbert Bismarck, Graf Hatzfeldt und Direktor v. Philipsborn haben dieses Tempo auf die Dauer nicht durchhalten können[163].

Für die in der Zentrale beschäftigten Beamten war der Urlaub wie für den gesamten Reichsdienst geregelt. Es galt die Verordnung vom 2. November 1874[164], d. h. die Beamten des mittleren Dienstes hatten je nach Alter und Rang zwischen 14 Tagen und sechs Wochen Urlaub. Im höheren Dienst konnten Hilfsarbeiter vier Wochen, Vortragende Räte sechs Wochen und Direktoren acht Wochen beanspruchen. Wurden Anträge mit der Wiederherstellung der Gesundheit begründet, wurde Urlaub großzügig bemessen. Botschafter von Schweinitz erhielt im Jahre 1879 beispielsweise ganze drei Monate. Mehrere Monate war auch Herbert Bismarck in den Jahren 1887 und 1888 beurlaubt. Anläßlich seiner Verheiratung erhielt der Legationsrat Stumm zwei Monate Urlaub, der um weitere zwei Monate verlängert wurde.

Für die im Ausland tätigen Beamten des Auswärtigen Amts galt die Verordnung vom 23. April 1879 betreffend den Urlaub der gesandtschaftlichen und konsularischen Beamten[165]. Hier konnte Urlaub bis zu sechs Monaten (für "überseeische Posten") gewährt werden[166]. Erteilt wurde der Urlaub vom Staatssekretär für die Beamten bis zum Hilfsarbeiter, darüber vom Kaiser. Das galt insbesondere für die Missionschefs, die ihren Posten nur mit "ausdrücklicher Erlaubnis Seiner Ma-

---

159 Brauer, Erinnerungen, S.97.

160 Erlaß vom 12. März 1885, PA, a.a.O.

161 Bei Holstein soll das Licht häufig erst sehr spät ausgegangen sein; Rosen, S.13.

162 Brauer, Erinnerungen S.95.

163 Reichstagsdebatte vom 15. Dezember 1884, Sten. Berichte, S.1512.

164 RGBl 1874, S. 129.

165 RGBl 1879, S. 124.

166 Die Reisezeit wurde nicht angerechnet. Die Kosten der Reise trug der Beamte selber.

jestät" verlassen durften. In dringenden Fällen hat der Staatssekretär aber kurze Abwesenheiten genehmigt.

Die Behörde hatte für die Vertretung des beurlaubten Beamten zu sorgen. Ging der Urlaub über sechs Wochen hinaus, fand "ein Abzug von dem Diensteinkommen des Beurlaubten im Betrag der Hälfte desselben" statt[167]. Dauerte der Urlaub länger als sechs Monate, wurde das ganze Gehalt einbehalten.

B.I.3.f. Geschäftsanfall

In den 70er und 80er Jahren stieg der Geschäftsanfall bei den einzelnen Reichsämtern in aufsehenerregender Weise, so daß der Kanzler sich 1880 veranlaßt sah, statistische Übersichten anzufordern. Im Auswärtigen Amt waren die Eingänge von 27.000 im Jahre 1860 auf 40.000 im Jahre 1873, die Ausgänge von 32.900 im Jahre 1860 auf 42.400 im Jahre 1873 gestiegen[168]. 1881 verzeichnete das Auswärtige Amt 63.000 Eingänge und 38.000 Ausgänge[169], aber 1887 gab es schon 94.770 Eingänge und 90.208 Ausgänge[170]. Da diese Statistiken auf Journaleintragungen beruhten, dürften sie zutreffend sein. Den stärksten Geschäftsanfall hatten die Abteilungen I A und II aufzuweisen, nämlich vierfünftel, I B folgte mit Abstand. Bei den eingehenden Berichten lagen die Botschaften Paris, St. Petersburg, Wien, London, Rom und Konstantinopel an der Spitze. Die Vorsteher der Kanzleien des Auswärtigen Amts beklagten die "Geschäftsüberhäufung" und meinten, daß es nicht mehr möglich sei, die Arbeit während der Dienststunden zu bewältigen.

---

167 §§ 5,6 der Verordnung vom 2. November 1874.

168 Morsey, Reichsverwaltung, S. 289.

169 PA, R 138478, Aufzeichnung vom 3. Mai 1882.

170 PA, R 138487.

B.II. Das Personal des Auswärtigen Amts

Nach der Reichsgründung erschien die Berufung in das Auswärtige Amt mehr als bisher eine begehrenswerte Laufbahn im öffentlichen Dienst zu eröffnen. In der ersten Hälfte des 19. Jahrhunderts hatte der Auswärtige Dienst in Preußen nur wenig anziehend auf tüchtigen und ehrgeizigen Nachwuchs gewirkt, der vorzugsweise Offizier oder Beamter bei der inneren Verwaltung werden wollte[1]. Erst als unter Bismarck die preußisch-deutsche Außenpolitik einen hohen Rang erlangte und der Auswärtige Dienst größeres Ansehen gewann, sah man im Diplomatenberuf einen Weg zu den Spitzenpositionen des Staates.

Der Diplomat war Beamter, aber ein solcher besonderer Art, das zeigen schon die Ausnahmebestimmungen des Reichsbeamtengesetzes und des Strafgesetzbuches, wo für Angehörige des Auswärtigen Dienstes besondere Regelungen getroffen wurden.

Gewiß zählte das Auswärtige Amt zur Reichsverwaltung, und die Funktion der dort beschäftigten Beamten bestand im Vollzug hoheitlicher Aufgaben, diese waren aber besonderer Art und nicht durch "Gleichmaß und Schematisierung" gekennzeichnet, sondern erforderten von Fall zu Fall "Spontaneität individuellen Handelns" in der "Einmaligkeit historischer Situationen"[2]. "Politische und internationale Rücksichten"[3] verlangten eben gelegentlich ein von der Gleichförmigkeit der Verwaltung abweichendes Handeln im Rahmen eines weiten Ermessensspielraums. "Staatsmänner" aber, wie die Diplomaten noch im zweiten Drittel des 19. Jahrhunderts genannt wurden[4], waren Diplomaten im letzten Drittel des 19. Jahrhunderts nicht mehr. Die sich beschleunigende Bürokratisierung der Verwaltung und die Zentralisierung und Konzentration der Regierungstätigkeit auch bei den auswärtigen Beziehungen ließen die Diplomaten immer weniger als politische Entscheidungsträger in Erscheinung treten.

---

[1] Craig, Deutsche Geschichte, S. 21.

[2] Hildebrand, Buchbesprechung, P.G. Lauren, Diplomats and Bureaucrats, in HZ 227 (1978), S. 721ff, hier S.723.

[3] Vgl. § 5 Nr. 2 des späteren Gesetzes über die Haftung des Reiches für seine Beamten (Reichsbeamtenhaftungsgesetz) vom 25. Mai 1910, RGBl, S.798.

[4] "Staatsmann ist derjenige, der Regierungsfunktionen ausübt"; Diplomatie ist "Staatsmännische Kunst", so die Allgemeine deutsche Real-Enzyklopedie für die gebildeten Stände, Conversationslexikon, Leipzig 1865, 5. Bd., S. 389. Im Brockhaus Konversationslexikon, 5. Bd., 1901, S. 255, wird der Diplomat gar als "Politiker" bezeichnet.

B.II.1. Die Laufbahnen im diplomatischen und konsularischen Dienst und die Eignungskriterien für den Zugang

Der Zugang zu der diplomatischen Laufbahn war im einzelnen geregelt. Eine "Zusammenfassung der für die Zulassung zur diplomatischen Laufbahn und zur Ablegung des diplomatischen Examens bestehenden Vorschriften"[5] enthält die Aufnahmebedingungen. Als Vorbildung wurde vom Bewerber die Reifeprüfung und ein sechs-semestriges Studium der Rechtswissenschaften mit dem "Auskultatorexamen"[6], als Abschluß verlangt. Dem hatte eine mindestens zweijährige Ausbildung bei Gerichten und einer Verwaltungsbehörde zu folgen. Die "Referendariatsprüfung", als "Reife zur 2. jur. Staatsprüfung", war nachzuweisen. Erwartet wurden ferner Kenntnis der französischen und englischen Sprache sowie der Geschichte. Unter diesen Bestimmungen ist eine weitere Einstellungsvoraussetzung nicht aufgeführt, nämlich die Versicherung, daß der Bewerber seinen Lebensunterhalt während der einjährigen Ausbildung im Ausland mit 10.000,- bis 15.000,- M aus eigenen Mitteln bestreiten könne[7]. Die Zulassung als "Aspirant für die diplomatische Laufbahn" stand "im freien Ermessen des Reichskanzlers", der von den Voraussetzungen für die Einstellung gelegentlich Ausnahmen machte. So wurden Graf Hatzfeldt, von Holstein und von Radowitz ohne die vorgeschriebene Ausbildungszeit an der Verwaltungsbehörde zugelassen. Empfehlungen des Bewerbers durch hochgestellte Persönlichkeiten - etwa des Hofes - waren nicht erforderlich, konnten aber nützlich sein, besonders wenn die Bewerbung zunächst abschlägig beschieden wurde, wie bei Holstein.

Der Bewerber hatte einen Lebenslauf auf Französisch einzureichen; eine Sprachprüfung fand nicht statt, nur ein Vorstellungsgespräch beim Staatssekretär. Nach der Aufnahme in den Vorbereitungsdienst ohne "Remuneration" wurden die Aspiranten in der Zentrale des Auswärtigen Amts beschäftigt, und zwar sowohl in den Dezernaten als auch im Kanzlei- und Registraturdienst sowie bei der Legationskasse. Nach einigen Monaten folgte dann die Zuteilung als Attaché an eine Auslandsmission bis zur "diplomatischen Prüfung", bei der je ein Thema der neueren politischen Geschichte (auf französisch), des Staats- und Völkerrechts und der

---

[5] Seit 1827 waren in Preußen mehrmals Zulassungsbedingungen erlassen worden. Im Mai 1876 erfolgte eine Neufassung für den kaiserlichen auswärtigen Dienst. PA, Personalia Generalia, Rep. IV Nr. 4a

[6] Es handelt sich um die Prüfung beim Abschluß des Studiums vor der Aufnahme in den juristischen Vorbereitungsdienst.

[7] Ohne Dienstbezüge wurde auch das langjährige Referendariat bei den anderen Beamtenlaufbahnen verbracht.

"Staatswirtschaft" schriftlich zu behandeln war[8]. In diesen "Probearbeiten" sollte der Kandidat wissenschaftliche Qualifikation, Sprachgewandtheit und eine gute Handschrift zeigen. Er hatte zu versichern, daß er ohne fremde Hilfe gearbeitet und die Arbeit "mit eigener Hand mundiert", d.h. die Reinschrift gefertigt habe. Ihr Inhalt sollte sich "streng auf den Gegenstand beschränken", "präzise" in der Sprache sein und nicht mehr als 50 bis 60 Folio Seiten umfassen[9]. Dafür standen neun bis zwölf Monate zur Verfügung. Den Abschluß bildete eine mündliche Prüfung in Geschichte, Recht und Volkswirtschaft. Die Prüfungskommission stand unter dem Vorsitz des Staatssekretärs, zu ihr gehörten für die Fächer Recht und Volkswirtschaft ein Universitätslehrer, lange Zeit Prof. von Gneist, für Geschichte zunächst Prof. Ploetz und dann der im Sprachendienst des Auswärtigen Amts beschäftigte Professor Aubert sowie der Personalreferent für den höheren Dienst. Ausnahmsweise prüfte auch Unterstaatssekretär Lohmann vom preußischen Ministerium für Handel und Gewerbe.

Die Probearbeiten bildeten das Kernstück der Prüfung. Die Themen wurden von den Fachprüfern ausgewählt und dem Reichskanzler zur Genehmigung vorgelegt. Dieser hat gelegentlich ein Thema auswechseln lassen[10]. Auf die historische Arbeit wurde besonderer Wert gelegt, was nicht verwunderlich ist für eine Zeit, in der historische Bildung einen hohen Rang besaß. Außerdem bestand für Bismarck und seine Mitarbeiter zwischen geschichtsbezogenem Denken und Außenpolitik ein enger Zusammenhang, der als eines der "Kennzeichen für den diplomatischen Stil der Epoche" angesehen werden kann[11].

Es wurden auch Themen aus der jüngsten deutschen Geschichte aufgegeben, wie z.B. über das Schicksal und die Bedeutung des ersten deutschen Parlaments von 1848, wobei der Kandidat u.a. nach den in die Zukunft weisenden Auswirkungen gefragt war[12]. Im Vordergrund aber stand die Geschichte der internationalen Beziehungen, so etwa die österreichi-

---

8 Als Gebühr für die Prüfung waren 88,- M zu zahlen (in Preußen früher fünf "Friedrichs d'or" und einen Taler).

9 PA, Personalia generalia, Rep IV Nr. 4a adh. II. Oft waren die Arbeiten umfangreicher.

10 PA, Personalakte Nr. 17 (Eulenburg): Die "Darstellung der Finanzoperationen, zu welchen Frankreich durch den Krieg von 1870/71 durch die Zahlung der Kriegskostenentschädigung an Deutschland genötigt worden ist und ihre Einflüsse auf die französische Volkswirtschaft" hielt Bismarck für zu schwierig.

11 Bußmann, Herbert Bismarck, S. 14.

12 PA, Personalakte Nr. 5 (Schoen). Der Kandidat zeigte eine positive Einschätzung liberaler Ideen, ohne daß dies negative Auswirkungen auf seine Laufbahn gehabt hätte.

sche Rußlandpolitik vom Tode Karls VI. bis zum Pariser Frieden von 1856[13] oder die Rolle Preußens während der verschiedenen orientalischen Krisen zwischen 1828 und dem Frieden von Adrianopel, sowie die preußische Neutralität im Krimkrieg[14].

Auch aus weiter zurückliegenden Epochen gab es Themen: Die Erwerbungen Schwedens im Westfälischen Frieden und der darauf folgende Niedergang des schwedischen Einflusses in Deutschland[15], oder die politischen Beziehungen zwischen Rußland und Schweden, oder Österreich und Rußland im 18. und 19. Jahrhundert[16], die Gründe für die Schaffung des Königreichs der Vereinigten Niederlande 1814 und die Ursachen für die kurze Dauer dieses Staatswesens[17], die Gründe für die Koalitionen der europäischen Mächte gegen Frankreich zwischen 1792 und 1815 sowie die diplomatischen Schritte zu ihrer Verwirklichung[18]. Manchmal durften sehr spezielle Vorgänge behandelt werden, vielleicht weil der Kandidat sie am Dienstort erforschen konnte, wie etwa die "Umstände, durch die ein Seitenzweig des Hauses Bourbon auf den Thron von Neapel" kam[19].

Wirtschaftswissenschaftliche Themen betrafen häufig den internationalen Handel: Vergleich der in Frankreich veröffentlichten amtlichen Angaben über den auswärtigen Warenverkehr mit denen in Deutschland[20], die Handelsbilanz Spaniens[21], das Schutzzollsystem Frankreichs[22], die Handelsbeziehungen zwischen Frankreich und England[23]. Es wurden aber auch Aufgaben gestellt, die die binnenwirtschaftlichen Verhältnisse fremder Länder betrafen: die russische Bauernbefreiung[24], Populations-Statistik in der Türkei[25], Bevölkerungsverhältnisse der Schweiz[26], das Tabakmonopol in Österreich[27], das belgische Wohltätigkeitsgesetz[28], die Folgen des Krieges von 1870/71 für Frankreich in wirtschaftlicher und finanziel-

---

13 PA, Personalakte Nr. 20 (Limburg-Stirum, 1861).
14 PA, Personalakte Nr. 12 (Alfred Otto von Bülow, 1883).
15 PA, Personalakte Nr. 56 (Plessen, 1874).
16 PA, Personalakten Nr. 28 und 10 (Holstein und Arnim, 1860 und 1852).
17 PA, Personalakte Nr. 17 (Eulenburg, 1880).
18 PA, Personalakte Nr. 12 (Alvensleben, 1863).
19 PA, Personalakte Nr. 29 (Wesdehlen, 1861).
20 PA, Personalakte Nr. 17 (Eulenburg, 1880).
21 PA, Personalakte Nr. 5 (Schoen, 1879).
22 PA, Personalakte Nr. 62 (Stumm, 1871).
23 PA, Personalakte Nr. 56 (Plessen, 1874).
24 PA, Personalakte Nr. 28 (Holstein, 1861).
25 PA, Personalakte Nr. 12 (Alfred Otto Bülow, 1883).
26 PA, Personalakte Nr. 29 (Wesdehlen, 1861).
27 PA, Personalakte Nr. 20 (Limburg-Stirum, 1861).
28 PA, Personalakte Nr. 12 (Alvensleben, 1863).

ler Beziehung[29]. Die rechtswissenschaftlichen Arbeiten waren meist dem deutschen Staatsrecht oder dem Völkerrecht entnommen. So waren zu behandeln: die Veränderungen des Systems des deutschen Bundes in Bezug auf Verfassung und politische Wirksamkeit 1848[30], oder die Souveränitätsgrenzen für Handel und Schiffahrt auf der Ostsee und im finnischen Meerbusen nach Maßgabe der internationalen Verträge[31]. Es gab aber ebenso Themen, die die deutsche oder ausländische Selbstverwaltung oder Finanzverfassung betrafen.

Die gutachtliche Bewertung jeder der drei Arbeiten durch alle Fachprüfer zeugt von den gestellten hohen Anforderungen. Bemerkenswert sind die Äußerungen von Prof. von Gneist, die sich oft über mehrere Seiten erstreckten. Es fehlte nicht an kritischen Anmerkungen, die Benotung war zurückhaltend. Vom diplomatischen Examen konnten diejenigen Bewerber "dispensiert" werden, die die große juristische Staatsprüfung abgelegt hatten. Sie brauchten nur eine "historisch-politische Probearbeit" in französischer Sprache vorzulegen.

Nach bestandenem Examen hatte der Aspirant zwar keinen Anspruch auf feste Anstellung, wurde aber zum Legationssekretär ernannt. Bei Freiwerden einer Stelle erfolgte die Bestallung zum etatsmäßigen Hilfsarbeiter.

Es gab aber noch andere Wege, um in den Auswärtigen Dienst zu gelangen. Dabei überrascht es nicht, daß bei der Präponderanz des Militärs in der preußisch-deutschen Gesellschaft immer wieder Offiziere den Weg in das Auswärtige Amt fanden. Bismarck war nicht abgeneigt, das zuzulassen, wenn der Kandidat vom Militärkabinett "als vorzugsweise qualifiziert empfohlen wurde"[32]. Die Ableistung des Vorbereitungsdienstes und die Ablegung der diplomatischen Prüfung wurden auch von den aus dem Offiziersberuf stammenden Kandidaten verlangt[33].

Um in den Vorbereitungsdienst aufgenommen zu werden, mußte wie bereits erwähnt, noch nachgewiesen werden, daß eine "unabhängige Stellung in geldlicher Beziehung" bestand. Weiter wurde vorausgesetzt, daß der Bewerber sich durch "Privatstudium" in den einschlägigen Gebieten juristische und historische Kenntnisse angeeignet hatte. Es kam vor, daß jüngere Offiziere, die vorübergehend zu einer deutschen Auslandsvertretung kommandiert waren, sich zu einem Laufbahnwechsel entschlossen[34].

---

29 PA, Personalakte Nr. 13 (Dönhoff, 1871).

30 PA, Personalakte Nr. 20 (Limburg Stirum, 1861).

31 PA, Personalakte Nr. 28 (Holstein, 1861).

32 Zulassungsbedingungen von 1876.

33 PA, Personalakte Nr. 56 (Plessen). Bei dem späteren Botschaftsrat von Eckardstein verzichtete das Auswärtige Amt nach jahrelanger Bewährung darauf.

34 PA, Personalakte Nr. 56 (Plessen).

Im ganzen blieb die Zahl der Berufsoffiziere, die in den auswärtigen Dienst aufgenommen wurden, in den Jahren 1872 bis 1890 verhältnismäßig gering: auf 116 Einstellungen insgesamt acht Offiziere[35].

Nach erfolgreicher Ausbildung an dem Seminar für Orientalische Sprachen der Universität Berlin wurden Anwärter für den Dienst als "Dragoman"[36] an den diplomatischen oder konsularischen Vertretungen im Orient oder Ostasien eingestellt. Die Angehörigen der Dragomanen-Laufbahn versahen Dienst als Dolmetscher, Übersetzer und Gehilfen der Leiter der Missionen bei politischen Gesprächen und sonstigen Verhandlungen. Sie verblieben durchweg in dieser Stellung und wurden ganz selten in den allgemeinen Dienst übernommen. Allein Dr. Clemens Busch, Dragoman in Konstantinopel, gelangte in den allgemeinen diplomatischen Dienst und stieg in den achtziger Jahren zum Unterstaatssekretär und Gesandten auf. Die Dragomanen waren meist dem höheren Dienst gleichgestellt, das brachte ihre Tätigkeit bei der "Vermittlung sämtlicher politischer Verhandlungen zwischen der Botschaft (Konstantinopel) und den maßgebenden Personen der "Pforte" mit sich[37]. So erhielt der Dragoman in Konstantinopel das Gehalt eines Botschaftsrats.

Ein günstiger Ansatzpunkt für die Aufnahme in den Auswärtigen Dienst konnte der Grad der Bekanntschaft des Bewerbers beim Chef oder einem seiner Mitarbeiter sein. So führte die von Bismarck sehr geschätzte Pressearbeit von Moritz Busch, Rößler und Lindau diese in das Auswärtige Amt, während die vom Vortragenden Rat von Keudell empfohlene Einstellung des Bonner Staats- und Völkerrechtlehrers Prof. Aegidi 1871 wie folgt begründet wurde:

> Seit längerer Zeit ist das Bedürfnis hervorgetreten, die Einwirkung auf die Tagespresse, welche für ein richtiges Verständnis der auswärtigen Politik unerläßlich ist, einem Beamten der Kategorie der Vortragenden Räte zu übertragen, der sich ausschließlich diesem umfassenden Berufe zu widmen hätte[38].

---

35 Herbert von Bismarck, von Stumm, von Schoen, von Plessen, Speck von Sternberg, von der Lanken, von Eckardstein, Brandt. Die Botschafter Graf Wedel, Prinz Reuß und von Schweinitz waren schon in früheren Jahren in den Auswärtigen Dienst übergetreten.

36 So nannten die Europäer ihre Dolmetscher. Das Wort leitet sich vom arabischen her "Terdschuman", "Tercuman" bedeutet Dolmetscher. Bis zur Mitte des 19. Jahrhunderts waren Dragomane meist Levantiner. Danach wurden ihre Stellen durch in orientalischen Sprachen herangebildete Deutsche eingenommen. Vgl. Brockhaus, Konversationslexikon, Bd. 5, Berlin, Wien 1901, S. 396.

37 PA, Personalakte Nr. 50.

38 PA, Personalakte Nr. 19.

Auf Bucher war Bismarck zufällig aufmerksam geworden und forderte ihn zum Eintritt in das Auswärtige Amt auf. Ähnlich war es auch bei politisch profilierten Persönlichkeiten wie Bernhard von Bülow oder Fürst Hohenlohe. Gelegentlich erfolgten Einstellungen von Personen, die Bismarck kennengelernt hatte und deren Eignung für den Dienst im Auswärtigen Amt er für gegeben hielt: Der spätere Londoner Botschaftsrat von Eckardstein war ihm durch seine viel gerühmte Trinkfestigkeit aufgefallen[39]. Dr. Kayser hatte Bismarcks Söhne unterrichtet und Dr. Cahn sich während der Belagerung von Paris 1870/71 um die dort verbliebenen Deutschen verdient gemacht.

Wenngleich die überwiegende Zahl der höheren Beamten Akademiker und Juristen waren, so konnten doch auch besonders bewährte Beamte des "mittleren" Dienstes ohne diese Vorbildung Funktionen als Hilfsarbeiter, ja sogar als Leiter kleinerer Referate übernehmen. "Fürst Bismarck nimmt die brauchbaren Leute, wo er sie findet", heißt es in einem Bericht des Grafen von Limburg-Stirum aus dem Jahre 1871; er habe "die alten Ideen von Carriere über den Haufen geworfen"[40]. Das zeigt die Unbekümmertheit Bismarcks bei Personaleinstellungen.

Neben der diplomatischen Laufbahn gab es im Auswärtigen Dienst die konsularische. In den "höheren Konsulardienst" wurden Bewerber aufgenommen, die die 2. juristische Staatsprüfung bestanden hatten. Neben diesen Assessoren wurden vereinzelt auch Referendare zugelassen.

Voraussetzung waren französische und englische Sprachkenntnisse. Mit der wachsenden Bedeutung des deutschen Außenhandels und der häufigeren Einschaltung der Konsulate sowie der Handelspolitischen Abteilung in die internationalen Wirtschaftsbeziehungen waren praktische Kenntnisse in Industrie, Handel oder Landwirtschaft gefordert. Auf eine besondere Ausbildung für den Dienst bei den Konsulaten und der Abteilung II glaubte man verzichten zu können, da die Assessoren ja eine jahrelange Behördenpraxis als Referendare hinter sich hatten. Sie wurden im Auswärtigen Amt gleich als Expedienten oder Hilfsarbeiter eingesetzt. Für sie war nur eine historisch-politische Probearbeit in französischer Sprache vorgesehen.

Ein nach außen in Erscheinung tretender Unterschied zwischen den beiden Laufbahnen wurde nur im Ausland sichtbar, wo es voneinander getrennte und unabhängige Dienststellen, Gesandtschaften und Konsulate gab. Im Auswärtigen Amt waren die beiden Abteilungen Teil einer Behörde, deren Beamte - gleich welcher Abteilung sie angehörten - nach dem Dienstalter zusammen im Handbuch für das Deutsche Reich aufge-

39 Eckardstein, Lebenserinnerungen, S. 81ff.

40 PA, Personalakte Nr. 50 (Busch).

führt wurden. Wechsel zwischen diplomatischen und konsularischen Stellungen waren nicht selten, und konsularische Tätigkeit ausübende Beamte hatten gelegentlich diplomatischen Status, so zum Beispiel Dr. Busch und Dr. Brauer in St. Petersburg, während die Generalkonsuln oder Konsuln in Alexandria, Bagdad, Budapest, Bukarest oder Kairo vorwiegend diplomatische Tätigkeiten ausübten. Es kamen auch Berufungen von Beamten der konsularischen Laufbahn in die diplomatische vor, wie von Brauer, Busch, Raschdau, von Richthofen.

Die Scheidung der beiden Laufbahnen ist nie strikt gewesen und Darstellungen in einigen Memoiren, wonach zwischen ihnen "so gut wie gar keine Beziehung bestand, ja daß sich die Mitglieder kaum kannten", erscheinen übertrieben[41]. Es gibt zeitgenössische Stimmen, die den Unterschied für "nicht allzu groß" hielten und feststellten: "Wer als politisch begabt auffiel, dem gelang fast immer der Übertritt in die Diplomatie"[42]. Und doch wurde die diplomatische Tätigkeit höher eingeschätzt. Einem Angehörigen der diplomatischen Laufbahn, der einen Posten als Generalkonsul erhielt, wurde ausdrücklich mitgeteilt, daß dadurch seine "Karriere nicht alteriert werde" und er "für die Zukunft dem diplomatischen Dienst durchaus nicht entzogen" würde[43]. Als sich ein Angehöriger des diplomatischen Dienstes über seine Versetzung von der Politischen in die Handelspolitische Abteilung beschwerte und das als "Kränkung" seines "Ehrgefühls" bezeichnete, wurde er von Bismarck gerügt[44].

B.II.2. Die beamtenrechtliche Stellung des Auswärtigen Dienstes

Die Rechtsstellung der Angehörigen des Auswärtigen Dienstes war durch das "Gesetz betreffend die Rechtsverhältnisse der Reichsbeamten" vom 31. März 1873 (RBG) geregelt. Für diese Gruppe von Reichsbeamten galten Besonderheiten insofern, als Diplomaten und Konsuln "jederzeit mit Gewährung des gesetzlichen Wartegeldes einstweilig in den Ruhestand versetzt werden" konnten (§ 25 RBG).

Auch die "etatmäßigen" Hilfsarbeiter und Vortragenden Räte im Auswärtigen Amt gehörten zu diesem Personenkreis, bei dem "eine fortdauernde Übereinstimmung in prinzipiellen Ansichten mit der leitenden

---

41 Raschdau, Erinnerungen, S. 9.

42 Kühlmann, Diplomaten, S.86.

43 PA, Personalakte Nr. 72 (Berchem), Erlaß vom 18. April 1883.

44 PA, Personalakte Nr. 27 (Kusserow).

Autorität notwendig ist", wie es die Begründung zum Reichsbeamtengesetz nannte[45].

Die Versetzung in den einstweiligen Ruhestand (auch Wartestand oder z.D.-Stellung[46] genannt) war ein Recht der Behörde, nicht des Beamten, und wurde bis 1890 selten ausgeübt (Graf Limburg-Stirum, von Keudell, Bucher, Knappe, von Kusserow). Im übrigen konnte jeder Beamte wegen Dienstunfähigkeit entlassen werden (§ 34 RBG). Für den Staatssekretär im Auswärtigen Amt war eine Entlassung aber auch ohne Dienstunfähigkeit "jederzeit" möglich. In diesem Fall wurde kein Wartegeld - in Höhe von 3/4 des Gehalts - gezahlt sondern die erdiente Pension (§ 35 RBG). Schließlich sah noch eine weitere Bestimmung vor, daß "jeder Reichsbeamte [...] unter Bewilligung des gesetzlichen Wartegeldes einstweilig in den Ruhestand versetzt" werden konnte, wenn das von ihm verwaltete Amt "in Folge einer Umbildung der Reichsbehörden aufhörte" (§ 24 RBG).

Was die Treuepflicht der Beamten gegenüber dem Dienstherrn betrifft, galt für die Angehörigen des auswärtigen Dienstes eine besondere Bestimmung, die gewisse Handlungen von Diplomaten unter Strafe stellte. Während des Verfahrens gegen Botschafter Graf Arnim hatten sich - nach Meinung des Reichskanzlers und seiner Mitarbeiter - Lücken bzw. Unsicherheiten im Strafgesetz hinsichtlich der rechtlichen Einordnung von Botschaftsberichten herausgestellt[47]. Das führte dahin, daß in das Strafgesetzbuch ein § 353a eingefügt wurde, der den Bruch der Amtsverschwiegenheit, den wissentlichen Ungehorsam und die falsche Berichterstattung unter Strafe stellte. Diese Bestimmung wurde im Rahmen einer Novelle zum Strafgesetzbuch nach eingehender Debatte am 10.Februar 1878 vom Reichstag verabschiedet (sog. Arnim-Paragraph § 353a StGB)[48].

Das Beamtenverhältnis begann durch die von Kaiser und Reichskanzler vorgenommene Bestallung, d.h. Einweisung in eine Stelle, die im Haushalt ausgewiesen war, in ein Amt als Hilfsarbeiter, Vortragender Rat, Direktor, Unterstaatssekretär, Staatssekretär.

Bei der Berufung in das Beamtenverhältnis wurde folgender Eid abgelegt:

---

[45] Motive zum Reichsbeamtengesetz, Anlage zu den Verhandlungen des Deutschen Reichstags, 1873, S.2.. Nach § 25 RBG zählten noch der Reichskanzler, der Präsident des Reichskanzleramts, der Chef der Kaiserlichen Admiralität, der Staatssekretär des Auswärtigen Amts, die Direktoren im Reichskanzleramt dazu; PA, IB Rep IV Personalia generalia.

[46] "Zur Disposition".

[47] Vgl. hier S. 128.

[48] Gesetz v. 26. Februar 1876, RGBl S. 25.

Ich schwöre zu Gott, daß, nachdem ich zum Beamten des Deutschen Reiches bestimmt worden bin, ich in dieser meiner Eigenschaft dem deutschen Kaiser treu und gehorsam sein, die Reichsverfassung und die Gesetze des Reiches beobachten und alle vermöge meines Amtes obliegenden Pflichten nach bestem Wissen und Gewissen genau erfüllen will[49].

Im Stellenplan des Auswärtigen Amts war das niedrigste Amt im höheren Dienst das des Hilfsarbeiters. Dieser konnte als Vertreter des Dezernenten oder Referenten, aber auch als Leiter eines Referats, eingesetzt sein. Hilfsarbeiterstellen gab es wenige, im Haushalt standen aber pauschal zugewiesene Mittel zur Bezahlung von "zeitweise" beschäftigten "extraordinären" Hilfsarbeitern zur Verfügung, die sogenannte "Diäten", d.h. Tagegelder, erhielten[50]. Der Eintritt in die Laufbahn erfolgte selten als "ständiger", meist als "zeitweiser" Hilfsarbeiter, gelegentlich aber auch als "Expedient" oder "Hilfsexpedient". Im "Expeditionsfach" tätige Beamte[51] gehörten überwiegend der mittleren Laufbahn an, sie waren "Ausschreiber" und "Ausfertiger"[52] und übten eine Tätigkeit aus, mit der auch Anfänger in der diplomatischen oder konsularischen Laufbahn beschäftigt wurden[53].

Beamte hatten Anrecht auf die Führung eines ihrer Dienststellung und ihrem Rang angemessenen Titels. Führen von Titeln und Rängen sollte auf dem Verordnungsweg geregelt werden (§ 17 RBG); es bestand eine Trennung zwischen Amt, d.h. der Funktion, und Rang und Titel. Anrecht auf Titel und Rang waren "persönliche" Ehrenrechte, sie wirkten sich auf die Höhe des Gehalts nicht aus[54], hatten aber für die gesellschaftliche Stellung des Beamten große Bedeutung. Der Rang als eine bestimmte Stufe in der hierarchisch gegliederten Gesellschaftsordnung war für den Platz, den der Beamte, etwa bei Hofe, einnahm, maßgebend. Bei Auszeichnungen richtete sich die Stufe des verliehenen Ordens nach dem Rang. Da es für das Reich kein "Rangreglement" gab, wurde das preußische Hofrangreglement angewandt, das in der Kabinettsorder vom 19. Januar 1878 die Rangordnung festlegte, d.h. die Reihenfolge bestimmte wodurch "ein Vorzug des einen vor dem anderen ausgesprochen" wur-

---

49 VO v. 29. Juni 1871, RGBl. 1871, S. 303.

50 Haushaltsmittel dafür bei Kap.6, Titel 7.

51 1873 gab es 13 "ständige" Expedientenstellen.

52 Brockhaus, Konversationslexikon, Leipzig 1901, S. 356.

53 Ab 1889 war das nicht mehr der Fall.

54 Sie spielten nur bei dem Wohnungsgeldzuschuß, den Reise- und Umzugskosten eine Rolle.

de[55]. In 62 Stufen fanden neben den Hofchargen, den Standesherren, dem Offizierskorps, der Geistlichkeit, den Universitätsprofessoren auch die Beamten, d.h. die "Räte", je nach der Klasse ihrer Funktion, ihren Platz. Für die höheren Beamten des Auswärtigen Amts standen, in verschiedene Klassen gegliedert, folgende Titel zur Verfügung:

- Hofrat, Legationssekretär (5.Klasse)
- Legationsrat für ständige Hilfsarbeiter (4.Klasse)
- Wirklicher Legationsrat für Vortragende Räte und Generalkonsuln (3.Klasse)
- Geheimer Legationsrat für Vortragende Räte und Ministerresidenten (2.Klasse)
- Wirklicher Geheimer Legationsrat für Direktoren, Botschafter und Gesandte (1.Klasse)
- Wirklicher Geheimer Rat mit dem Prädikat Exzellenz für Direktoren, Gesandte, Botschafter, die zehn Jahre Räte 1. Klasse waren

Diese Titel waren "Amtstitel", keine "Standestitel", aber "persönliche", nicht unbedingt der gerade ausgeübten Funktion entsprechende Bezeichnungen, die durch den "Patent" des Kaisers verliehen wurden.

Ein Gesandter konnte Legationsrat sein[56], aber auch Wirklicher Geheimer Rat mit dem Prädikat Exzellenz[57]. Botschafter Fürst Hohenlohe dagegen war nur Wirklicher Geheimer Legationsrat[58]. Ein Dezernent wurde Exzellenz[59], ein Staatssekretär blieb nach der Ernennung Wirklicher Geheimer Legationsrat und war erst ein Jahr später Wirklicher Geheimer Rat[60]. Der mit der Bezeichnung Exzellenz verbundene Geheimratstitel war nicht an die Ausübung eines bestimmten Amtes geknüpft und wurde im allgemeinen langjährigen Räten 1. Klasse in Gesandten- und Direktorenstellung verliehen. Es handelte sich um einen Ehrentitel. Aber auch mit anderen, höheren Amtstiteln konnten verdiente Beamte, die ein niedrigeres Amt bekleideten, ausgezeichnet werden, wenn ihnen der Titel nicht zustand. Der neue Titel gab dem Beamten den "Charakter"

---

55 Vgl. Röhl, Beamtenpolitik, S.95ff.

56 Z.B. von Bülow 1870 in Bukarest. Das Prädikat Exzellenz wurde den Botschaftern und Gesandten im internationalen Verkehr zugebilligt, auch wenn ihnen der Titel im Inland nicht zustand.

57 Von Schlözer.

58 Fürst Hohenlohe wurde aber als Botschafter in Paris die Charakterisierung als Exzellenz beigelegt.

59 Von Holstein.

60 Herbert von Bismarck.

des höheren Ranges[61]. Es war eine "Ehrenauszeichnung", bei der allerdings ein im selben Rang stehender Beamter, der dazu die entsprechende Funktion inne hatte, vorausging.

Beamte des Auswärtigen Dienstes konnten aber auch Inhaber von "Hofrängen" sein, z.B. Kammerherren[62]. Weil die Zugehörigkeit zur Hofgesellschaft im politischen Leben eine große Rolle spielte, war es für das Auswärtige Amt wichtig, wenn Angehörige der Behörde dazu gehörten.

B.II.3. Herkunft der Beamten - Sozialstruktur des höheren Dienstes

"Das typische Mitglied der kaiserlichen Diplomatenelite war [...] adeliger Abstammung und protestantischen Glaubens"[63]. Diese Kennzeichnung wird vielfach noch dadurch ergänzt, daß deutsche Diplomaten, Geld, Vermögen oder Landgüter besaßen[64]. Nach solchen soziologischen Mustern wurden zu Ende des 19. Jahrhunderts alle diplomatischen Dienste in Europa beurteilt. Für staatliche Repräsentanz und Interessenvertretung erschien in erster Linie der Adel geeignet, brachte er doch dafür die besten Voraussetzungen mit, denn seine Angehörigen verfügten über die berufsspezifische Weltläufigkeit und den leichten Zutritt zu den Höfen. Der Adel dominierte an den deutschen diplomatischen Missionen, wo im höheren Dienst

1874	von	76	Beamten	58	adelig und	18	bürgerlich	waren,
1881	von	82	Beamten	62	adelig und	20	bürgerlich	waren,
1883	von	83	Beamten	61	adelig und	22	bürgerlich	waren,
1890	von	92	Beamten	73	adelig und	19	bürgerlich	waren.[65]

---

61 Wie von manchen die "Charakterisierung" angesehen wurde, zeigt die Äußerung Wilhelms I. über seinen Kaisertitel, nach dessen Annahme er sich wie ein "Charakter-Major" vorkäme, d.h. wie ein Hauptmann, der an der "Majorsecke" scheiterte und dem bei der Pensionierung der "Charakter" des höheren Ranges verliehen würde; vgl. Gall, S. 451.

62 Graf Arnim, von Radowitz.

63 Cecil, in: Schwabe, Das Diplomatische Korps 1871-1945, S.27; vgl. Pohl, S.47: "Auch der Diplomatenberuf war eine Domäne des Adels und nur wenige Bürgerliche wurden aufgenommen"; Röhl, Beamtenpolitik, S.287: "Der Adelstitel war für eine Karriere als Diplomat fast immer eine Bedingung."

64 Der Nachweis eines Privateinkommens war nur für den Unterhalt als Aspirant erforderlich.

65 Mitgezählt sind: Militärattachés, Dolmetscher, Dragomane, Gesandtschaftsprediger und -ärzte, nicht: "kommandierte" Offiziere, Kanzleivorsteher. Die Zahlenangaben bei Cecil weichen von den hiesigen etwas ab, vermutlich, weil die Art und Weise der Zählung eine andere ist.

Nur wenige Missionschefs waren bürgerlich: 1883 in den Ländern: Brasilien, Kolumbien, Marokko, Peru, Venezuela.
In der Berliner Zentrale waren im höheren Dienst:

1874	von	17	Beamten	6	adelig und	11	bürgerlich,
1876	von	22	Beamten	8	adelig und	14	bürgerlich,
1881	von	31	Beamten	16	adelig und	15	bürgerlich,
1883	von	26	Beamten	13	adelig und	13	bürgerlich,
1890	von	49	Beamten	19	adelig und	30	bürgerlich.

Betrachtet man den damaligen Auswärtigen Dienst als ganzes, überwiegt - anders als in den übrigen Reichsbehörden - der Adel bei den höheren Beamten, wobei es übrigens für die Besetzung einzelner Stellen nur selten eine Rolle spielte, ob der Beamte aus dem Uradel stammte oder seinen Vorfahren der Briefadel oder dieser ihm selbst erst kürzlich verliehen war[66]. Ob aus regierendem Hause[67] oder altem niederen Adel[68], aus ehemals reichsunmittelbarem Hochadel[69] oder süddeutschem neuen Beamten- und Industriellenadel[70] - im Auswärtigen Amt waren keine Unterschiede zu spüren, nicht in den Lebensgewohnheiten, Ansichten oder der politischen Grundeinstellung.

Der Adel in Deutschland hatte im 19. Jahrhundert ererbte herrschaftlich-hoheitliche Funktionen verloren, bewahrte aber an den Höfen seine bevorzugte Stellung, die ihm politischen Einfluß verschaffte, und behauptete sich, ja überwog in den Führungspositionen von Diplomatie, Militär und Verwaltung. Stellung und Ansehen konnte der Adel allerdings auf Dauer nur durch persönliche Tüchtigkeit erhalten. Das Vordringen des bürgerlichen Elements in der expandierenden Verwaltung des industriellen Zeitalters brachte es mit sich, daß der in die Bürokratie eingebundene Adel sich bürgerliches Leistungsbewußtsein und -streben zu eigen machte und - auch im Auswärtigen Amt - den bürgerlichen Mitarbeitern - eines über die Maßen aktiven Chefs - an Fleiß nicht nachstand oder sie gar übertraf[71]. Die Bindungskraft an traditionelle Grundmuster aristokratischer Lebenshaltung hatte nachgelassen, zumal die standesgemäße materielle Grundlage häufig fehlte. Diese war im Auswärtigen Amt nur selten

66 Eine tabellarische Statistik der gesellschaftlichen Struktur des deutschen diplomatischen Dienstes, zusammengefaßt für die Zeit von 1871-1918 unter Berücksichtigung der Verschiedenen Adelsgruppen findet sich bei Cecil, Dienst, S. 76.

67 Prinz Reuß (Heinrich VII.).

68 Von Bismarck.

69 Fürst Hohenlohe, Graf Hatzfeldt.

70 Brauer, Schoen.

71 Wie Radowitz oder Herbert Bismarck.

vorhanden, etwa bei den Grafen Münster oder Dönhoff. Angesichts wenig ausgeprägter Standesunterschiede nimmt es nicht wunder, daß sich im Auswärtigen Amt auch keine gesellschaftlichen Abstufungen oder gar Gegensätze zwischen Adel und Bürgerlichen bemerkbar machten[72], wie es gleichzeitig an den deutschen Höfen noch der Fall war.

Die Stellung beider sozialer Gruppen hatte sich im 19. Jahrhundert, besonders aufgrund gleicher Bildung, immer mehr angenähert. Sicher war der Adel an politisch entscheidender Stelle stark vertreten, aber daß sich "die diplomatische Abteilung I A [...] fest in der Hand adeliger Vertreter" befand[73], trifft für die Bismarckzeit nicht zu, wie die folgende Übersicht zeigt:

Es waren von vier Dezernenten:

1871 zwei adelig und zwei bürgerlich (Abeken, von Keudell, Bucher, Graf Hatzfeldt),
1873 zwei adelig und zwei bürgerlich (Bucher, Graf Hatzfeldt, Prof. Aegidi, von Radowitz),
1877 einer adelig und drei bürgerlich (Bucher, von Jasmund, Prof. Aegidi, Dr. Busch),
1880 zwei adelig und zwei bürgerlich (Bucher, von Holstein, Dr. Busch, Graf Rantzau);

von fünf Dezernenten:

1882 drei adelig und zwei bürgerlich (Bucher, von Holstein, Graf Rantzau, von Brauer[74], Lindau);

von sechs Dezernenten:

1885 vier adelig und zwei bürgerlich (Bucher, von Kusserow, von Holstein, Graf Rantzau, von Brauer, Lindau);

von acht Dezernenten:

1888 vier adelig und vier bürgerlich (von Holstein, Graf Rantzau, Dr. Krauel, Lindau, von Brauer, Kayser, Raschdau, von Kiderlen-Wächter);

---

72 Wenn Graf Monts den "Nachkommen einer Kreuzfahrerfamilie" nicht tadelt, "wenn er sich dagegen wehrt, mit den Freiherrn von Schoen, Heye und Speck in einen Topf geworfen zu werden", so hat diese Bemerkung über den Briefadel des 19. Jahrhunderts im Auswärtigen Amt Seltenheitswert; Nowak, S.50.

73 Doß, Kaiserreich, S. 82f.

74 1881 Erhebung des Vaters von Brauer in den Adelsstand.

1890 zwei adelig und vier bürgerlich (von Holstein, Krauel, Lindau, Kayser, Raschdau, von Kinderlen-Wächter).

Zwischen 1871 und 1890 waren 17 Vortragende Räte in der Abteilung I A beschäftigt, von denen neun bürgerlich einschließlich des später geadelten Brauer und acht adelig waren. Die Staatssekretäre der Bismarckzeit waren adelig, der Posten des Unterstaatssekretärs von 1881-86 durch einen Bürgerlichen besetzt.

Die Angaben, die von Morsey über den Anteil des Adels in der Zentrale des Auswärtigen Amts (einschließlich der Abteilung II) gemacht werden, stimmen damit überein: eine Tabelle für die Jahre 1862-1890 weist insgesamt 41 Beamte aus (Direktoren und Dezernenten)[75] von denen 22 adelig waren. Übrigens war der Anteil Bürgerlicher in der Zentrale im Vergleich mit dem Auslandsdienst schon immer hoch gewesen: 1835 gab es im preußischen Außenministerium 31 Bürgerliche (Referenten und Expedienten) und acht Adelige, 1851 waren von 19 Referenten und Expedienten fünf adelig.

Der Anteil von Adel und Bürgerlichen im Auswärtigen Dienst der Jahre 1871-1890 spielte in der öffentlichen Diskussion über das Auswärtige Amt, etwa im Reichstag, keine Rolle. Bismarck hat bei seiner Personalpolitik den Adel nicht besonders bevorzugt. Als Beispiel dafür mag die Entsendung des Gesandten Stumm an den Madrider Hof[76] gelten, die dem Wunsch Wilhelms I. nicht entsprach. Gräfin Sophie Hatzfeldt hatte die Zeichen der Zeit erkannt, als sie ihrem Sohn, dem späteren Staatssekretär, schrieb: "Die Zeiten sind vorbei, wo man auf große Namen in der Karriere etwas gab"[77].

Obwohl es Bismarck darum zu tun war, dem Reichsdienst Nichtpreußen zuzuführen, hat es in der Zeit bis 1890 unter 41 in der Zentrale tätig gewesenen Vortragenden Räten nur wenige Beamte gegeben, die nicht preußische Staatsangehörige waren. Unter diesen befanden sich aus Süddeutschland Fürst Hohenlohe, Dr. von Brauer, Graf Arco, Frhr. v. Rotenhan, Graf Berchem, von Kiderlen-Wächter, die wichtige Posten bekleideten[78]. In den Jahren nach der Reichsgründung bestand in den Ländern südlich des Mains nur geringe Neigung, in einen Dienst einzutreten, der gerade vom preußischen Außenministerium in den Reichsdienst über-

---

75 Morsey, Reichsverwaltung, S. 246.

76 Vor seiner Erhebung in den Adelsstand.

77 Ebel, Bd. 1, S. 226.

78 Nicht aus Preußen waren auch Staatssekretär von Bülow (Mecklenburger), Botschafter Prinz Reuß (Weimar), Botschafter Graf Münster (Hannover), die Räte von Schlözer (Lübeck), Le Maistre und Goering (Sachsen), Speck von Sternberg (Sachsen).

führt worden war. Auch übte die Stadt Berlin, mehr preußische Residenz als Reichshauptstadt und als solche in der Verfassung nicht genannt, damals nur wenig Anziehungskraft auf Süddeutsche aus. Immerhin kamen 1871/72 drei süddeutsche Beamte, Graf Arco, Graf Berchem aus dem bayerischen Außenministerium und Arthur Brauer aus der badischen Justiz, Le Maistre aus dem sächsischen auswärtigen Dienst. Wenn bei der landsmannschaftlichen Herkunft die Preußen vorherrschten, so gilt das auch für die Protestanten bei der konfessionellen Zusammensetzung der Behörde[79]. Daß dies keine Folge planmäßiger Personalpolitik war, zeigt die Stellenbesetzung in den Jahren, die vom Kulturkampf bestimmt waren. Auf entscheidenden Posten hatten damals Katholiken das Vertrauen Bismarcks: Graf Hatzfeldt, von Radowitz, Fürst Hohenlohe, Graf Berchem, Dr. Busch.

Den studentischen Verbindungen gehörten viele der höheren Beamten an, etwa dem Kösener S.C. oder den Borussen, bei denen Herbert Bismarck in Bonn Mensuren geschlagen hatte. Sicher war die über die Studentenzeit hinausdauernde Gemeinschaft der Angehörigen einer Verbindung "Grundlage für das Zusammenleben und Zusammenwirken" im Beruf[80]. Es kann aber nicht festgestellt werden, daß auf diese Weise Cliquenbildungen erfolgten und Laufbahnen besonders gefördert wurden[81].

In der Literatur wird gelegentlich der Eindruck hervorgerufen, als seien im Auswärtigen Amt der Bismarckzeit Juden nicht tätig gewesen[82]. In den Jahren 1871-90 waren mit Dr. Lindau, Dr. Kayser und Dr. Cahn Juden[83] in der Zentrale tätig, ebenso wie Beamte, die jüdische Mütter hatten, Graf Berchem und von Kusserow, und schließlich solche, die entfernte jüdische Vorfahren hatten wie von Philipsborn, Graf Limburg-Stirum. Die Abkunft dieser Beamten war im Kollegenkreis allgemein bekannt[84] und führte dort - soweit feststellbar - nicht zu Animositäten oder Diskriminierungen. Allerdings hat Herbert Bismarck als Staatssekretär 1887 die Zulassung eines jungen Angehörigen der Familie Oppenheim

---

79 Amtliche Erhebungen zur konfessionellen Zusammensetzung der Behörde gab es erst seit 1914, vgl. I B Rep IV Personalia Nr.5 Generalia.

80 Holborn, Bd. 1, S. 24.

81 Diese Schlußfolgerung gründet sich u.a. darauf, daß in der Memoirenliteratur vom Verbindungswesen selten die Rede ist. Anderer Ansicht ist Morsey, S. 121, allerdings nur mit einem Beleg; vgl. auch Krüger, S. 125.

82 Vgl. dazu Cecil, Diplomatic Service, S. 100, und Dienst, S. 25 (mit Hinweisen): "Juden betrachtete das Auswärtige Amt, wie zu erwarten, als ungeeignet für jede Art von Dienst auf höherer Ebene." Diese Feststellung wird auf S. 27 etwas eingeschränkt.

83 Lindau war als Christ geboren, Kayser 1882 getauft, Cahn israelitischer Religion.

84 Brauer, Erinnerungen, S. 37. Man sprach von "israelitischer" Herkunft.

zum diplomatischen Dienst mit der Begründung abgelehnt, andere Beamte würden sich "herabgedrückt fühlen, wenn man ihnen einen Judenbengel [...] zugesellt"[85]. Herbert von Bismarck hatte schon seit Jahren das enge Verhältnis seines Vaters zu dem Bankier Bleichröder als störend empfunden[86], was ihn wiederholt zu allgemeinen abfälligen Äußerungen über die Juden veranlaßte.

Auch von Otto v. Bismarck gab es unfreundliche Stellungnahmen als Landtagsabgeordneter in den Debatten über die Judenemanzipation 1847, von denen er später abgerückt ist, besonders nachdem er als Gesandter beim Bundestag in Frankfurt die Familie Rothschild kennengelernt hatte[87]. Während seiner Kanzlerschaft wurde im Norddeutschen Bund 1869 die völlige Gleichberechtigung der Juden beim Zugang von Staatsämtern eingeführt[88]. Auch das Eintreten Bismarcks für die rumänischen Juden in der Zeit vor und beim Berliner Kongreß ist ein Zeichen für die veränderte Haltung des Kanzlers[89]. Überdies gab es im Hause Bismarck in der Person von Dr. Paul Kayser einen Juden als geschätzten Lehrer und Repetitor bei der Examensvorbereitung der Söhne des Kanzlers[90].

Die Einstellung zu den Juden in Deutschland, gerade in der Oberschicht, war geteilt zwischen Ablehnung, Widerstand und Gleichgültigkeit. Manchem galt das rasche Emporkommen vieler Juden seit dem Edikt vom 15. März 1812 als ungerechtfertigt. So hielten sich die alten Urteile und Vorbehalte gegenüber den Juden am Leben. Der Aufstieg in höhere Gesellschaftsschichten wurde zwar im allgemeinen hingenommen, aber ohne Wohlwollen begleitet, obwohl Staatstreue und Einsatz für die deutsche Sache unbestritten waren. Es äußerten sich antijüdische Gefühle und Vorurteile, aber kaum der erst seit den neunziger Jahren aufkommende Antisemitismus.

Ähnlich ist wohl auch die Stimmung im Auswärtigen Amt gewesen, wo die Zahl jüdischer Mitarbeiter oder solcher jüdischer Abkunft unter Bismarck mit insgesamt sieben in der Zentrale einen weitaus höheren Anteil hatte als an der Berliner Bevölkerung (1881 = 4,8 %)[91]. Die in der Gesellschaft verbreitet anzutreffende Kritik, den arrivierten Juden unterlie-

---

85 Morsey, Reichsverwaltung, S. 121.

86 Herbert Bismarck meinte, daß die Beziehungen zu Bleichröder, "einem schmierigen Juden" mit dem "verflixten Judengeld" ein "Übelstand" sei, Stern, S. 320.

87 Jöhlinger, S. 16ff.

88 Gesetz vom 3. Juli 1869, abgedr. bei Jöhlinger, S. 22.

89 Vgl. Jöhlinger, S. 33ff.

90 Vierhaus (Hrsg.), S. 365.

91 Röhl, Beamtenpolitik, S. 296, meint, der Anteil der Juden hätte höher sein müssen, wenn die Zahl der jüdischen Akademiker zugrunde gelegt würde.

fen bei der Übernahme ungewohnter Lebensformen und Anpassung an den Stil der Oberschicht Fehler und Taktlosigkeiten, klingt in einer aus den Personalakten zu entnehmenden Wertung des Gesandten Graf Königsmarck an. Bei der dienstlichen Beurteilung des Attachés von Kusserow meinte er, dieser weise gewisse "Schwächen" auf, "welche im allgemeinen Juden vorgeworfen werden", während "der Geist eines Mendelsohn, Stahl oder Mayer Behr in ihm nicht zu finden" sei[92].

Über Mißhelligkeiten solcher Art im Verhältnis der Beamten zu jüdischen Kollegen wird nicht berichtet, und Vorfälle, die damals schon antisemitische Tendenzen hätten erkennen lassen, gab es - wohl dank der toleranten Haltung des "Chefs" - nicht[93].

B.II.4. Die "mittlere" Laufbahn im Auswärtigen Dienst und die Feldjäger

Den sogenannten Bürodienst versahen Beamte der "mittleren" Laufbahn, die in der Zentrale auf Haushaltsstellen von Kanzleisekretären bzw. Kanzleivorstehern, bei den Auslandsvertretungen als Legationskanzlisten bzw. Kanzleivorstehern ausgewiesen waren[94]. Die Tätigkeit der im Central- und Depeschenbüro, in der geheimen Registratur, im Chiffrierbüro oder der geheimen Kanzlei des Auswärtigen Amts beschäftigten Beamten bestand in der Erfassung aller Schriftstücke in den Journalen oder Tagebüchern, ihrer Aufnahme in die Akten und ihre Archivierung, in der Fertigung von Reinschriften, deren etwaiger Chiffrierung und Dechiffrierung und schließlich in der Versendung der "Depeschen". Bei den Auslandsvertretungen waren die gleichen Tätigkeiten auszuführen. Auch der Vorstand der Legationskasse, ein Rendant, der dazu Haushaltssachbearbeiter war, gehörte dem mittleren Dienst an.

Die mittlere Laufbahn des öffentlichen Dienstes hatte sich seit Anfang des 19. Jahrhunderts herausgebildet; man nannte ihre Angehörigen zunächst Subaltern- oder Unterbeamte, Bezeichnungen, die später außer Gebrauch kamen. Während sich bei den innerdeutschen Behörden der Nachwuchs für diesen Dienst meist aus Kreisen der "Militäranwärter mit Anstellungsschein" rekrutierte, galten im Auswärtigen Dienst seit der Mitte des Jahrhunderts andere Kriterien für die Einstellung. Es wurde auf den

92 PA, Personalakte Nr. 27. Von Kusserow war Sohn einer getauften Jüdin aus der Familie Oppenheim. Bei "Mayer Behr" ist Giacomo Meyerbeer gemeint.

93 Bismarcks Ablehnung der Aktivitäten des Hof- und Dompredigers Adolf Stöcker war allgemein bekannt.

94 Vgl. dazu Sasse, Die Entwicklung des gehobenen Auswärtigen Dienstes; Zeitschrift des Vereins Deutscher Auslandsbeamten 1959, S. 198ff.

Besuch einer höheren Schule Wert gelegt und man verlangte Fremdsprachenkenntnisse. Häufig waren die Bewerber Reserveoffiziere. Wegen der Nähe dieser Beamten zur großen Politik und den damit verbundenen Staatsgeheimnissen waren Eigenschaften wie höchste Vertrauenswürdigkeit und Verschwiegenheit erforderlich. Auch wurden erhebliche Anforderungen an ihre geistige Beweglichkeit gestellt. Dieses Personal unterschied sich also von den Kanzleibeamten anderer Behörden, was sich auch in ihrer sozialen Stellung äußerte. Im Rahmen des häufigen mündlichen und schriftlichen Verkehrs mit den Kanzleien fremder Gesandtschaften kamen diese Beamten immer wieder zu ausländischen Ordensauszeichnungen.

Beide Bismarcks (Vater und Sohn) haben im Reichstag auf die besondere Qualität der im Auswärtigen Dienst beschäftigten "mittleren" Beamten hingewiesen und die Gewährung von Gehaltszulagen durchgesetzt[95]. Zur Begründung wurden die hohen Anforderungen intellektueller und körperlicher Art hervorgehoben, also die Arbeitslast von 8 Uhr morgens bis zehn Uhr abends, oft auch nachts und feiertags, und die beim Chiffrieren oder bei der Diktataufnahme erforderliche Vertrautheit mit der Materie und den Fremdsprachen. Hinzu komme, so der Reichskanzler, Verantwortung für absolute Genauigkeit und Diskretion. Das alles, so hieß es, würde solchen Personen "in jeder anderen bürgerlichen Beschäftigung sehr viel bessere Chancen" einräumen. Bismarck gab auch zu bedenken, daß in den französischen Kanzleien "die Zahl der Personen und Besoldungen eine erheblich höhere sei als bei uns"[96].

Hoher Wertschätzung aller höheren Beamten erfreuten sich die Leiter des Centralbüros, der geheimen Kanzlei und des Chiffrierbüros. Sie kannten alle Vorgänge und sorgten unter schwierigen Bedingungen für den sinnvollen Einsatz des knappen Personals und für die gute Ordnung des Geschäftsablaufs. Ausnahmslos wurde ihnen hohes Lob gezollt, gerade auch von Diplomaten, die im Ausland festgestellt hatten, daß andere Länder über Kanzleipersonal mit solcher Qualifikation nicht verfügten[97].

Die höchste Stufe in der mittleren Laufbahn war die des Geheimen Hofrats, übrigens mit einem Rang und Diensteinkommen, das über dem eines Hilfsarbeiters im höheren Dienst lag. In der Bismarckzeit gab es drei Hofräte, die zu ständigen Hilfsarbeitern ernannt wurden und kleine Dezernate leiteten[98].

---

[95] Vgl. Reichshaushalt 1873.

[96] Reichstag, 8. Sitzung, 4. Dezember 1884, Kohl, Bd. 12, S.117f.

[97] Holborn, Bd. 1, S. 259f.; Raschdau, Erinnerungen, S. 34; Nowak, S. 51f.; Rosen, Bd. 1, S. 21.

[98] Gasperini, Dr. Metzler, Wiegener.

Ein Zeichen für das Vertrauen, das den Beamten des mittleren Dienstes entgegengebracht wurde, war die Übung, bei kleinen Gesandtschaften ohne nachgeordnete Beamte des höheren Dienstes den Legationskanzlisten mit der Vertretung des Missionschefs zu beauftragen. Die Bedeutung, die den Kanzleivorstehern als den höchsten Beamten des mittleren Dienstes zukam, äußerte sich auch in den Bezügen, die oft höher waren als die der zweiten Legationssekretäre im höheren Dienst (St. Petersburg: 11.000,- M zu 6000,- M).

Welche Möglichkeiten der mittlere auswärtige Dienst in der Bismarckzeit bot, zeigt die Laufbahn Adolf Gasperinis[99]. Er war Sohn eines königlich-preußischen Solotänzers, 1816 in Berlin geboren, hatte das Gymnasium bis zur Obersekunda besucht und war dann als "Supernumerar"[100] in den Dienst des Regierungspräsidenten in Potsdam getreten. Nach mehreren Bewerbungsversuchen für den preußischen auswärtigen Dienst wurde er 1842 "aushilfsweise" bei der Gesandtschaft London eingestellt, 1850 zum "expedierenden Sekretär" an der Gesandtschaft Paris ernannt und 1858 zum Vorstand der dortigen Kanzlei. Im Selbststudium hatte Gasperini sich französische, englische, italienische und türkische Sprachkenntnisse angeeignet. Beurteilungen hoben seinen guten Schriftstil hervor. Seit 1862 Hofrat, 1866 Geheimer Hofrat, wurde er 1873 als Kanzleivorsteher nach Wien versetzt und Ritter des Hausordens von Hohenzollern. Von 1876 bis zu seinem Tode 1882 war er im Auswärtigen Amt ständiger Hilfsarbeiter für Angelegenheiten des "Ceremonials und der Etiquette".

Im Reichsanzeiger erschien ein Nachruf mit ausführlicher Würdigung der Persönlichkeit Gasperinis. Neben dem preußischen roten Adlerorden war Gasperini mit dem Offizierskreuz der französischen Ehrenlegion und mit hohen päpstlichen, italienischen, portugiesischen, spanischen Orden ausgezeichnet worden.

Eine Dienstleistung besonderer Art für das Auswärtige Amt erbrachten die Kuriere. Die Beförderung wichtiger amtlicher Sendungen zwischen der Zentrale und den Auslandsvertretungen wurde von "Feldjägern" ausgeführt. Das waren im Leutnantsrang stehende Angehörige des 1740 gegründeten "Königlich reitenden Feldjägerkorps", in dem die Anwärter des preußischen Forstverwaltungsdienstes ausgebildet wurden. Sie unterstanden einem General, waren in Berlin kaserniert und reisten auf Anforderung und Weisung des Auswärtigen Amts als Kuriere. Sie stammten meist aus Försterfamilien, hatten Kenntnisse in Französisch und Englisch, leb-

---

[99] PA, Personalakte Nr. 281.

[100] Beamter ohne Planstelle.

ten von eigenen Geldmitteln, bekamen aber für die Reisen gut bemessene Tagegelder und andere Pauschalvergütungen[101].

Nach den Dienstinstruktionen haftete der Feldjäger "mit seinem Leben und seiner Ehre für die Sicherheit und Nichtverletzung der ihm anvertrauten Depeschen"[102]. Kurieraufträge waren beliebt, zumal die Feldjäger oft für längere Zeit zu den Auslandsvertretungen abgeordnet wurden, etwa nach London, Paris, Rom, Wien, St. Petersburg. Bei derartigen Kommandos wurden sie gut bezahlt und beanspruchten diplomatischen Status mit der Begründung, sie seien als Reserveoffiziere hoffähig und ranghöher als das Kanzleipersonal des mittleren Dienstes. Eine Anmeldung zur Diplomatenliste wurde aber vom Auswärtigen Amt verweigert. Immerhin fanden die Feldjäger gesellschaftliche Anerkennung in den deutschen Kolonien am Ort, wurden eingeladen und gingen zur Jagd. Abenteuer wie noch zu Beginn des 19. Jahrhunderts gab es nicht zu bestehen, die Risiken auf den Reisen verminderten sich dank der modernen Verkehrsverbindungen immer mehr.

B.II.5. Offiziere im Dienst des Auswärtigen Amts

Zum Personal von Botschaften und Gesandtschaften gehörten auch Berufsoffiziere, die Militär-Attachés. Sie waren dem Missionschef unterstellt, blieben aber im Militärverhältnis. Ihre Aufgabe war die Beobachtung der Streitkräfte des Gastlandes und die Berichterstattung darüber. Die Berichte wurden vom Missionschef mit "gesehen-Vermerk" weitergeleitet und konnten, soweit sie politische Bedeutung hatten, von ihm kommentiert werden. Sie gingen dann vom Auswärtigen Amt an das Kriegsministerium oder den Großen Generalstab. Die Zuständigkeiten waren durch Weisungen abgesteckt[103].

Da oft militärische Interessen schwer von den politischen zu trennen sind, kam es vor, daß die vorgeschriebenen Grenzen nicht eingehalten wurden, wie durch Major von Deines in Wien, der Ende 1887 mit dem österreichischen Generalstab Gespräche über einen Winterfeldzug in Rußland führte[104]. Er wurde von Bismarck scharf zurechtgewiesen. Auch

---

[101] Berlin - St. Petersburg 744,-M, Berlin - Wien 357,-M; vgl. PA, IB Rep IV Nr. 68.

[102] § 23 der Dienstvorschrift in der Fassung vom 20. November 1895.

[103] PA, R 288; 1890 erging unter Caprivi eine "Instruktion" für die Militär-Attachés, abgedruckt bei Ritter, Militärattachés, S. 33ff.

[104] GP Bd. 6, Nr. 1164, 1165, 1184; vgl. Krausnick, Geheimpolitik, S. 149, 157ff.

Versuche von Graf Waldersee, für den Generalstab mit den Militär-Attachés eine Art Neben-Diplomatie einzurichten, blieben ohne Erfolg.

Bei der Stellung des preußisch-deutschen Heeres in Staat und Gesellschaft ist es nicht verwunderlich, wenn von seiten des Militärs versucht wurde, auf die Außenpolitik Einfluß zu nehmen. Demgegenüber hat Bismarck, wenn er es auch liebte, als General in Kürassieruniform aufzutreten, den Primat der Politik eindeutig vertreten und durchgesetzt. Das zeigte sich u.a. im Januar 1888, als er den vom stellvertretenden Generalstabschef, Graf Waldersee, ausgehenden kriegerischen Tendenzen entgegentrat und sie durch die Presse bloßstellen ließ[105].

Im Auswärtigen Dienst war das militärische Element nicht nur durch die Militärattachés vertreten, es waren auch ehemalige Offiziere als Beamte übernommen worden. Aber Bismarck verhinderte, daß militärisches Denken im Auswärtigen Amt um sich griff. Während der Bismarck-Zeit hat man dort die Auseinandersetzung mit der militärischen Führung nicht gescheut und sich Einmischung in die auswärtigen Beziehungen verbeten, so etwa 1876, als der dem Zaren attachierte Militärbevollmächtigte General von Werder glaubte, sich aus Livadia in die deutsch-russischen Beziehungen einschalten zu müssen. Die russische Seite hatte nämlich im Herbst 1876 nach dem Empfang eines Handschreibens Wilhelms I. an den Zaren, in dem u.a. der Dank für die Unterstützung in den sechziger und frühen siebziger Jahren, mit der Zusicherung der Gegenseitigkeit ausgedrückt wurde, zum Anlaß genommen, die Erwartung auszusprechen, das Reich werde im Falle eines Krieges zwischen Rußland und Österreich "sich ebenso verhalten wie Rußland im Jahre 1870".

Bismarck war betroffen darüber, daß von Werder sich zu der Übermittlung einer solchen Anfrage habe "mißbrauchen" lassen, die auf normalem diplomatischem Wege wohl kaum gestellt worden wäre. Von Herbert Bismarck wurde ein Erlaß an Werder vorbereitet, durch den der General darauf aufmerksam gemacht wurde, daß er mit dem Auswärtigen Amt nicht "in Konkurrenz" treten dürfe, da seine "Petersburger Stellung [...] lediglich militärischer Natur" sei[106]. Alles in allem hat es während der Bismarck-Zeit nur ganz vereinzelt störende Einflüsse der Militärattachés auf die im Auswärtige Amt betriebene Außenpolitik und Spannungen mit den Diplomaten gegeben[107].

---

105 Jeismann, S. 148.

106 GP Bd.2, Nr. 37, 55.

107 So auch Ritter, Militärattachés, S. 10, 28.

B.II.6. Das Erscheinungsbild des deutschen Auswärtigen Dienstes und sein Verhältnis zum "Chef"

B.II.6a. Berufliches Fortkommen der Beamten und ihr Verhältnis untereinander

Nach welchen Gesichtspunkten sich die "Karriere" der Beamten des höheren auswärtigen Dienstes vollzog, d.h. welche Kriterien die einzelnen Laufbahnen bestimmten, wie die Entscheidungen über Versetzung, Beförderung, Rangerhöhung, Ordensauszeichnung zustande kamen, ist nicht einfach festzustellen, denn die Personalakten geben auf die damit zusammenhängenden Vorgänge meist keine klare Auskunft. Die dem "Chef" vom Staatssekretär unterbreiteten Vorschläge waren das Ergebnis von Überlegungen des "Personalrats" (Leiter I B) und der Referatsleiter der zuständigen Abteilung, wenn nicht von Bismarck selbst die Initiative ausging[108]. Neben der fachlichen Qualifikation kam es auf den Ruf an, den der Beamte bei Kollegen, Vorgesetzten, beim Kanzler oder bei Hofe erworben hatte. Die Personalakten waren mit einem vorgeschalteten vierseitigen metallographisch vervielfältigten Fragebogen über Herkunft, Vorbildung, Religion usw. gut geführt; man findet aber nur wenige Beurteilungen und wenn, dann für die Zeit als Aspirant. In regelmäßigen Abständen abzugebende Qualifikationsberichte waren nicht vorgeschrieben. Die dem Kaiser eingereichten Vorschläge enthielten dann allerdings Angaben über Charakter, Intelligenz, Bildung, Diensteifer, Arbeitskraft, Gewissenhaftigkeit, Brauchbarkeit, Dienstalter als Begründung für die personelle Entscheidung. Da der Kaiser einen erheblichen Teil der Beamtenschaft kannte und eigene Vorstellungen über Personalpolitik hatte, war es oft notwendig, ihn mit ausführlicher Argumentation zu überzeugen.

Bei Beförderungen vom Hilfsarbeiter zum Vortragenden Rat, also zum Referenten, spielte die Befähigung die entscheidende Rolle, weniger das Dienstalter, denn diese Ernennung galt als "eine Auszeichnung für besondere Fähigkeit und Leistungen". Abeken und Bucher wurden mit 44 bzw. 50 Jahren, Radowitz mit 34, Hatzfeldt mit 42, Holstein mit 41 und Brauer mit 36 Jahren Dezernenten. In Abteilung II erreichte man die Ernennung zum Referenten zwischen dem vierten und fünften Lebensjahrzehnt: von Richthofen mit 34 Jahren, von Frantzius mit 35, Wilke mit 46. Auch ohne die diplomatische Prüfung konnte man mit 40 Vortragender Rat werden, wie das Beispiel Dr. Kayser belegt. Ein nicht besser als durchschnittlich beurteilter Beamter wie Kusserow wurde mit 38 Dezernent.

---

[108] Der Kanzler hatte sich Personalfragen nach Art. 3 des Stellvertretergesetzes vorbehalten; Bußmann, Herbert Bismarck, S. 525.

Der Aufstieg in den Rang des Vortragenden Rats war auch im Ausland möglich und zwar mit der Ernennung zum 1. Sekretär an einer Botschaft (Botschaftsrat) wie bei Graf Berchem in St. Petersburg mit 35 Jahren oder bei Herbert Bismarck in London mit 33 Jahren.

Als Ziel der Laufbahn im höheren Dienst galt ein Posten als Missionschef im Ausland; im diplomatischen Dienst als Leiter einer der 33 diplomatischen Vertretungen[109], im konsularischen als Leiter eines der acht Generalkonsulate. Von den sechs Botschaften wurde in der Bismarckzeit nur Paris, Konstantinopel, London und Rom von Laufbahnbeamten besetzt und zwar durch Graf Arnim, Graf Hatzfeldt, von Radowitz und von Keudell. Die Beamten des diplomatischen Dienstes, die sich in der Zentrale als Referenten qualifiziert hatten, wurden Gesandte, es sei denn, sie blieben in der Zentrale wie Bucher und Holstein.

Versetzungen, d.h. die Veränderung von Dienstort und Tätigkeit, spielten schon damals im Leben des Beamten des Auswärtigen Dienstes eine entscheidende Rolle. Die Beweglichkeit der Beamten war ein wesentliches Element der Laufbahn. Eine Teilung des Auswärtigen Dienstes in die Gruppe von Beamten, die ständig in der Zentrale arbeiteten und eine andere, deren Angehörige nur bei diplomatischen Missionen Verwendung fanden, war schon seit der Mitte des 19. Jahrhunderts in Preußen nicht mehr üblich und unter Bismarck völlig aufgegeben. Es gab im Auswärtigen Amt kaum einen Referenten, der nicht im Ausland auf Posten gewesen wäre, und nur ganz wenige Diplomaten, die nicht auch in Berlin gearbeitet hätten. Ausnahmen waren etwa die Botschafter Graf Münster, von Schweinitz, Prinz Reuß, der Gesandte von Schlözer. Der Dienst im Ausland galt als erstrebenswert und selten verzichtete jemand darauf, in den Genuß eines äußerlich glänzenden, nicht so arbeitsreichen, dazu mit höherem Einkommen versehenen Postens zu kommen. Holstein ist da eine Ausnahme gewesen. Der Wechsel zwischen Inlands - und Auslandsposten war der Amtsleitung insofern erwünscht, als die Beamten dabei Erfahrungen sammeln konnten. So wurde ein in der Handelspolitischen Abteilung tätiger Legionsrat nach Antwerpen versetzt, um "ihm durch selbständige Tätigkeit im Auslande und durch eine praktische Auffassung aller einschlägigen Verhältnisse Gelegenheit zu einer vollständigen und gründlichen Ausbildung für die Bearbeitung der handelspolitischen Angelegenheiten zu verschaffen"[110]. Es wurden auch immer wieder vorübergehend Angehörige von Auslandsvertretungen in die Zentrale abgeordnet, um bei der knappen Stellenbesetzung in Berlin den dort tätigen

---

[109] Einschließlich der acht preußischen Gesandtschaften an den deutschen Höfen und in Hamburg.

[110] PA, Personalakte Nr.14.

Beamten einen Urlaub oder eine Kur zu ermöglichen. Diese Abordnungen als sogenannte "Sommerknechte"[111] waren nicht bei allen beliebt, besonders wenn sie einen Heimaturlaub verkürzten. Aber die Amtsleitung betrachtete die Auslandsvertretungen als eine Art Personalreserve und glaubte, einen Beamten dort schon eher entbehren zu können als in der Zentrale. Gleichzeitig diente eine solche Vertretungszeit dazu, "Hilfskräfte für die Politische Abteilung heranzuziehen"[112]. Auch Missionschefs wurden von derartigen Abordnungen nicht verschont, wie etwa Fürst von Hohenlohe oder Graf Hatzfeldt. Bismarck hat betont, daß "die vorübergehende Verwendung in dem inneren Dienst des Auswärtigen Amts [...] zu den Aufgaben gehöre, die an jeden Missionschef herantreten können und deren Erfüllung von ihm erwartet werden muß"[113].

Die preußischen Gesandtschaften in den deutschen Staaten wurden durchweg mit Personal des Auswärtigen Amts besetzt. Es handelte sich um Baden, Bayern, die Hansestädte und Mecklenburg, Hessen, Oldenburg und Braunschweig, Sachsen (Dresden und Weimar), Württemberg. Auch der preußische Gesandte beim Vatikan gehörte nicht zum Reichsdienst.

Die europäischen Posten wurden höher eingeschätzt als überseeische; immerhin gab es Zukunft versprechende Beamte wie Radowitz und Holstein, die um eine Versetzung nach Asien bzw. Amerika baten. Der Aufenthalt an weit entfernten Plätzen wie China oder Japan wurde oft durch spätere Versetzung nach Europa belohnt und die Dienstzeit doppelt angerechnet. Der Geheime Legionsrat Le Maistre, in Rio de Janeiro, Buenos Aires und Mexiko Gesandter, bemühte sich lange Zeit um eine Versetzung nach Europa. Dabei wies er nicht nur auf seine angegriffene Gesundheit hin, sondern meinte, daß er lange genug "Kultur- und Geistesleben [...] vermißt" habe[114]. Es gab auch Beamte, die die Diplomatenlaufbahn mit zahlreichen Versetzungen als einen mit "großen Opfern, insbesondere der Beeinträchtigung des Familienlebens durch mehrmonatige Trennungen, Vernachlässigung der Kindererziehung" verbundenen Dienst empfanden[115].

Die Bekleidung eines für wenig bedeutend gehaltenen Postens sagte nichts aus über den weiteren Verlauf der Laufbahn: Graf Eulenburg und Graf Monts, spätere Botschafter, waren Gesandte in Oldenburg. Die

---

[111] Raschdau, Erinnerungen, S.96.

[112] Erlaß vom 24. September 1884, PA, Personalakte Nr.14.

[113] PA, Personalakte Nr.22.

[114] Schließlich wurde er Missionschef in Darmstadt und dann in Athen. Personalakte Nr. 22.

[115] PA, Personalakte Nr.72.

"Revirements" im Auswärtigen Dienst wurden von der Öffentlichkeit genau beobachtet. Gelegentlich klagten Zeitungen darüber, daß Beamte in Länder versetzt wurden, über die sie keine Kenntnisse hatte. Auch glaubte man bemängeln zu müssen, daß der mit einem Land vertraut gewordene Diplomat auf einen anderen Posten versetzt wurde.

Dem internationalen Brauch folgend trugen deutsche Diplomaten - bei besonderen Gelegenheiten - Uniform. Die Diplomaten-Uniform war für deutsche Verhältnisse nichts außergewöhnliches, denn hier legten die Bürger gern Uniform an. Das entsprach dem Geschmack einer damals stark vom Militär geprägten Gesellschaft.

In der Öffentlichkeit, ob im Reichstag oder beim Berliner Kongreß, erschien Bismarck regelmäßig in der Uniform der Magdeburger (Halberstädter) Kürassiere, nur einmal sah ihn Reichskanzleichef von Tiedemann im zivilen Gesellschaftsanzug an der kaiserlichen Tafel[116]. Zu Hause in Varzin, Friedrichsruh oder bei der Kur in Kissingen trug er den bequemen "Hausrock".

Für die Reichsbeamten gab es eine dunkle Galakleidung[117]. Die der Diplomaten zeichnete sich durch blauen Samtkragen, Goldstickerei und Sterne (je nach Rang) auf den "Achselzeichen" aus. Dazu gehörte ein mit Federn geschmückter Hut (Zweispitz). Dies sah den Diplomaten-Uniformen anderer Länder ähnlich. Auch im Versailler Feldquartier hatte sich für die Räte des Auswärtigen Amts die Notwendigkeit ergeben, eine dafür geschaffene schwarze Uniform zu tragen[118]. Für den mittleren Dienst gab es keine Uniform. Hier waren aber viele Beamte Reserveoffizier und trugen zu entsprechenden Anlässen die Uniform ihres Truppenteils.

Neben den Titeln hatten Orden große Bedeutung, sie waren das äußere Zeichen der Anerkennung und begehrte Accessoires zur Gesellschaftskleidung. Die verschiedenen Stufen einer Auszeichnung wurden dem Rang des Beamten entsprechend verliehen. Außerdem mußte bei Verleihung der höheren Klasse ein bestimmter Zeitraum seit der Verleihung der niedrigeren Klasse vergangen sein. Da für das Deutsche Reich keine Orden gestiftet waren, erhielten die Beamten des Auswärtigen Dienstes preußische Orden und die der Bundesstaaten. Wie bemüht die Beamten um solche Auszeichnungen waren, zeigt ein Blick in die Personalakten, in denen Ordenssachen einen großen Teil ausmachen. So wünschte sich Graf

---

[116] Tiedemann, Sieben Jahrzehnte Bd. 2, S. 81.

[117] Kaiserliche Verordnung vom 16. Dezember 1888, die nicht verkündet wurde, aber abgedruckt ist bei Hertel, Die Preußische Oberrechnungskammer, Ergänzungsheft 1890, S. 22.

[118] Keudell, Bismarck-Erinnerungen, S. 446.

Hatzfeldt 1885, daß der Kaiser "ihm bei Gelegenheit des Ausscheidens aus seiner jetzigen Stellung durch eine Ordensauszeichnung zu erkennen gibt, daß allerhöchst Dieselben mit seinen Leistungen als Staatsminister zufrieden gewesen sind". Er hoffte, das Großkreuz des Roten Adlerordens zu erhalten[119]. Natürlich legte man auch auf ausländische Orden Wert. Radowitz erwartete nach seiner St. Petersburger Mission eine russische Auszeichnung, die aber ausblieb[120]. Herbert Bismarck bekam für die in Wien 1877 verbrachten drei Monate als Attaché einen österreichischen Orden. Daneben waren Dienstjubiläen oder die Unterzeichnung von Handelsverträgen willkommene Anlässe für Auszeichnungen.

Bei der großen Rolle, die der gesellschaftliche Verkehr für die diplomatischen Beziehungen spielte, trat bei den Diplomaten die Ehefrau stärker in Erscheinung als in anderen Beamtenberufen, und es kam sehr auf ihre gesellschaftlichen Talente an. Das Auswärtige Amt hatte daher ein besonderes Interesse an der Wahl der Ehefrau, die der Diplomat traf. Insbesondere erschienen zu viele Verbindungen mit Ausländerinnen unerwünscht. In den sechziger Jahren waren nämlich von preußischen Diplomaten mehr Ausländerinnen geheiratet worden als Deutsche, und zwar drei Engländerinnen, zwei Italienerinnen, eine Amerikanerin, eine Schweizerin, eine Belgierin und eine Russin[121]. Diese Häufung von Ehen mit Ausländerinnen führte 1866 zu einem Erlaß, der die Anzeige einer solchen Eheschließung als Gesuch auf Entlassung aus dem Dienst ansah. Das ging über den bis zur Mitte des 19. Jahrhunderts für alle Beamten üblichen "Heiratskonsens" des Behördenchefs hinaus. Die Circularverfügung des Reichskanzlers vom 18. März 1875 betreffend die Verehelichung der im Reichsdienst stehenden Beamten bestätigte die alte Verfügung, ließ aber einen vom Kaiser in Ausnahmefällen zu erteilenden "Konsens" zu. Als Begründung für diesen Erlaß hieß es, daß die Einschränkung der Verwendungsfähigkeit des Beamten vermieden werden solle, ebenso das Auftreten etwaiger "antideutscher Einflüsse". In einem Immediatbericht wegen der beabsichtigten Eheschließung des Legationsrats Stumm mit einer Deutsch-Amerikanerin wurde ausgeführt, es gelte zu "verhindern, daß dem Hause und Familienleben eines deutschen Diplomaten durch seine Verheiratung mit einer Ausländerin ein fremdländisches Gepräge aufgedrückt oder dem betreffenden Diplomaten durch die Familienverbindungen seiner Gattin ein Einfluß im antideutschen Sinne ausgeübt werde"[122]. Von endgültiger Ablehnung des Konsenses ist

119 PA, Personalakte Nr. 27.
120 PA, Personalakte Nr. 34.
121 Holborn, Bd. 1, S. 172.
122 PA, Personalakte Nr. 62.

nur der Fall des Gesandten von Brandt bekannt geworden, der 1892 den Dienst quittierte.

In einer verhältnismäßig großen Behörde, in der wie im Auswärtigen Amt fachlich hochqualifizierte, energische, selbstbewußte und ehrgeizige Persönlichkeiten zusammenzuarbeiten hatten, konnten Reibungen und Rivalitäten, ja Feindschaften in den zwischenmenschlichen Beziehungen nicht ausbleiben. Davon ist häufig die Rede in Memoiren, Tagebüchern usw. In der Berliner Gesellschaft nach der Reichsgründung, war die Intrige, d.h. hinterhältige Ränke und Verleumdung, um Erfolg oder Mißerfolg herbeizuführen, verbreitet. Für diese Zeiterscheinung scheint das Nebeneinander von Hof, Diplomatie, militärischer Kommandostellen, der Pots-damer Garde-Regimenter und vieler Behörden besonders günstige Bedingungen geboten zu haben. Holstein hat einmal geäußert, er werde in die Geschichte wohl als Intrigant eingehen[123]. Selbst Bismarck hat ein Kapitel von "Gedanken und Erinnerungen" mit dem Wort "Intrigen" überschrieben. Die Motive für das, was Röhl "Intrigenwirtschaft" nennt[124], waren nicht so sehr politischer oder weltanschaulicher Natur, ihre Herkunft war persönlicher Neid, Haß, Empfindlichkeit, Jagd nach Einfluß und Posten. In Hof-, Beamten- und Offizierskreisen entstanden Gruppierungen, die in ihrer Vielfalt kaum überschaubar waren und das Ziel hatten, anderen zu schaden, sich selbst aber Vorteile zu verschaffen.

Auch im Auswärtigen Amt waren Intrigen an der Tagesordnung. Waldersee, selbst in dieser Hinsicht bewandert, hat das Auswärtige Amt als "Augiasstall" bezeichnet[125], und die Botschafter Fürst Hohenlohe und von Schweinitz hatten 1882 bei ihren Aufenthalten in Berlin "unerfreuliche Eindrücke"[126] und das Gefühl, "alles intrigiere gegeneinander"[127].

Bismarck hat solchem Treiben und dessen schädlichen Auswirkungen, solange es nicht seine Person betraf, nicht hinreichend Bedeutung zugemessen. Jedenfalls hat er kaum etwas dagegen unternommen[128]. Es wird sogar behauptet, daß er und der Staatssekretär die Vertreter der

---

[123] Rothfels, Holstein, S. 548. Bei Holsteins personalisierter Betrachtungsweise war die Intrige zur Erreichung von Zielen das rechte Mittel. Erst die Zeit nach Bismarck sah die volle Entfaltung seiner Aktivitäten auf diesem Gebiet.

[124] Röhl, Beamtenpolitik, S. 170.

[125] Waldersee, Denkwürdigkiten, Bd. 2, S. 292.

[126] Schweinitz, Bd. 2, S. 211.

[127] Hohenlohe, Bd. 2, S. 231.

[128] In Nr. 291 der Bürobestimmungen vom 10. Januar 1887 heißt es: "Privatdifferenzen sind in den Büroräumen nicht auszufechten, das laute Sprechen in denselben ist von dem Herrn Staatssekretär streng verboten".

Missionschefs veranlaßt haben, gegen ihre Vorgesetzten zu spionieren[129]. Das ist nicht belegt und sicher eine Übertreibung ebenso wie die Aussage, daß im Auswärtigen Dienst "einer des anderen Feind" war[130]. Es sind wohl Freundschaft und Kameradschaft dünn gesät gewesen, aber von einer vergifteten Atmosphäre, die die deutsche Diplomatie in ihrer Leistungsfähigkeit beeinträchtigt habe, zu sprechen[131], geht entschieden zu weit. Es erscheint vielmehr bemerkenswert, daß von Cliquen, die zu gemeinsamer Aktion zusammengefunden hätten, wenig bekannt geworden ist. Erst am Ende der Bismarckzeit scheinen sich Holstein, Berchem und Waldersee enger zusammengetan zu haben.

B.II.6.b. Ansehen der Beamten des Auswärtigen Dienstes und ihr intellektueller, geistiger Zuschnitt sowie politischer Standort

Die Diplomaten des Deutschen Reichs sind im Kreis ausländischer Kollegen diejenigen gewesen, deren Tradition die jüngste war - nämlich die eines Neuankömmlings unter den Großmächten: Preußen. Während sich das Prestige der französischen Diplomatie aus Jahrhunderte alter außenpolitischer Betätigung herleitete, beruhte das Profil der deutschen Diplomatie fast ausschließlich auf der internationalen Bedeutung des Reichskanzlers. Wenn es so etwas wie eine Identität des deutschen Auswärtigen Dienstes gab, so war dafür der Konsens der Beamten maßgebend, zu einer Elite zu gehören, die an der Politik des erfolgreichen und weithin anerkannten Staatsmanns mitarbeitete.

Das Bild, das die deutschen Diplomaten dem Zeitgenossen boten, war, vom Inland wie vom Ausland her gesehen, zufriedenstellend. Wie kein anderes Ministerium stand das Auswärtige Amt im Blickpunkt der Öffentlichkeit, und so finden sich zahlreiche Äußerungen über den Auswärtigen Dienst in der Publizistik. Das hohe Ansehen des Kanzlers wirkte sich auch auf seine Mitarbeiter aus und ließ Kritik nur selten aufkommen. Den Auswärtigen Dienst als Ganzes beurteilte man günstig, wenngleich gelegentlich mit der Bemerkung, "überragende Talente, bedeutende Geister gibt es gerade auf diesem Gebiet nicht viele"[132]. Während Bismarck sich über einzelne Beamte oft kritisch äußerte, sind pauschale Urteile von ihm über den Dienst als Ganzes nicht überliefert. Wohl aber lassen drastische Äußerungen Johannas von Bismarck in dieser Hinsicht Schlüsse zu,

---

129 Nicolson, Diplomacy, S. 149; Holstein, Bd. 2, S. 210.

130 Holstein, Bd. 1, S. XX; Bd. 2, S. 210; Rich, Bd. 1, S. 95.

131 Craig, Deutsche Geschichte, S. 132.

132 Augsburger Allgemeine Zeitung vom 27. Dezember 1874.

wenn sie sich bei ihrem Sohn Herbert beklagte über "das faule, unbrauchbare Pack [...] in seiner empörenden Bummelei [...] und stinkenden Faulheit"[133].

Nach dem zeitgenössischen Urteil des Auslands wurden die deutschen Diplomaten ihrer Aufgabe durchaus gerecht. Sie vertraten die Reichspolitik ohne aggressiven Nationalismus und fügten sich in das diplomatische Korps ein, ohne durch Besonderheiten aufzufallen. Die Regierungen der Gastländer lobten die gute Zusammenarbeit. Graf Hatzfeldt[134], Schweinitz, von Brandt, von Eckardstein oder Herbert Bismarck spielten am Platze eine erste Rolle. Ähnliches gilt für viele Konsuln.

Den Modernisierungsschub in nahezu allen Lebensbereichen, der während der siebziger und achtziger Jahre stürmisch vorandrängte, und die damit verbundenen Spannungen haben die Beamten wohl wahrgenommen, sie wurden aber davon nicht so berührt, daß sie dieses als eine Herausforderung verstanden hätten, nach neuen außenpolitischen Perspektiven zu suchen oder sich abzeichnende neue Ordnungen auszumachen. Nur selten trifft man auf Äußerungen, die über das Tagespolitische hinausgingen oder tiefergehende Bewertungen zeigen. Botschafter von Schweinitz' visionäre Bemerkung über die Notwendigkeit einer internationalen Bekämpfung des Kommunismus 1877 ist die Ausnahme[135].

Alle Beamten fühlten sich als staatstragende Kraft und standen zu ihrem Vaterland und zur Monarchie. Die meisten zählten sich zu den Konservativen. Seit Beginn der siebziger Jahre ging die Zeit der "liberalen Geheimräte" zu Ende. Über "politische Disziplinierungen"[136] von Beamten des Auswärtigen Amts durch die vom Innen-Staatssekretär von Puttkamer ausgehenden Maßnahmen ist nichts bekannt. Sicher stand auch bei den Diplomaten die Laufbahn mit der "richtigen Gesinnung" im Einklang. Daß aber diesbezüglich "die Conduite-Listen der Beamten [...] über das politische Wohlverhalten Aufschluß gaben"[137], wird durch die im Auswärtigen Amt geführten Personalakten nicht bestätigt. Was die Innenpolitik des Kanzlers anlangt, so wurde sie mitgetragen - auch während des Kulturkampfs.

---

[133] Zitiert nach Stamm, S. 84.

[134] Der Einfluß Hatzfeldts auf den Sultan führte die Dulcigno-Affäre zu einem guten Ende und ließ die Implementierung der Berliner Kongreß-Akte erfolgreich verlaufen. Er war Doyen des diplomatischen Korps in Konstantinopel.

[135] Bericht vom 8. Juni 1877, PA, IA B 125, Bd. 5, der zum "Kissinger Diktat" führte, dazu Hampe, S. 205f.

[136] Craig, Bismarck and his Ambassadors, S. 150f.

[137] Bußmann, Herbert Bismarck, S. 17.

Es versteht sich, daß die Bismarcksche Sozialisten-Gesetzgebung gebilligt wurde, glaubte man doch, das Land werde vom Anarchismus bedroht. Zur gleichen Zeit wurden aber auch die Vorhaben des Arbeiterschutzes begrüßt, etwa von Radowitz. Dr. Kayser arbeitete ein Memorandum zur Arbeiterfrage aus. Holstein hatte übrigens schon während seines Aufenthalts in den Vereinigten Staaten während der 60er Jahre erkannt, daß der sozialen Frage auch in Europa immer größere Bedeutung zukommen würde und stand dem aufgeschlossen gegenüber[138].

Eine politische Betätigung des Beamten für eine Partei durfte sich nicht gegen die Regierung richten. Das galt vor allem für diejenigen, die zu Mitgliedern des Reichstags gewählt waren[139]. Die Verbindung zwischen Staatsamt und Abgeordnetenmandat war zulässig, fand aber nicht ungeteilten Beifall[140]. Bismarck schätzte das passive Wahlrecht der Beamten nicht, konnte aber dagegen nichts ausrichten. Vom Auswärtigen Amt waren Herbert Bismarck, Kusserow und Graf Limburg-Stirum Mitglieder von gesetzgebenden Körperschaften.

Die Angehörigen des Auswärtigen Dienstes waren durchweg intelligente, wache und gebildete Leute; ihre Fähigkeiten und ihr geistiger Zuschnitt entsprachen den Anforderungen, die der Beruf an sie stellte. Sie hielten dem Vergleich mit Diplomaten anderer Länder stand. Ihr Weltbild und ihre Befindlichkeit entsprachen der Überlieferung und der positiven, ja optimistischen Grundstimmung der Epoche, wie sie in den Oberschichten der europäischen Länder verbreitet war. Der Übergang vom preußischen Diplomaten zum Vertreter des neuen deutschen Nationalstaats vollzog sich ohne Schwierigkeiten. Das im Reich allenthalben anzutreffende Nationalgefühl war bei den Diplomaten ausgeprägt, aber keineswegs im forschen Stil der "Schneidigkeit" übersteigert. Der Gedanke an eine deutsche Vorherrschaft in Europa lag den Diplomaten Bismarcks fern. Die erfolgreichen Kriege des vergangenen Jahrzehnts ließen sie allenfalls die Macht des Reiches und seinen außenpolitischen Spielraum höher einschätzen als ihr Chef es tat. Was der deutschen Diplomatie fehlte, war die Orientierung an einem ideellen Grundgedanken, "wie die Engländer und Franzosen ihn besaßen oder ausbildeten, um ihre Ansprüche der Welt gegenüber human zu legitimieren"[141]. Die Friedenspolitik Bismarcks, die Inhalt ei-

---

[138] Rich, Bd. 1, S. 260.

[139] Kaiserlicher Erlaß vom 4. Januar 1882, den Bismarck entworfen hatte. Vgl. Morsey, Reichsverwaltung, S.262f.

[140] Freisinnige Zeitung vom 8. Januar 1892.

[141] Nipperdey, S. 896; ähnlich Hildebrand, Außenpolitik, S. 32. Schon Dehio hat vom Fehlen eines "ostensiblen Missionsauftrags" gesprochen, vgl. Hildebrand, Außenpolitik, S. 64; Dehio, Weltpolitik, S. 94.

nes geschichtlichen Auftrags mit "werbender Idee" (Klaus Hildebrand) hätte sein können[142], wurde von den Mitarbeitern als solche nicht erkannt und angenommen. Es fehlte dieser Politik an Ausstrahlung und Übereinstimmung mit dem Zeitgeist. In diesem Zusammenhang ist bemerkenswert, daß es in den Memoiren und Briefen an Äußerungen fehlt, die darauf schließen lassen, daß man sich in diesen Kreisen bewußt gewesen wäre, daß die deutsche Position gefährdet war und wie sehr es darauf ankam, die neue, große Macht in der Mitte Europas den übrigen Mächten verträglich zu machen. Nur bei Hatzfeldt klingt das einmal an, wenn er meint, "daß das neue Deutschland damals keinen einzigen aufrichtigen Freund in Europa hatte"[143]. Sonst findet man keine Betrachtungen, die auf tiefer reichende politische Einsichten schließen lassen.

Künstlerische Begabungen unter Beamten eines auswärtigen Dienstes sind nie eine Seltenheit gewesen. Im Auswärtigen Amt der Bismarck-Zeit handelte es sich hauptsächlich um schriftstellerische Talente, die als Verfasser von politischen Lebenserinnerungen in Erscheinung getreten sind, denn Schreiben gehörte zum Beruf. Neben den vielen unbedeutenden Memoiren sind es die von Bülow, Brauer, Keudell, Kühlmann-Stumm, Radowitz, Raschdau, die einen literarischen und überlieferungswürdigen Wert beanspruchen dürfen, sei es wegen der darstellerischen Qualitäten oder des Inhalts. Alle überragend sind natürlich Otto von Bismarcks "Gedanken und Erinnerungen". Ein beachtenswertes Werk hat auch Schlözer in seinen Briefen und historischen Abhandlungen hinterlassen und Rudolf Lindau in einigen Erzählungen. Rechtswissenschaftliche Arbeiten stammen vom Gesandten von Balan, politische von Bucher.

Das umfassendste und umfangreichste literarische Werk weist jedoch Ernst von Wildenbruch auf. Dieser, Sohn eines preußischen Gesandten in Konstantinopel, Nachkomme des Prinzen Louis Ferdinand aus einer nicht ebenbürtigen Verbindung, war Jurist und arbeitete seit 1877 in der Abteilung II. Schon während seiner Studentenzeit entstanden dramatische Gedichte und Trauerspiele; insgesamt brachte er 26 Dramen und drei Lustspiele auf die Bühne. Viel gespielt wurde 1881 das Hohenzollern-Schauspiel "Die Quitzows"[144]. Er wurde als "einer der bedeutenden

---

[142] Hildebrand, Außenpolitik, S.32. Gustav Seibt hat das in einem Artikel in der Frankfurter Allgemeinen Zeitung (13. August 1993) anschaulich damit ausgedrückt, Deutschland habe eben "über kein werbendes und die Macht humanisierendes Element [...] politisch-historische[r] Kultur verfügt wie die traditionellen europäischen Großmächte Frankreich und England".

[143] Ebel, Bd. 1, S. 86.

[144] Ein Theaterabend mit den "Quitzows" ist im Fontane-Roman "Die Poggenpuhls" beschrieben.

Dramatiker der Neuzeit" gefeiert, mit dem Grillparzer- und dem Schillerpreis, dem Ritterkreuz des Hohenzollern-Hausordens sowie dem Roten Adler Orden ausgezeichnet. Erfolg hatten auch seine patriotischen Gedichte "Vionville" und "Sedan", ebenso wie seine Novellen und Romane. Den Dichter hat der Theaterkritiker Alfred Kerr einmal mit den Worten Victor von Scheffels bedacht: "Er ist nur ein Trompeter und doch bin ich ihm gut"[145]. Bismarck fiel der große Umfang der Wildenbruchschen Produktion auf, und er ließ feststellen, ob hier nicht ein "Gewerbe" betrieben werde. Das wurde von der Abteilung II verneint mit dem Hinweis auf "künstlerische" und nur "gelegentliche" Ausübung literarischer Tätigkeit, für die nach § 16 RBG keine Genehmigung erforderlich sei.

Mit einem Stück, in dem sich antiösterreichische Tendenzen zeigten, zog sich Wildenbruch das Mißfallen des Kanzlers zu, der ihn jetzt am liebsten aus dem Dienst entfernt hätte. Wildenbruch verbrachte seine ganze Laufbahn in der Abteilung II, wurde 1880 Expedient, 1886 Hilfsarbeiter, was er bis zum Ausscheiden im Jahre 1900 blieb. Immerhin erhielt er den Charakter als Geheimer Legationsrat.

Bismarck war privaten schriftstellerischen Arbeiten der Beamten nicht hold. Verschiedentlich hatten konsularische Beamte an Zeitungen Beiträge über die Wirtschaft des Gastlandes und die dortigen Verkehrsverhältnisse gegen Honorar geliefert. Das war beamtenrechtlich gesehen nicht verboten, es sei denn, es wäre eine "fortlaufende Remuneration" vereinbart worden. Bismarck hat daraufhin in einem Erlaß vom 11. November 1881 angeordnet, daß der Beamte des Auswärtigen Dienstes keine "außeramtlichen Veröffentlichungen in der Presse, welche nicht lediglich private Beziehungen (Familienanzeigen pp.) zum Gegenstand haben, sei es mit, sei es ohne Nennung seines Namens, ohne Genehmigung des Vorstands des Auswärtigen Amts bewerkstelligen darf"[146].

Kunst und Kultur fördernd taten sich hervor: Graf Hatzfeldt als Botschafter in Konstantinopel durch Hilfe bei der Ausgrabung und Bergung des Pergamon-Altars, Holstein bei der Unterstützung von Museumsdirektor Wilhelm von Bode und der von Bayreuth begeisterte Radowitz bei der Beschaffung finanzieller Mittel für Richard Wagner. Keudell war als Dilettant Sänger und Klavierspieler.

B.II.6.c. Bismarck als Behördenchef

"Bismarck und seine Leute", so lautet ein Buchtitel über Erlebnisse des Journalisten Moritz Busch im "mobilen" Auswärtigen Amt während des

[145] Vgl. auch Josef Oehrlein, Magie eines Instruments, FAZ vom 13. Juni 1992.

[146] PA, IB, Rep IV Personalia, Nr. 46 Bd. 1 Generalia.

Krieges gegen Frankreich 1870/71. Das Verhältnis des Reichskanzlers zu den Beamten des Auswärtigen Dienstes ist aber auch aus anderen Anlässen Gegenstand vieler Darstellungen, Untersuchungen und Erlebnisberichte geworden, weil sie aus der Behörde stammten, die der große Außenpolitiker Jahrzehnte lang in höchst eigenwilliger Weise geleitet hat. Es verwundert nicht, daß die Urteile über die Führung des Personals durch einen Menschen von ungewöhnlicher Eigenart, schöpferischer Kraft und Phantasie unterschiedlich ausfallen. Sehr widersprüchliche Eigenschaften wie Menschenverachtung und Fürsorglichkeit, Zuneigung und Gefühlskälte, Vorurteilslosigkeit und Selbstherrlichkeit werden da genannt. Von seiten der Beamten wird Respekt, Bewunderung, Verehrung für den Chef verzeichnet, aber auch Angst und Haß.

Über Bismarcks Menschenkenntnis gehen die Meinungen auseinander. Arthur von Brauer meint, "daß Bismarck in hohem Maße das besaß, was man gemeinhin als Menschenkenntnis bezeichnet, wird niemand bestreiten wollen"[147]. Daß er sich aber in seinen Mitarbeitern täuschen konnte, zeigte sich bei Holstein, den Bismarck beim Dienstantritt in Berlin 1876 so vorstellte: "Ich habe Holstein einberufen, damit ich jemanden habe, dem ich unbedingt vertrauen kann"[148]. Bismarck hat über sich selbst gesagt: "Die Fähigkeit, Menschen zu bewundern, ist in mir nur mäßig ausgebildet und es ist vielmehr ein Fehler meines Auges, daß es schärfer für Schwächen als für Vorzüge ist"[149].

Der Einfluß Bismarcks auf die Gestaltung des Auswärtigen Dienstes als eine der Voraussetzungen für seine Außenpolitik ist entscheidend gewesen. Er hat Personalauswahl, Beförderungen und Postenbesetzungen selber getroffen und versucht, durch eine sachbezogene Personalpolitik der gesellschaftlichen Entwicklung des Landes zu entsprechen. Es ist ihm vorgeworfen worden, daß er keine Persönlichkeiten von eigenem Rang neben sich geduldet habe. Sein bekannter Ausspruch von den "Botschaftern, die wie Unteroffiziere auf Kommando einzuschwenken"[150] hätten, sei geeignet zu zeigen, daß schließlich nur ihm blind ergebene Kreaturen im Auswärtigen Amt gewesen seien. Als Beispiel wird die Behandlung angeführt, die die Grafen Usedom, Goltz und Arnim erfuhren[151]. Da Bismarck bei der Durchsetzung seiner Politik Abweichungen nicht hinnahm,

---

[147] Brauer, Die deutsche Diplomatie, S. 69.

[148] Holstein, Bd. 2, S. 237.

[149] Brief an General von Gerlach vom 2. Mai 1857, zitiert nach Brauer, Die deutsche Diplomatie, S. 69.

[150] Moritz Busch, Tagebuchblätter II, S. 78; Schwabe, S. 32.

[151] Vgl. hier S.125.

hatte Disziplin Vorrang. Dadurch wurde den Botschaftern und anderen leitenden Beamten viel von der Selbständigkeit genommen, die sie früher inne hatten[152] und gegen die Bismarck nach der Amtsübernahme rigoros vorging.

Die Mitarbeiter in der Zentrale mußten sich ganz auf Bismarck einstellen. Wie sie die Gedanken des Chefs nachzuvollziehen und in Erlasse umzusetzen hatten, lernten sie schnell, weil Bismarck ihre Entwürfe gründlich durcharbeitete[153] und aus den von ihm marginal vollzogenen Änderungen Stil und politische Linie klar hervorgingen. Es wird gesagt, daß etwa Bucher die Aufträge so erledigte, wie Bismarck es "gemeint und gewollt" hatte - auch ohne ins einzelne gehende Weisungen[154]. Die Entwürfe in den Akten zeigen, daß es bei Abeken, Radowitz, Dr. Busch, Brauer, die als gute "Redakteure" bezeichnet wurden, ähnlich war. Bismarck änderte dann kaum etwas. Das bedeutet aber auch, daß die Entscheidung von dem sie entwerfenden Beamten mitgetragen wurde.

Die Mitarbeit der Beamten bei der Vorbereitung der Reden des Kanzlers beschränkte sich auf die Bereitstellung von Unterlagen wie Vertragstexten, Protokollen, Aufzeichnungen. Bismarck war ein großartiger Redner, sprach frei oder nach selbst entworfenen Notizzetteln. Dabei hatte er aber vorher oft mit seinen Beamten den Text erörtert, und so ist die bekannte Formel vom "ehrlichen Makler" in der Reichstagsrede über die orientalische Frage am 19. Februar 1878 im Gespräch mit dem persönlichen Referenten entstanden, wie von Tiedemann es anschaulich geschildert hat[155]. Auch Brauer hat ihm zur Seite gestanden bei der außenpolitischen Reichstagsrede am 6. Februar 1888 als die berühmte Äußerung fiel: "Wir Deutsche fürchten Gott, aber sonst nichts in der Welt"[156]. Von Referenten vorbereitete Redeentwürfe finden sich nicht in den Akten. Für den Berliner Kongreß war eine Erklärung zur Eröffnung im Auswärtigen Amt ausgearbeitet und von Bismarck übernommen worden. Das war die Ausnahme. Ein zeitgenössischer Reichstagsstenograph, der Sprachwissenschaftler Eduard Engel, bestätigt das und hält diejenigen Reden für die schwächsten, bei denen Bismarck "beim Sprechen in der Diplomatenmappe kramt und [...] Aktenstücke verliest"[157].

---

152 Vgl. hier S. 127 über die Modernisierung des Auswärtigen Amts.

153 Oft sogar zwei bis drei mal.

154 Moritz Busch, Bd. 1, S. 312.

155 Tiedemann, Bd. 2, S. 102ff.

156 Brauer, Erinnerungen, S. 197; Bismarck, GW 13, S. 347.

157 Eduard Engel, Bismarck als Redner, Archiv für Stenographie, 41. Jahrgang, 1889, S. 137ff.

Bismarck verlangte viel von seinen Mitarbeitern. Die Beklommenheit, ja Furcht, beim Vortrag einer erdrückend überlegenen Persönlichkeit gegenüberzustehen, deren Anforderungen man nicht entsprechen könnte, war verbreitet, ihr unterlag sogar der Direktor der Abteilung II, von Philipsborn[158]. Es war nicht leicht, den schnell dahingeworfenen Gedanken Bismarcks zu folgen, und Beamte, die nicht - wie Bucher - stenographieren konnten, waren froh, wenn sie wenigstens Stichworte notieren konnten. Bei dieser Art von Rücksprachen mit dem Chef konnten Einwendungen, Anregungen der Mitarbeiter kaum zum Zuge kommen. "Bismarck war nicht der Mann, seine Räte in Angelegenheiten der auswärtigen Politik um Rat zu fragen", hat sich ein Mitarbeiter geäußert[159]. Angesichts der Art und Weise, wie der Kanzler die politischen Vorgänge beherrschte und erfolgreich war, blieb den Beamten kaum etwas anderes übrig, als mit der Richtung übereinzustimmen, die er angab. Hatzfeldt hat einmal geäußert, daß "jedermann in der unumstößlichen Überzeugung lebte, der Fürst müsse alles besser wissen und verstehen"[160]. Es ist gesagt worden, daß Bismarck es versäumt habe, den Mitarbeitern "Einsicht in seine politische Denkweise" zu geben[161], und daß sein "diktatorischer" Arbeitsstil Initiativen erstickt und dazu geführt habe, daß "politische Köpfe" im Auswärtigen Amt fehlten[162], die verantwortlich hätten handeln können[163]. Es muß aber fraglich sein, ob eine Behörde wie das Auswärtige Amt und der diplomatische Dienst überhaupt Platz für derart angelegte Persönlichkeiten geboten hätten. Eine Behörde, deren Dienststellen über die Welt verteilt sind, mußte straff geführt werden und brauchte nach Meinung Bismarcks Mitarbeiter, die sich fügten und einem von der Zentrale ausgehenden Willen unterordnen konnten.

Im Umgang mit seinen Beamten war Bismarck manchmal gereizt, ungeduldig, schlecht gelaunt, aber selbst dann wahrte er stets die Form. Schriftliche Beanstandungen wurden den Betroffenen so "schonend" wie möglich mitgeteilt[164]. Die Beamten, die ihm nahestanden, also in erster Linie die der Politischen Abteilung, aber auch jüngere Beamte des konsularischen Dienstes wie Raschdau, wurden durch Einladungen in die Familie beehrt. Ein besonders enges Verhältnis bestand zu den an Bismarcks Landsitzen als persönliche Referenten zeitweilig tätigen Beamten.

---

158 Craig, Deutsche Geschichte, S. 132; Ebel, Bd. 1, S. 59.

159 Brauer, Im Dienste Bismarcks, S. 118.

160 Ebel, Bd. 1, S. 29.

161 Rich, Bd. 1, S. 94f.

162 Eyck, Bd. 2, S. 112.

163 Rich, Bd. 1, S. 95.

164 Sasse, Aus Bismarcks Werkstatt, S. 151.

Sie waren in Varzin oder in Friedrichsruh in die Familie aufgenommen, wie Keudell, Holstein, Bucher und Rottenburg erzählen. Allerdings wurde sehr viel von ihnen verlangt, die Arbeitszeit betrug 12 bis 14 Stunden täglich. Sehr genau berichtet Christoph von Tiedemann über solche Aufenthalte in Varzin[165]. Die Gelegenheit zur Aussprache und Einflußnahme war eine nicht zu unterschätzende Beigabe dieser Tätigkeit.

Dank seiner gewaltigen Arbeitskraft konnte sich Bismarck im Auswärtigen Amt nicht nur der Regierungstätigkeit widmen, sondern auch der Verwaltung. Seine administrative Kompetenz hatte er als Referendar und bei der Verwaltung seiner Liegenschaften erworben. Sein Motto war: "Ich muß mich um alles kümmern"[166]. Abeken hat das so ausgedrückt:

> Es ist unglaublich, woran Bismarck alles denkt und wenn er manchmal wirklich unnötige Arbeit macht, so hat man doch im Ganzen das Gefühl, daß es ein großes Glück ist, daß er sich so um alles kümmert[167].

Er verfolgte den Geschäftsgang in allen Einzelheiten und beanstandete zum Beispiel, daß am Ende eines Berichts für fünf Zeilen ein neues Blatt verwendet wurde, daß die Übersetzung eines englischen Textes für den Kaiser fehlte, die Qualität der vom Generalkonsulat Warschau verwendeten Tinte, wie erwähnt, so schlecht sei, daß der Bericht nach einigen Jahren nicht mehr zu lesen sein würde[168]. Oft bezeichnete er Orthographie und Stil des Schriftverkehrs als mangelhaft. Gern nahm Bismarck den Einzelfall zum Anlaß, allgemeine Regeln aufzustellen, die sich aber nicht immer durchführen ließen, und die er selber schnell wieder aufgab, ohne daß seine vorangegangene Anordnung geändert wurde. Mitarbeiter, die der alten Weisung folgten, mußten gewärtig sein, daß ihnen vorgeworfen wurde, nicht die "gehörige Unterscheidungsgabe" bewiesen zu haben[169].

Man kann nicht sagen, daß Bismarck die Fürsorge für die Beamten des Auswärtigen Dienstes ständig am Herzen gelegen hätte, und doch hat er sich wiederholt im Reichstag für Verbesserungen der Besoldung oder des Stellenplans eingesetzt. Sein Augenmerk galt auch dem mittleren und einfachen Dienst.

Bei den Haushaltsverhandlungen 1884 versuchte er, angesichts der Amtsüberlastung seiner leitenden Beamten Abhilfe zu schaffen. Dabei er-

---

[165] Poschinger, Stunden mit Bismarck, S. 280ff.

[166] Holstein, Bd. 2, S. 178.

[167] Abeken, S. 408.

[168] Vgl. hier S. 43.

[169] Raschdau, Bismarck als Leiter der Politischen Abteilung, S. 53.

regte die Anforderung einer neuen Planstelle für einen Abteilungsleiter Kritik im Reichstag und dadurch besonderes Aufsehen in der Öffentlichkeit. Anfang der 80er Jahre hatte sich nämlich die Zahl der Geschäftsvorfälle im Auswärtigen Amt gegenüber den 60er Jahren fast verdoppelt. Davon war besonders die Handelspolitische Abteilung betroffen, die 1883 58.000 Eingänge verzeichnete. Da der Abteilungsleiter weitgehend die Ausgänge zu zeichnen hatte, erschien es nicht zumutbar, für einen ordnungsgemäßen Geschäftsbetrieb die Verantwortung zu tragen. Direktor von Bojanowski war 1884 ebenso wie sein Vorgänger unter dieser Arbeitslast zusammengebrochen. Angesichts dessen sah Bismarck sich veranlaßt, dem Reichstag die Aufteilung der bisherigen II. Abteilung in eine Handelspolitische und in eine Rechtsabteilung vorzuschlagen und dafür die Bewilligung einer zweiten Direktorenstelle zu beantragen. Dies wurde unter Hinweis auf die "finanzielle Notlage" des Reiches zunächst abgelehnt, wenn man auch die "opferfreudige Tätigkeit der Beamten des Auswärtigen Amts" würdigte[170]. Ohne Erfolg blieb des Reichskanzlers persönliche Intervention im Reichstag, in der er die Folgen der arbeitsmäßigen Beanspruchung der Angehörigen des Auswärtigen Amts nannte, d.h. auf die Todes- und Krankheitsfälle hinwies (Staatssekretär von Bülow und Direktor von Bojanowski sowie ein anderer leitender Beamter) und über die Qualität der Arbeit sprach, die im Auswärtigen Amt geleistet wurde. Er vergaß nicht, die "Zufriedenheit der öffentlichen Meinung mit der Führung der auswärtigen Geschäfte"[171] zu erwähnen.

Wenn auch einige Abgeordnete im Sinne einer Bewilligung der beantragten Mittel "für ein Auswärtiges Amt, das bisher durch seine Leistungen alle europäischen auswärtigen Ämter bei weitem übertroffen hat"[172] sprachen, so überwog doch die Zahl derer, die meinten, daß die "auswärtige Politik nicht gefährdet" sei, "wenn diese Position nicht bewilligt wird"[173]. Der Kanzler "verteidigt nur seine Beamten, er sucht sie vor Überarbeitung zu schützen, er sucht sie zu entlasten, er sucht die möglichst besten Gehälter [...] zu verschaffen", kam als Antwort auf die Rede Bismarcks[174]. Die Geschäfte eines Abteilungsleiters könne man ebensogut durch einen der älteren Vortragenden Räte wahrnehmen lassen.

Ein Vierteljahr später hat sich im Reichstag[175] dann doch eine Mehrheit (19 Stimmen) für die Bewilligung der Direktorenstelle gefunden. Unter-

---

170 Reichstag, 15. Sitzung, 15. Dezember 1884, Sten. Ber., S. 356.

171 Reichstag, a.a.O., S. 360.

172 Reichstag, a.a.O., S. 362, Abgeordneter von Hammerstein.

173 Reichstag, a.a.O., S. 363, Abgeordneter Dr. Hänel.

174 Reichstag, a.a.O., S. 363, Dr. Hänel.

175 Reichstag, 58. Sitzung vom 4. März 1885, S. 1545ff.

dessen war es nämlich zu dem gekommen, was den Namen "Entrüstungsbewegung" erhielt. Diese bestand aus spontanen und turbulenten Bürgerversammlungen, in denen Protestadressen gegen den Dezember-Beschluß des Reichstags verabschiedet und Geldsammlungen veranstaltet wurden, um dem Kanzler die gewünschte Stelle zu verschaffen. Schon unmittelbar nach Bekanntwerden der ablehnenden Stellungnahme des Reichstags hatte die Kölnische Zeitung vom 16. Dezember 1884 es als "empörend und beschämend" bezeichnet, daß man dem "Mann, der in der ganzen Welt als der erste seiner Zeit gilt, dem niemand bestreiten kann, daß er das Deutsche Reich geschaffen hat", eine "Forderung abschlägt unter nichtigen Vorwänden". Die Presse berichtete in den folgenden Wochen über den "durch ganz Deutschland hindurchgehenden patriotischen Sturm", der sich überall gegen den Reichstagsbeschluß geäußert habe[176]. Der Kanzler erhielt hunderte von "Adressen", sogar aus dem Ausland, etwa von der deutschen Kolonie in Riga, die von der "Schamröte" sprach, "ob der Schmach, die jenes Votum über unser Volk gebracht" habe[177]. Während Bismarck dieser Volksbewegung in der Presse befriedigt seinen Dank aussprach, reagierte die Opposition im Reichstag verärgert und besorgt.

Zu Beschwerden über Beamte des Auswärtigen Dienstes hatte Bismarck wenig Anlaß, denn Ungelegenheiten haben sie ihm nur selten bereitet. Es hat gegen Beamte im höheren Dienst nur eine geringe Zahl von Disziplinarverfahren gegeben, von denen eines allerdings großes Aufsehen erregte - das gegen Botschafter Graf Arnim[178]. Gegen Botschaftsrat von Alvensleben wurde die nachlässige Beförderung eines kaiserlichen Schreibens mit einem "Verweis" geahndet. Sonderbarerweise gab es wegen "Schuldenmachens", das damals als Dienstvergehen galt, keine Verfahren im Auswärtigen Amt, nicht einmal in amtsbekannten Fällen wie bei Graf Hatzfeldt. Aufschlußreiche Einblicke in den auswärtigen Dienst auf überseeischen Posten vermittelt ein Verfahren, das 1889 gegen Konsul Dr. Knappe wegen eigenmächtigen Handelns geführt wurde. Es zeigt, welchen Anforderungen sich Konsularbeamte gegenüber sehen konnten. Hier war nämlich für die deutsche Politik insofern eine unangenehme Lage entstanden, als durch das Eingreifen des Leiters des für die Südsee-Inseln zuständigen Konsulats in einen lokalen Konflikt der Eindruck her-

176 Kölnische Zeitung vom 23. und 31. Dezember 1884, vom 12. Januar 1885; Nationalzeitung vom 30. Dezember 1884.

177 Kölnische Zeitung vom 1. Januar 1885.

178 Vgl. hier S. 123.

vorgerufen werden konnte, das Reich schicke sich an, Samoa zu anektieren. Das kam der Reichsleitung damals unerwünscht.

Dr. Wilhelm Knappe war im Alter von 32 Jahren zum Konsul in Apia ernannt worden[179], dem Hauptort der Samoa-Inseln, wo sich ebenfalls die Konsulate Großbritanniens und der Vereinigten Staaten befanden. Knappe hatte nach Ablegung der juristischen Prüfungen 1883 bei der Abteilung II des Auswärtigen Amts "versuchsweise" Beschäftigung gefunden und war Ende 1885 Vertreter des Konsuls in Apia geworden.

Auf Samoa waren deutsche Staatsangehörige als Kaufleute ansässig, die von hier den Handel mit anderen Südseeinseln betrieben, oder als Siedler, die auf Pflanzungen Kokospalmen, Kaffee, Tabak und Baumwolle anbauten. Die Deutschen waren führend in Handel und Landbesitz, aber auch englische und amerikanische Staatsangehörige spielten eine wichtige Rolle. Samoa war kein Kolonialgebiet; die Eingeborenen lebten unter selbständigen Häuptlingen und in Apia gab es eine einheimische Verwaltung mit Polizei, die von den ausländischen Mächten personell unterstützt wurde. Die Weißen unterstanden der Gerichtsbarkeit ihrer Konsuln. Das war durch Abmachungen zwischen Großbritannien, dem Deutschen Reich, den Vereinigten Staaten und Samoa anerkannt. Die Vereinigten Staaten hatten auf der Hauptinsel einen Hafenplatz gepachtet, den sie als "Vorposten" ihres Südseehandels betrachteten.

1883 brachen auf Samoa Stammesfehden aus, die schließlich zu einem Kampf zwischen zwei Häuptlingen um die Königswürde führten, an denen sich auch, unter der Hand, Ausländer beteiligten. Dabei standen die Deutschen, auch der Konsul, Häuptling Tamasese nahe, während die Amerikaner und Engländer Häuptling Malieta und später dessen Nachfolger Matafa unterstützten. Da sich in diesem Bürgerkrieg keine der beiden Parteien durchsetzen konnte und deutsche Staatsangehörige immer wieder durch Raubzüge der Krieger von Matafa angegriffen und geschädigt wurden, ein gemeinsames Vorgehen der Konsulate nicht zustande kam, schlug der deutsche Konsul dem Auswärtigen Amt vor, daß man die Samoaner entwaffnen müsse und die Verwaltung der Insel von deutscher Seite übernommen werde[180]. Bismarck hatte aber nicht die Absicht, hier Herrschaftsansprüche geltend zu machen. Er wies das Konsulat an, sich auf den Schutz der Reichsangehörigen zu beschränken und, wenn diese angegriffen würden, "telegraphisch zu berichten"[181]. Das erschien Konsul Knappe aber nicht ausreichend, und als die Verhältnisse für die Deut-

---

[179] Außer Samoa gehörten die Schiffer- und Tonga-Inseln zum Konsularbezirk sowie weitere Südsee-Inseln.

[180] Vom Auswärtigen Amt ist 1889 über die Vorgänge ein Weißbuch veröffentlicht worden, vgl. PA, Personalakte Nr. 88.

[181] Erlaß vom 3. Oktober 1888, von Holstein gezeichnet, PA, a.a.O.

schen sich zunehmend schwieriger gestalteten, bat er Anfang Dezember 1888 das Auswärtige Amt um die Ermächtigung, gegen die Krieger Matafas vorzugehen[182]. Damals lagen in der Bucht von Apia drei deutsche Kriegsschiffe (Adler, Olga, Eber), mit deren Hilfe dem Konsul eine solche Aktion möglich schien. Vor längerer Zeit hatte das Auswärtige Amt einmal gestattet,

> die Hilfe unserer Kriegsschiffe so in Anspruch zu nehmen, wie dies auch früher zur Aufrechterhaltung von Ruhe und Ordnung in Samoa sowohl von unseren als von englischen und amerikanischen Kriegsschiffen mehrfach geschehen ist[183].

Ohne daß eine neue Weisung vorlag[184], beschloß Knappe Mitte Dezember 1888, ein deutsches Kontingent beim Geschwaderchef, dem Kommandanten des Kreuzers Adler, anzufordern. Ein etwa 50 Mann starkes Landungskorps von den Kanonenbooten Eber und Olga sollte am 18. Dezember 1888 an Land gehen und den drohenden Überfall auf eine deutsche Pflanzung verhindern. Den englischen und amerikanischen Konsuln wurde das schriftlich mitgeteilt.

Schon am Strand empfing das deutsche Landungskorps am 18. Dezember 1888 morgens starkes Gewehrfeuer, und mit den - offensichtlich von einem Amerikaner angeleiteten - Samoanern entwickelten sich den ganzen Tag über Kämpfe, in deren Verlauf zwei deutsche Offiziere und 14 Mann starben und 40 Verwundete zu verzeichnen waren. Ein Rest der Truppe erreichte zwar die deutsche Pflanzung, mußte sich aber gegen Abend auf die Schiffe zurückziehen. Jetzt wurden die deutschen Operationen eingestellt, und Knappe versuchte, mit den Häuptlingen über eine Entwaffnung ihrer Leute zu verhandeln. Dabei erhielt er keine Unterstützung seiner konsularischen Kollegen und blieb ohne Erfolg. Nach dem Gefecht mit den Matrosen war die Stimmung gegen alle Deutschen aufgebracht und damit ihre Gefährdung größer geworden. Das deutsche Konsulat brannte am 8. Januar 1889, offenbar durch Brandstiftung, ab. Nun entschloß sich der Konsul am 18. Januar 1889, im Namen des Deutschen Reichs öffentlich das "Kriegsrecht" zu proklamieren. Er versprach sich davon nicht nur eine Rechtfertigung für militärische Einsätze bei Über-

---

[182] Drahtbericht vom 11. Dezember 1888, PA, a.a.O.

[183] Erlaß vom 29. November 1887; vgl. auch die Kaiserlichen Order vom 28. September 1872 und 28. Dezember 1875, die das Verhältnis der deutschen Vertreter im Ausland zu den Kommandanten von Kriegsschiffen regelten und "Requisitionen behufs eines militärischen Einschreitens" ermöglichten.

[184] Telegramme wurden per Schiff nach Neuseeland und von dort telegraphisch nach Berlin übermittelt. Das dauerte zwei Wochen.

fällen auf deutschen Besitz, sondern auch die Möglichkeit, Konterbande mit Waffen und Spionage, durch Kontrollen, Durchsuchungen, Standrecht[185] zu verhindern. Der englische und der amerikanische Konsul protestierten gegen diese Maßnahme und verwiesen auf die Jurisdiktion über Staatsangehörige ihres Landes. Bei Ausübung von Polizeigewalt und Kontrollen durch die Deutschen kam es aber nur zu leichten Zwischenfällen.

Stellungnahmen des Auswärtigen Amts zu der Berichterstattung des Konsuls über die Vorgänge trafen wegen des langen Weges spät ein. Immerhin hatte Knappe im Januar 1889 erfahren, daß sein Vorschlag, die Insel zu annektieren, abgelehnt war und jeder militärische Einsatz strikt auf die Hilfe für deutsche Staatsangehörige und die "Verfolgung Schuldiger" zu beschränken sei[186].

Inzwischen war auch die amerikanische Regierung von den Vorkommnissen auf Samoa unterrichtet und zeigte sich über das deutsche Vorgehen besorgt. Ihr wurde von deutscher Seite in Washington umgehend erklärt, daß keine Absicht einer Inbesitznahme von Samoa bestehe. Auch den Konsulaten in Apia mußte Knappe mitteilen, daß - entgegen den voraufgegangenen Verlautbarungen - kein Anlaß bestehe, nach Kriegsrecht zu verfahren.

Im Februar 1889 wurde der Konsul abberufen und gegen ihn Anfang März 1889 ein förmliches Disziplinarverfahren eingeleitet mit der Begründung, daß er während seiner Amtstätigkeit "maßgebenden Grundsätzen und Instruktionen zuwider gehandelt" habe. Ihm wurde vorgeworfen:

1. ohne "Autorisation und in unbesonnener Weise" die Kaiserliche Marine zu einem bewaffneten Einschreiten, bzw. einer militärischen Operation, gegen die unter Häuptling Matafa stehenden Samoaner "requiriert" zu haben;
2. die Absicht geäußert zu haben, Deutschland werde die Verwaltung Samoas und ihre Vertretung nach außen übernehmen;
3. ohne Weisung erklärt zu haben, er sei ermächtigt, den Kriegszustand für die Samoa-Inseln zu verkünden.

Bei den Vernehmungen wies Knappe auf seine schwierige Lage zwischen den deutschen Siedlern und den samoanischen Bürgerkriegsparteien

---

185 Wortlaut der Verhängung des Kriegsrechts: "Aufgrund von Instruktionen der Kaiserlichen Regierung wird hiermit für die Samoa-Inselgruppe der Kriegszustand erklärt. Jede Unterstützung der Rebellen wird nach Kriegsrecht bestraft, gleichgültig welcher Nationalität der Täter angehört. Die Einfuhr von Kriegskonterbande ist verboten. Sämtliche Schiffe und Boote unterliegen der Durchsuchung. Die Polizei der Stadt Apia wird bis auf weiteres im Namen der deutschen Regierung ausgeübt"; PA, Personalakte Nr.88.

186 Erlaß vom 8. Januar 1889 auf Bericht vom 28.Dezember 1888; PA, a.a.O.

ebenso hin wie auf die fehlende Unterstützung gegen die Räuberbanden von seiten der Engländer und Amerikaner, ja deren Beteiligung an Überfällen gegen Deutsche. Er sei sich mit dem Geschwaderchef darin einig gewesen, daß die deutsche Seite eingreifen müsse, und daß dabei Blutvergießen nicht zu erwarten gewesen sei. Bei der Ausrufung des Kriegsrechts habe er sich in Übereinstimmung mit dem Auswärtigen Amt geglaubt. In einem Erlaß sei die Rede davon gewesen, daß die Samoaner mit ihrem Überfall "einen Kriegszustand herbeigeführt hätten"[187].

Das Auswärtige Amt hat seine Vorwürfe dahin zusammengefaßt, Knappe sei

> in seinem Auftreten den Vertretern der fremden Mächte wie auch den Eingeborenen gegenüber nicht mit der Ruhe und Kaltblütigkeit vorgegangen [...], welche für eine richtige Behandlung internationaler Fragen unerlässliche Voraussetzung bilden.

Die mit der Untersuchung der Vorwürfe und Vorbereitung des Verfahrens beauftragten Beamten hatten zunächst vorgeschlagen, eine Anschuldigung vor der Disziplinarkammer nicht zu erheben, da sie meinten, die gegen Knappe erhobenen Vorwürfe seien teilweise entschuldbar und würden zu kaum mehr als einer Bestrafung mit einem "Verweis" ausreichen. Sie empfahlen, daß der Verweis zusammen mit einer Versetzung in den einstweiligen Ruhestand vom Chef des Auswärtigen Amts ausgesprochen werden sollte. Bismarck schloß sich dem nicht an, sondern ordnete die Einleitung des Verfahrens vor der Disziplinarkammer an. Er war nach sehr eingehender Beschäftigung mit den Akten zu der Überzeugung gelangt, daß hier eine schwere Pflichtverletzung vorlag. Knappe sei nicht ermächtigt gewesen, "die Kaiserliche Marine zu einem bewaffneten Eingriff in ausländische Kriegshändel" einzusetzen, er habe dadurch "der Seiner Majestät dem Kaiser allein zustehenden Entscheidung über Krieg und Frieden vorgegriffen"[188]. Überdies zeigte sich Bismarck empört über die Sorglosigkeit und Unbekümmertheit, mit der Knappe diese schwerwiegende Entscheidung getroffen hätte, und bestürzt darüber, mit welcher Gleichgültigkeit und Gefühllosigkeit er den Tod der Offiziere und Mannschaften hingenommen hatte - ohne "Gewissensbisse", wie der Kanzler es in einer Randbemerkung nannte. Weiter glaubte er Eigenmächtigkeiten, dem "morbus consularis"[189], einen Riegel vorschieben zu müssen. Das galt umso mehr, als die Erklärung des Kriegszustands und die Übernahme

---

[187] Drahterlaß vom 8. Januar 1889, eingegangen in Apia am 19. Januar, PA, a.a.O.

[188] Marginalie Bismarcks auf dem Untersuchungsbericht; PA, a.a.O.

[189] Weitere Randbemerkung, PA, a.a.O.

der Insel in deutsche Verwaltung geeignet war, den "Frieden des Reiches mit befreundeten Mächten in Frage zu stellen".

Und doch kam es nicht zur Verhandlung vor der Disziplinarkammer. Es gelang den mit der Sache befaßten Beamten, gerade auch Herbert Bismarck, den Kanzler zur Rücknahme seiner Weisung zu veranlassen. Am 4. Dezember 1889 erging ein Beschluß dahin, daß das förmliche Disziplinarverfahren eingestellt und Knappe mit einem Verweis bestraft werde. Außerdem sei "bei der Schwere des Dienstvergehens die Entfernung des Angeschuldigten aus dem Amt geboten". Die schriftliche Begründung wurde der bereits erstellten Anschuldigungsschrift entnommen.

Der Kanzler war davon überzeugt worden, daß Knappe sich zu seiner Entlastung darauf berufen würde, vor bald zwei Jahren in ähnlicher Lage wie im Dezember 1888 sei mit dem englischen Premierminister eine Übernahme der Verwaltung auf Samoa durch das Reich erwogen und erörtert worden, und er habe geglaubt, mit seinem Schritt im Sinne der Reichsleitung zu handeln. Allerdings waren damals derartige Überlegungen angesichts der ablehnenden amerikanischen Haltung nicht weiter verfolgt worden. Daß die von Herbert Bismarck geführten vertraulichen Londoner Gespräche Gegenstand eines Verfahrens vor der Disziplinarkammer und damit der Öffentlichkeit bekannt werden konnten, erschien auch dem Kanzler unerwünscht, so daß er schließlich mit der Ahndung durch einen Verweis und die Versetzung in den einstweiligen Ruhestand einverstanden war. Immerhin konnte so gezeigt werden, daß er nicht gewillt war, im auswärtigen Dienst Eigenmächtigkeiten und Handeln ohne Auftrag zu dulden oder gar zu entschuldigen.

Knappe ist dann einige Jahre als Bankier in Südafrika tätig gewesen und wurde seit 1895 wieder im Auswärtigen Dienst verwendet, zunächst als Konsul in Canton, ab 1899 als Generalkonsul in Shanghai, wo er 1905 - allseits hochgeehrt - in den Ruhestand trat.

B.III. Besoldung im auswärtigen Dienst und Einkommensverhältnisse der Beamten

Die materiellen Lebensbedingungen der Beamten des Auswärtigen Dienstes waren überwiegend vom Diensteinkommen abhängig. Entgegen weit verbreiteten Vorstellungen[1] verfügten nur wenige über größere Mittel aus anderen Quellen.

Im Reichshaushalt war für jede Planstelle im Inland wie im Ausland ein Jahresbetrag festgesetzt, der dem Beamtenrecht zufolge "zur standesgemäßen Alimentierung" bestimmt war. Gemäß § 4 RBG bestand ein Rechtsanspruch auf das mit dem Amt verbundene Diensteinkommen. Die Besoldungsbestandteile, die sogenannten Kompetenzen, setzten sich im Inland aus dem Gehalt und dem "Wohnungsgeldzuschuß", im Ausland aus dem "persönlichen" Gehalt und der "Ortszulage" zusammen.

Die Höhe der Bezüge richtete sich nach der ausgeübten Funktion und der Dienstaltersstufe. Mitte der 70er Jahre beliefen sich die Jahresgehälter für den Staatssekretär auf 36.000 M, den Direktor auf 15.000 M[2], den Vortragenden Rat auf 7.500 M bis 9.900 M (je nach Dienstalter) und den Hilfsarbeiter auf 5.400 bis 6.000 M. Es gab 5 Dienstaltersstufen, in denen man vom 1. bis 12. Dienstjahr alle 3 Jahre aufstieg. Das Gehalt war auch für die Berechnung der Ruhestandsbezüge maßgebend. Der Wohnungsgeldzuschuß belief sich in den 80er Jahren beim Direktor auf 1.500 M, beim Vortragenden Rat auf 1.200 M und beim Hilfsarbeiter auf 900 M jährlich[3]. Der Staatssekretär hatte eine Dienstwohnung oder erhielt eine "Mietsentschädigung".

Außer dem Diensteinkommen wurden aber auch "Remunerationen" gewährt. Solche Zahlungen standen im Ermessen des Behördenchefs. Sie wurden einem Fonds entnommen, der im Haushalt unter dem Abschnitt "Andere persönliche Ausgaben"[4] aufgeführt war. Hieraus wurden zum Beispiel die "Diäten" für Hilfsarbeiter gezahlt, die im Auswärtigen Amt beschäftigt wurden, ohne etatmäßig angestellt zu sein[5], oder für Subalternbeamte bei "außergewöhnlichen" Leistungen (zum Beispiel beim Berliner Kongreß)[6]. Gelegentlich erhielten Beamte des höheren Dienstes "extraordinäre" Gehaltszulagen[7].

---

[1] Vgl. Cecil, Diplomatic Service, S. 250.

[2] In den achtziger Jahren kam der Staatssekretär auf 50.000 M, der Unterstaatssekretär auf 25.000 M, der Direktor auf 20.000 M.

[3] Gesetz zur Bewilligung von Wohnungsgeldzuschüssen vom 30. Juni 1873.

[4] Kap., 11 Tit. 7 und 8, (1877: 15.488,- M).

[5] In Berlin 6 M täglich. Dazu kamen Auszahlungen aus Dispositionsfonds.

[6] Hausinspektor Krüger beim Bauvorhaben Wilhelmstraße 76: 200,- M.

[7] Dr. Busch 1880: monatlich 1.000 M; von Philipsborn in den 50er Jahren, von

Die Vorstände des Centralbüros, des Chiffrierbüros, der geheimen Registratur, hatten ein Gehalt zwischen 6.000 und 7.200 M, dazu der "Compositeur des Chiffres" eine Zulage von jährlich 300,- M und der Vorsteher der geheimen Registratur eine solche von 600,- M. Der Vorsteher des Centralbüros erhielt freie Wohnung in der Wilhelmstraße 76. Der Rendant hatte als Vorsteher der Legationskasse ein Gehalt von 5.400 M und eine "Mankoentschädigung" von 150,- M jährlich. Die nachgeordneten Beamten des mittleren und die des unteren Dienstes kamen auf Besoldungen in folgender Höhe:

Expedienten und Registratoren je nach Dienstalter 3.000 bis 5.400 M jährlich, Beamte im Centralbüro 4.200 bis 7.200 M; Hausdiener, Portiers, 1200 bis 1500 M.

Neben den laufenden Bezügen wurden aus einem sogenannten Unterstützungsfonds[8] für Badekuren, Krankheitsfälle und aus anderen Anlässen[9] bei "Bedürftigkeit" Geldzahlungen bewilligt. Auch Mittel des Welfenfonds und des Dispositionsfonds[10] wurden gelegentlich in Anspruch genommen. Die Personalakten zeigen, daß die Aufgeschlossenheit Bismarcks, "finanziell" zu helfen, wie es Morsey für die gesamte Reichsverwaltung festgestellt hat, auch im Auswärtigen Amt anzutreffen war[11].

Die Frage, wie die Kaufkraft der damaligen Beamtengehälter - mit den heutigen verglichen - zu beurteilen ist, wird man nur nach umfangreichen Untersuchungen beantworten können. Bekanntlich gehört die Feststellung der Kaufkraft des Geldes zu den schwierigsten Problemen der Volkswirtschaftslehre[12]. das gilt umsomehr, wenn sich bei den - einer Berechnung zugrundezulegenden - Warenkörben außerordentlich große Unterschiede ergeben - wie zwischen der Bismarckzeit und heute. Um aber eine ungefähre Vorstellung von der Größenordnung der deutschen Beamtenbesoldung in den 70er und 80er Jahren des 19. Jahrhunderts zu erhalten, sollte man sich vor Augen führen, daß - nach den Veröffentlichungen des Statistischen Bundesamts in dem 100-Jahre-Zeitraum von 1890-

---

Brauer 1885: zwischen 300 und 500 M. Das war später nicht mehr zulässig (vgl. § 3 Besoldungsgesetz vom 15. Juli 1909, RGBl 573).

8 Haushalt des Auswärtigen Amts: "Extraordinär" Titel 19.

9 Ein Registrator benötigte 2.100 M für die Aussteuer seiner Tochter. das Auswärtige Amt bewilligte einen Vorschuß aus dem Unterstützungsfonds (PA, Rep IV Pers. Bd. 19); für Verluste bei einem Brand in Konstantinopel wurden einem Beamten 1870 9.000 M Entschädigung gezahlt.

10 Kap. 13 Titel 4.

11 Bismarck soll einmal gesagt haben, daß Orden dem nicht helfen, der "geldbedürftig" sei. Morsey, Reichsverwaltung, S. 277.

12 So das Standardwerk von Hartmann, Kaufkraftparität, 1959, S. 11 und die Auskunft des Direktors im Statistischen Bundesamt a.D. S. Guckes.

1990 - die Verbraucherpreise an einem jeweils gängigen Warenkorb gemessen um mehr als 690 % gestiegen sind. Das bedeutet einen Kaufkraftverlust der deutschen Währungseinheit von mehr als 87 % oder in konkreten absoluten Zahlen ausgedrückt: für eine bestimmte Lebenshaltung, die 1890 500,- M kostet hat, mußte man 1990 fast 4000 DM ausgeben[13]. Die Kaufkraft der damaligen Beamtenbesoldung, jedenfalls im höheren Dienst, dürfte also nicht so weit von der heutigen entfernt gewesen sein. Das gilt um so mehr, als die geringe Besteuerung zu verhältnismäßig höheren Nettoeinkommen führte.

Der durchschnittliche Jahresverdienst eines rheinischen Metallarbeiters lag 1879 bei 986 M, 1890 bei 1123 M, also unter den niedrigsten Beamtenbezügen[14].

Für die Besoldung im Ausland war die Ortszulage (auch "Lokalzulage" genannt) entscheidend, die, nicht ruhegehaltsfähig, für jeden Dienstort nach den "Preis- und Teuerungsverhältnissen", den Kosten der den örtlichen Verhältnissen entsprechenden Lebensführung[15] und - im höheren Dienst - dem für erforderlich erachteten Repräsentationsaufwand im Reichshaushalt festgesetzt wurde. Die Höhe der Zulage handelte das Auswärtige Amt mit dem Haushaltsausschuß des Reichstags aus.

Neben dem persönlichen Gehalt von 18.000 M erhielt Mitte der 80er Jahre der Botschafter in:

London	132.000 M	
Paris	102.000 M	(bei freier Wohnung)
St. Petersburg	132.000 M	(bei freier Wohnung)
Rom	82.000 M	(bei freier Wohnung)
Konstantinopel	102.000 M	(bei freier Wohnung)

der Gesandte in:

Brüssel	48.000 M	
Athen	18.000 M	
Kopenhagen	18.000 M	
Washington	45.500 M	(bei freier Wohnung)
Rio de Janeiro	30.000 M	
Tokyo	28.000 M	

---

13 Auskunft des Direktors im Statistischen Bundesamt a.D. S.Guckes.

14 Jürgen Kuczynski, Die Geschichte der Lage der Arbeiter in Deutschland, Bd. I, 1947, S. 245, 248 f.

15 In den Erläuterungen zu Kap. 5, Titel 83 des Haushalts heißt es zum Beispiel, man müsse dem "Konsul eine auskömmliche und seiner Stellung angemessene Existenz zusichern".

Die Bezüge der 1. Sekretäre im höheren Dienst waren an den Ortszulagen der Missionschefs ausgerichtet und betrugen einschließlich des persönlichen Gehalts Ende der 80er Jahre in:

London	17.400 M	Brüssel	9.000 M
Paris	16.500 M	Kopenhagen	6.000 M
St. Petersburg	16.500 M	Washington	10.800 M
Rom	12.000 M	Rio de Janeiro	10.500 M
Konstantinopel	15.000 M	Tokyo	12.000 M
Athen	6.000 M		

Das in diesen Beträgen enthaltene persönliche Gehalt entsprach dem eines Hilfsarbeiters.

Die Höhe der Ortszulagen wurde im Auswärtigen Amt aufgrund von Berichten der Missionen und anderer Erkenntnisse vorbehaltlich der Haushaltsbewilligung durch den Reichstag errechnet. Es gab immer wieder Klagen, daß die finanzielle Ausstattung der deutschen Auslandsbeamten zu gering sei und russische, französische oder österreichische Diplomaten besser bezahlt würden. In der Begründung zum Haushaltsentwurf für 1872 wurden die von anderen Ländern an deren Missionschefs gezahlten Bezüge mit denen der deutschen verglichen. Danach erhielten die Missionschefs nachfolgend aufgeführter Staaten an verschiedenen Orten folgende Beträge (abgerundet und in Mark umgerechnet):

	London	Paris	St. Petersburg	Wien	Brüssel	Rio de Janeiro
Österreich	156.000	171.000	117.000	-	36.000	37.000
England	-	225.000	184.000	184.000	79.000	94.000
Frankreich	240.000	-	240.000	160.000	65.000	64.000
Rußland	190.000	168.000	-	105.000	60.000	45.000
Deutschland	108.000	108.000	108.000	75.000	39.000	30.000
(dazu Miete:	33.000	-	24.000	15.000	-	-

Für deutsche Misionschefs kam das persönliche Gehalt hinzu.

Der Abstand der Bezüge der deutschen Missionschefs zu denen anderer Länder hatte sich nach den Erläuterungen zum Haushaltsplan 1874 nur wenig geändert:

	London	Paris[16]	St. Petersburg	Wien	Brüssel	Bern
Österreich	157.000	170.700	117.000	-	36.000	30.000
England	-	224.325	183.000	183.000	79.000	54.000
Frankreich	240.000	-	240.000	159.000	64.000	78.000
Rußland	192.500	168.000	-	106.800	64.000	48.000
Deutschland	138.000	108.000	126.000	112.500	45.000	30.000

Im konsularischen Dienst beliefen sich 1882 die Bezüge der Generalkonsuln in:

Alexandria	auf 30.000 M	London	auf 40.000 M
Guatemala	auf 36.000 M	New York	auf 48.000 M
Konstantinopel	auf 24.000 M		

Das persönliche, pensionsberechtigte Gehalt der Generalkonsuln, das in diesen Beträgen enthalten war, lag bei 9.000 M.

Die Konsuln erhielten 1882 in:

Algier	16.000 M	Rio de Janeiro	24.000 M
Apia	24.000 M	St. Petersburg	18.000 M
Cairo	15.000 M	Sarajevo	13.500 M
Chicago	24.000 M	Singapore	24.000 M
Havanna	30.000 M	Tiflis	15.000 M
Helsingfors	15.000 M	Yokohama	24.000 M
Hiogo (Kobe)	18.000 M	Zanzibar	33.000 M
Mailand	12.000 M		

Das Gehalt des Generalkonsuls in London lag mit 22.600 M über dem des Botschaftsrats (1. Sekretär) an der Botschaft London (17.400 M), der Konsul in St. Petersburg erhielt 1.500 M mehr als der dortige Botschaftsrat. Der Konsul in Rio de Janeiro hatte mit 13.500 M mehr als der dortige 1. Sekretär (10.500 M).

Zu den Beamten, die über unzureichende Bezüge klagten, gehörte Bernhard von Bülow, damals 1. Sekretär in St. Petersburg. 1887 schrieb er an Herbert Bismarck, er habe

> über 38.000 M von [...] eigenem Kapital zugesetzt. Das Leben ist eben [...] teurer als an irgend einem anderen Ort. [...] Mein Gehalt als Botschaftsrat deckt kaum den 4. Teil meines Ausgabenbudgets -

[16] Bezüge aus Haushalt 1875.

(Randbemerkung des Reichskanzlers: "Ausgaben zu hoch!"). Bülow schrieb weiter: "Persönlich bin ich in guten Vermögensverhältnissen". Es wäre ihm aber nicht möglich, weiter "zuzusetzen", es sei denn, er würde das von seinem "Vater ererbte kleine Vermögen" aufbrauchen (Randbemerkung des Kanzlers: "Repräsentation liegt ihm nicht ob")[17].

Ein Stein des Anstoßes war der Anspruch, den die Legationssekretäre auf die Gewährung freier Wohnung im Hause des Missionschefs hatten, außerdem bis 1866 auch "freiem Unterhalt an ihrem Tisch"[18]. Grundlage dafür war das "Herkommen" aus einer Zeit, als der Sekretär zum Hausstand des Gesandten gehörte. Wurde dieses Wohnrecht nicht gewährt, hatte der Missionschef dem nachgeordneten Beamten eine Entschädigung in Höhe von 2.400 M jährlich zu zahlen. Obwohl diese Regelung zu Unzuträglichkeiten führte und ihre Abschaffung ebenso wie die gleichzeitige Erhöhung der Besoldung der Legationssekretäre im Interesse aller Beteiligten gelegen hätte, gelang es erst 1919, eine neue Regelung zu schaffen.

Angesichts damaliger Forderungen nach höherer Besoldung muß man sich vor Augen halten, daß sich die Einstellung der Beamten zum Geld gegenüber früheren Zeiten geändert hatte. Vom allgemeinen Streben nach Einkommensvermehrung in den Gründerjahren und danach, waren die Beamten nicht ausgenommen. Die Deutschen Diplomaten sahen auch den großen Vermögenszuwachs ihres Chefs, der auf staatlichen Zuwendungen (Dotationen) beruhte, die sie nicht erhielten. Gelegentlich wurde auch in Beamtenkreisen an der Börse spekuliert, allerdings mit bescheidenen Mitteln und ebensolchem Erfolg.

Bismarck hat die politische Bedeutung einer angemessenen finanziellen Ausstattung des Auswärtigen Dienstes anerkannt und sich persönlich für eine "gerechte Remuneration" der Beamten angesichts ihrer "besonderen Verhältnisse und Bedürfnisse" eingesetzt[19]. Die Bitten der Missionschefs um Erhöhung der Mittel für die Repräsentation hat er allerdings meist abgelehnt. So wurde dem Gesandten von Radowitz, der mit 8000 Thalern nicht auskam, um der ihm vom Fürsten Karl von Rumänien in Bukarest empfohlenen Repräsentation gerecht zu werden, mitgeteilt, es treffe zwar zu, daß seine Bezüge geringer seien als die anderer Diplomaten am Platze. Dies sei aber "überall" so. "Wenn Mittel zur Repräsentation nicht vorhanden seien, so habe eine solche eben wegzufallen". Es werde nicht verlangt, "daß die Gesandten über ihre Kräfte repräsentieren, sondern

---

17 PA, I B Rep IV Pers. Gen. Nr. 15, Bd. III.

18 PA, Personalakte Nr. 9.

19 Reichstag 16. November 1871, S. 298, und vom 25. Februar 1878, S. 202f.

nur, daß sie keine Schulden machten"[20]. Bismarck selber soll als Missionschef "kein Haus gemacht" und nicht mehr ausgegeben haben, als er erhielt[21].

Bei Staatsbesuchen konnten dem Missionschef allerdings für zusätzliche "außerordentliche Repräsentationskosten" Mittel zugewiesen werden. Welche Kosten bei solchen Gelegenheiten anfielen, hat Radowitz aus Anlaß des königlichen Besuchs auf der Pariser Weltausstellung 1867 geschildert: " [...] der Ball 50.000 F, das Souper 18.000 F, der König hinterließ Trinkgelder von 40.000 F"[22].

Die Ortszulage und damit die Repräsentationsgelder für den Missionschef wurden bei Abwesenheit vom Dienstort gekürzt, und zwar bei bis zu 3 Monaten Abwesenheit um 20 %. Bei längerer Abwesenheit wurde die Hälfte einbehalten. Dem Geschäftsträger wurde während dieser Zeit eine Zulage in Höhe des dem Missionschef abgezogenen Betrages gezahlt[23].

Bismarck war in Fragen der Auslandsbesoldung darauf bedacht, die Zuständigkeit des Auswärtigen Amts zu wahren. So hat er die Abteilung I B 1882 angewiesen, sich bei Differenzen auf diesem Gebiet nicht mit anderen Ressorts zu verständigen:

> Im Interesse der unabhängigen Bewegung des Auswärtigen Amts für die Zukunft bitte ich, die Mitwirkung anderer Reichsämter bei Fragen des auswärtigen Dienstes nicht in Anspruch zu nehmen. Ich möchte dies im Interesse der Autonomie des Auswärtigen Dienstes vermieden sehen,

weil sonst "die für den diplomatischen Dienst erforderliche freie Bewegung" nicht gewährleistet sei[24].

Alles in allem gab die Auslandsbesoldung zur Kritik in der Öffentlichkeit keinen Anlaß: sie wurde weder als zu hoch noch als unzureichend angesehen. Eine Ausnahme ist wohl Raschdaus Äußerung, er kenne "zwei ältere Diplomaten, die sich aus den amtlichen Ersparnissen ein beträchtliches Vermögen (ich hörte von 1 Million) gesammelt haben"[25].

Die den Beamten zustehende Pension[26] richtete sich nach den letzten Bezügen (Gehalt und Wohngeld) und der Zahl der Dienstjahre. Eine Altersgrenze kannte das RBG nicht, viele Beamte warten über 70, als sie

---

20 Holborn, Bd. 1, S. 196.

21 Busch, Bd. 2, S. 16.

22 Holborn, Bd. 1, S. 150.

23 § 9 VO vom 23. April 1879, RGBl. S. 124f.

24 PA R 138478.

25 Raschdau, Erinnerungen, S. 111.

26 Gesetz vom 20. April 1881, RGBl. 1881, S. 85ff.

in den Ruhestand versetzt wurden[27]. Bei der Berechnung wurde das Gehalt bis zu 12.000 M voll berücksichtigt. Was diesen Betrag überstieg (etwa beim Direktorengehalt von 20.000 M und entsprechendem Wohnungsgeld), wurde zur Hälfte angerechnet (insgesamt beim Direktor 16.402 M). Die Pension belief sich auf 75 % bei der Höchstzahl von Dienstjahren (d.h. beim Direktor 12.303 M).

Die Beamten des höheren Auswärtigen Dienstes gehörten zu den Personen, die bei Versetzung in den einstweiligen Ruhestand (nach § 26 RBG) drei Monate ihr volles Gehalt und danach das sogenannte "Wartegeld" erhielten. Dieses betrug bei monatlichen Bezügen bis zu 450 M ebensoviel wie das Gehalt, bei höheren Gehältern dreiviertel der letzten Bezüge (§ 26 RBG). Auf die Dienstjahre kam es dabei nicht an. Allerdings war das Wartegeld nach oben auf 6.000 M im Jahr begrenzt, was sich nur bei den 10.000 M übersteigenden Bezügen der Staatssekretäre und Direktoren auswirken konnte.

Die Witwen- und Waisenbezüge beliefen sich nach den drei "Gnadenmonaten" mit vollem Gehalt auf ein Drittel der Pension, die der Beamte bezog oder im Ruhestand bezogen hätte. Der Höhe nach war das "Witwengeld" auf 1.600 M begrenzt[28]. Der aktive Beamte hatte 3 % seines "pensionsfähigen" Diensteinkommens als jährlichen Beitrag einer Anstalt für die Beamtenhinterbliebenen zu entrichten[29].

Das Auswärtige Amt war eine Behörde, bei der Kosten für Reisen und Umzüge in erheblichem Umfang anfielen. Die Sätze der Reisetagegelder und der Umzugspauschalen waren in der Verordnung betreffend die Tagegelder, die "Fuhrkosten" und die Umzugskosten der Reichsbeamten vom 21. Juni 1875 geregelt[30]. Die Tagegelder betrugen für Direktoren 24,- M, Vortragende Räte 18,- M, Hilfsarbeiter 12,- M, den mittleren Dienst 9,- M und die Umzugskostenpauschalen für Direktoren 1.800 M, Vortragende Räte 1.000 M, Hilfsreferenten 500,- M, mittleren Dienst 240,- M. Davon mußten u.a. die Kosten für die Verpackung bestritten werden. Von der Behörde wurden die Kosten des Transports des Umzugsgutes übernommen.

Höher waren die Pauschalen (Umzugskosten und Einrichtungsgelder) für Auslandsumzüge; beispielsweise bei Graf Hatzfeldts Wechsel von

---

27 Von Philipsborn mit 70, Graf Münster mit 80 Jahren.

28 Dieser Betrag wurde später auf 3.000 M erhöht, erschien aber immer noch gering, so daß das Auswärtige Amt zusätzliche Zahlungen aus dem Dispositionsfonds für die Witwe des früheren Staatssekretärs Graf Hatzfeldt beantragte.

29 Gesetz vom 20. April 1881 betreffend die Fürsorge für die Witwen und Waisen der Reichsbeamten der Civilverwaltung, RGBl vom 9. Mai 1881 und die Verordnung vom 21. April 1886.

30 RGBl 1875, S. 249ff.

Konstantinopel nach Berlin 5.300 M und von Berlin nach London 12.000 M. Der Umzug des Botschaftsrats und späteren Gesandten Stumm von London nach Darmstadt kostete an Pauschale 6.000 M und die Beförderung seiner Familie, des Hauspersonals und Umzugsguts 1.340 M. Dr, Busch erhielt für einen Umzug von Berlin nach Bukarest 12.000 M. Die Mittel, die im Haushalt des Auswärtigen Amts dafür zur Verfügung standen, waren bescheiden: 1878 für die Zentrale 132.000 M, für das Ausland 87.000 M[31].

Nach einer Verordnung vom 23. April 1879 wurde bei Versetzungen eine Entschädigung gezahlt für die Miete einer nicht sofort kündbaren Wohnung am bisherigen Dienstort bis zur Beendigung des Mietvertrags.

---

31 Reichshaushalt Kap. 6 Titel 8 "sonstige Ausgaben".

C. Die Gestaltung der auswärtigen Beziehungen als Leistung des deutschen Auswärtigen Dienstes

C.I. Außenpolitische Wirkungsmöglichkeiten der Beamten

Auf die Frage, wie die Mitwirkung der Beamten des Auswärtigen Dienstes in der Bismarckzeit bei der Gestaltung der Außenbeziehungen des Deutschen Reichs zu bewerten sei, wird man antworten können, daß ihre Leistung zufriedenstellte. Das gilt für die Angehörigen der Missionen im Ausland, die klaglos arbeiteten und dem deutschen Dienst weltweit Ansehen verschafften[1], ebenso wie für die Mitarbeiter in der Zentrale. Diese standen zwar im Schatten Bismarcks, was aber wenig über ihren Einfluß auf die deutsche Außenpolitik sagt. Wohl wurde diese von Bismarck geführt, aber dabei brauchte der Kanzler die Mitarbeit der Beamten. Die Staatssekretäre Bülow und Herbert Bismarck, die Räte Abeken, Brauer, Holstein, Bucher, Hatzfeldt und Radowitz spielten bei Vorbereitung und Durchführung der Entscheidung eine Rolle, die nicht immer durch eine Paraphe in den Akten feststellbar ist[2]. "Die geistige Mitarbeit, [...] die der nächsten Umgebung des Kanzlers zufiel, ist aus [den] Akten nicht ersichtlich", so hat Hans Goldschmidt die Arbeit der Beamten charakterisiert[3]. Beim Vortrag und im Gespräch mit dem Kanzler fanden Gedanken geschätzter Mitarbeiter Eingang in die Überlegungen des Chefs. Die Verfassung legitimierte Bismarck im außenpolitischen Bereich zur einzigen "verantwortlich" handelnden Persönlichkeit. Gleichzeitig war er aber auch der geistige Schöpfer der deutschen Außenpolitik. Die Aufgabe und Leistung der Beamten in der Zentrale bestand darin, die politischen Konzeptionen Bismarcks in einer Weise ins Werk zu setzen, die Erfolg brachte. Wie die Beamten darüber dachten, hat Holstein - für die siebziger Jahre - so ausgedrückt:

> Der Vortragende Rat, der in seinem Rahmen bleibt und diesen ausfüllt, hat nicht die Politik zu leiten, sondern sie so, wie der Minister sie macht, mit möglichst haltbaren Gründen zu rechtfertigen[4].

---

1 Auch bei den Deutschen im Ausland, Schweinitz, Bd. 2, S. 479.

2 Deutlich ist der Einfluß Kusserows auf Bismarcks Kolonialpolitik, vgl. hier S. 172.

3 Goldschmidt, S. 29.

4 Holstein, Bd. 1, S. 54. Daß der Einfluß der Bürokratie in Außenämtern aber auch darüber hinausgehen kann, schildert Zara Steiner in ihrer Analyse der gegen Deutschland gerichteten Stimmung im Foreign Office zu Beginn des XX. Jahrhunderts (passim).

Die Grenzen des Einflusses der Beamten hat Bismarck wie folgt gezogen:

> Der Auswärtige Dienst würde [...] in kurzer Zeit bankrott werden, wenn jeder Vortragende Rat der einheitlichen Leitung gegenüber die Selbständigkeit in Anspruch nähme.[5]

C.I.1. Der Diplomat in der Außenpolitik - Die Verfahren gegen Botschafter Graf Arnim

Bismarck hat schon als preußischer Ministerpräsident und Kanzler des Norddeutschen Bundes den deutschen Diplomaten Bereich und Grenzen aufgezeigt, in denen sich ihre Mitwirkung an der Außenpolitik zu bewegen hatte. Seine Auseinandersetzungen mit Graf von der Goltz über die Frankreichpolitik in der Zeit vor dem deutsch-französischen Krieg machten allen Mitarbeitern klar, daß der Regierungschef den Kurs bestimmte und nicht bereit sein würde, davon abzugehen, auch wenn ihm Vorschläge wichtiger Missionschefs entgegenstünden.

Bald nach dem Frankfurter Frieden sollte wieder ein Streit um die Haltung gegenüber Frankreich zum Zerwürfnis mit dem neuen Pariser Botschafter führen. Graf Arnim meinte, die deutsche Politik habe die Wiederherstellung der Monarchie zu begünstigen, um Frankreich zur Anlehnung an das Reich zu veranlassen und dadurch in Abhängigkeit zu halten. Im Gegensatz dazu sah Bismarck in der Republik eine Staatsform, die Frankreichs Bündnisfähigkeit einschränken würde, und setzte auf ihre Erhaltung unter Thiers, der zur Zusammenarbeit mit dem Reich bereit war. Das kümmerte Arnim aber wenig. Er versuchte, seine Linie durchzusetzen, und zwar sowohl in Paris wie auch in Berlin mit Hilfe seiner Berichterstattung, die dem Kaiser vorgelegt wurde. Der daraus folgende, jahrelang anhaltende Kampf Bismarcks mit dem Botschafter ist ein Vorgang in der Geschichte des Auswärtigen Amts, der entscheidenden Einfluß auf das Verhältnis zwischen Amtsleitung und Missionschef ausübte.

Mit Dr. Harry Graf von Arnim-Suckow war auf Vorschlag Bismarcks am 23. August 1871 ein Beamter als Gesandter in außerordentlicher Mission nach Paris entsandt worden, der damals als der befähigtste unter den Angehörigen des Auswärtigen Dienstes galt und sich in Hofkreisen großer Beliebtheit erfreute, nicht zuletzt, weil er mit der - illegitimen - Tochter eines Hohenzollernprinzen verheiratet war. Wilhelm I. und Kaiserin

---

5 Direktive vom 12. November 1889, zitiert nach Stamm, S. 153.

Augusta schätzten ihn als charmanten Gesellschafter, aber auch als "einen der feinsten Köpfe, die wir im diplomatischen Dienst besaßen"[6].

Äußeres Zeichen dieser Wertschätzung war die Ernennung zum Kammerherrn und 1871 die Erhebung in den Grafenstand[7]. Im Gegensatz dazu waren aber während Arnims Dienstzeit im Auswärtigen Amt bedenkliche Eigenschaften zu Tage getreten: übermäßiger Ehrgeiz, Unkollegialität, Unaufrichtigkeit, häufiges Schwanken bei der Beurteilung einer politischen Situation.

Schon im Reifezeugnis des Französischen Gymnasiums (in Berlin) konnte seine "sittliche Führung gegen Mitschüler [...] nicht ganz günstig" beurteilt werden, und man empfahl, die "weitere Ausbildung seines Charakters" zu fördern.

Nach Verwendung auf verschiedenen Auslandsposten seit dem Eintritt in den preußischen Auswärtigen Dienst 1852 war er 1864 Gesandter beim Vatikan geworden. Hier stand er Problemen gegenüber, die für Preußen und den Norddeutschen Bund wichtig waren und ihm zu spektakulärer Berichterstattung, besonders über das vatikanische Konzil, verhalfen, durch die er sich - gerade auch beim König - als überlegener Außenpolitiker in Szene setzen konnte. Bismarck fand diese Berichterstattung nicht schlüssig, da sie sich oft widersprach[8]. Außerdem sah er sich gezwungen, Schritte zu beanstanden, die Arnim ohne Weisung unternahm. Wahrscheinlich um ihn von der Beschäftigung mit der Kirchenpolitik zu lösen und ihm ein anderes Feld der Betätigung zu geben, machte Bismarck 1871 Arnim zum "Kommissar für die auf den Friedensvertrag bezüglichen Geschäfte" in Brüssel und beteiligte ihn später an den Verhandlungen in Frankfurt.

Die von Bismarck damals schon gehegten Bedenken gegen Arnim, die er dem Kaiser gegenüber bei dem Ernennungsvorschlag zum Botschafter nicht äußerte, sollten sich bald als zutreffend erweisen. Die Frage, warum er Arnim überhaupt für den Pariser Posten vorgesehen habe, hat Bismarck damit beantwortet, daß er ihn von der Kirchenpolitik fernhalten wollte und gehofft habe, daß "diese hohe Stellung ihn Intrigen entheben werde"[9].

Seit dem 9. Januar 1872 amtierte Arnim als Botschafter und führte - manchmal etwas eigenmächtig - mit der französischen Regierung Verhandlungen zur Ausführung des Frankfurter Friedens, nach deren Ab-

---

6 Eulenburg, S. 36.

7 Die Angaben zum Werdegang Arnims sind der Personalakte Nr. 10 im PA entnommen.

8 Kratzsch. S. 15.

9 PA, R 270, Aufzeichnung vom 5. Dezember 1873.

schluß ihn der Kaiser empfing und mit dem begehrten Titel "Wirklicher Geheimer Rat mit dem Prädikat Exzellenz" auszeichnete. Dieser Erfolg gab seinen Ambitionen weiteren Auftrieb - wobei er jetzt in Richtung Berlin blickte. Mit der Position in Paris war er nämlich höchst unzufrieden. Das fand nicht nur in seinen Berichten Ausdruck, sondern auch in einem von ihm aufgebrachten und in die Presse lancierten Gerücht, daß die Reichsleitung aus politischen Gründen die Abberufung des Botschafters erwäge[10]. Tatsächlich hatte Arnim große Schwierigkeiten, ein normales Verhältnis zu den maßgebenden Kreisen in Paris herzustellen. Er schaffte es nicht, die nach Krieg und Niederlage erbittert deutschfeindliche Einstellung der französischen Oberschicht zu durchbrechen. Das lag zu einem guten Teil an seiner Person. Auf die ablehnende Haltung gesellschaftlicher Kreise antwortete er mit Arroganz und Anmaßung. Solches Auftreten war nicht geeignet, die unheilvollen Folgen des Krieges zu beheben oder wenigstens zu mindern, wie es später durch seinen Nach-folger Fürst Hohenlohe geschah.

Selbst der Aufwand, den Arnim bei Veranstaltungen in der Botschaft zur Schau stellte, brachte kaum Erfolg. Das wird verständlich, wenn man in der National-Zeitung vom 9. Januar 1873 über eine Soirée des deutschen Botschafters über "Wunderdinge von der prachtvollen Einrichtung der Empfangsräume des deutschen Botschafterhotels und dem außergewöhnlichen Glanze der Livreen der Dienerschaft" liest:

> Unter derselben habe namentlich ein Hellebardier einen kolossalen Erfolg gehabt. Derselbe sei sieben Fuß hoch und mit einem unglaublich langen blonden Bart [...] und der deutsche Botschafter habe denselben eigens von einem seiner Güter kommen lassen, um der Pariser Gesellschaft ein Prachtexemplar der pommerschen Rasse vorzuführen [...]. Dieser Hellebardier figuriert [...] in den Berichten der meisten französischen Blätter.

Als Arnim die Kräfte in Paris begünstigte, die auf einen Sturz von Thiers hinarbeiteten, obwohl er wußte, daß dies der Politik des Reichskanzlers widersprach, erfuhr Bismarck davon durch einen Brief, den der als 2. Sekretär an der Pariser Botschaft tätige Friedrich von Holstein im November 1872 an den Vortragenden Rat Bucher gerichtet hatte. Darin wurde unter anderem die Meinung geäußert, daß die Abberufung des Botschafters angezeigt erscheine[11]. Bald darauf kam es zu einer Aussprache zwi-

---

10 PA, R 244.

11 Richter, Mitarbeiter Bismarcks, S. 48; Darstellung der Untersuchungssache Arnim, S. 240; Holstein, Bd. 1, S. 94.

schen dem Botschafter und Legationsrat von Holstein, in der Holstein die Bismarcksche Linie vertrat und sich über seine Korrespondenz mit Amtsangehörigen in Berlin offen äußerte. Er stellte dem Botschafter anheim, unter diesen Umständen seine, Holsteins, Versetzung ins Auge zu fassen.

Ende 1872/Anfang 1873 setzte Arnim die Berichterstattung fort, mit der er eine Monarchie in Frankreich als wünschenswert, die Republik unter Thiers als "Gefahr für das monarchische Europa" hinstellte, obwohl er Unterrichtungen und Weisungen erhalten hatte, in denen festgestellt wurde, daß die Republik in Frankreich für Deutschland vorzuziehen sei und eine monarchische Staatsform dem Reich nicht nützen würde. Davon war Arnim wenig beeindruckt[12].

Diese Entwicklung veranlaßte Bismarck, den Kaiser in einer Immediatvorlage[13] darauf hinzuweisen, daß Arnims Berichterstattung über eine andere deutsche Politik Frankreich gegenüber von der "irrtümlichen Voraussetzung" ausgehe, daß die "Führung der auswärtigen Politik" nicht ausschließlich beim Kanzler liege. "Kein Ressort verträgt weniger als das der auswärtigen Politik eine zwiespältige Behandlung", heißt es dort weiter. Wenn Arnim glaube, seine Ideen durchsetzen zu können, sei er "durch seine Eitelkeit geblendet" und überschätze seinen Einfluß. Im übrigen führte Bismarck darüber Klage, daß durch dauernde Auseinandersetzungen mit Arnim seine "Arbeitskraft über Verhältnis in Anspruch genommen" werde.

Im März 1873 kam es zu neuen Eigenmächtigkeiten Arnims im Rahmen der Verhandlungen über die restliche Kriegsentschädigung und die Räumung der besetzten Départments, die möglichst schnell zu Ende geführt werden sollten. Arnim wurde zur Vorlage an Präsident Thiers ein Abkommensentwurf übermittelt. Entgegen der Weisung gab er das deutsche Dokument nicht vollständig weiter, da er gewisse Bestimmungen - wie die Besetzung der Festung Belfort als Pfand für den Rest der französischen Zahlungen - anders geregelt sehen wollte. Erst nach erneuter Aufforderung aus Berlin händigte er Thiers am 11. März 1873 die fehlenden Artikel aus. Bismarck, dem es eilte und der mit dieser Verhandlungsführung unzufrieden war, hatte inzwischen über den "Ober-befehlshaber der Occupationstruppen" in Nancy und den französischen Botschafter in Berlin die französische Seite sondiert, einigte sich mit Thiers und unterzeichnete in Berlin am 15. März 1873 das abschließende Abkommen zur Ausführung des Friedensvertrages[14].

---

12 Darstellung der Untersuchungssache Arnim, S. LXXIII; vgl. hier Seite 140, 141.

13 Vom 16. Dezember 1872, PA, R 65087.

14 PA, R 6336.

Arnim gab seiner Entrüstung darüber Ausdruck, daß ihm Verhandlungsmandat und Unterzeichnung der Konvention entzogen worden seien. In einer Eingabe an Wilhelm I. bat er darum, das Verhalten des Reichskanzlers untersuchen zu lassen[15]. Darauf erklärte Bismarck in einem 12-seitigen eigenhändigen Immediatbericht aus Varzin dem Kaiser[16], daß Arnim die Verhandlungen nicht nach Weisung geführt, bewußt verzögert habe, und daß ihm wegen dieser Verschleppungen - die möglicherweise mit Börsengeschäften in Zusammenhang gestanden hätten - kein Vertrauen mehr geschenkt werden könne[17]. Auf Arnims charakterliche Mängel habe er den Kaiser bereits hingewiesen. Es sei im übrigen erwogen worden, Arnim nach London zu versetzen, eine negative Stellungnahme des englischen Außenministers zu Arnims Vertrauenswürdigkeit ließe dies aber nicht zweckmäßig erscheinen. Daraufhin verwies der Kaiser die Eingabe des Botschafters auf den Dienstweg.

Jetzt wurde der Streit zwischen Bismarck und Arnim immer weiteren Kreisen bekannt. Bismarck, der sich gerade einer Zuspitzung des Kulturkampfs gegenüber sah, war das unbequem, denn unter den Gegnern seines innenpolitischen Kurses in Hofkreisen und bei den Altkonservativen fand Arnim Anhänger. So ergriff der Kanzler keine disziplinären Maßnahmen, sondern veranlaßte nur, daß der Kaiser die nunmehr im Auswärtigen Amt bearbeitete Beschwerde Arnims mit Bismarcks Argumenten ablehnte.

Das Verhältnis zwischen dem Kanzler und dem Botschafter war gespannt, hatte aber noch keinen endgültigen Bruch erlitten; Bismarck versuchte weiterhin, Arnim zur Ordnung zu rufen und zu überzeugen. Nach dem Sturz von Thiers hielt er ihm vor, daß die Berichterstattung aus Paris "im Widerspruch zu der von mir verfolgten Politik" stehe und die Aktivitäten des Botschafters "nicht mehr den Charakter einer gesandtschaftlichen, sondern einer ministeriellen Tätigkeit" aufweisen[18]. Etwas später beanstandete er Arnims Haltung im Zusammenhang mit den - dem Friedensvertrag widersprechenden - Kanzelabkündigungen und Hirtenbriefen französischer Bischöfe. Ein nachdrücklicheres Vorgehen Arnims bei der französischen Regierung hätte diese zu entschiedenerem Einschreiten - nach strafrechtlichen Bestimmungen - veranlassen können, meinte das Auswärtige Amt. Es habe an "einem gründlichen Studium der französi-

---

15 Bericht vom 8. April 1873, PA, R 6466.

16 Vom 14. April 1873; PA, Personalakte Nr. 10; PA, R 6466 und 270.

17 Vgl. dazu Werner Pöls, Bleichröder und die Arnim-Affäre, HZ 211 (1970), S. 64ff.

18 PA, R 6507; Erlaß vom 19. Juni 1873, abgedruckt bei Münch, Bismarcks Affäre Arnim, S. 53.

schen Gesetze" gefehlt[19]. Bald darauf mußte sich Arnim im Zusammenhang mit dem Recht der deutschen Staaten, Gesandte zu akkreditieren, belehren lassen, daß sein Urteil "wirklichkeitsfremd" sei und er die politische Entwicklung im "Heimatland" mit der Sorgfalt verfolgen müsse, die "für unsere wirksame Vertretung im Ausland unentbehrlich" sei[20].

Arnim ließ sich aber nicht beeindrucken und fühlte sich sicher, absolvierte Kuraufenthalte und war am 1. September 1873 beim Kaiser - unter vier Augen. Nach Arnims Darstellung soll Wilhelm I. ihm das Vertrauen ausgesprochen, einen Rücktritt als Botschafter zurückgewiesen und von Rachegefühlen Bismarcks ("rancune") gesprochen haben. Das hat der Kaiser später nicht bestätigt. Eine anschließende Besprechung mit dem Reichskanzler am selben Tag verlief sehr unbefriedigend, ja im Streit[16]. Zurück in Paris streute Arnim das Gerücht aus, Bismarck dränge zum Krieg gegen Frankreich, was die Presse sogleich aufgriff.

Nach den Vorkommnissen des Jahres 1873 stand Anfang 1874 fest, daß Arnim als Botschafter in Paris abgelöst werden müsse. Mit Immediatvorlage vom 4. Januar 1874 machte Bismarck den Kaiser darauf aufmerksam, daß eine "erfolgreiche Zusammenarbeit" mit Arnim nicht länger möglich sei[22]. Er entziehe sich den Weisungen wie etwa im Zusammenhang mit den französischen Hirtenbriefen. Der Reichskanzler finde bei Arnim "keinen Beistand und guten Willen [...] für die Ausführung der deutschen Außenpolitik", der er nur "zögernd" und "unklar" folge.

Im Einverständnis mit dem Kaiser sollte Arnim nach Konstantinopel versetzt werden; der entsprechende Erlaß mit Abberufung und Versetzung vom 24. Februar 1874 wurde von Bucher entworfen[23]. Etwa zur gleichen Zeit kam im Auswärtigen Amt eine neuerliche Beschwerde Arnims über schlechte Behandlung durch den Reichskanzler an. Sie wurde dem Kanzler unter Hinweis auf "mangelnde Fügsamkeit" und "Unverträglichkeit" des Botschafters vorgelegt[24].

Nun war das Ringen um die Macht mit dem Rivalen, wie es oft heißt[25], praktisch entschieden. Botschafter in Paris wurde Fürst Chlodwig von Hohenlohe-Schillingsfürst, während Arnim es ablehnte, nach Konstantinopel abzureisen.

---

19 PA, R 6507/08.

20 PA, R 254, Erlaß vom 12. Januar 1874.

16 Pro Nihilo, S. 77.

22 PA, R 6508.

23 PA, Personalakte Nr. 10.

24 Darstellung der Untersuchungssache Arnim, S. L II; vgl. hier S. 140f.

25 Wehler, in: HZ 211 (1970), S. 445; Wetzel, Bismarck contra Arnim - Der Kampf um die Macht, in: Jahrbuch für die Geschichte Berlins 37 (1988), S. 55-64; Wolter, S. 294; Kratzsch, S. 163.

Gleichzeitig erhielt die Auseinandersetzung mit Bismarck eine neue Dimension. Und zwar durch einen Artikel, der in der Wiener Tageszeitung "Die Presse" am 2. April 1874 unter dem Titel "Diplomatische Enthüllungen" erschien. Hier wurden Teile einer Denkschrift Arnims aus der Zeit des vatikanischen Konzils 1869/70 und seiner amtlichen Korrespondenz mit den deutschen Bischöfen veröffentlicht. Damit sollte dem Kaiser und der Öffentlichkeit vorgeführt werden, daß Bismarck seinerzeit gut daran getan hätte, sich den besseren Einsichten des damaligen Gesandten am Vatikan anzuschließen. Hätte man etwa dessen Vorschlag einer amtlichen Vertretung durch sog. Oratores[26] bei gewissen Konzilberatungen befolgt, wäre das Unfehlbarkeitsdogma vielleicht nicht beschlossen, ja der Kulturkampf vermieden worden, der Anfang 1874 mit der Ausweisung opponierender Geistlicher wieder voll im Blickpunkt stand. Offensichtlich stammte die Veröffentlichung von Arnim, der sich schon verschiedentlich gerühmt hatte, Akten zu besitzen, deren Veröffentlichung Bismarck hätte "unangenehm" werden können.

Daraufhin sah sich Bismarck veranlaßt, eine damals an Arnim gerichtete Instruktion ebenso wie einige von dessen Berichten zu veröffentlichen[27]. Daraus ging die sich häufig widersprechende Lagebeurteilung durch Arnim hervor. So sollte das Bild desjenigen, der sich jetzt als überlegener Außenpolitiker und Nachfolger Bismarcks empfahl, zurechtgerückt werden.

Der Kaiser wurde am 28. April 1874 in einer von dem Gesandten von Radowitz entworfenen Vorlage davon unterrichtet, daß Arnim jetzt zu Pressekampagnen übergehe, bei denen er amtliche Dokumente verwende. Weil dies nicht so weiter gehen könne, beabsichtige das Auswärtige Amt, ein Verfahren einzuleiten[28].

Wilhelm I. tadelte zwar Arnims Verhalten, verlangte jedoch in einer Randbemerkung "behufs Entscheidung über weiteres Vorgehen", daß Arnim zunächst "aufzugeben sei sich zu rechtfertigen". Währenddessen versuchte das Auswärtige Amt, Beweise für die Urheberschaft Arnims an der Presseveröffentlichung beizuschaffen. Das gelang aber weder durch Geldangebote an die "Presse" - immerhin 2000 Gulden aus einem Dispositionsfonds[29] - noch mit Druck auf die österreichischen Stellen, Jour-

---

[26] Bismarck hatte die von Arnim angeregte Idee, als Vertreter der Staaten Oratores zum Konzil zu entsenden, abgelehnt: Die "Teilnahme der Staatsgewalt" an einem Konzil könne zur Vermischung führen, Kratzsch, S. 24.

[27] Norddeutsche Allgemeine Zeitung vom 14. April 1874.

[28] PA, R 244. Ab Mai 1874 wurden die "Vorgänge betreffend die gegen Graf Arnim geführten Verfahren" nicht mehr in den Frankreich-Akten, sondern unter "Generalia IA Aa 52" geführt. Im PA: R 254-276; Presseausschnitte R 253.

[29] Ein österreichischer Gulden entsprach etwa 2 Mark.

nalisten als Zeugen im Wege der Amtshilfe zwangsweise zur Vernehmung vorladen zu lassen[30].

Am 5. Mai 1874 wurde Arnim durch Staatssekretär von Bülow aufgefordert, sich über seine "Mitwirkung" an dem Artikel in der "Presse" zu äußern und zu sagen, ob er der Verfasser sei. Die Antwort war ausweichend: von ihm, Arnim, sei die Veröffentlichung nicht "ausgegangen", er sei nicht dafür "verantwortlich", er habe die Unterlagen weder übergeben noch "zugesandt". Das entsprach nicht den Tatsachen, denn ein mit Arnim in Verbindung stehender Journalist hat später ausgesagt, daß er die Aktenstücke von Arnim erhalten habe mit dem Ziel, sie an die "Presse" weiterzugeben.

Seit Ende April 1874 wurde die Sache auch von den deutschen Zeitungen ausführlich behandelt und das Verhalten Arnims überwiegend als "Insubordination" getadelt. "Die Unzufriedenheit Bismarcks ist begründet" hieß es[31]. Da man im Kulturkampf stand, war es nicht verwunderlich, wenn die antiklerikal eingestellte Zeitung "Hamburger Korrespondent" meinte, "in höheren Stellen des diplomatischen Dienstes seien nur solche Männer von Nutzen, denen der Kampf gegen die Kurie am Herzen liegt"[32]. Nachsichtig äußerten sich u.a. die "Germania", die "Schlesische Zeitung"[33] und das "Wiener Fremdenblatt".

Nach der Abreise aus Paris[34] hatte Arnim sich unter Mitarbeit seines Sohnes Henning, seines Schwagers Hermann und des Freundes von Loë eine Art Pressebüro eingerichtet, mit dem er nun eine Kampagne gegen Bismarck und das Auswärtige Amt führte - durch Leserbriefe, aber auch bezahlte Artikel. Es gelang ihm, sogar in der ausländischen Presse, u.a. in der nordamerikanischen, etwa im "New York Herald", Fuß zu fassen.

Auf den Immediatbericht vom 13. Mai hin versetzte der Kaiser Arnim am 15. Mai in den einstweiligen Ruhestand und zwar nach § 25 des neuen Reichsbeamtengesetzes mit sofortiger Wirkung[35]. Ein Antrag Arnims, durch eine "Immediatkommission" - von "unparteiischen und in diplomatischen Geschäften erfahrenen Männern" - die Angelegenheit untersuchen zu lassen, wurde mit der Begründung abgelehnt, ein solches Verfahren würde den Charakter eines "politischen Prozesses" annehmen, "Gesetz und Tradition" widersprechen und "der Unbotmäßigkeit eines Beamten

---

30 PA, R 244; Kratzsch, S. 60.

31 National-Zeitung vom 2. Mai 1874; Augsburger Allgemeine Zeitung vom 4. Mai 1874.

32 Vom 6. Mai 1874, PA R 256.

33 Vom 2. Mai 1874, PA R 256.

34 Am 27. April 1874.

35 PA, Personalakte Nr. 10; R 244 (Abschrift).

die Wichtigkeit einer Staatsaktion" beilegen. Arnim werde lediglich wegen seines Verhaltens als Beamter gegenüber einem Vorgesetzten zur Rechenschaft gezogen[36].

Während man im Auswärtigen Amt noch unschlüssig war, welche Schritte gegen Arnim dem Kanzler vorzuschlagen seien, kam von der Botschaft in Paris am 8. Juni die Meldung, daß in den politischen Akten etwa 80 Schriftsstücke nicht zu finden seien. Legationsrat von Holstein hatte das festgestellt, als er für den neuen Botschafter einen Vorgang über die "Kirchenpolitischen Angelegenheiten" zusammensuchen sollte. Es bestand der Eindruck, daß die fehlenden Akten nur bei Arnim sein konnten. Bei weiteren Suchaktionen verminderte sich die Zahl der fehlenden Stücke auf 55 und am 20. Juli wandte sich Staatssekretär von Bülow an Arnim und verlangte Aufklärung. Dieser schickte 17 Stücke zurück mit der Bemerkung, sie seien versehentlich mitgenommen worden, die übrigen fehlenden Stücke seien sein "privates Eigentum" und an ihn persönlich gerichtet gewesen. Er brauche dieses Material bei seiner Auseinandersetzung mit dem Reichskanzler über die Wiedererrichtung der Monarchie in Frankreich und die Hirtenbriefe der französischen Bischöfe zu seiner Verteidigung. Wieder andere Stücke habe er aus Rücksichtnahme gegenüber dem katholischen Nachfolger an sich genommen und nicht in Paris zurücklassen wollen[37].

Die Aneignung amtlicher Schriftstücke, die Weigerung, sie herauszugeben sowie deren Veröffentlichung konnten vom Reichskanzler und dem Auswärtigen Amt nicht hingenommen werden. Es erhob sich die Frage noch dringlicher als bisher, welche Maßnahmen gegen Arnim einzuleiten seien: ein Disziplinarverfahren oder ein strafgerichtliches. Arnim seinerseits kündigte einen Zivilprozeß an, bei dem zu entscheiden wäre, wessen Eigentum die strittigen Akten seien. Bismarck war sich nicht schlüssig, er hätte es wohl vorgezogen, wenn die Angelegenheit sich nicht ausweitete. Ende Juli 1874 hatte die Abteilung II ein Gutachten der Vortragenden Räte Wilke und von Frantzius vorgelegt, wonach Arnim strafbarer Handlungen schuldig sei, indem er amtliche Urkunden beiseite geschafft habe (§§ 350, 348, 193 RStGB). Weil beim Schriftverkehr im Rahmen der Außenpolitik eine sichere Verwahrung der Schriftstücke und damit ihre Geheimhaltung gewährleistet sein müsse, könne ein solcher Verstoß nicht ungeahndet hingenommen werden. Wilke, als der Justitiar, d.h. Rechtsberater des Auswärtigen Amts, schlug Anzeige bei der Staatsanwaltschaft wegen Amtsvergehen vor[38]. Ein öffentliches Verfahren werde

---

36 Immediatbericht vom 17. Mai 1874, PA, R 244.

37 Schreiben vom 11. August 1874, PA, R 245.

38 Gutachten vom 27. Juli 1874, PA, R 244.

dem Fall besser gerecht als das - innerbehördliche - Disziplinarverfahren. Außerdem sei der staatsanwaltschaftliche Zugriff auf die in Arnims Besitz befindlichen Papiere gewährleistet. Diesen Vorschlag machte sich Bismarck zu eigen; auch der Kaiser stimmte zu, und am 2. Oktober wurde der Antrag bei der Staatsanwaltschaft gestellt. Schon zu Beginn der Untersuchung erhob sich die Frage, ob von Seiten des Auswärtigen Amts einer Zulassung der Öffentlichkeit in der späteren Hauptverhandlung zugestimmt werden könne. Bismarck hat das bejaht, es bestehe das Bedürfnis, alles "an das Licht der Öffentlichkeit zu bringen". Bei seiner Volkstümlichkeit wird er hier eine Möglichkeit gesehen haben, seinen Gegnern den Wind aus den Segeln zu nehmen. Die Beamten des Auswärtigen Amts wurden von der Amtsverschwiegenheit entbunden (§ 61 RBG)[39].

Am 4. Oktober 1874 wurde Arnim verhaftet, nachdem die gesuchten Akten bei einer Haussuchung nicht gefunden worden waren. Gegen eine Kaution von 300.000 Mark wurde er nach einigen Tagen entlassen. Als später bekannt wurde, daß er versuchte, Zeugen zu beeinflussen, kam er im November erneut vorübergehend in Haft. Seine Verteidiger waren bekannte Juristen: Prof. Holtzendorf, Rechtsanwalt Munkel und Justizrat Dockhorn. Sie sorgten dafür, daß die mitgenommenen Akten dem Gericht vorgelegt wurden. Am 9. Dezember begann die Hauptverhandlung vor dem Königlichen Stadtgericht Berlin.

Das Aufsehen in der Presse war groß, im Inland und im Ausland. "Der Arnimsche Fall ist allmählich zu einer Staatsangelegenheit geworden und beschäftigt die Welt" schrieb der "Schwäbische Merkur"[40]. Im "New York Herald" hieß es, man könne sich einfach nicht vorstellen, daß "ein Botschafter einen Diebstahl begehe"[41].

Die Verteidigung bestritt nicht, daß der Botschafter die Akten an sich genommen habe, es sei aber zu Recht geschehen. Arnim, der sich auf die Tradition des Reinigungseides berief, erklärte, er habe keine rechtswidrigen Absichten gehabt. Im übrigen hätte das Auswärtige Amt nur auf einen Anlaß gewartet, um gegen ihn vorzugehen. Legationsrat von Holstein, der von Bismarck als Aufpasser eingesetzt gewesen sei, habe die Sache eingefädelt und auch Aktenstücke verschwinden lassen. Sogleich benannte das Auswärtige Amt Holstein als Zeugen, ließ ihn aus Paris kommen, und am 14. Dezember mußte Rechtsanwalt Munkel angesichts der überzeugenden Aussage Holsteins die Behauptungen über dessen Rolle in Paris zurücknehmen. In diesem Zusammenhang verdient übrigens die Äußerung eines Vertreters des Auswärtigen Amts Beachtung, daß in Fällen,

---

39 PA, R 245.

40 Ausgabe vom 5. Mai 1874.

41 Ausgabe vom 18. Oktober 1874.

wo die "treue und zuverlässige Amtsführung eines Missionschefs" in Frage stehe, eine Überwachung "im Interesse des Reiches" statthaft sei[42].

Eine Woche lang wurden die Berichte und Erlasse verlesen, die Presse nah lebhaften Anteil; der Andrang zum Gerichtssaal war kaum zu bewältigen. Natürlich erregte die rückhaltlose Freigabe des diplomatischen Schriftwechsels über die Frankreichpolitik Aufsehen. Sie trug Bismarck Anerkennung ein. Eine Sensation gab sie allerdings nicht her, denn Bismarcks Haltung zugunsten der republikanischen Staatsform Frankreichs war längst bekannt. In Frankreich beriefen sich bei der Auseinandersetzung zwischen den Anhängern der Republik und denen der Monarchie beide Parteien auf die veröffentlichten Dokumente.

Während die Hauptverhandlung noch nicht beendet war, drangen aus Gerichtskreisen Nachrichten über die Beurteilung des Falles durch die Richter an die Öffentlichkeit, und das infolge von Indiskretionen. Der Urteilsspruch, so erfuhr man, würde in erster Linie davon abhängen, ob deutsches Strafrecht anzuwenden sei (§ 41 Nr. 3 RStGB in Verbindung mit Art. 173 Code Pénal). Die Richter hätten sich ferner gefragt, ob die Aktenstücke "beiseite geschafft", ja ob sie überhaupt "Urkunden" seien, wie es § 348 Abs. 2 RStGB verlangte[43].

Am 19. Dezember 1874 erging das Urteil. 48 Reporter und eine große Menschenmenge hatten darauf stundenlang gewartet. Das Gericht verurteilte Arnim zu drei Monaten Gefängnis - nicht wegen Unterschlagung amtlicher Urkunden (§ 348 Abs. 2 RStGB), sondern wegen Verwahrungsbruch (§ 133 RStGB), eines Vergehens gegen die öffentliche Ordnung. Die Erlasse und Berichte wurden nicht als "Urkunden" angesehen, die "rechtserhebliche Tatsachen" zu beinhalten hätten.

Die Bewertung dieses Urteils fiel unterschiedlich aus: Das Auswärtige Amt hielt es für rechtsirrtümlich, die Unterschlagung politischer Berichte anders zu qualifizieren als die eines Vollstreckungsbefehls und sie dem Diplomaten nicht als "Amtsdelikt" anzulasten. Auch die Opposition gegen Bismarck, Zentrum und Konservative waren gegen das Urteil, hatten sie doch ein gerichtliches Verfahren von Anfang an abgelehnt. Zeitungen, die Arnim nahestanden, behaupteten, das Urteil käme "praktisch einem Freispruch" gleich[44]. Die "Times" dagegen hatte schon bei Prozeßbeginn geäußert, daß dem Reichskanzler keine andere Möglichkeit als das Strafverfahren geblieben sei, um mit dem widerspenstigen Botschafter fertig zu werden[45].

---

[42] PA, R 248.

[43] PA, R 248.

[44] "New York Herald" vom 4. Januar 1875.

[45] Ausgabe vom 12. Dezember 1874.

In der Zeitschrift "Die Gegenwart" hielt der bekannte Schweizer Rechtslehrer Bluntschli das Einschreiten des Strafrichters für richtig, die Straflosigkeit Arnims wäre einer "Gefährdung der Staats- und Rechtsordnung" gleichgekommen[46]. Zum Eindruck, den Arnim in der Verhandlung gemacht habe, meinte "Die Gegenwart", es sei kaum zu begreifen, daß "dieser Mann je den Gedanken hätte fassen können, Bismarck zu stürzen". Dagegen wurde Holsteins Auftritt vor Gericht günstig beurteilt: eine Überschrift in der "Norddeutschen Allgemeinen Zeitung" vom 23. Dezember 1874 lautete: "Rehabilitiert". Dazu mag auch beigetragen haben, daß der verdächtige Legationsrat vor seiner Rückreise nach Paris vom Kaiser empfangen worden war.

Es scheint, als habe sich Bismarck zunächst mit diesem Urteil zufrieden geben wollen[47]. Staatssekretär von Bülow und Justitiar Wilke dürften ihn aber schnell davon überzeugt haben, daß Berufung beim Kammergericht eingelegt werden müsse. Das geschah auch auf Antrag der Staatsanwaltschaft und der Verteidigung.

Im Auswärtigen Amt arbeitete man zu dieser Zeit ein Weißbuch zu dem Verfahren aus, das im Mai 1875 unter dem Titel

> Darstellung der in der Untersuchungssache wider den Wirklichen Geheimen Rat Grafen von Arnim vor dem Königlichen Stadtgericht in Berlin im Dezember 1874 stattgehabten öffentlichen Verhandlungen unter Benutzung amtlicher Quellen herausgegeben. Die verlesenen Dokumente sind in besonderem Anhange beigefügt.

erschien. Es war ein Buch von 590 Seiten und wurde weltweit verbreitet, im Ausland durch die deutschen Missionen[48].

Das Berufungsurteil des Kammergerichts wurde am 24. Juni 1875 verkündet und lautete auf 9 Monate Gefängnis (unter Anrechnung der Untersuchungshaft)[49]. Die von Arnim bestrittene Zuständigkeit des Berliner Gerichts wurde bejaht, das Vergehen der Urkundenunterdrückung (§ 348 Abs. 2 RStGB) als erwiesen angesehen. Das Kammergericht erklärte, er gebe im deutschen Strafgesetz zwar keine Definition des Urkundenbegriffs, aber die von Arnim entnommenen Schriftstücke enthielten das "Wichtigste, das eine Urkunde haben könnte", da Tatsachen von "größter Erheblichkeit für das Deutsche Reich" bekundet würden. Vom Bekanntwerden solcher Schriftstücke könnten "die größten Verwicklungen, ja

---

46 Ausgabe vom 2. Januar 1875.

47 Wiener "Presse" vom 8. Januar 1875.

48 Druck der Deckerschen Oberhofbuchdruckerei in Berlin, 1875.

49 PA, R 249.

Kriege" abhängen. Arnim habe diese Papiere "dem Zufall einer Reise ausgesetzt".

Die von Arnim dagegen eingelegte Nichtigkeitsbeschwerde wurde vom preußischen Obertribunal zurückgewiesen und zwar unter Billigung des vom Kammergericht entwickelten Urkundenbegriffs: diplomatische Berichte und Erlasse wie die hier vorgelegten, seien "rechtserhebliche Schriftstücke" im Sinne des Strafgesetzes[50].

Arnim gab aber nicht auf und fügte sich dem Urteil nicht. Er setzte sich ins Ausland ab, von wo er die Pressekampagne fortführte: etwa mit der Schrift "Das kleine Buch vom Großen Bismarck". Dem folgte im November 1875 eine umfangreiche beim "Zürcher Verlags-Magazin" gedruckte Broschüre "Pro Nihilo: Zur Vorgeschichte des von Arnimschen Prozesses" - in einer Auflage von 10.000 Exemplaren. Ein Verfasser war nicht genannt. Diese Broschüre enthielt bisher unveröffentlichte Berichte und Erlasse im Zusammenhang mit den Verhandlungen über die französischen Reparationen, die Räumung der besetzten Gebiete, insbesondere Belforts, die Beurteilung französischer Politiker, die Haltung der Reichsleitung gegenüber den französischen Parteien. Der verbindende Text war offensichtlich von Arnim und seinen Mitarbeitern erstellt worden. 4000 Stück gelangten nach Leipzig, um dort von Buchhandlungen vertrieben zu werden. Die Staatsanwaltschaft schritt alsbald zur Beschlagnahme[51]. Eine Prüfung hatte nämlich ergeben, daß die Veröffentlichung der Schriftstücke, die der Geheimhaltung unterlagen, als Landesverrat (§ 92 RStGB) zu werten sei, außerdem der Kommentar Beleidigungen aller Art enthalte. Es wurde z.B. behauptet, Wilhelm I. habe sich abfällig über Bismarck geäußert, den die Broschüre den "Regenten Deutschlands" nannte. Ferner wurde dem Kanzler "Größenwahn" nachgesagt.

Auf Bismarck soll die Broschüre nur wenig Eindruck gemacht haben: "Das Ding sei unter seiner Erwartung, voller Widersprüche [...] dürftig und ein Gewebe von Lügen" hat er zu Bucher gesagt[52]. "Pro Nihilo", das ebenfalls auf Englisch erschien[53], wurde fast überall, auch im Ausland, negativ beurteilt. So wies man in St. Petersburg darauf hin, daß Arnim "nationale Interessen seiner Eigenliebe zum Opfer bringe". In Paris bezeichnete das "Echo Universel" den ganzen Vorgang als "scandaleux débat dont M. de Bismarck et le comte d'Arnim ont donné le triste spectacle à l'Europe"[54]. Im "Moniteur officiel" war davon die Rede, daß die

---

50 Urteil vom 20. Oktober 1875, PA, R 251.

51 Vom 15. November 1875, PA, R 275.

52 Vermerk vom 11. November 1875, PA, R 267.

53 PA, R 270.

54 Vom 15. November 1875, PA, R 275.

Veröffentlichung diplomatischer Korrespondenz "contraire aux règles professionnelles" sei und angesichts solcher Indiskretionen überhaupt keine Beziehungen zwischen Frankreich und Deutschland möglich sein würden[55]. "Le Constitutionel" beklagte den Niedergang der diplomatischen Sitten mit den Worten " [...] si l'exemple du comte d'Arnim vint à faire l'école parmi les agents de la diplomatie"[56]. Angesichts der Fortsetzung der Kampagne Arnims wurde dem Kanzler vom Justitiar geraten, das Auswärtige Amt müsse versuchen, in einem neuen Verfahren zu erreichen, daß Arnims Beamteneigenschaft und Wartegeld aberkannt würde. Daraufhin wurde am 14. November 1875 ein Disziplinarverfahren eingeleitet mit der Beschuldigung instruktionswidrigen Verhaltens, falscher Berichterstattung, Bruch der Amtsverschwiegenheit, Veröffentlichung amtlicher Schriftstücke, mangelnder Aufsicht über die Botschaftskanzlei und die Beanspruchung der Portokasse für private Zwecke. Diesem Verfahren hätte sich Arnim entziehen können, wenn auf seinen Antrag die Entlassung aus dem Beamtenverhältnis erfolgt wäre (§ 100 RBG).

Am 21. April 1876 entschied die Disziplinarkammer in Abwesenheit Arnims auf Dienstentlassung und Verlust der amtlichen Titel wegen Beiseiteschaffung kirchenpolitischer Schriftstücke, Bruch der Amtsverschwiegenheit, Insubordination und mangelhafter Aufsicht über die Kanzlei. Anträge des Beschuldigten, Bismarck über dessen Behauptung zu vernehmen, Arnim habe mit Kaiserin Augusta gegen den Kanzler "konspiriert", und ihm sei das Agrément in London wegen mangelnder Vertrauenswürdigkeit verweigert worden, lehnte die Kammer ebenso ab wie eine Vernehmung des früheren französischen Präsidenten[57]. Die Berufung gegen dieses Urteil beim Reichsdisziplinarhof blieb ohne Erfolg[58].

Seit Ende November 1875 war beim Kammergericht gegen Arnim ein weiteres Verfahren anhängig und zwar als Voruntersuchung wegen Veröffentlichung von Aktenstücken, von denen er wußte, daß ihre Geheimhaltung einer anderen Regierung gegenüber für das Wohl des Deutschen Reichs erforderlich war[59]. Als sich bald darauf herausstellte, daß Arnim bei den Verhandlungen über Belfort und beim Sturz des Präsidenten Thiers seine Instruktionen nicht befolgt hatte, wurde die Untersuchung zum Zwecke einer Anklage vor dem Staatsgerichtshof ausgedehnt: Arnim habe ein "ihm vom Deutschen Reich aufgetragenes Staatsgeschäft mit einer anderen Regierung zum Nachteil dessen geführt, der ihm den Auftrag

55 Vom 11. November 1875, PA, R 275.

56 PA, R 275.

57 PA, R 276.

58 3. März 1877, PA, R 276.

59 PA, R 276.

erteilt" habe (vgl. § 92 RStGB). Am 23. März 1877 lag dem Senat für Staatsverbrechen des Kammergerichts die Anklage wegen Landesverrat (§ 92 RStGB), Majestätsbeleidigung (§ 95 RStGB) und Beleidigung des Reichskanzlers und des Auswärtigen Amts (§ 85 RStGB). Arnim brachte dies sogleich in die Presse. Die Verhandlung beim Kammergericht als Staatsgerichtshof fand unter Ausschluß der Öffentlichkeit im Oktober 1876 ohne Arnim statt, er war in der Schweiz. Im Urteil vom 5. Oktober 1876 wurde auf Landesverrat, Majestätsbeleidigung, Beleidigung des Kanzlers und des Auswärtigen Amts erkannt. Mit der Strafe von 5 Jahren Zuchthaus war die Unfähigkeit zur Bekleidung öffentlicher Ämter verbunden, nicht aber der Verlust von Titeln und Würden (§ 35 RStGB). Arnim blieb bis zum Urteil des Reichsdisziplinarhofs im März 1877 Kammerherr und Wirklicher Geheimer Rat. Die von Arnims Verteidigung erhobene Nichtigkeitsbeschwerde wurde als unzulässig verworfen[60].

Schon ein Jahr zuvor war beim Auswärtigen Amt ein Gesuch eingegangen, mit dem Arnim seine Rehabilitierung verlangte, eine Begnadigung kam für ihn nicht in Frage. Er behauptete, aus Dokumenten, die bisher nicht veröffentlicht seien, gehe hervor, daß er in der Kirchenpolitik Recht gehabt hätte. Die bisherige Dokumentation sei unvollständig. Etwa zur gleichen Zeit appellierte der "Vorstand" der Familie Arnim an den Kaiser, die Zuchthausstrafe zu erlassen und von disziplinären Maßnahmen abzusehen[61].

Bald darauf erschien eine neue Druckschrift Arnims mit dem Titel "Ein Brief an den Fürsten Bismarck als Entgegnung auf das im Reichsanzeiger veröffentlichte Schreiben an seine Majestät den deutschen Kaiser vom 14. April 1873"[62], die eine polemische Antwort auf Bismarcks Immediatbericht mit dem ungünstigen Urteil über die Persönlichkeit Arnims war. Die neue Aktion war nicht geeignet, die Stimmung für Gnadenerweise zu schaffen. Das zeigte sich dann auch später, 1878, als Arnim den Kaiser bat, seine Strafe nicht verbüßen zu müssen, da er wegen Zuckerkrankheit haftunfähig sei. 1877 schlugen Staatssekretär von Bülow und Geheimer Legationsrat Wilke vor, einen Gnadenerweis abzulehnen, da Arnim "keine Einsicht oder Reue gezeigt habe, sondern den Kampf gegen den Kanzler und das Auswärtige Amt fortsetze". Wilhelm I. folgte diesem Vorschlag[63].

In der Folgezeit erschienen weitere gedruckte Schriften, in denen Arnim auf seine Bemühungen zurückkam, den Kulturkampf zu vermeiden.

---

[60] 8. November 1876.

[61] Eingabe vom 27. Oktober 1875, PA, R 251.

[62] Vom 4. Oktober 1876, PA, R 273.

[63] 14. Juli 1877, PA, R 252.

Ende 1879 begehrte Arnim beim Reichsgericht die Erteilung "freien Geleits": er wolle sich dem höchsten Gericht stellen und die Aufhebung der in Abwesenheit erfolgten Verurteilungen beantragen. Der I. Strafsenat wies das Gesuch zurück[64]. 1881 starb Arnim in Nizza.

Die Vorgänge um Graf Arnim haben damals und auch später die Aufmerksamkeit weiter Kreise auf sich gezogen. Viele waren höchst interessiert an Begebenheiten, die sich in Aristokratie und Diplomatie abspielten, einen Botschafter betrafen, der zu einer Zuchthausstrafe verurteilt wurde. Nur zu gern berichtete die Presse über einen bei Hofe zunächst wohlgelittenen Kammerherrn, der durch zwei Heiraten - vielleicht auch durch Börsengeschäfte - reich geworden war, bei einem der Sozialdemokratie nahestehenden Verlag eine Streitschrift gegen den Reichskanzler drucken ließ, und von Gerichtsverfahren, bei denen Zeugenbeeinflußung, Spitzeldienste, Detektive, Agenten, Straßendemonstrationen eine Rolle spielten. Einen Skandal in der Umgebung des mächtigen Kanzlers sahen Gegner Bismarcks mit lustvoller Anteilnahme. Tatsächlich setzten gewisse Hofkreise und konservative Abgeordnete auf Arnim, von dem sie Anfang der siebziger Jahre meinten, er sei der nächste Reichskanzler. Sein "scharfer Kopf"[65] und der "weite Blick"[66] wurden gerühmt. Bismarck war das bekannt und in einer Immediatvorlage hieß es: "Ich höre, daß er [Arnim] seit der Ernennung zum Botschafter in Paris keinen anderen Ehrgeiz hat, als mein Nachfolger zu werden"[67]. Viele Zeitgenossen sahen in den von Bismarck angestrengten Verfahren nichts als ein Mittel im Kampf um die Macht. Oft steht das auch in der Historiographie im Vordergrund; so charakterisiert Craig Bismarcks Verhalten wie folgt: "Dann verjagte er ihn [Arnim] mit einer Brutalität, die er oft genug im Umgang mit Leuten zeigte, die ihm in die Quere kamen [...]"[68].

Kratzsch stellt seine Monographie von 1975 über die Arnim - Prozesse unter den Titel "Bismarcks Rivale und Frondeur". Zwar übersieht er nicht, daß Bismarck daran gelegen war, die verfassungsrechtliche und verwaltungsmäßige Ordnung zu festigen, zusammenfassend meint er jedoch:

Blickt man auf die Affäre Arnim zurück, so ist deutlich, daß hier zwischen zwei preußischen Adligen und deutschen Staatsbeamten [...] ein Rivalitätskampf um die Position des Reichskanzlers ausgetragen wurde[69].

---

64 22. Dezember 1879, PA, R 274.

65 Spenersche Zeitung vom 16. April 1874.

66 Schlesische Zeitung vom 29. April 1874.

67 Immediatvorlage vom 14. April 1873, PA, R 6466 und R 270.

68 Craig, Deutsche Geschichte, S. 132.

69 Kratzsch, S. 163.

Die Kreise, die Arnim gegenüber wohlwollend eingestellt waren, auch in der kaiserlichen Familie, haben wohl Mitte der siebziger Jahre gemerkt, daß sie den Botschafter weit überschätzt hatten. Seine in den verschiedenen Verfahren zu Tage getretenen Schwächen und Fehler zeigten ebenso wie sein oft törichtes Vorgehen, daß ihm das politische Augenmaß, die Sicherheit des Urteils und vor allem das Format Bismarcks fehlten. Arnims Ansehen beim Kaiser und das Vertrauen, das dieser ihm früher geschenkt hatte, sein Einfluß auf dessen Meinungsbildung schwanden. Besonders enttäuscht war der Kaiser, als sich herausstellte, daß Arnim ihm im Zusammenhang mit der Pressemeldung über die angeblich beabsichtigte Abberufung in Paris 1872 die Unwahrheit gesagt hatte.

Wenn Zeitgenossen, aber auch gelegentlich die historische Forschung, die Beweggründe für Bismarcks Kampf gegen Arnim in "Rachegefühlen, Haß und Herzlosigkeit"[70] gefunden haben, ist davon so viel richtig, daß dem Reichskanzler die Opposition des Grafen Arnim in innenpolitisch schwierigen Jahren sehr lästig war. Gesundheitlich leidend nutzte er voller Zorn alle Mittel, um Arnim kaltzustellen.

Bei tieferer Betrachtung stellt sich aber heraus, daß es Bismarck vor allem darum gegangen ist, die "ministerielle Autorität" für die Außenpolitik und im Auswärtigen Dienst durchzusetzen[71].

Diese Bemühungen standen im Einklang mit der Reichsverfassung, da Bismarck als verantwortlicher Minister beanspruchen konnte, daß allein seine Politik betrieben wurde, für die er auch einzustehen hatte[67]. Die Absicht gewisser konservativer Kreise, Kirchenpolitik mit Hilfe eines hohen Beamten gegen Bismarck zu betreiben, war verfassungswidrig und gab Bismarck einen Grund einzuschreiten.

Arnim sah sich als vom Staatsoberhaupt persönlich entsandter Vertreter mit der Befugnis zum Immediatbericht und des unmittelbaren Zugangs zum Kaiser. Er glaubte, als Botschafter dem Außenminister gleichgestellt und nicht - wie ein Geheimer Rat im Auswärtigen Amt - ein dem Reichskanzler unterstelltes Organ zu sein. An dieser Stelle wird der Wandel in Regierung und Verwaltung sichtbar, d.h. das Vordringen moderner Staatlichkeit, wie es sich Mitte des 19. Jahrhunderts vollzog. Bismarck kam es darauf an, die Disziplin im Auswärtigen Dienst zu gewährleisten. Er selber hatte während seiner Zeit als Chef von Auslandsmissionen ge-

---

[70] Motive, die schon bei früheren Auseinandersetzungen mit Goltz, Usedom, Savigny, Thile zu Tage getreten seien, vgl. PA R 270, Aufzeichnung vom 14.April 1873.

[71] Arnim nannte das "Ministerialdespotismus", Pro Nihilo, S. 37.

[67] Über die verfassungsrechtliche Bedeutung ministerieller "Verantwortlichkeit", vgl. Münch, Bismarcks Affäre Arnim, S. 48ff.

sehen, wie es damit im preußischen auswärtigen Dienst bestellt war. Disziplin im Auswärtigen Amt sei "ebenso unentbehrlich aber viel schwerer zu erhalten als im militärischen Bereich und sie gehe verloren, sobald die Formen derselben fallen". Diese Gedankenführung in der Immediatvorlage vom 14.April 1873[73] mußte Wilhelm I. beeindrucken, und so kam es, daß er sich endgültig auf die Seite Bismarcks stellte. Das hat Arnim dem Kaiser übelgenommen und als eine Verletzung "lehensrecht-licher Pflichten" angesehen[74].

Der Erfolg von Bismarcks Vorgehen zeigt, wie im Auswärtigen Dienst die Grundsätze und Formen einer leistungsfähigen Verwaltung, oft im Gegensatz zu gewissen Relikten aus feudaler Zeit, immer mehr an Boden gewannen.

Die Beamtenschaft war mit den Schritten Bismarcks einverstanden. Staatssekretär von Bülow, Bucher, Radowitz haben wie die Juristen der II. Abteilung, Wilke und Frantzius, die Maßnahmen mitgetragen. Die Bemerkung des Botschafters von Schweinitz, "die Zerschmetterung Arnims wird in der Geschichte Bismarcks dieselbe Rolle spielen wie die Erschießung des Herzogs von Enghien in der Napoleons I.", ist eine Ausnahme[75].

Arnim selbst ist, in jüngeren Jahren, davon ausgegangen, daß der Missionschef im Ausland nicht die Stellung eines "Staatsmanns" habe. In einer - bisher nicht bekanntgewordenen - Arbeit Arnims beim diplomatischen Examen (1851) über die Stellung des Beamten des Auswärtigen Dienstes im Gefüge der öffentlichen Verwaltung des 19. Jahrhunderts stellt Arnim fest, daß Diplomaten "zu den wirklichen Staatsdienern gehören und die allgemeinen Rechte und Pflichten derselben teilen". Es müsse

> zugegeben werden, daß Botschafter, insofern sie die Person des Souveräns repräsentierten, zu den persönlichen Dienern des Regenten gerechnet werden können, insofern sie jedoch Geschäfte des Staates zu besorgen und wahrzunehmen haben, gehören sie jedenfalls zu den wirklichen Staatsdienern.

Weiter meint Arnim:

> Nur im Besitze des Vertrauens seiner Regierung [...] kann das Wirken des Gesandten segensreich sein [...], seine Handlungen müssen mit sei-

---

73 Vgl. hier S. 132 Anmerkung 11.

74 PA, R 247.

75 Schweinitz, Bd. 1, S. 308. Dieses Urteil hat er eingeschränkt: der Fürst "habe Recht in der Disziplinierung eines ungehorsamen, intrigierenden Beamten". Die Art und Weise jedoch, mit der Arnim verfolgt wurde, sei "widerwärtig".

nen Instruktionen im Einklang stehen [...] Nur im äußersten Falle und nur wo Gefahr im Verzuge ist, darf er sich erlauben, von dem vorgeschriebenen Wege abzuweichen.

Ein Gesandter dürfe "nicht dem Ehrgeiz nachgeben, der ihn nur allzuleicht verleiten kann"[76].

Die Verfahren gegen Graf Arnim blieben im organisatorischen Bereich des Auswärtigen Dienstes nicht ohne Folgen. Arnim hatte überkommene Regeln des Geschäftsbetriebs und beamtenrechtliche Bestimmungen nicht beachtet. Diese Verstöße waren Anlaß, daß man im Auswärtigen Amt eine Geschäftsordnung für die Auslandsmissionen ausarbeitete, durch die u.a. die unmittelbare Berichterstattung der Botschafter an den Kaiser insofern eingeschränkt wurde, daß die Immediatberichte "durch Vermittlung des Reichskanzlers" dem Kaiser vorgelegt wurden[77].

Im Rahmen eines dem Reichstag vorliegenden Entwurfs zur Novellierung des Strafgesetzbuches brachte der Reichskanzler 1875 eine Ergänzung für die Beamtendelikte ein. Das war eine Strafbestimmung, die Beamten des Auswärtigen Dienstes galt, als § 353a in das RStGB eingefügt werden sollte und unter der Bezeichnung "Arnim-Paragraph" bekannt wurde. Bismarck und seine Mitarbeiter standen damals unter dem Eindruck des Ausspruchs des Berliner Stadtgerichts, wonach Schriftstücke der politischen Korrespondenz des Auswärtigen Amts mit den Auslandsvertretungen nicht als Urkunden im Sinne des Strafrechts anerkannt, und der Ungehorsam des Diplomaten nicht strafrechtlich geahndet werden konnte.

Über diese Sonderregelung für den Auswärtigen Dienst kam es im Reichstag zu heftigen Debatten zwischen prominenten Rednern wie Treitschke und Liebknecht. Bismarcks Entwurf wurde in mancher Hinsicht abgeändert. Immerhin verblieb ein neuer Straftatbestand. Danach sollten Diplomaten mit Gefängnis bestraft werden bei Bruch der Amtsverschwiegenheit, dolosem Ungehorsam sowie falscher Berichterstattung. Vordem war solches Verhalten nur im Wege des Disziplinarverfahrens zu verfolgen gewesen[78].

Die Arnim-Prozesse hatten für das ganze Gefüge des Auswärtigen Amts Bedeutung, insofern nämlich die Verantwortung des Ministers für die Führung der auswärtigen Beziehungen bestätigt und gefestigt und die Überordnung der Zentrale über die Chefs der Auslandsmissionen klargestellt wurde. Die Botschafter mußten sich in eine bürokratische Ord-

---

76 PA, Personalakte Nr. 10.

77 § 12 der Geschäftsordnung; zu weiteren Bestimmungen vgl. hier S. 51ff.

78 RGBl 1876, S. 25, Gesetz vom 26.Februar 1876.

1. Wilhelmstraße 76

2. Treppenaufgang Wilhelmstraße 76

3. Bismarcks Arbeitszimmer, Wilhelmstraße 76

4. Der „Chef" des Auswärtigen Amts

5. [illegible] Wohnzimmer (1842–46) Wilhelmstraße 76. Aquarell von Carl Graeb

von Wartensleben Graf von Bismarck-Bohlen Delbrück Lothar Bucher Graf von Bismarck Abeken Graf Paul Hatzfeldt von Keudell von Holstein

6. Bismarck und das „mobile“ Auswärtige Amt 1871 in Versailles

7. Bismarck und seine Mitarbeiter nach der Proklamation Wilhelms I. Versailles 18. 1. 1871 (v. l.: Abeken, v. Keudell, Otto v. Bismarck, v. Delbrück, Graf Hatzfeldt, Graf Bismarck-Bohlen)

8. Gesandter Joseph Maria von Radowitz

9. Lothar Bucher

10. Berliner Kongreß 1878

11. Prof. Dr. Clemens August Busch

12. Staatssekretär Graf Hatzfeldt

13. Friedrich von Holstein

14. Graf Herbert von Bismarck

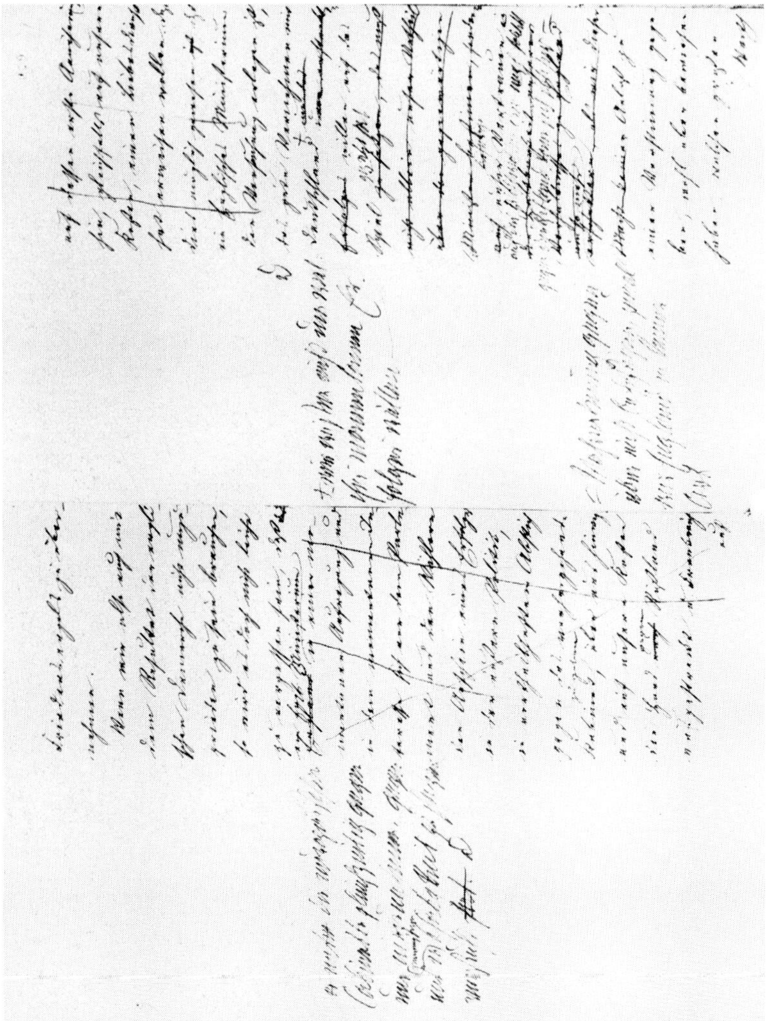

15. Erlaß v. 3. 6. 1875 (PA, R 6510) an die Botschaft London nach den Erklärungen des englischen Außenministers im Oberhaus am 31. 5. 1875, entworfen von Wirkl. Geh. Rat Bucher, geändert durch den Reichskanzler, gezeichnet durch Staatssekretär v. Bülow

nung fügen, ihre Sonderstellung war endgültig beseitigt. Ob diese Straffung des Auswärtigen Dienstes "dazu angetan war, das deutsche diplomatische Korps mit dem Geist der Unabhängigkeit zu beseelen", mag dahingestellt sein. Craig zieht das in Zweifel[79]. Holstein ist dadurch jedenfalls nicht von Eigenmächtigkeiten abgehalten worden[80].

Fest stand aber nunmehr, daß der weisungsgebundene Diplomat seine Auffassung dem Willen einer von der Zentrale ausgehenden politischen Führung unterzuordnen hatte.

C.I.2. Die Entsendung des Gesandten von Radowitz nach St. Petersburg

Anfang Februar 1875 reiste der Gesandte von Radowitz im Auftrag des Chefs des Auswärtigen Amts nach St. Petersburg, um, wie es in der Verfügung vom 4. Februar 1875 hieß, bis zur Wiederherstellung der Gesundheit des beurlaubten Botschafters, Prinz Reuß, als vom Kaiser beglaubigter "Gesandter in außerordentlicher Mission am russischen Hofe" die deutsche Botschaft zu leiten.

Die Mission hat seinerzeit die Aufmerksamkeit der europäischen Diplomatie und der Presse in ungewöhnlicher Weise auf sich gezogen und zu Spekulationen über einen "großangelegten Plan Bismarcks" geführt[81]. Diese Gerüchte haben auch später noch das Interesse der Historiker angezogen und zu tiefschürfenden Betrachtungen zur Bismarck'schen Außenpolitik Anlaß gegeben[82].

Vier Jahre nach der Reichsgründung hatte sich die Lage des neuen Staats im europäischen Rahmen ungünstig gestaltet, insbesondere ließen die Beziehungen zu Rußland - ungeachtet des Drei-Kaiser-Abkommens - zu wünschen übrig. Man war in Berlin unzufrieden damit, wie wenig die deutsche Unterstützung der russischen Orientpolitik honoriert wurde.

Ende 1874/Anfang 1875 hatte Bismarck mehrfach Anlaß, sich über die Art zu beschweren, wie der russische Kanzler, Fürst Gortschakow, Meinungsverschiedenheiten über orientalische Fragen, hauptsächlich wegen Vorfällen in Montenegro, in scharfer Form über den Geschäftsträger von

---

79 Craig, Deutsche Geschichte, S. 104.

80 Vgl. hier S. 199.

81 Lappenküper, S. 438.

82 Hillgruber spricht in seinem Aufsatz "Die Krieg-in-Sicht-Krise 1875, Wegscheide der Politik der europäischen Großmächte in der späteren Bismarckzeit" in: Deutsche Großmacht- und Weltpolitik, Düsseldorf 1977, S.45, von der Absicht einer Teilung "Südosteuropas über Österreich-Ungarn hinweg in eine russische und eine deutsche Sphäre".

Alvensleben austrug, anstatt seine Kritik auf dem üblichen Wege über den Botschafter in Berlin anzubringen[83]. Bismarck beanstandete auch das Verhalten des Geschäftsträgers, "weil er nicht schnell genug dem russischen Kanzler auf dessen unberechtigte Vorwürfe entgegen getreten" sei[84].

Radowitz war im Juni 1874 im Alter von 39 Jahren zum Gesandten befördert worden und galt als außerordentlich befähigter und das besondere Vertrauen des Reichskanzlers genießender Beamter. Auf seinem Posten in Athen sollte er "alljährlich einige Monate" amtieren und "während der übrigen Zeit [...] seine Arbeitskraft und hervorragende Befähigung" als Dezernent für den Orient und Frankreich "im Auswärtigen Amt nutzbar machen"[85].

Joseph Maria von Radowitz wurde am 11. Mai 1839 geboren als Sohn des damaligen Generals und preußischen Militärbevollmächtigten beim Deutschen Bund in Frankfurt und späteren Außenministers Friedrich Wilhelms IV.

Als begabter Schüler verließ er 1856 nach dem Abitur das Gymnasium in Erfurt, um in Berlin zu studieren. Er belegte Rechtsgeschichte und Rechtsphilosophie, römisches Recht, aber auch Psychologie und Kunstgeschichte. Er lernte Juristen wie Stahl, Gneist und Savigny persönlich kennen und besuchte Oper, Konzert und Schauspiel. 1857 wechselte er nach Bonn, wo er neben dem Studium beim 7. Husarenregiment als Einjährig-Freiwilliger diente. Im Korps "Borussia" bekleidete er seit dem 3. Semester ein Ehrenamt. Die juristische Prüfung als Auskultator bestand er 1860 und begann anschließend die übliche Ausbildung bei den Gerichten. Nachdem er dort elf Monate abgeleistet hatte, wurde er durch Kabinettsorder vom 25. Februar 1861 "ausnahmsweise von den reglementmäßigen Zulassungsbedingungen" befreit und in den Auswärtigen Dienst aufgenommen. Sicher half dabei die Fürsprache des preußischen Gesandten in Konstantinopel, Graf von der Goltz, der ihn als Attaché anforderte und für anderthalb Jahre sein Ausbilder wurde[85]. Während dieser Zeit schrieb Radowitz die Probearbeiten. Man hatte für ihn die Türkei betreffende Themen ausgewählt: über die türkischen Bevölkerungsverhältnisse, den Einfluß der Bündnisse Frankreichs mit der Türkei auf die europäische Politik und die deutsche Konsulargerichtsbarkeit in der Levante. Anfang 1862 kehrte Radowitz nach Deutschland zurück, um die

---

[83] Bismarck hat die deutschen Missionen wiederholt darauf hingewiesen, daß es im internationalen Verkehr üblich sei, Wünsche einer Regierung durch deren Vertreter vorzutragen, Erlaß vom 4. Januar 1878, PA, R 285.

[84] PA, IA.Bi Rußland, 30, Schreiben an Legationsrat von Alvensleben vom 25. Januar 1875.

[85] PA, Personalakte Nr.34.

mündliche Prüfung abzulegen. Darauf wurde aber verzichtet, weil er sich zur sofortigen Dienstleistung bei einer Delegation gemeldet hatte, die für Preußen diplomatische und konsularische Beziehungen mit China, Japan und Siam aufnehmen sollte. Seine Entscheidung, an so "ungewöhnlichen"[86] Dienstorten zu arbeiten, wurde im Familien- und Bekanntenkreis mit Erstaunen aufgenommen. Sie verhalf ihm allerdings zur schnellen Beförderung zum Legationssekretär.

Bis 1863 bereiste er China und Japan, half dem Delegationsleiter, in Schanghai ein Generalkonsulat einzurichten und die vertragsmäßigen Grundlagen für die Aufnahme diplomatischer Beziehungen mit China und Japan in Kraft zu setzen. Seine Tätigkeit fand auch bei den im fernen Osten lebenden kleinen deutschen Kolonien Anerkennung[87].

Im Mai 1865 trat er seinen Dienst an der preußischen Gesandtschaft in Paris an, wo er wieder bei Graf von der Goltz arbeitete. Er erlebte die politische Unrast des in Schwierigkeiten geratenden Zweiten Kaiserreichs und dessen beginnenden Abstieg. Den Feldzug 1866 machte er im Stabe des Prinzen Friedrich Karl mit; dann kehrte er nach Paris zurück. Höhepunkt des dortigen Aufenthalts war Napoleons III. glanzvolle Weltausstellung 1867 mit dem Staatsbesuch König Wilhelms, der gleichzeitig mit dem des Zaren stattfand. In anschaulicher Weise schildert Radowitz in seinen Erinnerungen, wie sich in dieser Zeit sein "Dasein nur noch um den hohen Besucher und das, was damit zusammenhing", drehte[88]. Paraden, Empfänge, Ordensverleihungen, Bälle, Gala-Opern und Diners hielten die Botschaftsangehörigen in Atem, besonders natürlich das preußische Fest mit Souper und Ball, das allein 50.000 F kostete. Nach dieser bewegten, aufregenden Zeit war ihm die Versetzung nach München 1867 willkommen, nicht nur, weil ihm dort die Tochter des russischen Gesandten Oserow begegnete, die ein Jahr später seine Ehefrau werden sollte, sondern auch weil der künstlerisch interessierte Diplomat zu den großen Musikern Wagner, Bülow und Liszt in Beziehungen treten konnte ebenso wie zu den Malern Kaulbach, Lenbach, Makart. Für die preußische Politik war das Verhältnis zu Bayern im Vorfeld der deutschen Einigung von großer Wichtigkeit und auch die Beurteilung, die die päpstliche Herrschaft in Italien sowie das bevorstehende vatikanische Konzil in Bayern erfuhr.

Radowitz tat sich auf allen Gebieten hervor und lenkte die Aufmerksamkeit der Leitung des Auswärtigen Amts auf sich, so daß er Ende 1869 zum diplomatischen Vertreter des Norddeutschen Bundes in Bukarest, mit

---

[86] Holborn, Bd.1, S.45.

[87] A.a.O., Bd.1, S.66; "Schanghai": damalige Schreibweise.

[88] A.a.O., Bd.1, S.144ff.

dem Rang eines Generalkonsuls, ernannt wurde. Seine Leistungen auch auf diesem Posten, besonders als deutsches Mitglied der Europäischen Donau-Kommission und sein Einsatz für die deutsche Kolonie hatten eine gute Resonanz in Berlin. Anerkennung fand ferner die anschließende einjährige Tätigkeit als Geschäftsträger in Konstantinopel. Ende 1872 kam er dann in die Zentrale, wo er als Kenner orientalischer und nah-östlicher Verhältnisse ein Orient-Referat aufbauen sollte. Er erhielt den Charakter eines Geheimen Legationsrats. Da seine prekären Einkom-mensverhältnisse bekannt waren, wurde für seine Dienstbezüge eine be-sondere Regelung getroffen.

Gerade war der von Bismarck als meisterhafter Redakteur seit langen Jahren geschätzte Geheimrat Abeken gestorben und Radowitz wurde - neben Bucher - für allerlei Sonderaufträge dessen Nachfolger. Er arbeitete sich schnell ein und erfreute sich der Wertschätzung Bismarcks. Zeitweise mußte Radowitz auch andere Länder bearbeiten, etwa Frankreich und Italien, wenn die Referenten ausfielen. Da er für die vertragliche Regelung einer deutschen Beteiligung an den Ausgrabungen in Olympia zuständig war, wurde er in die Berliner Archäologische Gesellschaft aufgenommen. Vorher hatte er bereits in geographischen und ethnographischen Gremien mitgearbeitet. Diese Aktivitäten waren mitbestimmend für die 1874 erfolgende Ernennung zum Gesandten in Athen. Zugleich war nun sein Einkommen mit 18.000 M für einen Beamten, der über keine eigenen Mittel verfügte, hochwillkommen.

Nach Übergabe des Beglaubigungsschreibens und einem kurzen Aufenthalt in Athen kehrte er in die Politische Abteilung zurück, wo er, nunmehr auch Frankreich-Dezernent, an der Vorbereitung der Verfahren gegen Botschafter Graf von Arnim beteiligt war. Radowitz hatte sich in kurzer Zeit eine Spitzenstellung in der Politischen Abteilung verschafft, so daß er beauftragt wurde, in Abwesenheit des Staatssekretärs dem Kaiser Vortrag zu halten. Direktor von Philipsborn, der Leiter der Abteilung II, hatte das als Urlaubsvertreter nicht zufriedenstellend gekonnt.

Es ist also nicht verwunderlich, daß Bismarck Radowitz Anfang 1875 für einen Auftrag auswählte, der ihm besonders am Herzen lag. Der Reichskanzler fühlte sich durch die Art und Weise, wie der russische Kanzler mit ihm auf dem Wege über den deutschen Geschäftsträger umging, schlecht behandelt, und ihm erschien ein sicher und energisch auftretender, wortgewandter, schlagfertiger Beamter das Richtige zu sein, um Gortschakow seine Verstimmung auszudrücken. Alvensleben hatte sich dazu nicht in der Lage gezeigt; durch ihn schienen die "deutschen Interessen [...] nicht ganz ausreichend wahrgenommen"[89]. Er hatte über-

[89] Schreiben Staatssekretär von Bülow an Botschafter Prinz Reuß vom 6. Februar 1875; Holborn, Bd.1, S. 98.

dies gegen Bismarcks Anordnung verstoßen, die deutschen Missionen sollten die fremden Regierungen darauf hinweisen, daß sie ihre Anliegen in Berlin vorzutragen hätten und daß die deutschen Diplomaten dazu nicht da seien[90]. Der Unwille Bismarcks wegen Alvenslebens Amtsführung ist übrigens schnell verflogen, denn schon ein Jahr später wurde er zum diplomatischen Vertreter in Bukarest, wie seinerzeit Radowitz, aber diesmal im Rang eines Gesandten, ernannt[91].

Das "Kommissorium", wie es im Februar 1875 Radowitz anvertraut wurde, war eine Maßnahme, um einer personell oder politisch bedingten besonderen Situation Rechnung zu tragen. So waren 1870 Holstein nach Florenz und Bucher nach Madrid entsandt worden; Radowitz wurde erneut, 1880, während der Abwesenheit von Fürst Hohenlohe nach Frankreich entsandt, was übrigens von der französischen Regierung mit den Worten begrüßt wurde, "Deutschland sei durch einen Mann von politischem und persönlichem Gewicht in Paris vertreten"[92].

Weil der durch Schreiben des Kaisers angekündigte Gesandte in einer Audienz vom Zaren empfangen werden mußte, war auf diese Weise Gelegenheit zur Einwirkung im Sinne der politischen Ziele Bismarcks an höchster Stelle. Die deutsche Presse wurde auf die Entsendung von Radowitz an den russischen Hof aufmerksam, bezeichnete sie als "wünschenswert", weil der Gesandte "längere Zeit im Orient akkreditiert gewesen sei und die Verhältnisse aus eigener Anschauung kenne"[93].

Diese Bemerkung konnte auf Inhalt und Richtung der Mission deuten, die auch nach einer anderen Pressestimme in Zusammenhang mit den "auf die gegenwärtig im Osten schwebenden Fragen" gebracht wurde[94]. Da schriftliche Instruktionen, die den Sondergesandten zu Gesprächen über orientalische Fragen angewiesen hätten, fehlen, aber auch aus der Berichterstattung nicht hervorgeht, ob Radowitz in Petersburg über ein engeres Zusammenwirken der beiden Mächte im Orient oder allgemein in Europa gesprochen hat, ist nicht belegbar zu beantworten, ob die Vermutungen, Bismarck habe damals weitgesteckte Ziele verfolgt, zutreffen. Die neuere deutsche Forschung geht davon aus, daß Bismarck durch Radowitz zu erkunden versuchte,

---

90 So hatte das Verhalten von Botschafter von Werther im Juli 1870 und später von Graf Hatzfeldt zu amtsbekannten Beanstandungen geführt.

91 PA, Personalakte Nr. 12.

92 PA, R 13106 Aufzeichnung des Grafen Limburg-Stirum vom 30. Oktober 1880.

93 Norddeutsche Allgemeine Zeitung, zitiert nach Holborn, Bd.1 S. 308.

94 Wiener Montagsrevue vom 8. Februar 1875, zitiert nach Holborn, a.a.O.

inwieweit Rußland mit Deutschland zusammenzuarbeiten bereit sei, und ob es den Bestand des Reiches einschließlich der den Franzosen entwundenen Provinzen zu garantieren willens war, wenn ihm dafür zu Lasten der Donaumonarchie in Südosteuropa Kompensationen angeboten würden[95].

In einer 1925 erschienenen, auf die deutschen Akten gestützten Studie von Hajo Holborn waren solche Schlüsse nicht gezogen worden[96]. Erst nach dem Zweiten Weltkrieg sah die deutsche Forschung es als wahrscheinlich an, daß Radowitz einem der engsten Vertrauten Gortschakows "den Gedanken einer Teilung Südosteuropas über Österreich-Ungarn hinweg in eine russische und eine deutsche Sphäre als Ziel der Politik beider Mächte auf weite Sicht entwickelt" habe[97]:

In den diplomatischen Kreisen von St.Petersburg wurde seinerzeit gleich vermutet, daß mit der Mission Radowitz "ein besonderer politischer Zweck verbunden" sei[98]. Ja, die Botschafter argwöhnten, Radowitz sei "gekommen, um eine Allianz oder doch wenigstens die Neutralität Rußlands für die Eventualität eines deutschen Krieges gegen Frankreich zu suchen, und er hätte zu diesem Zweck deutsche Unterstützung für russische Wünsche im Orient angeboten"[99]. Diese Berichte sind später der Presse in Frankreich und England bekannt geworden und hatten Spekulationen über einen Plan Bismarcks zur Folge, sich für den Krieg gegen Frankreich Rußlands Neutralität zu erkaufen. Tatsächlich war leicht erkennbar, daß es die Absicht des Reichskanzlers sein mußte, angesichts der Verschlechterung der deutsch-russischen Beziehungen diese zu verbessern, und deshalb hätten Aufträge für Radowitz den diplomatischen Beobachtern nicht geheimnisvoll erscheinen müssen. Aber man war gewohnt, Bismarck eine hintergründige Politik zu unterstellen und dem Gesandten Radowitz - als dem "vollkommenen Vertrauensmann" des Fürsten - die Mitwirkung an "allen geheimen Plänen"[100].

Die erste Begegnung mit Gortschakow verlief kühl; es zeigte sich, daß man in Petersburger Regierungskreisen von der Entsendung Radowitz' wenig angetan war. Im übrigen nahm der Sondergesandte gleich Gelegenheit, sich dem ironischen Ton zu widersetzen, in dem Gortschakow

---

[95] Hildebrand, Außenpolitik, S. 6; ähnlich Lappenküper, S. 553, 560f.

[96] Holborn, Die europäische Politik zu Beginn der siebziger Jahre, Berlin 1925.

[97] Hillgruber, Deutsche Großmacht und Weltpolitik, S. 45.

[98] Holborn, Bd. 1, S. 308.

[99] Holborn, Bd. 1, S. 309; in dieser Weise haben sowohl die französische wie die englische Botschaft berichtet.

[100] Vgl. Bericht des österreichischen Gesandten in München, Bruck, vom 6. Februar 1875, nach Lappenküper, S. 326.

über Arbeitslast und Gesundheit des deutschen Kanzlers sprach. Die Bestimmtheit und Deutlichkeit, mit der das geschah, hat den russischen Kanzler offenbar beeindruckt[101].

Freundlicher verlief der Antrittsbesuch bei Kaiser Alexander II., nachdem Radowitz auf die Frage nach "speziellen" Aufträgen den "lebhaften Wunsch" der deutschen Seite nach "dem engsten Einverständnis [...] in allen Fragen der auswärtigen Politik" und "einem fortgesetzten Austausch über die gegenseitigen Anschauungen auf dem gesamten Gebiet der politischen Interessen" zum Ausdruck gebracht hatte[102]. Der Zar legte seine Auffassung zu den verschiedenen Themen dar, die damals in den Beziehungen beider Reiche zur Debatte standen. Im Orient, d.h. auf dem Balkan, sei er für "die Beibehaltung des status quo"[103] und ein gemeinsames Auftreten der drei Kaisermächte der Türkei gegenüber. Er sprach sich auch zur montenegrinischen Frage aus, ging aber nicht auf die serbischen und rumänischen Verhältnisse ein. Weiter kam er auf die Gerüchte zu sprechen, die ihm unterstellt hätten, er begünstige polnische Bestrebungen mit antideutscher Spitze; davon sei kein Wort wahr. Was die Auseinandersetzung zwischen Staat und katholischer Kirche anging, nahm er gegen die Ultramontanen Stellung, erklärte aber, daß er "nie [...] etwas gegen die katholische Kirche tun" werde[104]. Der Verlauf der Audienz, wie er im Bericht von Radowitz dargestellt ist, entspricht dem, was man erwarten konnte, da keine besonderen Initiativen oder Vorschläge von deutscher Seite vorgebracht wurden. Sollte Bismarck gedacht haben, durch die Mission Radowitz "zu einer profunderen Zusammenarbeit auf der Basis der Reziprozität und Anerkennung der jeweiligen Interessenlagen"[105] zu kommen, so dürfte das Gespräch mit dem Zaren kaum dazu beigetragen haben.

An den folgenden Tagen erörterte Radowitz im Außenministerium mit Gortschakow und seinen Beamten die Differenzen, die wegen des Streits zwischen dem deutschen und russischen Vertreter in Belgrad um ihren Rang entstanden waren, und die dann - auf deutsches Betreiben - von der türkischen Seite geregelt worden waren, was der russischen Seite nicht gepaßt hatte. Nunmehr versicherte der russische Kanzler Radowitz, daß man die Sache als erledigt ansehe und in einem Runderlaß die russischen Auslandsvertretungen auffordern werde, "ein engeres Einverständnis über die Fragen der äußeren Politik und speziell in Bezug auf die orientali-

---

101 Holborn, Bd. 1, S. 299.

102 Bericht von Radowitz an das Auswärtige Amt, vgl. Holborn, Europäische Politik, S. 78.

103 Holborn, Europäische Politik, S. 79.

104 Lappenküper, S. 322, Baumgart, S. 310.

105 Lappenküper, S. 333.

schen Angelegenheiten" bei ihrem "dienstlichen und persönlichen Verkehr"[106] mit den deutschen Vertretern zu beachten.

Nachdem Radowitz über diese - in seinen Augen günstigen - Ergebnisse nach Berlin berichtet hatte, wurde er mit neuer, weitergehender Weisung versehen, und zwar sollte er die Frage der angeblichen Begünstigung der polnisch-ultramontanen Demonstration gegen Deutschland durch den Zaren erneut anschneiden: jeder Verdacht, deutscherseits habe man derartige Behauptungen für wahr gehalten, müsse endgültig ausgeräumt werden[107].

Eine Weisung erging auch wegen der montenegrinischen Frage. Hier sei das deutsch-russische Einverständnis zu bestätigen, zugleich aber den Russen vorzuhalten, daß die Art und Weise, wie die der russischen Seite zuteil gewordene französische Unterstützung - im Unterschied zu der deutschen - gewürdigt worden sei, befremdet und enttäuscht habe[108]. Dadurch sollten Empfindlichkeit und Ärger des deutschen Kanzlers gegenüber einer Haltung Gortschakows gezeigt werden, die nicht der Deutschland zukommenden gleichrangigen Großmachtstellung und dem Wert der Verbundenheit der beiden Reiche entsprochen habe.

Radowitz wurde auch angewiesen, wegen der Rangstreitigkeit mit dem deutschen diplomatischen Vertreter Rosen in Belgrad erneut die mangelnde Solidarität der russischen Seite hervorzuheben. Offensichtlich war man in Berlin ferner unzufrieden mit dem bisherigen, als zu gering erachteten russischen Entgegenkommen auch bei anderen Streitpunkten. Radowitz sollte ganz allgemein die Verbesserung der Zusammenarbeit fordern, und das rief im russischen Außenministerium Befremden hervor. So war man beispielsweise nicht gewillt, das deutsche Vorgehen bei der belgischen Regierung wegen Maßnahmen zur Ahndung von Vorbereitungen für politische Attentate gegen ausländische Staatsmänner zu unterstützen.

Ein Blick in die russischen Zeitungen belehrte Radowitz darüber, daß die russisch-französische Annäherung Fortschritte machte und zwar nicht ohne Spitze gegen das Reich. In Berlin war man besorgt über neue Maßnahmen zur französischen Aufrüstung und deshalb umso mehr an einer Festigung der Verbindung zu Rußland, ja deren neuer Qualität, interessiert. Radowitz erhielt am 27. Februar 1875 die Weisung, die russische Seite zu bitten, die an die Vertretungen im Orient gerichtete Aufforderung zu enger Zusammenarbeit mit Deutschland auch den russischen Vertre-

---

106 Zitiert nach Lappenküper, S. 336.

107 PA, IABi Rußland 53, R 9877/ 79.

108 Eine Äußerung Bismarcks, Gortschakow sei "zu tief und zu lange im Franzosentum eingewurzelt" (Erlaß an Botschafter von Schweinitz vom 25. Februar 1878, R 12 837), belegt seine Meinung über den russischen Kanzler.

tungen in Westeuropa zukommen zu lassen, um der, wie man meinte, von Gortschakow geförderten "Ausrichtung auf Frankreich" entgegenzuwirken[109].

Radowitz bekam von seinen Gesprächspartnern meist ausweichende Antworten. Die Frage einer weiteren Verbreitung des an die russischen Vertretungen im Orient gerichteten Runderlasses wegen der Zusammenarbeit mit Deutschland wurde als erledigt bezeichnet, weil "sämtliche Gesandtschaften das Schriftstück bereits erhalten" hätten[110]. Nichtssagend waren die Stellungnahmen zu den russisch-französischen Beziehungen, wie aus der Berichterstattung von Radowitz hervorgeht[111]. Ihm wurde gesagt, Rußland betreibe eine Friedenspolitik und strebe nach freundlichen Beziehungen zu allen Staaten, zu Deutschland genau wie zu Frankreich. Ebenso berichteten andere in St.Petersburg akkreditierte Botschafter[112]. Offensichtlich trat man im russischen Außenministerium jeder weiteren Schwächung Frankreichs entgegen.

Ende Februar 1875 war es also zur einer Verbesserung des politischen Klimas zwischen den beiden Ländern nicht gekommen. So brach, als der Aufenthalt Radowitz' zu Ende ging, in Belgrad wieder Streit zwischen dem deutschen und dem russischen Vertreter über ihre Rangfolge aus, was zu erneuter beiderseitiger Verstimmung führte.

Anfang März kehrte Botschafter Prinz Reuß zurück, Radowitz fuhr für einige Tage nach Moskau und war am 21. März 1875 wieder in Berlin. Das Ergebnis seiner Besprechungen war mager und er selber damit unzufrieden. Seiner Frau schrieb er, er "würde ganz gewiß ein zweites Mal eine solche Mission nicht übernehmen"[113].

Die in St.Petersburg sowohl von russischen Kreisen wie im diplomatischen Korps an den Auftritt Radowitz' geknüpfte Erwartung, er werde "mit einer besonderen Mission hervortreten"[114], hatte sich nicht verwirklicht. Umso mehr fragte man sich, was sich hinter seiner Entsendung hätte verbergen können. Im Bericht des dänischen Gesandten klingt das an: "Quant à la mission [...] on se creuse encore la tête - même dans les plus hautes régions du Ministère des affaires étrangères pour en saisir le but"[115].

---

[109] PA, R 9878.

[110] Bericht von Radowitz vom 7. März 1875, PA, R 9878.

[111] A.a.O.

[112] Schreiben von Lord Loftus an Lord Derby vom 17. Februar 1875 - auszugsweise abgedruckt bei Lappenküper, S. 395.

[113] Nach Lappenküper, S. 411.

[114] Schreiben von Botschafter Prinz Reuß an Staatssekretär von Bülow vom 26. März 1875, PA, R 9878.

[115] Bericht vom 17. März 1875 zitiert nach Lappenküper, S. 415.

Als Ergebnis von Recherchen und Spekulationen der, wie üblich, in regem Gedankenaustausch untereinander stehenden Diplomaten in St. Petersburg stand dann bald die Überzeugung fest, daß Bismarck durch Radowitz habe sondieren wollen, ob die Russen im Fall eines deutsch-französischen Krieges neutral bleiben würden, wenn ihnen das Deutsche Reich dafür freie Hand im Orient zusichere[116]. Eine solche Übereinkunft habe man im Außenministerium sofort abgelehnt. Viel spricht dafür, daß der Urheber dieser Nachricht der Abteilungsleiter im russischen Außenministerium Stremukow gewesen ist, mit dem Radowitz im Februar 1875 laufend verhandelt hatte[117]. Es nimmt nicht Wunder, daß die vermuteten Hintergründe der Anwesenheit des deutschen Sondergesandten die Runde machten und in der Berichterstattung aus Petersburg ihren Niederschlag fanden, denn Bismarcks Politik hatte ja oft genug Überraschungen geboten. Auch galt damals dem deutschen Kanzler ein weit verbreitetes Mißtrauen, ihm wurden hintergründige Absichten, ja dunkle Machenschaften unterstellt. Die Berichte der in Petersburg akkreditierten Diplomaten stimmen insoweit überein, beginnend mit Frankreichs Geschäftsträger Faverney vom 25. März 1875[118] und dem Botschafter Le Flô, nach dessen Rückkehr vom Urlaub vom 21. April 1875[119], gefolgt vom österreichischen Botschafter von Langenau vom 28. April 1875[120], dem württembergischen Gesandten von Maucler vom 29. April 1875[121], dem dänischen Gesandten Quaade vom 14. Mai 1875[122], dem englischen Botschafter Lord Loftus vom 26. Mai 1875[123], dem italienischen Botschafter Barbolani vom 12. Juni 1875[124].

Die Nachrichten aus Petersburg über die Mission Radowitz gelangten alsbald nach Berlin und veranlaßten dortige Diplomaten zu Stellungnahmen, beispielsweise den österreichischen Botschafter Graf Karolyi am 17. April 1875[125] und den englischen, Lord Odo Russel, am 5. Juni 1875[126].

---

116 Lappenküper, S. 425ff.

117 A.a.O., S. 439; Kastl, S. 59: Von Gortschakow angeordnet.

118 Lappenküper, S. 427.

119 A.a.O., S. 428, 430: Holborn, Europäische Politik, S. 7, meint dazu: "Was helfen die Erzählungen des französischen Botschafters über die einen Monat vor seiner Rückkehr nach St. Petersburg erfolgten Ereignisse, wenn die gleichzeitigen deutschen und russischen Akten nicht bekannt waren?".

120 Lappenküper,, S. 432.

121 A.a.O., S. 431.

122 A.a.O., S. 435.

123 A.a.O., S. 437.

124 A.a.O., S. 439.

125 A.a.O., S. 433.

126 A.a.O., S. 438.

Mehr als ein Jahrzehnt später erfuhr die Öffentlichkeit von all dem durch die Pariser Zeitung "Figaro" vom 21. Mai 1887. Der frühere Botschafter Le Flô veröffentlichte seine Berichte und erzählte, wie Radowitz nach Petersburg gekommen sei, um die russische Neutralität für einen Überfall auf Frankreich zu erreichen und um, wie der Botschafter es nannte, "die Unterschrift für das Todesurteil" Frankreichs einzuholen. Die "Enthüllungen" über das beabsichtigte "Geschäft" mit der "freien Hand" Rußlands im Orient gegen eine solche deutsche in Westeuropa gingen dann durch die internationale Presse; in der Norddeutschen Allgemeinen Zeitung vom 1. und 3. Juni 1887 wurde sie als unwahr dargestellt[127].

Weder in den Akten des Auswärtigen Amts noch in den Memoiren von Radowitz finden sich Anhaltspunkte dafür, daß ein Angebot der "freien Hand" im Orient gegen eine Unterstützung Deutschlands gegenüber Frankreich der wesentliche Teil der Petersburger Mission im Februar 1875 gewesen ist. Auch Bismarck hat das immer wieder bestritten[128]. Statt dessen stand aber die wechselseitige allgemeine Unterstützung oder billigende Hinnahme russischer und deutscher Anliegen seit langem auf der Tagesordnung. Das den Russen vorzuhalten und festzustellen, daß man sich nicht auf deutsche Zugeständnisse beschränken könne, wird Bismarck Radowitz mit auf den Weg gegeben haben. Das wäre aber ebensowenig eine neue Politik gewesen wie Bismarcks Bemühungen, Frankreich zu isolieren und zu schwächen. Sein Wunsch, sich gegen eine Revanche der Franzosen und Koalitionen, die sich gegen das Reich richteten, eine wohlwollende Haltung der Nachbarn, insbesondere Rußlands, zu sichern, lag auf der Hand und war für jeden Beobachter einsichtig[129]. So hat Radowitz sicher mündliche Weisungen in diesem Sinne erhalten und entsprechend den russischen Gesprächspartnern vorgetragen[130]. Ob man deutscherseits allerdings voraussetzen durfte, Rußland werde auf deutsche Unterstützung im Orient angewiesen sein, ist zweifelhaft. Immer wieder von gleichberechtigter Großmachtstellung zu hören, wie sie Bismarck beanspruchte und Radowitz auf dessen Weisung betonte, war Gortschakow nicht angenehm als ein Zeichen des Machtzuwachses der deutschen Nachbarn seit 1871.

Nach allem, was bekannt geworden ist, kann man davon ausgehen, daß Radowitz in mehr oder weniger direkter Form zu einer engeren Zusam-

---

[127] Holborn, Bd.1, S. 310ff. Le Flô wurde vom Quai d'Orsay gerügt, vgl. PA R 2071.

[128] Holborn, Europäische Politik, S. 6.

[129] "Nord" vom 9. Mai 1875 aus "Journal de Paris", vgl. Lappenküper, S. 436.

[130] Dabei dürfte es unerheblich sein, daß er dies in seiner Aufzeichnung vom 26. Mai 1887 bestritten hat.

menarbeit gedrängt hat. Gortschakow und seine Mitarbeiter haben sich aber auf nichts eingelassen. Ohne die russischen Archive zu kennen, wird indessen eine endgültige Beurteilung nicht möglich sein.

Das Aufsehen, das diese Mission erregt hat, ist nicht zuletzt auch darauf zurückzuführen, daß der ehrgeizige Radowitz ihr zunächst "eine zu große Wichtigkeit beigelegt" hat, wie der österreichische Botschafter in Berlin einmal vermutet hat[131].

C.I.3. Krieg in Sicht? 1875 - Krisenbewältigung im Auswärtigen Amt

Am 5. April 1875 erschien in der "Kölnischen Zeitung" unter der Überschrift "Neue Allianzen" in der Form eines "Briefes aus Wien" ein Artikel über das Treffen des österreichischen Kaisers mit dem italienischen König in Venedig. Dabei wurden Überlegungen über ein Zusammengehen der Regierungen katholischer Staaten gegen das im Konflikt mit dem Vatikan stehende Deutsche Reich angestellt und Befürchtungen über das Tempo der französischen Aufrüstung ausgesprochen, die "zur unmittelbaren Vorbereitung des Revanchekrieges" beitrage. Dieser Artikel stammte aus dem Auswärtigen Amt. Pressedezernent Prof. Dr. Aegidi hatte ihn dem Berliner Vertreter der Kölnischen Zeitung, Dr. Heinrich Kruse, am 4. April 1875 mit der Bitte übersandt, ihn "an die Spitze einer Nummer zu stellen, ohne Kommentar", und "wie immer, doch hier zweifach, [...] unbedingte Diskretion" über die Herkunft zu wahren[132].

Der Artikel gab die Stimmung und Einschätzung der politischen Lage wieder, wie sie im Auswärtigen Amt im Frühjahr 1875 gesehen wurde. Bismarck war besorgt über den Verlauf des Kulturkampfes, der im Ausland immer weniger Beifall fand, und befürchtete, daß die Stellung des Reiches davon nicht unberührt bleiben würde. Ihn bedrängte die Befürchtung, die katholischen Mächte könnten sich nach der Versöhnung Österreichs mit Italien im März 1875 beim Besuch Kaiser Franz Josefs in Venedig mit dem Papst in einer Koalition zusammenfinden und ein ohnehin isoliertes Deutschland "einkreisen"[133].

---

[131] Bericht vom 17. April 1875, Lappenküper, S. 433. Zu dieser Folgerung gelangt auch Pflanze, Bd. 2, S. 265.

[132] Das Schreiben Aegidis wurde von Paul Wentzcke im Nachlaß Kruses gefunden, in der "Kölnischen Zeitung" vom 27. und 28. Oktober 1922 veröffentlicht, später in Wentzckes Sammlung "Deutscher Liberalismus im Zeitalter Bismarcks", Leipzig 1926, aufgenommen; vgl. auch "Vorwärts" vom 24. Juli 1928 und Eyck, Bd. 3, S. 160.

[133] Lappenküper, S. 444ff. Vgl. auch Scholtyseck, S. 64, 207.

Anfang April gab es im Auswärtigen Amt mancherlei Beunruhigungen, einmal im deutsch-italienischen Verhältnis, nach dem abgesagten Italien-Besuch Wilhelms I., zum anderen über die unerfreulichen Auseinandersetzungen mit der belgischen Regierung wegen der verlangten Strafverfolgung eines Belgiers, der ein Attentat auf den deutschen Kanzler geplant hatte. Es kam hinzu, daß Frankreich seit dem Frankfurter Frieden seine Armee schnell aufrüstete, was wiederholt deutsche Reaktionen auslöste und dazu führte, daß die Militärausgaben des Reichs - bei ungünstiger Wirtschaftslage - auf einem hohen Stand zu halten waren. Am 12. März 1875 hatte das französische Parlament im Rahmen der Heeresreform das "Kader-Gesetz" beschlossen, durch das für jedes Regiment ein viertes Bataillon aufgestellt wurde, allerdings nur als Rahmen - mit Stammpersonal - für den Mobilmachungsfall. Die Friedenspräsens erhöhte sich dadurch nicht. In Kreisen des deutschen Generalstabs meinte man aber, eine Verstärkung des Heeres um 144.000 Mann annehmen und in dieser Rüstungsmaßnahme, wie schon bei voraufgegangenen, eine Vorbereitung auf baldige kriegerische Auseinandersetzungen erkennen zu müssen[134].

Diese Meinung wurde im Auswärtigen Amt geteilt, obwohl hier anders lautende Berichte der Botschaft Paris vorlagen. So gab es eine Äußerung des Militärattachés vom 1. März 1875 kurz vor der Verabschiedung des Gesetzes, wonach "für den Augenblick bedrohliche Kriegsabsichten" nicht zu erkennen seien[135]. Auch der Botschafter war in seinem Bericht vom 2. März der Ansicht, daß keine "Anzeichen beständen, aus welchen auf die Absicht der französischen Regierung geschlossen werden könnte, in nächster Zeit Krieg zu beginnen"[136].

Am 8. April 1875 wurde das Kader-Gesetz durch die Berliner Tageszeitung "Post" unter der Überschrift "Ist der Krieg in Sicht ?"[137] in Verbindung mit einer sich anbahnenden "Tripel-Allianz unter päpstlicher Ägide" und der unmittelbaren Vorbereitung des Revanche-Krieges gebracht. Wenn "der politische Horizont" sich auch "mit dunklem Gewölk bezogen" habe, hieß es dort abschließend, so sei doch nicht auszuschließen, "daß die Wolke sich zerstreut". Dieser Artikel fand große Beachtung, gerade im Ausland. Man sah darin nicht nur den Ausdruck einer

---

134 Herzfeld, Kriegsgefahr, S. 24.

135 PA, R 6474.

136 PA, R 6474. Ein Bericht des Militärattachés mit der Nr. 83 von Mitte März 1875, der im Bericht des Militärattachés vom 11. April 1875 erwähnt wird, war nicht aufzufinden. Es besteht aber kein Anlaß anzunehmen, daß darin von einer Kriegsgefahr die Rede gewesen ist, vgl. GP Bd. 1, Nr. 159.

137 Diese Überschrift war nicht so ungewöhnlich, wie es zunächst scheinen mag, denn schon in der "Norddeutschen Allgemeinen Zeitung" vom 16. Januar 1874 hieß es: "Vor einigen Tagen war zu Paris Krieg in der Luft".

in der deutschen Öffentlichkeit herrschenden aggressiven Stimmung, sondern glaubte, "die Meinung der an der Spitze der Regierung stehenden Personen" zu erkennen, wie die "Petersburger Zeitung" vom 16. April 1875 schrieb[138].

Während in den genannten Artikeln von einem Präventivschlag gegen Frankreich nicht einmal andeutungsweise die Rede war, behauptete die französische, englische und russische Presse, in Berlin habe man einen Vorwand gefunden, um Frankreich mit Krieg zu überziehen, obwohl die französische Seite sich für zu schwach halte, um Deutschland anzugreifen.

Solche Reaktion hatte man im Auswärtigen Amt offenbar nicht erwartet. Man war sich des im Ausland verbreiteten Unbehagens über das neue starke Deutschland ebenso wenig bewußt wie mit dem Argwohn vertraut, den weite Kreise gegenüber der für schwer durchschaubar gehaltenen Politik des Reichskanzlers hegten. Weder Bismarck noch Staatssekretär von Bülow, denen Artikel wie der von Aegidi für die "Kölnische Zeitung" vorzulegen waren[139], hatten Bedenken gegen eine Veröffentlichung geäußert. Was den Artikel in der "Post" anlangt, so kam er nicht aus dem Auswärtigen Amt. Constantin Rößler, der damals als freier Journalist arbeitete, hat später für sich die alleinige Urheberschaft in Anspruch genommen. Bei seinen engen Verbindungen ins Auswärtige Amt ist es aber möglich, daß er vorher mit dem einen oder anderen darüber gesprochen hat[140]. Der Kanzler ist aber offenbar nicht gefragt worden, und er hat schon in einem Drahterlaß an die Botschaft Paris vom 8. April geäußert, der "Post"-Artikel sei ihm "überraschend gekommen". Der Gesandte von Radowitz bestätigt, er "habe sofort konstatieren können, daß die Kundgebung der Post und der dadurch entstandene Lärm dem Fürsten nicht erwünscht waren"[141]. Immerhin hat Bismarck später erklärt, er habe den Post-Artikel nicht "getadelt", denn er finde, "wenn man das Gefühl hat, daß in einem Lande eine Minderheit zum Kriege treibt, dann soll man recht laut schreien"[142]. Auch Lucius von Ballhausen gegenüber soll er von "einer nützlichen, friedlichen Wirkung" gesprochen haben[143].

---

138 Schon am 13. April hatte die Petersburger "Neue Zeit" den "Post"-Artikel abgedruckt und Deutschland die Schuld an einem zukünftigen Krieg zugewiesen; vgl. PA, R 6373.

139 Vgl. hier S. 177.

140 Holstein meint, dieser Artikel sei nach Angaben von Bucher verfaßt worden, Bd. 1, S. 92.

141 Holborn, Bd. 1, S. 316; Mommsen, W. J., Deutsches Reich, S. 265, hält Bismarcks Wissen für gegeben.

142 Bismarck in der Reichstagsdebatte am 9. Februar 1876: Für die "Post" habe er "niemals einen Artikel schreiben lassen, am wenigsten den, der 'Krieg in Sicht' überschrieben war", S. 1329.

143 Lucius von Ballhausen, S. 152.

Wenn es auch keinen Beleg für die von Stürmer geäußerte Vermutung gibt, Bismarck habe versucht, durch "militante Leitartikel [...] Frankreich unter Druck zu setzen", ist dies nicht ausgeschlossen[144]. Mindestens hat er die Aktion geduldet.

Nach der Verabschiedung des Kader-Gesetzes hatte man sich im Auswärtigen Amt zunächst kaum damit beschäftigt und lediglich die Artikel in der deutschen Presse zur Kenntnis genommen[145]. Erst am 3. April lag dem Kanzler die Ausarbeitung des Obersten im Großen Generalstab Krause vom 18. März 1875 vor, in der auf die Bedrohung des Reiches durch das neuerliche Anwachsen des französischen Militärpotentials hingewiesen wurde[146]. Diese Aufzeichnung gelangte am 8. April ins Auswärtige Amt. Schon am 5. April war aber die Botschaft Paris angewiesen worden, der Militärattaché möge sich "gutachtlich" zu den Auswirkungen des Kader-Gesetzes äußern[147]. Noch bevor dessen Bericht einging, nahm das Auswärtige Amt am 12. April Stellung zu einer Anfrage des Kaisers, ob den Zeitungsartikeln in der "Kölnischen" und der "Post" eine amtlicherseits veranlaßte "Indiskretion" zugrunde läge. "Die Befürchtungen, daß die Auslassungen in den beiden Blättern "Kölnische Zeitung" und "Post" auf amtliche Indiskretionen zurückzuführen sein möchten, glaubt der Reichskanzler nicht hegen zu müssen", hieß es in dem vom Staatssekretär gezeichneten Immediatbericht. Die Beschäftigung der Presse mit diesem Thema wurde auf das "große Aufsehen, welches die neuesten Nachrichten [...] über das cadres Gesetz" erregt hätten, zurückgeführt[148].

Diese Angaben entsprachen nicht den Tatsachen; ob sie vom Staatssekretär aus Unkenntnis oder wider besseres Wissen gemacht wurden, um, wie Scholtyseck meint[149], "den Monarchen zu beruhigen" und über "die ausweglose Situation, in der sich das Auswärtige Amt wähnte", hinwegzutäuschen, bleibt unklar. Jedenfalls hieß es schon am 11. April in der "Norddeutschen Allgemeinen Zeitung" - offenbar vom Auswärtigen Amt "inspiriert" - der "Post"-Artikel enthalte "nach der einen Seite manches Wahre, verbinde damit aber eine sorgenvolle Aussicht von der Gegenwart und Zukunft, der wir widersprechen müssen"[150].

---

144 Stürmer, Bismarck und die preußisch-deutsche Politik, S. 4.

145 "National-Zeitung" vom 19. und 31. März 1875.

146 GP, Bd. 1, Nr. 157. Im "Militärwochenblatt" war bereits am 27. März 1875 über kriegerische Absichten der Franzosen berichtet worden.

147 PA, R 6474.

148 GP, Bd. 1, Nr. 162, 163.

149 Scholtyseck, S. 207.

150 NAZ vom 11. April 1875.

Die "Provinzialkorrespondenz" vom 14. April 1875 stellte klar, daß "die Kriegsbefürchtungen [...] in der wirklichen Lage zur Zeit keine Begründung" fänden und "inzwischen durch Äußerungen von sicher unterrichteter Seite beschwichtigt" worden seien. Auch die "National-Zeitung" schlug einen moderaten Ton an. Daß hierbei amtlicher Einfluß maßgebend war, liegt auf der Hand und zeigt, daß man nunmehr im Auswärtigen Amt den mißlichen Folgen der Artikel in der "Kölnischen" und der "Post" entgegenzuwirken versuchte. Staatssekretär von Bülow versicherte am 15. April dem französischen Botschafter Gontaut-Biron, daß von Deutschland keine Gefahr drohe, und der französische Militärattaché hörte das gleiche vom Kaiser. Eine eindeutige öffentliche Distanzierung von den militanten Zeitungsartikeln unterblieb jedoch.

Nunmehr[151] kam auch durch die Berichterstattung der Botschaft Paris die klare Feststellung, daß durch das Kader-Gesetz keine Verstärkung des friedensmäßigen Mannschafts-Effektivs erfolge. Daß eine "Kriegsbedrohung in größere Nähe gerückt sei [...], vermag ich nicht beizustimmen", meinte der Botschafter abschließend[152]. Schließlich trug ein ergänzender Bericht des Militärattachés vom 28. April 1875 zu weiterer Beruhigung bei, wenngleich Bismarck in einem Randvermerk das nur für die "Gegenwart gelten lassen" wollte, "nicht aber im Hinblick auf zukünftige Auseinandersetzungen"[153]. Im Großen Generalstab neigte man jedoch weiter dazu, das Kader-Gesetz als eine unmittelbare Bedrohung der deutschen Sicherheit anzusehen, obwohl man Schwäche und empfindliche Mängel des französischen Heeres kannte, und Generalfeldmarschall von Moltke sprach gegenüber dem belgischen Gesandten und dem britischen Botschafter von der Möglichkeit eines "Präventivschlags" gegen Frankreich[154]. Diese Äußerungen wurden im Auswärtigen Amt zunächst nicht bekannt und blieben später ohne Widerspruch.

Mit einem von Radowitz entworfenen Erlaß vom 11. April 1875 an die Botschafter in London und St.Petersburg war der Bericht des Obersten Krause übersandt worden mit der Bemerkung, es könne

> keinem Zweifel unterliegen, daß die Vorbereitungen, die die französische Regierung trifft, um ihre Armee baldigst in schlagfertigen Zustand zu versetzen, weit über das Bedürfnis einer friedlichen Politik [...] hinausgehen[155].

---

[151] Am 14. April 1875.

[152] Berichte vom 11. und 19. April 1875, PA, R 6474; GP Bd.1, Nr. 159.

[153] PA, R 6509.

[154] Wittram, S. 23.

[155] PA, R 6474.

In dieser Situation gab es keine Sprachregelungen für die deutschen Botschafter, die für deutliche Distanzierung von den in der Presse aufgebrachten Behauptungen über eine aggressive deutsche Haltung hätten sorgen können und geeignet gewesen wären, die friedlichen Absichten der Reichsleitung herauszustellen. Die Missionschefs in Paris, London und St.Petersburg stellten daher bei ihren Unterredungen mit den Außenministern die deutschen Besorgnisse wegen der französischen Rüstungen stärker heraus als die Haltlosigkeit der Behauptung deutscher Kriegsabsichten. So beispielsweise Graf Münster im Gespräch mit Lord Derby, den er vor allem "auf die ganz übertriebenen Rüstungen der Franzosen" hinwies, die "bei der kaiserlichen Regierung die Befürchtung erwecken mußten, daß von französischer Seite, so unvernünftig dies auch erscheine, an einen Rachekrieg gedacht werde"[156]. Nach einer Mitteilung von Botschafter Odo Russell an Staatssekretär von Bülow am 7. Juni 1875 soll Münster damals noch gesagt haben, "daß Deutschland weder Kriegszweck noch Kriegswunsch habe, daß aber, wenn die Franzosen wirklich losschlagen wollten [...], es de bonne politique sein würde, ihnen zuvorzukommen"[157].

Der Botschafter in St.Petersburg, Prinz Reuß, will zwar "den Vorwurf zurückgewiesen haben, daß wir irgend etwas gegen Frankreich im Schilde führten" und erklärt haben, Deutschland könne nichts unerwünschter sein, als wenn ihm "ein neuer Krieg mit Frankreich aufgezwungen werden sollte". Allerdings fuhr er fort:

> Ich habe aber geglaubt nicht verhehlen zu sollen, daß die deutsche Regierung die Pflicht getan hat, auf der Hut zu sein. Die hastige Manier, mit welcher die Aufrüstung für einen Krieg seitens der französischen Regierung betrieben werde, hätte befremden müssen.

So sei es "nicht zu verwundern, wenn die deutsche Presse diese Umstände zum Gegenstand der Besprechung mache"[158]. Auch Fürst Hohenlohe in Paris, der davon ausging, daß in Frankreich "ein heilsamer Schock" zu verzeichnen sei, hat sich im Quai d'Orsay ähnlich geäußert[159]. Eine die Sprache regelnde Weisung blieb aus[160]. In seinen Erlassen stellte das Auswärtige Amt immer wieder die "erklärliche Erregung der deutschen Öffentlichkeit" heraus und zeigte Verständnis für die Presse. Erst später

---

156 Bericht vom 13. April 1875, GP, Bd. 1, Nr. 165.

157 PA, R 6475, Bl. 77.

158 Bericht vom 16. April 1875, R 6509, Bl. 35.

159 Berichte vom 12. und 23. April und 5. Juni 1875, R 6509.

160 Vgl. Reichsanzeiger vom 24. Mai 1875.

hieß es, Deutschland habe "nicht die geringste Kriegslust und kein Kriegsbedürfnis", - ohne eine Weisung an St.Petersburg, diesen Gesichtspunkt im Außenministerium deutlich hervorzuheben[161].

Fehlte also einerseits eine dezidierte Einwirkung der Zentrale auf die Botschafter, so konnten diese aufgrund von Äußerungen maßgebender Offiziere den Eindruck gewinnen, daß deutscherseits an einen militärischen Einsatz gedacht würde. Fürst Hohenlohe, der sich in den Tagen nach dem "Post"-Artikel in Berlin aufhielt, hörte

> von hochgestellten Militärs [...], darunter dem Kriegsminister von Kameke, die Äußerung [...], daß Frankreich angegriffen werden müßte, ehe es uns angreifen könne, und daß, wenn der Krieg doch schon nicht zu vermeiden sei, es besser wäre, ihn im nächsten Jahr zu beginnen[162].

Eine Stellungnahme des Auswärtigen Amts zu diesen Ausführungen erhielt Hohenlohe nicht.

Ansichten, wie die eben wiedergegebenen, konnte man aber nicht nur aus Kreisen der Armee vernehmen, sie wurden auch im Auswärtigen Amt vertreten, allerdings nicht von dessen Chef. Daß Bismarck die Pressedrohungen zum Auftakt für eine militärische Aktion lanciert hätte, ist von der Historiographie seit jeher verworfen worden[163]. Der Gedanke einer Vernichtung Frankreichs lag Bismarck fern und widersprach den Grundmustern seiner Politik. Als Ziel dürfte er im Frühjahr 1875 eher die internationale Isolierung Frankreichs angesehen haben, um es nicht zu einer katholisch-klerikalen Koalition gegen Deutschland kommen zu lassen. In diesem Zusammenhang konnte es ihm schon recht sein, wenn die französische Aufrüstung und der Revanchismus vor aller Welt bloßgestellt wurden und einmal ausprobiert wurde, "wie groß der Spielraum des Deutschen Reichs bemessen sein würde", wenn etwa die Rücknahme französischer Rüstungsmaßnahmen verlangt würde[164]. Für solche Überlegungen Bismarcks in den ersten Aprilwochen fehlen allerdings Hinweise in den Quellen.

---

[161] Erlaß vom 24. April 1875, PA, R 6509.

[162] Persönliches Schreiben Fürst Hohenlohe an den Reichskanzler vom 23. April 1875, PA, R 6509. Es ist bemerkenswert, daß Hohenlohe bei einer Unterredung mit dem Kanzler offenbar nichts Gegenteiliges hörte.

[163] Wahl, S. 24; Kolb, Weg aus dem Krieg, S. 13.

[164] Hildebrand, System der Aushilfen, S. 112; Mommsen, W.J., Deutsches Reich, S. 264, meint, es habe den Anschein, "als ob Bismarck damals ernstlich erwogen hat, Frankreich durch die Androhung militärischer Maßnahmen zu politischem Wohlverhalten zu zwingen, gegebenenfalls sogar zu einem Präventivkrieg zu schreiten".

Eines scheint indessen festzustehen: Die Anwendung von Gewalt im Vorgriff auf eine zukünftige Entwicklung kam für Bismarck im Frühjahr 1875 nicht in Frage. Bei den deutschen Diplomaten war dieser Vorsatz nicht so fest verankert. Das zeigt die Unterredung, die der Gesandte von Radowitz am 21. April 1875 mit dem französischen Botschafter bei einer Abendeinladung des britischen Botschafters hatte. Gontaut-Biron berichtete noch am gleichen Abend nach Paris, daß Radowitz als der für Frankreich zuständige Dezernent geäußert habe, die Revanchegedanken in Frankreich würden "unvermeidlich eines Tages" zum Krieg mit Deutschland führen und man handele unter diesen Umständen deutscherseits unverantwortlich, ja "unchristlich", würde gewartet, bis Frankreich wieder stark und aufgerüstet sei und Verbündete gefunden habe[165]. Nachdem der französische Außenminister, der Herzog von Decazes, den ausführlichen Bericht vom 24. April am 26. April 1875 erhalten hatte, gab er ihn umgehend an die französischen Missionen weiter und machte das Gespräch mit Radowitz auf diese Weise den europäischen Kabinetten zugänglich[166]. Er dankte seinem Berliner Botschafter mit den Worten: "Ich suche aus ihrem Bericht den besten Nutzen zu ziehen"[167]. In der Tat bot dieser Bericht dem französischem Außenminister eine Gelegenheit, Unterstützung zu finden, vor allem in St.Petersburg und London. Da dort bekannt war, daß Radowitz das besondere Vertrauen des Kanzlers besaß, wurden seine Äußerungen wichtig genommen.

Von all dem merkte man im Auswärtigen Amt nichts, bis Bismarck bei den Vorbereitungen des bevorstehenden Besuchs des Zaren in Berlin, wahrscheinlich am 5. Mai., durch Botschafter Peter Schuwalow auf dessen Reise zu seinem Londoner Posten, davon erfuhr.

Radowitz hat der Darstellung von Gontaut-Biron widersprochen und behauptet, sie sei der Phantasie des - von ihm als "unprofessionell" und "unseriös" sowie als "klerikal" charakterisierten - Botschafters entsprungen[168]. Immerhin hat Radowitz eingeräumt, es sei "unvorsichtig" gewesen, sich "überhaupt mit ihm [Gontaut-Biron] auf eine politische Erörterung einzulassen und darin mehr zu sagen als gewöhnliche Banalitäten"[169]. Dafür, daß Radowitz etwa im Auftrag des Reichskanzlers zu den

---

165 DDF, Bd. 1, No-395.

166 An London, St.Petersburg, Den Haag, Rom, Heiliger Stuhl; Runderlaß vom 29. April 1875, DDF, Bd. 1, Nr. 399. Schon am 29. April ging der Erlaß an die französische Botschaft in St.Petersburg ab, traf dort am 2. Mai ein und bereits am 3. Mai unterrichtete Botschafter Le Flô den russischen Kanzler Gortschakow.

167 Dreux, S. 450.

168 GP, Bd. 1, S.275, Aufzeichnung vom 12. Mai 1875; vgl. auch PA, R 6509.

169 Holborn, Bd. 1, S. 318.

französischen Rüstungen Stellung nehmen sollte, gibt es keine Anhaltspunkte[170].

Gegen Ende April entwickelte sich vor dem Hintergrund des "Krieg-in-Sicht"-Artikels eine politische Krise, verursacht durch das Bekanntwerden der Äußerungen und Überlegungen von Moltke und Radowitz, die angeblich von Bismarck geteilt würden. Die Unruhe erfaßte das Berliner Diplomatische Korps sowie Presse- und Börsenkreise. Daß von dieser Atmosphäre die Berichterstattung der Berliner Botschafter nicht unbeeinflußt blieb, zeigen vor allem Berichte des britischen Botschafters, des sich im Auswärtigen Amt besonders hoher Wertschätzung erfreuenden Odo Russell[171]. Seine Meldungen von einer drohenden kriegerischen Auseinandersetzung mit Frankreich, deutscher "Verteidigungsbereitschaft", einer möglichen Aggression gegenüber Österreich oder Belgien, entsprachen Gerüchten, nicht-autorisierten Äußerungen und wohl auch eigenen Spekulationen[172]. Wie seine Einschätzung der Lage in Berlin war, zeigt die Beurteilung der Politik des Reichskanzlers:

> Bismarck versucht es wieder mit seinen alten Tricks, mit der offiziösen Presse die Deutschen in Alarmbereitschaft zu versetzen, [...] den Kaiser und den Kronprinzen glauben zu machen, daß Frankreich einen Angriff auf Deutschland und Belgien plane [...]. Wenn Bismarck noch einige Jahre länger lebt, sehe ich nicht, wie sich ein weiterer Krieg verhindern läßt[173].

Bei einem späteren Gespräch mit Staatssekretär von Bülow hat Odo Russell versichert, daß er stets von einer friedlichen deutschen Politik ausgegangen sei und so berichtet habe[174]. Nur einmal, nach einer Unterredung mit Graf Moltke, habe es bei ihm "ernstliche Befürchtungen" gegeben[175].

Staatssekretär von Bülow hatte schon früher erklärt, daß er Odo Russell für einen "viel zu guten und wahrheitsliebenden Beobachter halte, um zu glauben, daß er [...] vor die Evidenz unserer friedlichen Politik gestellt

---

[170] Herzfeld, S. 36. Das Gegenteil meint die "Times" 1878, vgl. hier S. 183.

[171] Im Auswärtigen Amt wurde unterstellt, daß er als "unser lieber Freund [...] vortrefflich berichtete", GP, Bd. 1, S.-281.

[172] Berichte vom 10. April und 2. Mai 1875, zitiert nach Newton, Lord Lyons, S. 72f.

[173] Schreiben an Lord Derby vom 20. April 1875, zitiert nach Newton, a.a.O., S. 72ff.

[174] Aufzeichnung des Staatssekretärs über die Unterredung am 9. Juni 1875, PA, R 6509.

[175] Persönliches Schreiben Botschafter Graf Münster an Staatssekretär von Bülow vom 7. Juni 1875, GP, Bd. 1, S.290.

etwas anderes geschrieben haben sollte"[176]. Bismarck hat diese Einschätzung in einer Immediatvorlage vom 13. August 1875 geteilt[177].

Ende April 1875 scheint Radowitz auf den Gedanken gekommen zu sein, daß das Auswärtige Amt versuchen sollte, die deutsch-französischen Beziehungen zu entspannen. Dabei kam ihm ein Bericht vom Botschafter Fürst Hohenlohe zu der Bemerkung von Außenminister Decazes über eine "gemeinsame politische Tätigkeit als Grundlage für dauernde Verständigung"[178] gerade recht. In einem von Radowitz entworfenen und von Bülow gezeichneten Erlaß vom 30. April 1875 wurden die Worte Decazes' "wenn er nur wüßte, was wir zusammen tun könnten" aufgegriffen und die Weisung gegeben, Frankreich ein Programm gemeinsamer Behandlung von Fragen wie der orientalischen, der belgischen und der Italienpolitik vorzuschlagen[179]. Am 5. Mai 1875 besprach Hohenlohe dies mit Decazes und fand offenbar freundliche Aufnahme[180]. Das geschah allerdings zu einer Zeit, als Decazes dabei war, mit den Gontaut-Berichten über die Äußerungen von Radowitz eine gegen Deutschland gerichtete Aktion einzuleiten. So dürfte das von Decazes gegenüber Hohenlohe gezeigte Interesse nicht ernst gewesen sein[181]. Und in der Tat, der französische Außenminister ist nicht mehr darauf zurückgekommen.

Von der Forschung ist dieser Episode keine Bedeutung beigemessen worden, Hillgruber erwähnt sie nicht einmal[182]. Eyck meint, es habe sich dabei um eine "doppelpolige Taktik" Bismarcks gehandelt[183].

Ende April/Anfang Mai 1875 wurden die von französischer Seite übermittelten Nachrichten aus Berlin in den europäischen Hauptstädten analysiert und überlegt, wie die Regierungen sich gegenüber den französischen Befürchtungen eines drohenden deutschen Angriffs verhalten sollten. Dem französischen Außenminister war es dabei in erster Linie um die Einwirkung auf London und St.Petersburg zu tun. Im Zuge dieser Bemühungen gelang es ihm, den Pariser Korrespondenten der "Times", Blowitz, zu einem Artikel zu veranlassen, in dem gefordert wurde, der Zar möge seinen Einfluß in Berlin auf die "Militärpartei" geltend machen,

---

176 Erlaß London vom 14. Mai 1875, PA, R 6509, vgl. Wittram, S. 23.

177 GP, Bd. 1, S. 294.

178 Vom 25. April 1875, GP, Bd. 1, S. 261.

179 GP, Bd. 1, S. 262; daß dies auf Kosten Italiens sein sollte, meint Scholtyseck, S. 364.

180 Bericht Paris vom 5. Mai 1875, GP, Bd. 1, Nr. 172.

181 Scholtyseck, S. 307.

182 Herzfeld, Kriegsgefahr, S. 39; Wahl, S. 96f.

183 Eyck, Bd. 3, S. 179.

"um den Frieden zu wahren"[184]. Unter der Überschrift "A French war scare" erschien dieser Artikel am 6. Mai 1875 und erregte großes Aufsehen, besonders in Berlin, wo man im Auswärtigen Amt "fassungslos" war und durch die Botschaft London Nachforschungen über Ursprung und Motive anstellen ließ[185].

Bei genauerer Betrachtung der "Times" hätte man aber feststellen können, daß vieles von Blowitz' Darstellung einer sich zuspitzenden Entwicklung in einem vom Herausgeber selbst placierten Leitartikel in derselben Ausgabe widerlegt wurde. Demzufolge hielt es die "Times" für "ausgeschlossen", daß man "von einem Staatsmann wie Bismarck ernstlich erwarten könne [...] einen Nachbarn zu vernichten, nur weil er einmal aggressiv werden könnte". Was das "Recht" zur "Wiederherstellung militärischer Stärke" Frankreichs betraf, wurde von "unvorsichtiger Hast" gesprochen.

Noch mehr aufgebracht zeigten sich Bismarck und seine Mitarbeiter über eine Demarche des britischen Botschafters bei Staatssekretär von Bülow am 9. Mai 1875. Odo Russell war beauftragt[186], englische Besorgnisse wegen der krisenhaften Entwicklung der Lage auf dem europäischen Kontinent darzulegen und eine britische Vermittlung anzubieten. Dies erschien Bismarck geradezu "unbegreiflich", war er sich doch bislang des Desinteresses Englands an kontinentaler Politik sicher gewesen[187]. Diese neue Entwicklung war ein Erfolg der Bemühungen des französischen Außenministers und seiner Diplomaten. Während diese Ende April/Anfang Mai überall für den französischen Standpunkt warben, hatte Bismarck weder mit Odo Russell noch mit Gontaut-Biron ein Gespräch gesucht, in dem er von den friedlichen Absichten der Reichsleitung hätte überzeugen und dank seiner Autorität auf sie hätte einwirken können[188].

Vom 10. bis 13. Mai hielten sich der Zar und Staatskanzler Gortschakow in Berlin auf und nahmen die Gelegenheit wahr, mit der deutschen Seite die Lage zu besprechen. Dabei kam es zwischen Bismarck und Gortschakow zu lebhaften Kontroversen über die vermeintlichen deutschen Pläne. Bismarck konnte aber den russischen Kanzler von seinen fried--

---

184 PA, R 6511. Schreiben Hohenlohe an Staatssekretär von Bülow vom 29. März 1876.

185 Vgl. PA, R 6509.

186 Wie auch die übrigen britischen Botschafter in den verschiedenen Hauptstädten, die auffordern sollten, sich an der Demarche zu beteiligen.

187 PA, R 6509.

188 Bismarck hat wohl gemeint, daß dies bei seinem "Freund" Odo Russell nicht notwendig und bei Gontaut-Biron nicht lohnend gewesen wäre.

lichen Absichten überzeugen und davon, daß die Lage sich allgemein entspannt hatte, was ja bereits in der deutschen Presse scinen Niederschlag gefunden hatte.

Zum großen Ärger Bismarcks kam es nach dem Besuch in Berlin zu der sogenannten Gortschakowschen Friedensdepesche. Der russische Kanzler sah sich veranlaßt - wohl aus Eitelkeit - ein "Circular-Telegramm" an alle russischen Auslandsvertretungen zur Unterrichtung über die Berliner Gespräche zu richten. Darin hieß es: "L'empereur quitte Berlin parfaîtement convaincu des dispositions conciliantes qui y règnent et qui y assurent le maintien de la paix"[189]. Bismarck, der wohl einen Entwurf dieses Telegramms gesehen hatte, behauptete, darin habe ein Satz gelautet: "Maintenant la paix est assurée." Auf diese Weise hätte der Staatskanzler für die russische Seite in Anspruch genommen, daß sie die Kriegsgefahr gebannt habe und durch "ihr Machtwort der Frieden gesichert" worden wäre, "als ob das vorher nicht der Fall gewesen sei"[190].

Um Beteiligung an einer Friedensdemarche in Berlin hatte die englische Regierung auch Österreich und Italien gebeten. Der österreichische Außenminister Graf Andrassy leistete der britischen Aufforderung nicht Folge, während das italienische Außenministerium den Gesandten dahin instruierte, nach dem Ende des Zarenbesuchs in vorsichtiger Form und ohne Bezugnahme auf die englische Demarche im Auswärtigen Amt die freundschaftlichen Gefühle der italienischen Regierung und ihr Vertrauen in die Friedfertigkeit Deutschlands, an der Italien "nie gezweifelt" habe, auszudrücken[191]. Dieser Auftrag wurde nach dem Bekanntwerden des günstigen Ergebnisses der deutsch-russischen Besprechungen als gegenstandslos angesehen und rückgängig gemacht. Der Widerruf traf aber nicht rechtzeitig ein. Der Gesandte war am 12. Mai 1875 schon auf dem Wege zur Vorsprache bei Staatssekretär von Bülow. Bei dem in freundlicher Atmosphäre verlaufenden Gespräch erfuhr dann das Auswärtige Amt zum ersten Mal, daß die englische Regierung versucht hatte, Italien und Österreich an der Friedensinitiative zu beteiligen. Der Gesandte de Launay konnte der deutschen Seite klarmachen, daß dies nicht gelungen sei, ohne daß er dabei die Engländer brüskierte.

Im Verlauf des Monats Mai legte sich die Aufregung über "Krieg-in-Sicht" sowie den "Pressekrieg" zwischen den deutschen und französischen Zeitungen, und das Auswärtige Amt sah sich veranlaßt, im

---

[189] Text in PA, R 6509, Bl. 227 und R 6510, Bl. 146.

[190] Bismarck, Erinnerung und Gedanke, Werke in Auswahl, Bd. 8, Darmstadt, 1975, S. 426. Bismarck hat den endgültigen Text des Telegramms zuerst durch Bericht der Gesandtschaft Karlsruhe vom 14. Mai 1875 erfahren, vgl. PA, R 6509.

[191] Im einzelnen darüber Scholtyseck, S. 348ff.

"Reichs- und Staatsanzeiger" vom 1. Juni 1875 folgende von Bismarck persönlich formulierte Erklärung zu veröffentlichen:

> Daß die Vermehrung der Cadres hier eine gewisse Beunruhigung erzeugt hat, ist richtig. Diese Beunruhigung hat aber nicht im Entferntesten zu kriegerischen Entschließungen oder auch nur Erwägungen in Deutschland geführt und hat bei der Reichsregierung zu keiner Zeit die Absicht bestanden, eine Aufforderung zur Reduktion der Streitkräfte oder auch nur zur Sistierung der Armee-Reorganisation an die französische Regierung zu richten. Es ist zu keiner Zeit auch nur der Gedanke an eine solche oder ähnliche Maßregel zur Erwägung gezogen oder überhaupt erwähnt worden[192].

Am selben Tag erschien eine Meldung des "Wolff'schen Telegraphenbüros"[193], die erneut Empörung und Zorn des Kanzlers und Erregung seiner Mitarbeiter hervorrief. Es handelte sich um einen Bericht über die Sitzung des englischen Oberhauses am 31. Mai 1875, in der Außenminister Lord Derby eine Erklärung über die englische Demarche am 9. Mai 1875 abgegeben hatte. Darin sei von einer "sehr tiefgehenden Beunruhigung über die Beziehungen zwischen Deutschland und Frankreich" die Rede gewesen.

> Persönlichkeiten von höchstem Ansehen in Berlin hätten offen erklärt, daß die französische Armee ein Gegenstand der Gefahr für Deutschland geworden sei [und] hinzugefügt, daß wenn die Absicht zu einem Angriff auf Deutschland bestehe, letzteres sich veranlaßt fühlen könne, zu seiner eigenen Verteidigung den ersten Schlag zu führen. So wenig auch Deutschland den Krieg wünsche [...], könne es notwendig werden, daß Frankreich seine Armee beträchtlich reducieren müsse. Der deutsche Botschafter sprach sich wiederholt in diesem Sinne aus[194].

Der letzte Satz fehlte in dem alsbald eintreffenden Parlamentsbericht der "Times"[195], wonach Derby nur von "Personen in einflußreicher Stellung in Deutschland" gesprochen habe, deren Äußerungen "in anderen Ländern wiederholt wurden".

---

[192] "Reichsanzeiger" vom 1. Juni 1875 Nr. 125; Bismarck benutzt hier "Reichsregierung", die sonst gemiedene Bezeichnung für die Reichsleitung.

[193] Vom 1. Juni 1875, PA, R 6510

[194] Original französisch: "Le langage fut répété par l'ambassadeur allemand".

[195] "Times" vom 1. Juni 1875; PA, R 6510.

Das Auswärtige Amt hat sogleich versucht festzustellen, wie das "Wolff'sche Telegraphenbüro" zu der Auslassung über Botschafter Graf Münster gekommen sei. Lord Derby hatte nämlich die Version der "Times" bestätigt und dem deutschen Botschafter versichert, "er begreife nicht, wie und wo der Zusatz gemacht wurde"[196]. Der Text des "Wollf'-schen Telegraphenbüros" beruhte nach dem Ergebnis der Ermittlungen des Auswärtigen Amts auf der stenographischen Niederschrift eines englischen und eines deutschen Reporters der Agentur Reuters, die beide als zuverlässig bekannt waren. Reuters teilte dem "Wolff'schen Telegraphenbüro" mit, daß Lord Derby "bekanntlich nicht sehr deutlich" spreche und "die betreffende Stelle [...] von den verschiedenen Reportern nicht auf die nämliche Weise aufgefasst" wurde[197]. Bucher hat später gemeint, die Graf Münster betreffende Äußerung sei wahrscheinlich auf Wunsch Lord Derbys für den Times-Bericht gestrichen worden. Ein solches Verfahren sei "gar nicht so selten gewesen"[198].

Man kann also davon ausgehen, daß Lord Derby im Oberhaus Graf Münsters Äußerung erwähnt hat und diese doch im Gespräch mit dem englischen Außenminister am 13. April 1875 gefallen ist[199]. Odo Russell hat Staatssekretär von Bülow später, am 9. Juni 1875, mitgeteilt, daß Lord Derby ihm schon lange gesagt habe, "die Sprache aller deutschen Botschafter sei kriegerisch"[200].

Seine Enttäuschung und Gereiztheit wegen des Verlaufs der Ereignisse im Frühjahr 1875 ließ Bismarck die Presse spüren. Im Mai ordnete er an,

> eine Zeitlang keiner einzigen unserer Zeitungen [...] Mitteilungen über die auswärtige Politik zugehen zu lassen [...] und alle unsere Zeitungen mal vollständig ihrer eigenen Phantasie bezüglich der auswärtigen Politik zu überlassen[201].

Pressereferent Aegidi erhielt einen anderen Posten und verließ nach einiger Zeit das Auswärtige Amt. Daraufhin meldeten die Zeitungen die "Aufhebung" des "Pressebüros" mit Kommentaren wie etwa dem in der "Karlsruher Zeitung" vom 29. Mai 1875: "Die eigentümliche Geschäf-

---

196 Berichte London vom 6. Mai und 12. Juni 1875, R 6510 Bl. 72 und 116.

197 Schreiben "Reuters Telegram Company" an die "Continental Telegraphe Compagnie" vom 7. Juni 1875 und deren Schreiben an das Auswärtige Amt, PA, R 6510.

198 PA, R 6510.

199 Vgl. hier S. 171.

200 PA, R 6510.

201 Schreiben des Grafen Herbert Bismarck an Pressereferent Aegidi vom 22. Mai 1875 und vom 15. Juli 1875, PA, R 27.

tigkeit, welche in neuerer Zeit von manchen Verzweigungen dieses Büros in der Verkündung naher Kriegsgefahren [...] entfaltet worden ist", sei Anlaß für seine Auflösung gewesen.

Der Verlauf der "Krieg-in-Sicht-Krise" ist als eine Warnung oder gar als Niederlage für die Bismarck'sche Diplomatie angesehen und so auch im Auswärtigen Amt empfunden worden[202]. Man hat allerdings als Ursache für die englische und russische Haltung in dieser ersten großen europäischen Krise seit dem deutsch-französischen Krieg weniger das Mißtrauen gegenüber dem in eine "halb-hegemoniale" Stellung einrückenden Deutschland[203] verantwortlich gemacht, als die auf persönlichen Motiven beruhende "Agitation" und das "weitverzweigte Bündel von Intrigen gegen den Kanzler und das Reich"[204]. In Wirklichkeit waren die Flügelmächte entschlossen, gemeinsam einer möglichen Ausschaltung Frankreichs als Großmacht entgegenzutreten. Davon war jeder im Auswärtigen Amt überrascht und wollte es kaum glauben. Man suchte die Ursache der Krise eher im Ehrgeiz und Deutschenhaß von Decazes und Gontaut, in der Eitelkeit Gortschakows, bei den "im Verborgenen wirkenden Klerikalen"[205] sowie der "deutsch-feindlichen" Reuter'schen Nachrichtenagentur.

Daß die Krise aber in Deutschland ausgelöst und angefacht wurde, nicht zuletzt von Beamten des Auswärtigen Amts, wie Aegidi und Radowitz, und daß es Äußerungen Moltkes gewesen sind, die die Spannungen verschärften, denen die ausländischen Diplomaten unterlagen, davon ist bei der Aufarbeitung der Krise, soweit aus den Akten feststellbar, nicht die Rede gewesen.

Die leitenden Beamten haben sich von ihrer Animosität gegen den schnellen Wiederaufstieg Frankreichs nach dem Krieg von 1870/71 beherrschen lassen. In der deutschen Führungsschicht glaubten viele an die Unvermeidbarkeit einer neuen Auseinandersetzung mit Frankreich. Der Gedanke an die "endgültige Abrechnung" mit den Franzosen war weit verbreitet, und die Beamten des Auswärtigen Dienstes bildeten da keine Ausnahme. Radowitz ist nur ein Beispiel dafür. Über Staatssekretär von Bülow und Radowitz soll Bismarck einmal zu Fürst Hohenlohe gesagt haben: "Seien Sie versichert, daß diese beiden zusammen, wenn ich nicht

---

202 Gall, Bismarck, S. 510; Windelband, Bismarck, S. 44; Lappenküper, S. 549; Scholtyseck, S. 345.

203 Dehio, Deutschland und die Weltkriege, S. 15; Hillgruber, Deutsche Großmacht, S. 53.

204 PA, R 6510, 6512.

205 Z.B. dem österreichischen Militärattaché in Petersburg, der als "eifriger Katholik" und "Preußenhasser" für die antideutsche Stimmung verantwortlich gemacht wurde, vgl. Erlaß vom 27. Mai 1875, PA, R 6510.

das Sicherheitsventil wäre, in vier Wochen Krieg herbeiführen würden"[206]. Übrigens ist Kaiser Wilhelm I. einer der wenigen gewesen, der gleich zu Beginn der Krise gemeint hat, das Reich könnte u.U. "als Friedensstörer hingestellt" werden[207].

Entscheidend für den Verlauf der Krise ist aber gewesen, daß es der deutschen Außenpolitik nicht gelang, Regierungen und Öffentlichkeit vom Friedenswillen der Reichsleitung zu überzeugen. Hier hat es insbesondere an der sonst so geschickten und starken Hand des Chefs gefehlt. Scholtyseck sieht das Auswärtige Amt im Frühjahr 1875 "führungs- und direktionslos"[208]. Das Verhalten der deutschen Diplomatie in den entscheidenden Wochen des April und Mai 1875 kann man mit Herzfeld vielleicht treffender als "defensiv und abwartend" bezeichnen. Man hätte im Auswärtigen Amt gut daran getan, der Aufforderung im oben erwähnten "Times"-Artikel von Blowitz nachzukommen: "It is to Germany it belongs to reassure the world by a clear declaration". Insbesondere wäre ein Wort des Reichskanzlers in einem frühen Stadium der Krise am Platze gewesen. Der Verlauf seines Gesprächs mit Odo Russell am 10. Mai 1875 zeigt, wie wichtig das gewesen wäre.

Bismarcks Gesundheitszustand war im Frühjahr 1875 schlecht und deshalb legte er dem Kaiser am 4. Mai ein Rücktrittsgesuch vor, das dieser am 11. Mai ablehnte. Auch hier mag ein Grund für die wenig erfolgreiche Art liegen, wie im Auswärtigen Amt versucht wurde, die Krise zu bewältigen[209].

Noch lange Zeit hat die "Krieg-in-Sicht-Krise" nicht nur das Auswärtige Amt sondern Bismarck persönlich beschäftigt. Drei Jahre später, beim Berliner Kongreß, unterhielt sich Bismarck mit einem der Akteure der Krise, dem Times-Berichterstatter Blowitz, über die Ereignisse im Frühjahr 1875. Nach dessen in der "Times" vom 7. September 1878 veröffentlichten Bericht soll Bismarck 1875 "nicht entfernt" daran gedacht haben, Frankreich mit Krieg zu überziehen, und er habe es "bis heute Gortschakow nicht vergessen, daß dieser ihm das zugetraut habe". Man wisse jetzt, so Blowitz, daß Bismarck damals einen Präventivschlag gegen Frankreich, den die Militärs im Auge gehabt hätten, abgelehnt habe. In diesem Zusammenhang erzähle man sich in Berlin, daß angesichts der Bestrebungen der "Militär-Partei" und um Frankreich auf diese aufmerksam zu machen, Radowitz von Bismarck zu seinen Äußerungen gegen-

---

206 Hohenlohe, Bd. 2, S. 172.

207 GP Bd. 1, Nr. 173.

208 Scholtyseck, S. 283.

209 Herzfeld, Kriegsgefahr, S. 52, 295.

über Botschafter Gontaut-Biron angeregt worden sei[210]. Bismarck hat in einem weitgehend von ihm selbst entworfenen Artikel in der Norddeutschen Allgemeinen Zeitung vom 22. September 1878 erklärt, daß "der größere Teil dessen", was Blowitz gesagt habe, "teils unbegründet, teils entstellt" sei und was er über das Verhalten des Fürsten Gortschakow 1875 andeute, "nicht neu" wäre[211].

Anders lautende Darstellungen hat Bismarck stets bestritten und als Verursacher der krisenhaften Entwicklung Ende April 1875 Gortschakow und Gontaut-Biron bezeichnet. Der russische Kanzler habe alles inszeniert, um sich in seiner Eitelkeit als "Retter Frankreichs" aufspielen zu können. Ein Beweis dafür sei die Formulierung in dem Runderlaß über den Besuch des russischen Kaisers in Berlin.

Die Krieg-in-Sicht-Krise ist für die Geschichtswissenschaft seit hundert Jahren immer wieder Anlaß gewesen zu untersuchen, ob damals tatsächlich eine Kriegsgefahr bestand[212]. Gewisse Äußerungen maßgebender deutscher Persönlichkeiten waren ja dazu geeignet, den Regierungen der Großmächte die Möglichkeit eines deutschen Angriffs auf Frankreich vor Augen zu führen. Für die Diplomaten und ihre Regierungen war es klar, daß eine Entscheidung über Krieg und Frieden von Bismarck abhängen würde. Deshalb kam es darauf an zu wissen, wie man eine Bereitschaft Bismarcks, Krieg gegen Frankreich zu führen, einzuschätzen habe. Das war nicht leicht: zwar hatte Bismarck bisher keinen "Präventivkrieg" geführt und, als ihm dies 1867 nahegelegt wurde, abgelehnt[213]. 1871 und 1873 gab es Äußerungen von ihm, wonach keine Regierung es zulassen dürfe, dem Gegner die Wahl eines ihm "genehmen" Zeitpunkts zum Losschlagen zu überlassen[214]. Erklärungen solchen Inhalts hatte er auch in Paris - durch Botschafter Graf Arnim - und in Berlin gegenüber Gontaut-

---

210 "Journal du Loiset" vom 12. September 1878; "L'Univers" vom 13. und 17. September 1878. Die französischen Zeitungen haben gemeint, aus dem Interview folgern zu können, Bismarck habe die damalige Krise gegen die deutsche Militärpartei zu nutzen versucht. Bei der nachfolgenden Diskussion in der engli-schen, französischen und deutschen Presse wurde aber bald festgestellt, daß dies ein Irrtum war.

211 Das Blowitz-Interview, soweit es das Verhältnis Bismarcks zu Gortschakow betrifft, wird bei Wittram, S. 237, und Herzfeld, S. 5, erwähnt, allerdings ohne die darauf folgenden Pressestimmen.

212 Herzfeld, Die deutsch-französische Kriegsgefahr 1875, aus dem Jahre 1922 gibt immer noch die zuverlässigste Darstellung und Deutung der Ereignisse, obwohl die Abhandlung in der aufgeregten Atmosphäre unmittelbar nach dem Ersten Weltkrieg verfaßt wurde. Überdies: eine spannende Lektüre.

213 Jeismann, S. 64ff.

214 Reichstag, 14. Sitzung, 4. November 1871, S. 122.

Biron abgegeben[215]. Dies waren Drohungen, von denen man allerdings nicht weiß, wie ernst sie gemeint waren. Jedenfalls hatte sich Bismarck im Frühjahr 1875 schon davon getrennt, vorbeugende militärische Aktionen als Möglichkeit in seine Politik einzubeziehen. Für die zeitgenössischen Beobachter blieb das jedoch verborgen, und es war für die fremden Regierungen damals nicht erkennbar, wie sich Bismarck verhalten würde. Das Vertrauen, das Bismarck in späteren Jahren entgegengebracht wurde, war eben noch nicht vorhanden. Immerhin bleibt bemerkenswert, daß die italienische und österreichische Regierung sich der von England angeregten Demarche in Berlin nicht anschlossen, weil sie von den Bismarck unterstellten kriegerischen Absichten nicht überzeugt waren.

Die deutsche Diplomatie ihrerseits hat nicht gleich erkannt, daß im Frühjahr 1875 von Frankreich keine militärische Bedrohung ausging und deshalb Erörterungen über einen Präventivschlag überflüssig waren. Im Auswärtigen Amt und bei der Botschaft London hat man die Stimmung gegenüber Deutschland, wie sie in England herrschte, nicht richtig eingeschätzt. Nach dem Auslandsecho auf die Artikel der "Kölnischen Zeitung" und der "Post", und als erkennbar wurde, daß das Kader-Gesetz keine Heeresvermehrung bedeutete, wäre es richtig gewesen, die deutsche Friedfertigkeit in Berlin und im Ausland herauszustellen. Das hätte dem Reich einen günstigeren Abgang aus der Krise verschaffen können. Nicht erkannte Chancen für die deutsche Politik barg darüber hinaus die Tatsache, daß England und Rußland Deutschlands Existenz nicht in Frage stellten, sondern für den Status quo auch in dieser Hinsicht eintraten.

C.I.4 Der Berliner Kongreß 1878 - Politische Vorarbeiten und technische Grundlagen für ein diplomatisches Meisterstück

Der russisch-türkische Krieg auf dem Balkan und die damit verbundene Verschlechterung der internationalen Lage ließen Ende 1877 den Ruf nach einer Konferenz der Signatarstaaten des Pariser Friedensvertrages zur Regelung der orientalischen Frage immer lauter werden, gerade nachdem eine Initiative des österreichischen Kabinetts im Frühjahr 1878 der russischen Ablehnung anheim gefallen war. Die - nach Beendigung der für Rußland erfolgreichen, aber verlustreichen Kampfhandlungen - verstärkte diplomatische Aktivität zwischen den Großmächten führte zu keinem Ergebnis; im Gegenteil, die Spannungen, namentlich zwischen Rußland und England, verstärkten sich.

---

[215] Jeismann, S. 89.

Für Deutschland dagegen standen im Orient keine Interessen auf dem Spiel. So beliebte Bismarck sich dahin zu äußern, der Balkan sei nicht "die gesunden Knochen eines einzigen pommerschen Musketiers werth"[216].

Während Konferenzorte in Österreich oder England nicht in Frage kamen, wurden Baden-Baden, Dresden und Wiesbaden genannt. Der Reichskanzler stand dem Gedanken einer Konferenz zurückhaltend, eher ablehnend gegenüber[217], da bei einem deutschen Tagungsort ihm das undankbare Amt des Vorsitzenden zufallen würde. Nachdem er schließlich doch am 19. Februar 1878 im Reichstag Deutschlands Bereitschaft, die Rolle eines "ehrlichen Maklers" zu übernehmen, "der das Geschäft zustande bringen will"[218], erklärt hatte, rückte Berlin als Konferenzort immer mehr in den Vordergrund, und im Auswärtigen Amt traten die Überlegungen, wie die Konferenz auszurichten sei, in ein konkretes Stadium, was aus der Aufzeichnung von Staatssekretär von Bülow vom 9. März 1878 hervorgeht[219].

Inzwischen waren nun die Bestimmungen des Vorfriedens von San Stefano bekannt geworden, und die Spannungen zwischen den an der orientalischen Frage unmittelbar beteiligten Großmächten verschärften sich weiter. Als sich die Lage im März 1878 so zuspitzte, daß die englische Flotte ins Marmarameer einlief und das Zusammentreten einer Konferenz gefährdet erschien, entschloß sich Bismarck - entgegen seiner ursprünglichen Absicht, politische Einflußnahmen zu vermeiden - vermittelnd dabei mitzuwirken, daß die russischen Truppen und die britische Flotteneinheit, die sich bei Konstantinopel gegenüber lagen, vor dem Konferenzbeginn abgezogen würden.

Eine englisch-russische Verständigung darüber kam nach langem Hin und Her im Mai 1878 zustande. Die akute Kriegsgefahr war abgewendet.

Bismarck war daran interessiert, die Streitpunkte möglichst vor Beginn der Konferenz auszuräumen, um den zügigen Verlauf der Verhandlungen zu gewährleisten. Bei alledem legte der Kanzler aber größten Wert darauf, den Eindruck zu vermeiden, er gebe dem einen oder dem anderen Standpunkt den Vorzug. Das war wegen des von Rußland ausgeübten Drucks nicht einfach. So kam für ihn beispielsweise die Unterstützung einer russisch-englischen Verständigung zu Lasten Österreichs nicht in Frage.

---

216 Kohl, Die politischen Reden Bismarcks, Bd. 6, S. 641.

217 Bußmann, Ära Bismarck, S. 137.

218 Deutscher Reichstag, 1878, Bd. I, S. 114f.

219 PA, R 12 851.

Mit der grundsätzlichen Einigung über den Abzug von russischen Truppen und der englischen Flotteneinheit vor Konstantinopel[220] konnte nun die Bereinigung anderer Differenzen in Angriff genommen werden. In Wien und London wurde mit den Russen intensiv über eine Revision des Friedens von San Stefano verhandelt. Unterdessen begann man, im Auswärtigen Amt die Organisation des Kongresses vorzubereiten. Internationale Konferenzen waren in Berlin noch nicht abgehalten worden. Anders als in Paris, London oder Wien gab es keine Tradition für die Ausrichtung solcher Veranstaltungen. Es wurde also mit größter Umsicht und Sorgfalt vorgegangen. Zunächst entschied man über die Zusammensetzung der deutschen Delegation und des Konferenz-Sekretariats. Neben dem Reichskanzler sollten der Staatssekretär und Botschafter Fürst Hohenlohe[221] an den Verhandlungen teilnehmen und der Gesandte von Radowitz das Sekretariat leiten, unterstützt durch die Vortragenden Räte Bucher und Dr. Busch, den Legationsrat von Holstein und die Legationssekretäre Bernhard von Bülow und Graf Herbert von Bismarck.

Mit Radowitz wählte Bismarck den für die orientalische Frage zuständigen Referenten, der neben dem Fachwissen auch Organisationstalent und Tatkraft besaß. Er sollte die vorbereitenden politischen Arbeiten für die Leitung der Sitzungen wahrnehmen und später Protokoll führen. Ihm zur Seite stand der frühere Dragoman an der deutschen Botschaft in Konstantinopel, Dr. Clemens-August Busch, der in den diplomatischen Dienst übernommen und gerade zum Wirklichen Geheimen Legationsrat befördert worden war. Holstein wurde mit der Betreuung der Presse beauftragt und der Bearbeitung der zahlreichen Denkschriften, Eingaben und Bittschriften der Bevölkerung, in denen man sich aus den von der Neuordnung betroffenen Gebieten, aber auch aus Armenien, Palästina und Polen, an den Vorsitzenden des Kongresses richtete. Herbert Bismarck machte sich nützlich als Verfasser einer Aufzeichnung über das neu zu gründende Fürstentum Bulgarien, in der aus Handbüchern, Literatur, diplomatischen Berichten, Unterlagen der im Dezember 1876 vorangegangenen Balkan-Konferenz in Konstantinopel das Wesentliche über Gebiet, Bevölkerung, Wirtschaft und Geschichte dieses Landes zusammengetragen war. Von ihm stammt auch eine Ausarbeitung zur Frage der Teilnahme Griechenlands an der Konferenz unter Berücksichtigung des Verfahrens auf der Londoner Pontus-Konferenz 1871[222]. Außerdem hielt Herbert von Bismarck die Verbindung von Friedrichsruh zum Auswärti-

---

220 Tatsächlich ist der beiderseitige Abzug erst nach Beendigung des Kongresses erfolgt.

221 Hohenlohe wurde von Bismarck ausgewählt mit "Rücksicht" auf die bayerische Regierung und König Ludwig II., vgl. PA, R 128.

222 PA, R 12 852.

gen Amt, als der Kanzler an Gürtelrose erkrankte. Die Legationssekretäre von Bülow und Graf Rantzau hatten protokollarische Aufgaben.

Für die Abfassung der Sitzungsprotokolle hatte sich Radowitz den ersten Sekretär der französischen Botschaft in Berlin, Graf de Moüy, gesichert, da Französisch als Verhandlungssprache vorgesehen war. Die Kanzleidienste sollte Hofrat Bölsing leiten, wobei der geheime Registrator Arnold für die Registratur und Hofrat Willisch mit drei Chiffreuren für Schreib-, Chiffrier- und Telegrammdienste zur Verfügung standen. Schließlich kamen noch fünf Kanzlei-Diener hinzu.

Als die Abhaltung einer Orient-Konferenz in Deutschland immer mehr Gestalt annahm und sich abzeichnete, welche Aufgaben auf das Auswärtige Amt zukommen würden, stellte sich die Politische Abteilung ganz in den Dienst der Vorbereitung eines möglichst reibungslosen Ablaufs der Verhandlungen. Die Berichterstattung der Botschaften wurde auf die Entwicklung der orientalischen Frage ausgerichtet. Der kontinuierliche schriftliche und telegraphische Dialog zwischen Zentrale und Auslandsvertretungen in der Zeit von 1877-78 füllt sieben Aktenbände mit jeweils 200-350 Blatt[223]. In Berlin kannte man alle Wendungen und Verwicklungen der Krise und konnte nicht nur die politische Entwicklung und ihre Hintergründe zutreffend einschätzen, sondern auch die Fragen über Ort und Zeitpunkt der Tagung, über den Vorsitzenden, die Festlegung des Umfangs einer Überprüfung des Vertrags von San Stefano, die Wirkung von Mehrheitsbeschlüssen, die Teilnahme anderer Länder als der Signatarstaaten des Pariser Friedens richtig beurteilen. Die Konferenz sollte den Namen "Berliner Kongress" tragen, weil die Regierungschefs als Delegationsleiter auftreten würden[224].

Am 30. Mai 1878 kam es zu einer Einigung zwischen England und Rußland über die strittigen Bestimmungen des Vorfriedens:

Lord Salisbury und Graf Schuwalow unterzeichneten ein entsprechendes Memorandum. Kurz darauf wurde das Einverständnis der Großmächte für den Wortlaut der Einladung zum Kongreß erzielt. Diese sollte durch die deutschen Botschafter mit folgendem Wortlaut ergehen:

> En conformité avec l'initiative prise par le cabinet Austro-Hongrois le gouvernement de Sa Majesté l'Empereur d'Allemagne a l'honneur de proposer aux puissances signataires des traités de 1856 et de 1871 de vouloir bien se réunir en congrès à Berlin pour y discuter les stipulations du traité de San Stefano [...] Le gouvernement de Sa Majesté

---

[223] PA, R 12851-12857.

[224] Die in Berlin akkreditierten Botschafter hatten auf ihren Vorrang als Vertreter des Staatsoberhaupts verzichtet.

en faisant cette invitation [...] entend qu'en l'acceptant le gouvernement N.N. consent à admettre et à participer à la libre discussion de la totalité du contenu du traité de San Stefano[225].

Am 13. Juni 1878 versammelten sich die Delegationen im großen Saal des Reichskanzlerpalais: die Regierungschefs der beiden Hauptkontrahenten, Disraeli und Gortschakow, obwohl ihr Kommen wegen Krankheit und Alter immer wieder in Frage gestellt gewesen war, der österreichische Minister des Äußeren und des kaiserlichen Hofs, Graf Andrassy, die Außenminister von Frankreich und Italien und ein die Funktion des Außenministers wahrnehmender türkischer Minister. Fürst Bismarck als deutscher Delegationsleiter, für einige Tage mit Vollbart[226], wurde zum Vorsitzenden gewählt und erreichte, daß man schon am nächsten Tag mit der Beratung des wichtigsten Punktes, der Grenzen des neuen Bulgarien begonnen werden sollte. Die Arbeit ging unter Bismarcks straffer Leitung und wiederholter Drohung, aus gesundheitlichen Gründen den Vorsitz niederzulegen[227], zügig voran, wobei die Entscheidungen des Plenums durch die Arbeit von Ausschüssen vorbereitet wurden, in denen auch das Sekretariat eine wirkungsvolle Arbeit leistete. Bismarck war bei jeder Plenarsitzung zugegen, griff häufig in deren Ablauf ein und steuerte den Fortgang der Beratungen dank seiner Sachkunde, Sprachkenntnisse, Energie und Autorität. Der staatsmännischen Leistung des Kanzlers bei der Verhandlungsführung des Kongresses stand die des Sekretariats in organsatorisch-technischer Hinsicht nicht nach. Die von Bismarck angestrebte Begrenzung der Dauer des Kongresses auf vier Wochen konnte dank der Arbeit in den Ausschüssen sowie der Umsicht und des Fleißes von Radowitz und seinen Mitarbeitern verwirklicht werden.

Schon der äußere Rahmen des Kongresses fand allgemeine Zustimmung. Im Palais Radziwill, dessen Herrichtung als Amtssitz des Reichskanzlers gerade fertig geworden war, hatte Radowitz für die Sitzung den großen Saal - mit Blick auf den Garten - vorgesehen und einen Tisch in Hufeisenform anfertigen lassen und für 1.343,- M gemietet. Hier fanden die sieben Delegationen und die protokollierenden Beamten des Sekretariats Platz. Nebenan standen je ein Raum als Speisezimmer, Vorzimmer, Sekretariat und für Besprechungen der Ausschüsse zur Verfügung. Großen Anklang fand ein Buffet, das von der Delikatessen- und Weingroßhandlung des Hoflieferanten F.W. Borchardt in der Französi-

---

225 PA, R 12 857; der Text der Einladung ist bei Geiss, Berliner Kongreß, nicht abgedruckt.

226 Der während der Krankheit gewachsen war; vgl. "Berliner Tageblatt" vom 23. Juni 1878.

227 Pflanze, Bd. 2, S. 438.

schen Straße hergerichtet wurde und an dem man sich in den Verhandlungspausen bedienen lassen konnte[228]. Die Kosten dafür betrugen 10.000,- M.

Protokollarische Fragen wie Sitzordnung oder der Vorrang des Delegationschefs vor den in Berlin akreditierten Botschaftern waren bei Beginn der Sitzungen ebenso schnell geregelt wie die Geschäftsordnung oder die Wahl des Präsidiums. Schon bei der zweiten Sitzung begannen auf deutschen Vorschlag hin die Verhandlungen in der Sache.

Das feierliche Abendessen, das Kronprinz Friedrich Wilhelm anstelle des bei einem Attentat verletzten Kaisers zum Kongreßbeginn am 14. Juni 1878 im Weißen Saal des Schlosses gab, verlief zufriedenstellend, obwohl das Auswärtige Amt versäumt hatte, für den Gastgeber eine Tischrede vorzubereiten. Im letzten Augenblick entwarf Radowitz einen Toast, der durch Bismarck bei Tisch gebilligt, vom Kronprinzen ausgebracht wurde[229].

Reibungslos verlief die Erstellung der Sitzungsprotokolle, Radowitz und Moüy schrieben auf Französisch während der Verhandlungen mit, Bucher auf Englisch[230], und nach den Sitzungen arbeiteten sie nach ihren Notizen einen ersten Entwurf aus, wobei "Spitzen oder persönliche Ausfälle" weggelassen sowie Ergänzungen vorgenommen wurden, so daß das Geschehen im Plenum nicht immer ganz genau, d.h. wortgetreu, wiedergegeben wurde[231]. Oft besprach Radowitz den Entwurf abends mit dem Reichskanzler, die endgültige Fassung war meist erst in den frühen Morgenstunden fertig. Dann wurde ein erster Druck hergestellt und vormittags von Radowitz und Busch redaktionell überarbeitet. Der neue Druckabzug wurde an die Delegationen verteilt, um etwaige Änderungen zu berücksichtigen. Nach Rückgabe der Entwürfe und Herstellung des endgültigen Textes erfolgte der Druck in 250 Exemplaren, die den Delegationen ausgehändigt wurden. In der darauf folgenden Sitzung wurde dann das Protokoll vom Plenum - anstandslos - gebilligt. Die Schnelligkeit und Zuverlässigkeit, mit der die Protokolle geliefert wurden, erhielt von allen Seiten Lob.

Da die Verhandlungen des Kongresses nach der Geschäftsordnung geheim bleiben sollten und vom Sekretariat im Kongreßbüro und bei der Druckerei für strenge Einhaltung dieser Bestimmung gesorgt wurde, war nicht klar, wie die Presse es fertig brachte, täglich über den Verlauf der

---

228 Die Firma betrieb auch ein Restaurant, in dem Beamte der Wilhelmstraße häufig zu Gast waren.

229 PA, R 12 859; Gundermann, S. 84.

230 Disraeli sprach nur Englisch.

231 Radowitz, Bd. 2, S. 48.

Verhandlungen zu berichten. Wie etwa aus dem "Berliner Tageblatt" ersichtlich, waren die Berichte im großen und ganzen zutreffend. Das gilt auch für die ausländischen Zeitungen, die, wie z.B. die "Times", durch Sonderkorrespondenten vertreten waren. Die "Illustrated London News" brachte Bild-Dokumentationen und Reportagen aus Berlin[232].

Da auf dem Kongreß angestrengt gearbeitet wurde, traten gesellschaftliche Veranstaltungen, also die Abendessen, die vom Reichskanzler und den anderen Delegationen gegeben wurden, in den Hintergrund. Neben den von jeder Delegation gegebenen Diners war es das Musikfest für die ausländischen Gäste im Zoologischen Garten, das die größte Aufmerksamkeit erregte. 25.000 Berliner sollen die Gelegenheit genutzt haben, die fremden Staatsmänner sehen zu können.

Das festliche Galadiner, das der Kronprinz nach Beendigung des Kongresses gab, war für 170 Personen ausgerichtet, und auf Wunsch des Auswärtigen Amts hatte man dazu u.a. auch griechische, serbische, montenegrinische Konferenzbesucher und - etwas ungewöhnlich - die französischen Chiffrierbeamten eingeladen. In der von Radowitz vorbereiteten Tischrede hieß es u.a.: "Die Hoffnungen [...] wurden auf das glücklichste verwirklicht: Das von Europa so sehr ersehnte Friedenswerk hat soeben Ihre Anstrengung gekrönt"[233].

Die Berliner Polizei sorgte für die Sicherheit der in den Botschaften oder im Hotel untergebrachten Gäste. Solche Maßnahmen erschienen angesichts der Attentate auf Wilhelm I. nötig, aber auch wegen sonstiger Kriminalität. So sah sich Graf Andrassy beim Ausritt im Tiergarten einem Angriff von "Strolchen" ausgesetzt[234].

Die am 13. Juli 1878 unterzeichnete Kongreßakte, mit der die Frage der Grenzen Bulgariens, Ostrumeliens, Rumäniens, Serbiens, Montenegros und der christlichen Provinzen der Türkei in Europa, aber auch in Asien (Batum, Kars), die Donauschiffahrt und anderes mehr geregelt wurde, fand in der deutschen Öffentlichkeit eher kühle Aufnahme, da "keine endgültige Neuordnung der staatlichen Verhältnisse in jenen Gegenden" getroffen worden sei[235]. Man habe "geleimt und geflickt, aber die Gelegenheit, sich die Hände zu einem dauernden und vertrauensvollen Friedenswerke zu reichen [...] versäumt"[236].

---

[232] Vgl. die Zeichnung "A glass of Congress-Sherry" in der Ausgabe vom 6. Juli 1878. Bei Gundermann, S. 41, wiedergegeben.

[233] Berliner Tageblatt vom 14. Juli 1878.

[234] Berliner Tageblatt vom 23. Juli 1878.

[235] Berliner Tageblatt vom 13. Juli 1878.

[236] Berliner Tageblatt vom 14. Juli 1878.

Das Ansehen des Deutschen Reichs in Europa war gleichwohl gewachsen. Die der deutschen Seite gezollte Anerkennung des Auslands unmittelbar nach Beendigung des Kongresses für die Verhandlungsführung war allgemein. So dankte auch der russische Kaiser dem Reichskanzler für die "Unterstützung, dank der der Abbruch der Verhandlungen und Krieg ausgeblieben seien"[237]. Diese Bemerkung war treffend, denn für Bismarck ging es weniger um eine angemessene Neuordnung der Länder auf dem Balkan als um einen für die Großmächte tragbaren Ausgleich ihrer Interessen. Ungünstige politische Auswirkungen stellten sich erst später heraus. Deutschland hatte sich als eine für die politische Ordnung in Europa entscheidende Macht etabliert.

Zahlreiche Geldgeschenke der fremden Delegationen an die Kanzleidiener des Auswärtigen Amts, das militärische Wachpersonal und die Drukkerei sowie Ordensauszeichnungen für die Beamten des Sekretariats waren Ausdruck der Wertschätzung für die vom Auswärtigen Amt geleistete Arbeit. Die aufgewendeten Kosten beliefen sich auf 43.000,- M, einschließlich der Bewirtung am Buffet.

Das im Auftrag des Berliner Magistrats von Anton von Werner nach persönlicher Anschauung und Photographien gemalte große "Kongreßbild" ist durch viele Reproduktionen bekannt geworden. In den Wirren des Zweiten Weltkriegs war es zeitweilig abhanden gekommen, befindet sich aber heute, nachdem es die russischen Truppen in die Sowjetunion gebracht hatten, wieder in Berlin.

C.I.5. Lothar Bucher - Ein früherer Revolutionär im Auswärtigen Amt

Ein Beispiel für die Vorurteilslosigkeit Bismarcks bei der Auswahl des Personals ist die Berufung von Lothar Bucher in das Auswärtige Amt, der nach der Revolution von 1848 zur Steuerverweigerung aufgerufen hatte und wegen versuchten Aufruhrs zu Festungshaft und Verlust seines Amts als Obergerichtsassessor verurteilt worden war. Nach der Flucht aus Preußen und zehnjährigem Aufenthalt in London, wo er sich als Journalist einen Namen gemacht hatte, kehrte Bucher 1863 nach Berlin zurück und kam dann mehr schlecht als recht beim "Wolff'schen Telegraphenbüro" unter.

Bismarck hatte Bucher als Abgeordneten der Linken in der preußischen Nationalversammlung und des Landtags in den Jahren 1848/49 kennen und später dessen Berichterstattung aus England für die "National-Zei-

[237] PA, R 12860.

tung" schätzen gelernt[238]. Nachdem er erfahren hatte, daß Bucher den Journalismus aufgeben wollte, gelang es ihm, den kenntnisreichen Juristen, bekannten Journalisten und Schriftsteller 1864 für den Auswärtigen Dienst zu gewinnen[239]. Dies rief - angesichts von dessen Verhältnis zu Lassalle - nicht nur Erstaunen in der Öffentlichkeit und Befremden im Auswärtigen Amt hervor[240], sondern auch Ablehnung bei Hofe. Bismarck überwand jedoch alle Widerstände, stellte Bucher ein[241], und schon bald stand dieser in hohem Ansehen bei seinem Chef, dem er sich durch Schreibgewandtheit, Einfühlungsvermögen in die Bismarck'sche politische Gedankenwelt, geschichtliches, staats- und völkerrechtliches Wissen und als Reisebegleiter und Sekretär nützlich machte.

Er erwarb sich auch die Achtung des Staatssekretärs und fiel den anfänglich mißtrauischen Kollegen durch seine Zuverlässigkeit, Verschwiegenheit, Zurückhaltung auf. Für Bismarck wurde er sogleich eine Hilfe bei der Reorganisation des Fürstentums Lauenburg, bei den Verhandlungen über die Nordschleswig-Frage und bei der Ausarbeitung des Verfassungsentwurfs für den Norddeutschen Bund. Der Kanzler vertraute ihm heikle außenpolitische Erkundungsmissionen an, 1870 nach Madrid und 1875 wohl auch eine solche nach London, ein Zeichen der Wertschätzung für Buchers Fähigkeiten[242]. Als "Arbeitshilfe" im Herbst 1864 eingestellt, erhielt er schon 1865 eine etatsmäßige Expedientenstelle und den Charakter als Legationsrat, 1867 den Roten Adler Orden IV. Klasse und wurde im selben Jahr Wirklicher Legationsrat und Vortragender Rat. 1872 zum Geheimen Legationsrat ernannt, wurde er 1876 zum Wirklichen Geheimen Legationsrat im Rang der Räte 1. Klasse befördert.

Nachdem er 1870/71 im Hauptquartier die politischen Beziehungen zu den Neutralen bearbeitet hatte, wurde er mit dem Eisernen Kreuz 2.

---

238 Die kürzlich erschienene umfassende Biographie über Bucher von Christoph Studt, Lothar Bucher (1817-1892), Ein politisches Leben zwischen Revolution und Staatsdienst, Göttingen 1992, gibt ein überaus anschauliches Bild der Persönlichkeit dieses von Bismarck hochgeschätzten Mitarbeiters und läßt auch Schlüsse über die inneren Verhältnisse im Auswärtigen Amt zu.

239 Studt, S. 249; Meisner, S. 699; vgl. hier S. 232.

240 Wer Bismarck Bucher empfohlen und zugeführt hat, ist nicht eindeutig zu klären. Der damals als Referent in der Politischen Abteilung tätige Keudell hat dieses "Verdienst" für sich in Anspruch genommen (vgl. Keudell, Bismarck, S. 176f.) Andererseits soll der ehemalige "Achtundvierziger" und später für Bismarck tätige Generalkonsul Schramm den Weg zum Auswärtigen Amt geebnet haben (Studt, S. 248).

241 Die Berufung und Einfügung in das "reaktionärste Ministerium Preußens", wie es bei Meisner, S. 699, heißt, zeigt die Anpassungsfähigkeit von Bucher, aber auch der Kollegen. Als "Arbeitshilfe" erhielt er 125 Thaler monatlich aus dem Dispositionsfonds, PA, Pers.Akte Nr. 53.

242 Vgl. Studt, S. 270ff.

Klasse am weißen Bande ausgezeichnet. Der Dank des Kanzlers fand auch darin Ausdruck, daß Bucher gelegentlich neben den Dienstbezügen "außerordentliche Remunerationen" zukamen als Anerkennung für die "ersprießlichen Dienste, die unermüdliche Hingebung", wie es hieß, z.B. 1876 5.000,- M, 1880 2.000,- M.

Da die Zuständigkeiten in der Politischen Abteilung oft wechselten und den Referenten häufig Aufträge aus anderen Sachgebieten zugeteilt wurden, war Bucher neben der ständigen Beschäftigung mit Großbritannien und Irland, Nord- und Mittelamerika, der Kirchenfrage und der Sozialistischen Internationale, zeitweilig mit Österreich-Ungarn, Rußland, Belgien betraut[243]. Als Sonderauftrag fertigte Bucher 1876 den ersten Entwurf des Sozialistengesetzes[244]. Wie kaum ein anderer der Referenten verstand es Bucher, Gedanken und Stil des Kanzlers so zu treffen, daß seine Vorlagen meist ohne Änderungen vom Chef gezeichnet wurden. Es soll sogar vorgekommen sein, daß Bismarck bei einem von Staatssekretär von Bülow mit Änderungen versehenen Entwurf Buchers die ursprüngliche Fassung wieder herstellte[245].

Bei den Besprechungen mit dem Kanzler kam Bucher zustatten, daß er einer der wenigen Beamten war, die die Kurzschrift beherrschten, so daß er Bismarcks Weisungen und Aussprüche wörtlich aufnehmen und sodann für seine Ausarbeitung verwerten konnte.

Das hervorragende Verhältnis zum Kanzler blieb bis zum Tode Buchers bestehen und war keinen Schwankungen unterworfen. "Bucher machte jede Schwenkung von Bismarcks Politik loyal mit und verschwand in jener Anonymität, welche man Vortragender Rat nannte."[246] Diese Bemerkung kann der Persönlichkeit Buchers kaum gerecht werden, denn er hat im Auswärtigen Amt nicht allein Loyalität bewiesen, sondern oft genug auch Unabhängigkeit und unkonventionelle Standfestigkeit an den Tag gelegt. Es paßte ihm nicht, daß der Staatssekretär, beginnend mit Bülow, den unmittelbaren Verkehr der Referenten mit dem Kanzler einschränkte, d.h. sich den Vortrag beim Kanzler vorbehielt, und alle Entwürfe über den Staatssekretär vorzulegen waren. Die Bürokratisierung des Geschäftsbetriebs nach dem Erlaß des Stellvertretungsgesetzes, wodurch die Arbeitsbelastung Bismarcks gemindert werden sollte, war dem über sechzigjährigen Bucher nicht recht und ließ bei ihm den Wunsch

243 PA, Pers.Akte 53.

244 Studt, S. 289ff; Bis zur Errichtung der Reichskanzlei stand Bismarck das Personal des Auswärtigen Amts auch für ressortsübergreifende Aufgaben zur Verfügung. Holstein, Dr. Kayser und andere Beamte erhielten gelegentlich Sonderaufträge.

245 Poschinger, Stunden, S. 158.

246 Poschinger, Ein 48er, Bd. 1, S. VIII.

entstehen, den Auswärtigen Dienst zu verlassen. Die von Bismarck für Bucher durchgesetzte Anerkennung der von 1850 bis 1864 außerhalb des öffentlichen Dienstes verbrachten Jahre als ruhegehaltsfähig hätte schon Anfang der achtziger Jahre eine ausreichende Versorgung ergeben. Bismarck gelang es aber, Bucher bis 1886 im Amt zu halten. Er ordnete an, daß Buchers Vorlagen bei Abwesenheit des Staatssekretärs und des Unterstaatssekretärs nicht über den als Vertreter fungierenden Holstein laufen mußten.

Buchers schlechter Gesundheitszustand, der sich auch durch lange Erholungsaufenthalte nicht besserte, führte dann 1886 doch zum Abschied. Mit einem "Wartegeld" von 8.325,- M und einer zusätzlichen Zahlung von 2000,- M jährlich aus dem Welfenfonds wurde Bucher in den einstweiligen Ruhestand versetzt. Das Entlassungsschreiben hatte Bismarck selbst entworfen. Er hob die Unterstützung hervor, die er Bucher "seit einem viertel Jahrhundert gemeinsamen Dienstes des Vaterlandes zu danken habe"[247]. Bucher wurde mit dem Stern zum Roten Adler Orden II. Klasse mit Eichenlaub ausgezeichnet, lehnte aber die Ernennung zum Wirklichen Geheimen Rat mit dem Prädikat Exzellenz ab[248]. Seinem Chef hat er auch nach dessen Entlassung bis zum Tode 1892 die Treue gehalten und als ständiger Hausgast in Friedrichsruh an der Entstehung der "Gedanken und Erinnerungen" maßgebend mitgewirkt. Hier hat wohl eine der wenigen echten Freundschaften im Auswärtigen Amt vorgelegen, die von Christoph Studt mit viel Einfühlungsvermögen geschildert wird[249]. Im Ruhestand ist Bucher noch mit zahlreichen Veröffentlichungen, meist zu England betreffenden Themen, hervorgetreten, die allgemeine Anerkennung erfuhren[250].

C.I.6. Aufstieg und Einfluß von Beamten bürgerlicher Herkunft im Leitungsbereich des Auswärtigen Amts

Die Laufbahnen von zwei aus dem bürgerlichen Mittelstand stammenden Beamten zeigen, daß der Weg in leitende Stellungen des Auswärtigen Dienstes offener war, als vielfach angenommen wird.

---

[247] PA, Pers.-Akte Nr. 53.

[248] Er schrieb seinem Freund, Prof. von Gneist: "Wie ich mir als 48er mit dem Titel komisch vorkommen würde", zitiert nach Studt, S. 297, Anm. 35.

[249] Studt, S. 418, 423, 427.

[250] Eine ausführliche Würdigung dieser Arbeiten findet sich bei Studt, S. 298ff., unter denen sich auch ein Teil seiner "Geschichte der politischen Kunstausdrücke" befand.

Über die Gründe, die dafür maßgebend waren, daß Dr. Clemens August Busch zum Unterstaatssekretär ernannt wurde, nachdem das Auswärtige Amt die neue Planstelle im Haushaltsjahr 1881/82 erhalten hatte, geben Akten und Memoiren kein klares Bild. Bismarcks Entscheidung war überraschend und ungewöhnlich, denn Busch kam aus der Dragomanen-Laufbahn, war nicht von Adel, katholisch und hatte keine juristische Ausbildung.

Er wurde 1834 in Köln geboren, wo der Vater als Kaufmann tätig war. Nach dem Studium der Orientalistik in Bonn wurde er promoviert und habilitierte sich für dieses Fach. 1861 trat er in den Dienst der preußischen Gesandtschaft in Konstantinopel, wurde 1864 dritter, 1866 zweiter und 1867 erster Dragoman.

Seine Berichtsentwürfe und sonstige Tätigkeit wurden in hohem Maße geschätzt. Das fiel auch dem preußischen Kronprinzen bei seinem Türkei-Besuch auf. "Busch ist die Seele der Gesandtschaft" hieß es. Im Juli 1871 machte Graf Limburg-Stirum als Geschäftsträger das Auswärtige Amt darauf aufmerksam, daß Dr. Busch eine Persönlichkeit sei, die "entschieden berufen ist, dem Staat in hohen Stellungen bedeutende Dienste zu leisten". "Busch eignet sich zum Wirklichen Legationsrat", war sein Votum. Der Geschäftsträger schlug vor, den Dragoman für "einige Zeit nach Berlin zu nehmen, damit man ihn dort kennenlerne", und er verband das mit der Feststellung, "Fürst Bismarck nimmt die brauchbaren Leute, wo er sie findet"[251].

Tatsächlich wurde Busch, dessen Frau aus der bekannten Familie Friedländer stammte, 1871 in das Auswärtige Amt einberufen, 1872 als Konsul nach St.Petersburg versetzt und von 1874 bis 1879 als Legionsrat in der Politischen Abteilung verwendet. Hier kamen vor allem seine Orient-Kenntnisse zur Geltung, besonders während des Berliner Kongresses. Es folgten zwei Jahre als Leiter des Generalkonsulats Budapest, dann wieder eine Dezernenten-Tätigkeit in der Politischen Abteilung, schließlich 1881 die Ernennung zum Unterstaatssekretär mit dem Rang eines Wirklichen Geheimen Legationsrats.

Es stellte sich aber heraus, daß er bei aller Tüchtigkeit, Sachkenntnis, politischem Einfühlungsvermögen und Gewissenhaftigkeit in der Ausführung der Weisungen des Kanzlers nicht in der Lage war, "die ihm durch Hatzfeldts Bequemlichkeit zugewiesene Rolle auf die Dauer auszufüllen"[252]. Diese Beurteilung beruhte u.a. auf Holsteins negativer Stellungnahme und dessen Einfluß. Die Versetzung als Gesandter nach Bukarest stellte deshalb 1885 das glückliche Ende eines zuletzt schwierigen und

---

[251] PA, Pers.Akte Nr. 50.

[252] So Herbert Bismarck in einer Büronotiz, Stamm, S. 88ff.

unbefriedigenden Wirkens in der Zentrale dar. 1888 folgte als weiterer Gesandten-Posten Stockholm, 1892 wechselte er nach Bern. Als Wirklicher Geheimer Rat mit dem Prädikat Exzellenz ist Busch 1895 gestorben.

Arthur von Brauer war einer der wenigen Süddeutschen, die es nach dem deutsch-französischen Krieg nach Berlin zog, besser gesagt: zu Bismarck, den er seit seiner Studentenzeit bewunderte. 1871 trat er, Sohn eines hohen badischen Beamten, dem später für sich und seine Familie der erbliche Adelsstand verliehen wurde, im Alter von 26 Jahren, nach Ablegung aller juristischen Prüfungen aus dem badischen Justizdienst zum Auswärtigen Amt über und zwar in die konsularische Laufbahn. Er fiel sehr bald als umsichtiger Vertreter eines erkrankten Dezernenten der Abteilung II auf. 1872 schickte man ihn als Vizekonsul nach Bukarest, wo Missionschef von Radowitz seit Monaten abwesend war und den Gesandten in Konstantinopel vertrat. Brauer rückte zum Geschäftsträger auf. Durch sein Geschick bei der Abwicklung des notleidend gewordenen Strousbergschen Eisenbahnbaus machte er sich einen Namen, so daß er 1874 als Hilfsarbeiter zum Justitiar ins Auswärtige Amt versetzt wurde. Auch auf diesem Posten bewährte er sich und wurde 1875 als Konsul der Botschaft St.Petersburg beigegeben. Hier hatte er nicht nur mit der zahlreichen deutschen Kolonie zu tun, und erstellte den jährlichen Handelsbericht, sondern war außerdem mit politischen Angelegenheiten beschäftigt. Ein von ihm 1875 verfaßter Bericht über die Lage in Rußland fand lobende Anerkennung, die sich durch seine Ernennung zum Legationsrat ausdrückte.

1881 wurde er wieder ins Auswärtige Amt einberufen, zunächst als Vortragender Rat in der Abteilung II und nach Jahresfrist mit Zuständigkeit für die orientalischen Fragen der Politischen Abteilung zugewiesen. Hier begleitete er die Entwicklung der politischen Verhältnisse auf dem Balkan bis 1888 und war von 1885 an Herbert Bismarcks engster Mitarbeiter bei der Bewältigung der Bulgarienkrise. Die Aufnahme Brauers in die diplomatische Laufbahn zeigt, daß ein Wechsel aus dem konsularischen Dienst keineswegs ausgeschlossen war. Aus den Akten geht hervor, daß sich Brauer in der Orientpolitik an die vom Kanzler verfolgte Linie hielt. Er kannte die abweichenden Vorstellungen Holsteins und bemühte sich, "Bismarck gegen ihn in häufigem Wortkampf zu verteidigen"[253]. Ihm scheint allerdings nicht der Gedanke gekommen zu sein, daß Holstein gegen die amtliche Politik etwas unternehmen könnte. In seinen Lebenserinnerungen hat er sein Verhältnis zu Holstein ausführlich behan-

---

[253] Brauer, Erinnerungen, S. 331. es ist aber nicht zu persönlichen Auseinandersetzungen mit Holstein gekommen, und dieser hat sich nie negativ über Brauer geäußert.

delt, ohne auch nur Andeutungen in dieser Richtung zu machen. Dank der engen, vertrauensvollen Zusammenarbeit mit Herbert Bismarck war Brauer über jede Phase der Politik des Kanzlers genau orientiert.

Außer der Orientpolitik bearbeitete Brauer die "Kirchen- und Schulsachen" und vertrat den Personalreferenten. Die Tätigkeit in der Politischen Abteilung dauerte sieben Jahre; wenn sich in dieser Zeit andere Verwendungen abzeichneten, wurden sie durch Herbert Bismarck verhindert, da er Brauer nicht entbehren zu können glaubte[254]. Erst 1888 kam es zur Versetzung als Generalkonsul nach Kairo, einem hochpolitischen Posten, der ihm eine gewisse Aufsicht über das Mitglied der ägyptischen Schuldenkommission[255] und die Tätigkeit des deutschen Richters im "gemischten Gerichtshof" gab. Während er Urlaub nahm - meist im Sommer - wurde Brauer in das Auswärtige Amt und zum Dienst beim Kanzler in Friedrichsruh einberufen. In seinen Erinnerungen liegt eine besonders farbige Schilderung der Arbeit am Landsitz des Kanzlers vor[256].

Nach Bismarcks Entlassung hielt es Brauer nicht mehr im Auswärtigen Amt. Obwohl es ihm schwer fiel, den Auswärtigen Dienst zu quittieren, nahm er die Nachfolge des ins Auswärtige Amt übergetretenen badischen Bevollmächtigten, Frhr. von Marschall, an. Er ist dann später badischer Ministerpräsident geworden.

C.I.7. Kolonialpolitik 1884/85 - Betätigungsfeld des "Kolonialenthusiasten" von Kusserow

Seit langem wird in der Historiographie eine Diskussion darüber geführt, wie die Kolonialpolitik Bismarcks zu erklären sei, ob sie etwa im Zeichen des Primats der Innenpolitik gestanden habe und als Funktion innenpolitischer Bedingungen zu begreifen sei[257]. Zuweilen ist nämlich angenommen worden, Bismarck habe die überseeischen Expansionen "im Banne wirtschaftlicher und gesellschaftlicher Zwänge"[258] zur "Herrschaftsstabilisierung und Systemerhaltung", d.h. als "Sozialimperialismus" betrieben[259]. Diese Deutung hat sich nicht gehalten, heute neigt man eher zu der Ansicht, daß Bismarck sich veranlaßt sah, die Politik in Übersee zu nutzen, um die kontinentale Großmachtstellung des Reiches zu festigen

254 A.a.O., S. 107-115.

255 Commission de la dette publique.

256 Brauer, Erinnerungen, S. 269ff.

257 Vgl. Hildebrand, Deutsche Außenpolitik, S. 93-107.

258 Dazu Hildebrand, a.a.O., S. 95.

259 Wehler, Bismarck und der Imperialismus, S. 13f.

und - in demonstrativer Weise gegenüber England - einen Ausgleich mit Frankreich zu suchen[260].

Berlin war vom 15. November 1884 bis 2. Februar 1885 Schauplatz einer internationalen Konferenz, bei der die Kolonialmächte die in Afrika, besonders im Gebiet des Kongo, aufgetretenen Probleme und Differenzen erörtern und regeln wollten.

Anders als beim Berliner Kongreß war der Wunsch nach dem Tagungsort von deutscher Seite ausgegangen, und das zu einer Zeit, als Bismarck erste Schritte zur Erwerbung afrikanischer Gebiete unternommen hatte, wofür die internationale Lage angesichts der Gegensätze Englands zu Rußland in den asiatischen Fragen beziehungsweise zu Frankreich wegen Ägypten günstig erschien. Ausdehnung nach Übersee war für Bismarck bisher auf den Schutz wirtschaftlicher Interessen gerichtet gewesen, weniger auf Gebietserwerb und keineswegs Ausdruck eines imperialen Sendungsbewußtseins[261]. Es ging weder um ein vorrangiges Ziel noch um eine Konstante seiner Außenpolitik. Seine Einstellung kommt in dem bekannten Vergleich deutscher Kolonien mit dem "seidenen Zobelpelz in den polnischen Adelsfamilien, die keine Hemden haben"[262] ebenso zum Ausdruck wie in der Charakterisierung seiner außenpolitischen Position: "Hier liegt Rußland und hier liegt Frankreich, und wir sind in der Mitte, das ist meine Karte von Afrika"[263]. Nach seiner Meinung könne sich das Deutsche Reich Kolonien nicht leisten und als Form für den Schutz des deutschen Überseehandels dachte er an staatlich privilegierte Chartergesellschaften nach dem Vorbild der englischen "Royal Charters"[264]. Dessen ungeachtet entstand in Deutschland eine koloniale Bewegung, die 1882 in der Gründung des "Deutschen Kolonialvereins"[265] ihren Ausdruck fand, und wirtschaftliche Interessen, d.h. das Bedürfnis nach gesicherter Rohstoffversorgung und Gewinnung von Absatzmärkten, wurden geltend gemacht. Solche ökonomischen Antriebe kamen aus Kreisen, die begannen, in Berlin Einfluß auszuüben[266].

Anfang der achtziger Jahre gab es im Auswärtigen Amt kein Kolonialreferat, in Abteilung II bearbeitete der Dezernent mit Zuständigkeit

---

[260] Hildebrand, a.a.O., S. 101.

[261] Bußmann, Zeitalter Bismarcks, S. 151.

[262] Bismarck, GW, Bd. 7, S. 503.

[263] Bismarck, GW, Bd. 8, S. 648; vgl. auch Bußmann, Zeitalter Bismarcks, S. 151; Gall, S. 623.

[264] Vgl. Wehler, S. 310.

[265] Nicht zu verwechseln mit der 1887 gegründeten "Deutschen Kolonialgesellschaft".

[266] Im Auswärtigen Amt kam gelegentlich der Eindruck auf, Bismarck beuge sich dem "Druck der öffentlichen Meinung", vgl. Raschdau, S. 97.

für "Handelsbeziehungen zu Asien, Afrika, Australien, Angelegenheiten der deutschen Flotte" auch die mit der europäischen kolonialen Expansion zusammenhängenden politischen Fragen. Dieses Dezernat stand unter der Leitung des Geheimen Legationsrats von Kusserow, eines - wie es damals hieß - Kolonialenthusiasten.

Von Kusserow war Jahrgang 1836 und Sohn eines - 1844 geadelten - Generals, seine Mutter eine geborene Oppenheim[267]. Nach der juristischen Ausbildung trat er 1860 in den Auswärtigen Dienst, legte die diplomatische Prüfung 1863 ab, war an den Gesandtschaften in Den Haag, Turin, Paris, Washington und London eingesetzt, bevor er 1874 als Wirklicher Legationsrat in die Zentrale zur handelspolitischen Abteilung versetzt wurde. Schon 1871 war er als liberaler Abgeordneter in den Reichstag eingezogen. 1882 kam er in das Orientreferat der Politischen Abteilung, wo er sich aber nicht bewährte und alsbald in seine alte Abteilung zurückkehrte. Dort war er u.a. für Afrika zuständig und setzte sich seit 1883 für eine aktive deutsche Kolonialpolitik ein. Kusserow war Mitglied des 1878 gegründeten "Zentralvereins für Handelsgeographie und Förderung deutscher Interessen im Ausland" und gehörte dem "Kolonialverein" seit 1883 an. Auch familiäre Beziehungen - Adolph von Hansemann, der Chef der Discontogesellschaft, war sein Schwager - brachten es mit sich, daß er den Kreisen, die eine koloniale Expansion des Reiches forderten, aufgeschlossen gegenüberstand.

Bismarck hielt ihn für "übereifrig", so daß der Staatssekretär angewiesen wurde, ihn zu "kontrollieren" und ihm angesichts "der Bedeutung, welche die Kolonialsachen für unsere Beziehungen zu fremden Mächten gegenwärtig gewinnen, keinen Spielraum für politische Entscheidungen" zu lassen[268]. Sicherlich hatte Kusserow nicht zu unterschätzenden Einfluß auf die Kolonialpolitik unter Bismarck, aber daß er sie allein "kreierte", wie Hallgarten behauptet hat[269], ist wohl übertrieben.

Im Auswärtigen Amt setzte sich Anfang 1884 die Erkenntnis durch, daß es für Deutschland darauf ankomme, das zentral-afrikanische Gebiet dem Freihandel zu sichern und "es vor dem [...] den deutschen Handel benachteiligen den Zugriff anderer Mächte zu bewahren"[270].

[267] Hildebrand, Heinrich von Kusserow, in: Neue Deutsche Biographie, S. 343f.

[268] Schreiben von Herbert Bismarck an den Staatssekretär vom 7. August 1884; vgl. auch die Randbemerkung des Reichskanzlers auf einer Vorlage Kusserows vom 5. Mai 1884, PA, RKA Nr. 9041.

[269] Hallgarten, Bd. 1, S. 211, 249. Auch ein von Bucher angeblich entworfenes Kolonialprogramm ist eine unbelegte Mutmaßung, vgl. Studt, S. 274f.

[270] Wehler, S. 373.

Das Gebiet des Kongo schien nämlich immer mehr zum Feld französischer, britischer und portugiesischer Expansion zu werden, und die Verhältnisse der dem belgischen König gehörenden "Internationalen Afrikanischen Gesellschaft", insbesondere ihre völkerrechtliche Stellung, waren ungeklärt. So wies die Hamburgische Handelskammer auf die mögliche Gefährdung des deutschen Absatzmarktes (vornehmlich für Waffen und Branntwein) hin, und Kusserow nahm diese und andere Interventionen zum Anlaß, um in Denkschriften auf die Notwendigkeit hinzuweisen, daß die deutsche Außenpolitik sich für eine Freihandelszone im Kongo aussprechen solle[271]. Zu diesem Zweck schlug er die Abhaltung einer Konferenz in Berlin vor[272]. Staatssekretär Graf Hatzfeldt schloß sich dem an, und der Reichskanzler billigte solches Vorgehen. Nach seiner Auffassung sollten alle maßgebenden Mächte an einer Regelung der Zukunft des Kongogebiets interessiert sein. Er hatte auch keine Bedenken gegen die Anerkennung der "Internationalen Afrika-Gesellschaft" Leopolds II.[273] als staatliches Gebilde, wenn nur die "volle Handels-- und Verkehrsfreiheit" gewährleistet war. Das Gebiet, das Gegenstand der Konferenz sein sollte, umfaßte nicht nur das Kongobecken, sondern freier Handel und Schiffahrt sollten sich auf zentralafrikanische Gebiete südlich des Äquators erstrecken, die unter der Herrschaft europäischer Mächte standen, etwa Portugals. Als weiteres Thema stand die Schiffahrt auf dem Niger auf der Tagesordnung.

Damals dachte Bismarck an einen Ausgleich mit Frankreich auf dem Wege über dessen Unterstützung im kolonialen Bereich[274]. So war es nicht verwunderlich, wenn man wegen einer Afrika-Konferenz zunächst an die Pariser Regierung herantrat, zumal die englische Kongo-Politik in Berlin keinen Beifall fand. Ministerpräsident Ferry, der eine Verständigung mit Deutschland begünstigte, erklärte sich im Mai 1884 mit dem deutschen Vorschlag einverstanden. Kusserow begann nun mit der Vorbereitung der Konferenz, deren Tagesordnung die Handelsfreiheit im ganzen Kongobecken, die freie Schiffahrt auf dem Fluß (und möglichst auch auf dem Niger), die Regelung der territorialen Fragen zwischen England, Frankreich, Portugal und einem anzuerkennenden Kongostaat, und schließlich allgemeine, verbindliche Grundsätze über die Anerkennung von Besitzergreifungen an den afrikanischen Küsten zum Gegenstand haben sollte.

---

271 Aufzeichnungen vom 10. und 12. April 1884, RKA 9039, und vom 31. Juli 1884, PA, RKA 9040.

272 Wehler, S. 381.

273 Das war der deutsche Name.

274 Gall, Bismarck, S. 620.

Darüber einigte man sich im August mit dem französischen Botschafter, am 13. September 1884 erfolgte die schriftliche Bestätigung. Am 6. Oktober 1884 ergingen die Einladungen, am 15. November eröffnete Bismarck die Konferenz in Berlin. Den Vorsitz führte in der Folgezeit Staatssekretär Graf Hatzfeldt, und als dieser krank wurde, Unterstaatssekretär Dr. Busch.

Es nahmen 14 Staaten an der Konferenz teil und zwar: Belgien, Dänemark, Deutschland, England, Frankreich, Italien, Holland, Österreich, Portugal, Rußland, Schweden, Spanien, Türkei und die Vereinigten Staaten von Amerika. Sie waren durch ihre Missionschefs in Berlin vertreten. Die Weisungsbefugnis in allen Kolonialfragen war wegen des Ausfalls von Staatssekretär Graf Hatzfeldt am 3. Januar 1885 Herbert Bismarck übertragen worden. Am 19. Februar 1885 trat das Kusserowsche Referat mit der Zuständigkeit "Kolonialangelegenheiten und Entsendung von Kriegsschiffen zum Schutz deutscher Interessen" zur Abteilung I A[275].

Die Ergebnisse der Konferenz wurden in einer von den Verhandlungsparteien unterzeichneten Generalakte niedergelegt. Man setzte eine internationale Kommission zur Überwachung der Ausführung der Kongo-Schiffahrtsakte ein. Es wurde keine Aufteilung "freier Gebiete" in Afrika vorgenommen, aber man einigte sich, trotz Konkurrenz und Rivalitäten, auf die Gleichberechtigung aller Mächte an der wirtschaftlichen Durchdringung des zentralafrikanischen Gebiets. Außer dem Verbot des Sklavenhandels wurden humanitäre Fragen nicht behandelt. Eine Neutralisierung des Kongobeckens als "Friedenszone" in Ergänzung von Freihandel und freier Schiffahrt, wie sie von Leopold II. und den Vereinigten Staaten vorgeschlagen und durch Unterstaatssekretär Busch unterstützt wurde, konnte nicht verwirklicht werden. Immerhin bestimmten Artikel 10 und 11 der Generalakte, daß die Signatarmächte darauf hinzuwirken hätten, daß das Kongo-Gebiet nicht in militärische Operationen der Großmächte einbezogen würde. Die von deutscher Seite angestrebte Festlegung von Regeln für Besitzergreifung von herrschaftsfreien Gebieten in Afrika fand keine Verwirklichung. Das einzige dafür anerkannte Merkmal, auf das man sich einigte, war die Gewährleistung ausreichender Herrschaft ("assurer l'existence d'une autorité suffisante", Art. 35) für Annexionen und die Anzeige einer Inbesitznahme an die Signatarmächte (Art. 34).

---

[275] Am 27. Mai 1885 wurde Kusserow abgelöst (Nachfolger: Dr. Krauel) und als Gesandter zu den mecklenburgischen Höfen und den Hansestädten versetzt. Seit 1890 im einstweiligen Ruhestand, wurde er gleichzeitig zum Geheimen Rat mit dem Prädikat Exzellenz ernannt. Er starb 1900.

Leopold II. hatte staatliche Anerkennung seiner Kongo-Gesellschaft durch alle Mächte erreicht. Für das Deutsche Reich erschien die Handels- und Zollfreiheit in Zentralafrika gewinnbringend.

Die Konferenz festigte das Ansehen und die Stellung des Reichs in Europa und seine Gleichberechtigung in der Kolonialpolitik. Frankreich hatte für sich wohl mehr erwartet, und der nach dem Ende der Konferenz erfolgte Sturz Ferrys beendete die deutsch-französische Annäherung. Das zeitweilig etwas unfreundliche Verhältnis des Reichs zu England entspannte sich.

Was die Leitung der Konferenz durch die deutschen Diplomaten anlangt, so war das Lob allgemein. Bismarck hatte sich wenig um die Konferenz gekümmert, denn zu dieser Zeit war das Experiment der Kolonialpolitik schon im Begriff, episodischen Charakter anzunehmen. Im übrigen hatte sich gezeigt, daß man im Auswärtigen Amt imstande war, bei Fragen, die bisher von der deutschen Politik kaum behandelt worden waren und deutsche Interessen nur am Rande berührten, eine international anerkannte Rolle zu spielen.

C.I.8. Die Pressearbeit des Auswärtigen Amts

Zum Zeitpunkt der Reichsgründung war der Publizist Dr. Moritz Busch als Pressedezernent des Auswärtigen Amts tätig, d.h. er gehörte dem mobilen Auswärtigen Amt im Hauptquartier an. Schon das preußische Außenministerium hatte seit 1863 ein "Pressebüro", das die in- und ausländische Presse für Bismarck auswertete und nach dessen Weisungen Verkehr mit den Redaktionen pflegte.

Um die Mitte des 19. Jahrhunderts hin hatten sich die Zeitungen in Deutschland zu einem wichtigen Faktor bei der Bildung einer öffentlichen Meinung entwickelt, und die Aufhebung der Präventivzensur nach 1848 gab dem Pressewesen weiteren Auftrieb. Bismarck, der ja selber journalistisch tätig gewesen war, hatte Bedeutung und Möglichkeiten einer Pressepolitik, d.h. der Einwirkung auf die Presse und damit auch die Öffentlichkeit, schnell erkannt. Nach Übernahme der Regierungsgeschäfte bediente er sich dabei insbesondere des - schon 1816 entstandenen - "Literarischen Büros des Staatsministeriums unter Leitung des Ministeriums für Auswärtige Angelegenheiten und des Inneren". Schon damals erschienen dem neuen Minister die Verbindungen zur Presse gerade für den Bereich der Außenpolitik besonders wichtig, und so beauftragte er den Greifswalder Professor Dr. Becker speziell mit deren Wahrnehmung. Als dieser im Frühjahr 1863 wieder seinen Lehrstuhl einnahm, holte sich Bismarck einen früheren Angehörigen des literarischen Büros, Dr. Metzler, in die Politische Abteilung des Auswärtigen Amts. Allerdings gab es für die Pressearbeit damals keine Planstelle im Haushalt des Auswärtigen Amts, so daß Metzler, der als Geheimer Sekretär dem mittleren Dienst angehörte, aus einem Verfügungsfonds des Staatsministeriums bezahlt werden mußte. Seine Aufgaben wurden schriftlich festgelegt:

1. Kontrolle der Zeitungen unter dem Gesichtspunkt "der brennenden Fragen auswärtiger Politik";
2. "nach ihm zu gewährenden Informationen und Direktiven teils fortlaufende Korrespondenzen, teils informierende Artikel darüber für hiesige und auswärtige Blätter zu schreiben;
3. die ihm für den Staatsanzeiger aufgetragenen offiziösen Artikel über Fragen der auswärtigen Politik zu entwerfen"[276].

Es versteht sich, daß solche Bemühungen auf Abnehmer sowohl in Inland wie Ausland gerichtet waren.

Darüber hinaus hatte Bismarck für eine "publizistische Tätigkeit im Dienste des Staates" von Fall zu Fall Prof. Dr. Carl-Constantin Rößler[277], einen Dozenten aus Jena, gewonnen. Schon seit Anfang der sechziger Jahre arbeitete dieser "zu Gunsten der Politik der Königlichen Staatsregierung zum Teil gegen Remuneration aus dem Dispositionsfonds", wobei ihm "hervorragende publizistische Leistungen" bescheinigt wurden[278].

Nach dem Kriege gegen Frankreich erreichte Bismarck, daß im Haushalt des Auswärtigen Amts eine Planstelle für die Pressearbeit geschaffen wurde und zwar mit dieser Begründung:

> Seit längerer Zeit ist das Bedürfnis hervorgetreten, die Einwirkung auf die Tagespresse, welche für ein richtiges Verständnis der auswärtigen Politik unerläßlich ist, einem Beamten in der Kategorie der Vortragenden Räte zu übertragen, welcher sich ausschließlich diesem umfassenden Berufe zu widmen hätte.[279]

Damit war die "Auswärtige Pressepolitik", wie Naujoks dieses neue Sachgebiet der Regierungstätigkeit genannt hat, endgültig in die Zustän-

---

[276] PA, Pers.Akte Nr. 19. Metzler wurde später in der Abteilung I B verwendet und als Geheimer Hofrat im Alter von 71 Jahren 1885 in den einstweiligen Ruhestand versetzt.

[277] PA, Pers.Akte Nr. 133.

[278] PA, Pers.Akte Nr. 133; 1877 wurde er Direktor des Literarischen Büros und Geheimer Regierungsrat, 1892 als Wirklicher Legationsrat und Vortragender Rat im Auswärtigen Amt Leiter des Pressereferats und 1893 Geheimer Legationsrat.

[279] Haushalt des Auswärtigen Amts für 1872, Titel 1, Nr. 3.

digkeit des Auswärtigen Amts gelangt und als ein Teil der deutschen Außenpolitik im Reichshaushalt anerkannt.[280] Für solche Tätigkeit war Bismarck Prof. Dr. Ludwig Aegidi empfohlen worden, der in Bonn Staatsrecht, Kirchenrecht und Völkerrecht lehrte und als freikonservativer Abgeordneter hervorgetreten war. Wenn auch Aegidis Wirken von Bismarck nicht als besonders ertragreich angesehen wurde und er 1877 zur Universität zurückkehrte, so wurden doch die von ihm aufgestellten Grundsätze für die Tätigkeit des Pressereferenten im Auswärtigen Amt richtungsweisend[281]. Dieser habe die im Auswärtigen Amt vorliegenden Zeitungen "auf die schwebenden Fragen der auswärtigen Politik" zu kontrollieren und gegebenenfalls "Berichtigungen falscher Nachrichten und irrtümlicher Auffassungen" zu veranlassen. Aufgrund der Berichterstattung der Auslandsvertretungen habe er im Benehmen mit den Referenten zu prüfen, ob der Reichsanzeiger oder gewisse Zeitungen vom Auswärtigen Amt mit Ausarbeitungen über aktuelle Probleme zu versorgen seien. Belieferungen sollten aber nur erfolgen, nachdem der Reichskanzler oder der Staatssekretär sie angeordnet oder genehmigt hätten. Ferner habe der Pressereferent Anfragen oder Proteste fremder Regierungen zu Artikeln in der deutschen Presse zu beantworten. "Gesuche um Unterstützung" von Seiten der Zeitungen oder Journalisten seien im allgemeinen ablehnend zu bescheiden. Da, wo "Subventionen" bewilligt worden seien, habe der Pressereferent ihre Wirkung zu kontrollieren. Schließlich wurde der Pressereferent angehalten, eng mit dem weiter bestehenden Literarischen Büro zusammenzuarbeiten.

Die Angehörigen des Auswärtigen Amts, an der Spitze der Reichskanzler, waren fleißige Zeitungsleser. In der Politischen Abteilung wurden in den siebziger Jahren folgende Zeitungen regelmäßig vorgelegt:

dem Staatssekretär:	Kölnische Zeitung
	Reichs- und Staatsanzeiger
	Post
	Germania
	Grenzbote
	Historisch-Politische Blätter
	Im neuen Reich
	Militär-Wochenblatt
	Österreichische Montagsrevue
	Die Gegenwart

---

[280] Naujoks, Regierungspresse, S. 59

[281] PA, Pers.Akte Nr. 19 und R 27, sog. "Kleines Testament in Sachen Presse" vom 14. November 1874. Seine Nachfolger waren Dr. Lindau, der bis 1877 bei der Botschaft Paris Pressereferent war, und ab 1890 Prof. Dr. Rößler.

dem Geheimen Vortragenden Rat Bucher:

The Times	Saturday Review
Daily News	Punch
Daily Telegraph	Illustrated London News
Pall Mall Gazette	Standard
Die Presse	Deutsche Petersburger Zeitung
Neues Wiener Tageblatt	Petersburger Herold
Österreichische Volkszeitung	Journal de St.Petersbourg
Österreichische Wehrzeitung	Diritto, Libertà, Italia
Pester Lloyd	Opinione, Osservatore Romano
Prager Politik	Perseveranza
Wiener Tagespresse	Voce de la Verità
Politische Korrespondenz	

dem Gesandten von Radowitz:

National-Zeitung	Berliner Tageblatt
Vossische Zeitung	Augsburger Allgemeine Zeitung
Norddeutsche Allgemeine Zeitung	

dem Geheimen Legationsrat von Jasmund:

The Times	Independance Belge
Neue Freie Presse	Frankfurter Zeitung
Schwäbischer Merkur	Volkszeitung
National-Zeitung	Schweizer Bund
Nord	Korrespondenz vom Sunde
Schwedisch-Norwegische Korrespondenz	

dem Legationsrat von Holstein:

Chiarivari	Journal Officiel	Ordre
Estafette	Journal des débats	République
Figaro	Journal de Genève	Revue des deux Mondes
France	Moniteur	Temps
Gazette de France	Mémorial Diplomatique	Univers

Der Pressereferent hatte eine noch größere Auswahl.

Es waren nicht sämtliche deutschen Zeitungen abonniert, im Bedarfsfall wurden sie einzeln gekauft. Die regionale Vielfalt der deutschen Presse entsprach der föderalen Gliederung des Reichs, auch die politische Ausrichtung war sehr verschiedenartig.

Dem Auswärtigen Amt standen reichseigene Publikationsorgane in dem "Deutschen Reichsanzeiger und Königlich preußischen Staatsanzeiger" sowie der "Provinzialkorrespondenz" (ab 1882 "Neueste Mitteilungen", ab 1894 "Berliner Korrespondenz") zur Verfügung. Die Auflage des Reichsanzeigers stieg von etwa 5.500 zu Beginn der siebziger Jahre auf etwa 10.000 in den neunzigern, die der "Korrepondenz" betrug 130.000. Letztere wurde vom "Literarischen Büro" redigiert und kostenlos verbreitet. Beide waren amtliche Organe der Regierung ("offizielle" Presse). Der Reichsanzeiger als Amtsblatt veröffentlichte Mitteilungen der Ministerien, Anzeigen der Gerichte und Handelsgesellschaften, Hofnachrichten, Ernennungen, Ordensauszeichnungen, aber gelegentlich auch "raisonierende Artikel" zu außenpolitischen Themen, in denen die Staatsleitung ihre Anliegen und Ziele darlegte. Die "Korrespondenz" versorgte ihre Abnehmer mit Nachrichten und meinungsbildenden Darstellungen, die meist von Beamten geschrieben wurden und deren Herkunft von amtlicher Seite auch erkennbar war.

In der Information erschöpfte sich die pressepolitische Arbeit jedoch nicht. Bismarck hielt es für notwendig, darauf "einwirken zu wollen, daß die unserem Einfluß zugängliche Presse eine freundliche Haltung annehme"[282]. Im Reichstag hat er damals geäußert, daß "jeder Regierung die Unterstützung der Presse auch auf dem Gebiet der auswärtigen Politik wünschenswert sein muß"[283].

So wurden Blätter, die der Regierungspolitik freundlich gegenüber standen, mit interessanten Nachrichten und amtlich "inspirierten" Artikeln beliefert, bei deren Veröffentlichung die Herkunft jedoch nicht ersichtlich sein sollte[284]. Vertreter dieser Zeitungen wurden vom Kanzler zu den Parlamentarischen Soiréen eingeladen. Das förderte ein Netz vertraulicher Beziehungen. Daß Zeitungen wie beispielsweise die "Norddeutsche Allgemeine", die "Kölnische Zeitung", die "Post", bereit waren, Wünsche des Auswärtigen Amts zu erfüllen, kam der Amtsleitung auch deshalb entgegen, weil man oft versuchen mußte, "dem Ausland Ansichten der Regierung in nicht bindender Weise erkennen zu geben [...]" und "auf diese Weise Fühler auszustrecken, die einem amtlichen Gedankenaus-

---

282 PA, R 26, Erlaß vom 31. August 1871.

283 Am 9. Februar 1876, 49. Sitzung, Sten. Ber., S. 1327.

284 Selten wurde ein solcher Artikel mit den Worten eingeleitet "offiziös wird uns geschrieben", das war dann schon "halbamtlich".

tausch vorangehen"[285]. Von solchen Veröffentlichungen konnte man gegebenenfalls amtlicherseits wieder abrücken, sie "desavouieren", wie es damals hieß.

Für die Zeitungen, die auf diese Weise der Regierung zur Verfügung standen, bürgerten sich die Bezeichnungen "offiziöse"[286] oder "halboffiziöse" Presse ein. Es kam allerdings vor, daß Äußerungen dieser Blätter als amtlichen Ursprungs angesehen wurden, auch wenn dies nicht der Fall war oder sie sogar der amtlichen Politik widersprachen. In den Akten finden sich zahlreiche Beschwerden fremder Regierungen über solche Artikel[287]. Der Kanzler hat wiederholt darauf hingewiesen, daß nicht "der ganze Inhalt einer Zeitung als Regierungsmeinung"gelten könne, nur weil sie "gelegentlich Material vom Auswärtigen Amt erhalten" habe[288]. Der Ausdruck "Regierungspresse" sei irreführend. Schon 1871 hatte er betont, "daß es keine Zeitung gibt, deren gesamter politischer Inhalt als Ausdruck von Meinungen oder Absichten der Regierung angesehen werden könnte". Viele, etwa in der "Norddeutschen Allgemeinen Zeitung erscheinende räsonierende Artikel" entzögen sich "jeder Aufsicht oder Beeinflußung der Regierung"[289].

Die oppositionellen Zeitungen haben sich über die pressepolitische Arbeit beschwert und behauptet, daß die Beeinflußung der Presse durch Bargeld aus dem Welfenfonds begleitet werde. Bismarck hat das bestritten und im Reichstag erklärt, es sei eine "Verdächtigung eines Blattes [...] als subventioniert durch das Wort Reptilie" bezeichnet zu werden[290]. Wahrscheinlich sind aber solche Zahlungen doch erfolgt, wenn auch in bescheidenerem Umfang als vor 1871. Unterlagen über Zahlungen, insbesondere aus dem Welfenfonds, sind bis auf eine Abrechnung aus dem Jahr 1869 nicht mehr vorhanden[291]. Alles in allem dürfte die Antwort, wie sie auf die im "Berliner Börsencourier" vom 17. April 1890 behandelte "Frage, ob Subventionierung der Presse durch Bargeld aus dem Reptilienfonds erfolgt", gegeben wurde, am ehesten der Wirklichkeit entsprechen: "[...] wenige direkte Zahlungen, aber amtliche Anzeigen [...]. Man kauft die Presse auch durch Zuweisung von Nachrichten und Zusendung von Artikeln".

---

285 PA, R 1479 Erlaß vom 22. April 1890.

286 Ähnlich im Französischen: Petit Robert, Dictionnaire de la langue française, 9. Aufl., Paris 1979, S. 1303.

287 PA, R 26-29.

288 PA, R 27. Immediatbericht vom 15.Juli 1875.

289 Deutscher Reichsanzeiger, 15. August 1871 (Nr. 91).

290 Im Reichstag 9. Februar 1876, 49. Sitzung, Sten. Ber., S. 1328

291 Philippi, Welfenfonds, S. 197; PA, Rep II Gen. Nr. 184, Bl. 241; Naujoks, Pressepolitik, S. 216.

Der Pressereferent übte neben der Auswahl von Pressestimmen für den täglichen schriftlichen "Pressevortrag"[292] auch sonst erheblichen Einfluß auf die Haltung der Amtsleitung aus. Das war allgemein bekannt, auch im Ausland: vielleicht etwas übertrieben meinte eine Londoner Zeitung, Bismarck habe "zwei furchtbare Waffen [...] die preußische Armee und das Pressebüro, von denen das letztere mächtiger sei"[293].

Indessen führte eine mißglückte Pressepolitik, die Bismarck bei der "Krieg-in-Sicht-Krise" in Verlegenheit brachte, dazu, daß der Kanzler "jede Einwirkung auf die Presse, solange es sich nicht um amtlich notwendige Richtigstellung von Tatsachen handele", unterband[294]. Das Pressereferat wurde stillgelegt, gleichzeitig erhielt Aegidi eine andere Aufgabe in der Politischen Abteilung und wurde 1877 mit dem Charakter als Geheimer Legationsrat in den einstweiligen Ruhestand verabschiedet[295].

Erst 1877/78 wurde die Pressearbeit des Auswärtigen Amts in bisheriger Weise mit Dr. Lindau wieder aufgenommen. Dieser kam von der Botschaft Paris und hatte durch seine Berichte über die französischen Blätter und deren politischen Hintergrund sowie ihre finanziellen Grundlagen des Kanzlers Anerkennung erlangt. Vielfach fanden seine Urteile Verwendung bei der politischen Arbeit. Er war ein weitgereister, schriftstellerisch hervorgetretener Mann und wurde, obwohl er die vorgeschriebenen Prüfungen nicht vorzuweisen hatte, bald nach der Einberufung in das Auswärtige Amt Wirklicher Legationsrat und Vortragender Rat. Dank seiner Kenntnisse und Erfahrungen auf wirtschaftlichem Gebiet war er vielseitig verwendbar und übernahm neben der Pressearbeit das Ostasien-Dezernat. Nach langjähriger, erfolgreicher Tätigkeit trat er vom Reichsdienst als deutscher Vertreter zur türkischen Schuldenverwaltung in Kairo über[296].

In der Politischen Abteilung war es üblich, daß die Dezernenten in ihrem Fachbereich politische Artikel ausarbeiteten, die vom Pressereferent den Zeitungen angeboten wurden. Sie erschienen anonym[297]. Zwei Namensartikel über die französische Eroberungspolitik im 17. und 18. Jahrhundert hat Holstein in der "Times" als Leserbriefe im Oktober und

---

292 PA, R 1537.

293 PA, R 274, Vanity Fair vom 3. November 1877 laut Bericht London vom 7. November 1877.

294 PA, R 27, Erlaß vom 15. Juli 1875, vgl. auch hier S. 153.

295 Pers.-Akte Nr. 19. Naujoks (Regierungspresse, S. 50) stellt heraus, wie enttäuschend die Tätigkeit im Auswärtigen Amt für alle Beteiligten war. Auch an der Zusammenarbeit mit dem Literarischen Büro habe er es fehlen lassen.

296 PA, Pers.Akte Nr. 42.

297 Naujoks, a.a.O., S. 12.

November 1870 untergebracht[298]. Gelegentlich erging sogar von der Amtsleitung die Aufforderung zu publizistischer Tätigkeit. So schrieb Herbert Bismarck an Radowitz:

> Sie möchten doch irgendwie in der Öffentlichkeit - vielleicht durch eine Correspondenz in der Kölnischen Zeitung - die Vermutung aussprechen lassen, daß, wenn heute von einer über Nacht entstandenen Annäherung zwischen England und Rußland gesprochen würde, man sich ebenso [...] darauf gefasst machen könne, eine solche zwischen Deutschland und Frankreich entstehen zu sehen[299].

Auch ein Leitartikel in der "Norddeutschen Allgemeinen Zeitung" vom 6. April 1878 über die Auswirkungen des Friedens von San Stefano, in dem vom "ehrlichen Makler" die Rede ist, stammte von Radowitz. Pressereferent Lindau verfaßte Ende der achtziger Jahre Artikel zur Unterstützung der deutschen Schutzzollpolitik.

Im übrigen waren die Beamten aber gehalten, von Veröffentlichungen in der Presse abzusehen. Nur ausnahmsweise wurde eine Genehmigung des Auswärtigen Amts erteilt[300].

Neben der in der Zentrale betriebenen auswärtigen Pressepolitik leistete auch die deutschen Auslandsmissionen Pressearbeit. Dabei wurde nicht nur über die Publizistik im Gastland berichtet[301], sondern auch Verbindungen zu Journalisten dem Reich wohlgesonnener oder auch offiziöser Blätter angeknüpft. Das geschah aber in bescheidenem Umfang mit größter Diskretion, denn es galt als riskant, Einfluß auf die fremden Redakteure auszuüben und gar Geldmittel dabei einzusetzen. Deshalb erschien bei solchen Einwirkungen Zurückhaltung und Vorsicht geboten[302].

Da durch direkte Verbindungen zu Journalisten der Verdacht auf Einmischung hätte laut werden können, bedienten sich die Missionen bei pressepolitischen Unternehmungen gewisser Agenten[303] (auch des Zentral-Nachrichten-Büros), oft schon wegen der Gelder aus dem Welfenfonds erst nach Genehmigung durch die Zentrale[304]. Die deutschen Diplo-

---

[298] PA, Pers.Akte Nr. 28.

[299] Schreiben vom 20. Juni 1875, PA, IA Bc 83 Bl. 157.

[300] PA, IB Rep IV Personalia Gen. Nr. 46.

[301] Vgl. hier S. 50.

[302] Naujoks, Pressepolitik, S. 12, S. 210.

[303] In Paris waren die Agenten manchmal für mehrere Seiten tätig. Naujoks, a.a.O., S. 36f, beschreibt, welche Komplikationen in den sechziger Jahren bei den Bemühungen der preußischen Gesandtschaft um "Unterbringung" von Artikeln auftraten.

[304] A.a.O., S. 13, 164.

maten - außer Dr. Lindau in Paris - traten nicht in Erscheinung, und Zwischenträger oder Vertrauensleute konnte man jederzeit fallen lassen. Bemerkenswerte Aktionen waren in den Hauptstädten der Großmächte nicht zu verzeichnen. Überhaupt scheint Bismarck eine militante Pressepolitik - von Naujoks als "Pressekrieg" bezeichnet[305] - wie vor der Reichsgründung bei den Auseinandersetzungen mit Österreich und Frankreich sowie den Ultramontanen, nicht mehr für vordringlich gehalten zu haben.

C.I.9. Graf Hatzfeldt - Ein Gentleman und Bismarcks "bestes Pferd im Stall"

Der Tod Bernhard von Bülows war der erste Einschnitt in der Geschichte des Auswärtigen Amts, nicht nur weil dieser Staatssekretär wie kein anderer die Behörde fest im Griff hatte, sondern weil der Kanzler sich lange Zeit nicht zu einer Neubesetzung entschließen wollte. Schließlich wurde Graf von Hatzfeldt-Wildenburg am 9. Oktober 1882 zum Staatssekretär des Auswärtigen Amts und preußischen Staatsminister ernannt. Damit wurde ein drei Jahre dauerndes "Interregnum"[306] beendet, währenddessen sich immer häufiger Spannungen zwischen den Dezernenten ergaben, die den Geschäftsgang ungünstig beeinflußten[307]. In der Öffentlichkeit hatte die lange Dauer der Vakanz zu Spekulationen Raum gegeben. So kamen im November 1880 Gerüchte auf, Bismarck wolle wegen Differenzen mit Hofkreisen über die Staatssekretär-Ernennung seinen Abschied einreichen[308].

Auf Bülows Nachfolge hatten sich Keudell und Radowitz Hoffnungen gemacht, Bismarck bot den Posten aber dem Fürsten Hohenlohe an. Dieser lehnte sogleich ab, weil er bei der geringen finanziellen Ausstattung der Stelle die erforderlichen Zuschüsse aus eigenem Vermögen nicht glaubte leisten zu können. Immerhin war Hohenlohe wenigstens bereit, von April 1880 an einige Monate im Wege der Abordnung in Berlin Dienst zu tun. Dazu hatte ihn auch Holstein bewogen, der gleichzeitig versuchte, den mit ihm befreundeten Grafen Hatzfeldt für die freie Stelle zu gewinnen. Das war im Sinne des Reichskanzlers, der mit der vertretungsweisen, vorübergehenden Wahrnehmung des Postens - nach Hohenlohe durch Limburg-Stirum - auf die Dauer nicht zufrieden sein konnte.

---

305 A.a.O., S. 128.

306 So nannten es die Amtsangehörigen.

307 Richter, Mitarbeiter Bismarcks, S. 82, spricht von einem "Kampf aller gegen alle".

308 Berliner Tageblatt vom 3. November 1880.

Nach einigem Sträuben trat Hatzfeldt gemäß Verfügung vom 3. Juli 1881 den Dienst "zur kommissarischen Wahrnehmung der Geschäfte des Staatssekretärs im Auswärtigen Amt und zur Stellvertretung des Reichskanzlers im Bereich des Auswärtigen Amts"[309] an. Für dieses Provisorium gab es mehrere Gründe in der Person dessen, den Bismarck scherzend als sein "bestes Pferd im Stall"[310] bezeichnete. Da waren zunächst die zerrütteten Vermögensverhältnisse des Grafen Hatzfeldt, der einen sehr anspruchsvollen Lebensstil hatte, ohne die dafür erforderlichen Mittel zu besitzen. Zwar stammte er aus einer der reichsten Grundbesitzer-Familien im Rheinland, verfügte aber wegen der Vermögensstreitigkeiten seiner geschiedenen Mutter mit seinem Vater kaum über Einkünfte aus den ihm zustehenden Vermögensteilen. Die ersten Dienstbezüge erhielt er nach sechsjähriger Tätigkeit im Auswärtigen Dienst. Er lebte also auf Kredit, wenn nicht Bankier Bleichröder ihm gelegentlich einen Aufsichtsratsposten verschafft hätte, der einiges einbrachte. Seine Personalakte füllten viele Beschwerden wegen unbezahlter Rechnungen von Geldverleihern, Juwelieren, Ärzten, Schneidern, Wagenbauern, Weinhandlungen usw. Im übrigen hatte er sich in Fehlspekulationen und Geschäftsbeziehungen zu dubiosen Partnern eingelassen. Seine Gesamtverschuldung soll sich Ende der siebziger Jahre auf 850.000 M[311] belaufen haben. Der Kaiser, aber auch der Reichskanzler, machten eine Sanierung der Vermögensverhältnisse Hatzfeldts zur Bedingung für eine Ernennung zum Staatssekretär[312]. Durch Zuwendungen seiner Mutter und des Majoratserben Fürst Alfred von Hatzfeldt[313], seines Bruders, und den Verkauf eines Grundstücks in Berlin[314] kam der benötigte Betrag zusammen.

Die Abhängigkeit von Bankiers wie Bleichröder, die bereits in der Presse erörtert wurde[315], schien nun vorbei zu sein, wenigstens vorläufig. Damit war eine der Voraussetzungen Hatzfeldts erfüllt, eine weitere bestand in der Trennung von der Ehefrau[316]. Der allgemein bekannte extra-

---

309 PA, R 286; in amtlichen Schriftstücken heißt es sowohl "im" wie "des" Auswärtigen Amts.

310 Sasse, Aus Bismarcks Werkstatt, S. 53; Krausnick, Hatzfeldt, S. 566. Es handelt sich um eine der vielen Äußerungen Bismarcks über seine Mitarbeiter, die irgendwann gefallen sind und für die es keine Belege in den Akten gibt. Poschinger dürfte einer der ersten Autoren sein, die diesen Ausspruch festgehalten haben.

311 Stern, S. 354.

312 Ebel, Bd. I, S. 331, Anm. 1.

313 Ebel, Bd. I, S. 390ff.

314 Ebel, Bd. I, S. XXXVI, S. 400.

315 Z.B. Germania, erwähnt bei Ebel, Bd. I, S. 349; Stern, S. 354.

316 Ebel, Bd. I, S. 331, Anm. 1.

vagante, ja skandalerregende[317] Lebenswandel der Gräfin Helene, geborene Moulton, Tochter eines amerikanischen Geschäftsmannes, die Hatzfeldt 1863 geheiratet hatte[318], belastete nicht nur die häuslichen Verhältnisse, sondern führte dazu, daß Gräfin Hatzfeldt für die amtliche Repräsentation ungeeignet schien. Auch bei Hofe war sie nicht erwünscht. 1882 wurde die Ehe geschieden, und erst jetzt stand der Ernennung des neuen Staatssekretärs nichts mehr entgegen[319].

Als Hatzfeldt, 51 Jahre alt, Staatssekretär wurde, hatte er sich in jeder der vorher bekleideten Positionen bewährt. Er war 1859 als Aspirant in den Auswärtigen Dienst aufgenommen worden, obwohl er als Auskultator ohne Referendarexamen die Einstellungsvoraussetzungen nicht erfüllte und eine aus dem achtundvierziger Jahr herrührende "rote Vergangenheit" - dank des Verhältnisses seiner Mutter zu Ferdinand Lassalle - aufwies. So war er, wenn auch nur kurze Zeit, Kassierer beim Düsseldorfer "Volksclub" gewesen. Daß er ohne Vermögen und katholisch war, beeinträchtigte die Einstellung in den Dienst ebenfalls nicht. Seine Fürsprecherin war die spätere Kaiserin Augusta.

Nach Paris als unbesoldeter Attaché entsandt, machte er sich bald unentbehrlich, dank seinem Geschick im Geschäftsbetrieb und im Umgang mit der politischen Welt. Es waren seine Berichtsentwürfe und der Charme seiner Persönlichkeit, die Botschafter Graf von der Goltz veranlaßten, dem Auswärtigen Amt nahezulegen, ihm das diplomatische Examen und die damit verbundene Vorbereitung (in Berlin) zu erlassen, was 1860 zugleich mit der Ernennung zum Legationssekretär bewilligt wurde; allerdings blieb er weiterhin ohne Besoldung. Erst 1865 als Sekretär an der Gesandtschaft Den Haag erhielt er Dienstbezüge.

1868 wurde er ins Auswärtige Amt einberufen und der Politischen Abteilung als Hilfsarbeiter im Frankreich-Dezernat zugeteilt. Schon ein Jahr später wurde er zum Vortragenden Rat und Wirklichen Legationsrat befördert.

Als Angehöriger des "mobilen Auswärtigen Amts", der "Feldkanzlei" im Krieg 1870/71, war er Bismarck eine große Hilfe, insbesondere bei der Formulierung der Kapitulationsbedingungen nach der Schlacht von Sedan und der Übergabe von Metz, aber auch bei Abfassung von Proklamationen an die Bevölkerung. Im Hauptquartier zu Versailles arbeitete er

---

317 Ebel, Bd. I, S. XXIV und S. 331.

318 Damals gab es den Erlaß Bismarcks über die Einschränkung der Heiraten mit Ausländerinnen noch nicht; vgl. hier S. 82.

319 Auch bei anderen Staatssekretären war die beabsichtigte Ernennung Hatzfeldts zunächst auf Widerspruch gestoßen. Kaiser Wilhelm I. hat sich damit in einem 13 Seiten langen handschriftlichen Brief vom 25. Oktober 1880 an den Reichskanzler beschäftigt. PA, R 312.

unermüdlich, zuletzt an den Bestimmungen des Präliminarfriedens Ende Februar 1871. Es war nicht nur die Beherrschung der französischen Sprache, die ihn dafür so geeignet machte, sondern auch politische Urteilskraft und Weitblick. So machte er im Herbst 1870 den Vorschlag, Verhandlungen mit der Kaiserin Eugenie zu führen, durch die ihr die etwa 160.000 Mann Besatzung von Metz zum Erhalt des Kaiserreiches überlassen werden sollten, um einen schnellen Friedensschluß zu erreichen, ja vielleicht sogar eine dauernde Verständigung mit Frankreich[320]. Selbstverständlich war Hatzfeldt auch an den Friedensverhandlungen in Frankfurt beteiligt.

1873 folgte die Beförderung zum Wirklichen Geheimen Legationsrat und 1874 die Versetzung als Gesandter nach Madrid. Mit seiner Haltung bei der Förderung der republikanischen Entwicklung in Spanien lag er auf der vom Kanzler bis zum Rücktritt des Marshalls Serrano verfolgten Linie. Nach der Thronbesteigung von Alphons XII. und der Änderung der deutschen Spanienpolitik gelang es ihm schnell, das Vertrauen des jungen Königs zu gewinnen. Seine Berichterstattung fand allgemeine Anerkennung, sogar bei dem kritischen Staatssekretär von Bülow.

Mit Rücksicht auf seine prekäre finanzielle Lage und weil ihm die Tätigkeit in Madrid auf die Dauer nicht zusagte, bat Hatzfeldt den Kanzler 1878 um einen besser dotierten Posten, der ihm alsbald mit der Ernennung zum Botschafter in Konstantinopel zufiel. Dort galt es, die Bestimmungen des Berliner Kongresses ins Werk zu setzen, wobei der deutsche Botschafter sich zwischen den englischen, russischen und türkischen Interessen zu bewegen hatte. In kurzer Zeit gelang es ihm dank seines politische Fingerspitzengefühls, die Grenzfragen einer Lösung zuzuführen und im Umgang mit dem Sultan dem Deutschen Reich in Konstantinopel eine einflußreiche und bedeutende Stellung zu verschaffen. Auch auf anderen Gebieten war er erfolgreich. So ermöglichte er deutschen Archäologen die Durchführung der Ausgrabungen in Pergamon.

Doch nach seinem Dienstantritt im Auswärtigen Amt stellte sich bald heraus, daß Hatzfeldt die Erwartung, er könne den mit Arbeit überhäuften und leidenden Kanzler entlasten, nicht erfüllte. Er wollte sich um "das Große" kümmern, die tägliche Kleinarbeit interessierte ihn nicht[321]. Es wurden ihm "Bequemlichkeit" und "Geschäftsscheu" nachgesagt. Ihn aber als den "faulen Paul" zu bezeichnen, wie er von Kollegen genannt wurde[322], würde seiner Persönlichkeit nicht gerecht werden. Wenn es

---

[320] Ebel, Bd. I, S. 86ff, S. 91 (Memoirenfragment).

[321] Im Berliner Börsenkurier vom 1. November 1880 war zu lesen gewesen, "daß Hatzfeldt zwar ein gewandter Politiker aber [...] keineswegs aus dem Holz gemacht war, aus dem man sonst Staatssekretäre zu bilden pflegt".

[322] Stern, S. 89.

nämlich darauf ankam, und er innerlich Anteil an der Arbeit nahm, wie in Versailles oder Konstantinopel, konnte er sich bis zum Äußersten anstrengen.

Hatte Bismarck noch 1882 in seinem Ernennungsvorschlag Hatzfeldt als den "fähigsten deutschen Diplomaten" und "begabtesten und gewandtesten unter den Botschaftern" geschildert[323], so hieß es im Immediatbericht vom 20. Oktober 1885, daß "seine Arbeitskraft den Anstrengungen des ministeriellen Dienstes nicht gewachsen" sei[324]. Das Urteil, ihm habe "die Fähigkeit regelmäßige Büroarbeit zu leisten" gefehlt[325], dürfte zutreffen, denn Hatzfeldt hat selber seine mangelnde Eignung für die Routinearbeit gesehen und behauptet, es sei eine "Quälerei von morgens bis abends [...] eine Hundeexistenz" zu führen, die einen "vollständig aufreißen muß"[326].

Hatzfeldt paßte mit der Arbeitsauffassung des Grandseigneurs einfach nicht in eine Bürokratie, wo Fleiß und Leistung als entscheidend angesehen wurden. Hier gaben Radowitz, Bucher, Dr. Busch, Holstein, Herbert Bismarck ein Tempo an, wie es vom Kanzler verlangt wurde[327]. Es kam hinzu, daß Hatzfeldt häufig krank war und zur Kur mußte.

Allerdings traten während Hatzfeldts Amtsführung keine Pannen auf, seine Klugheit, sein kühler Kopf, die leichte Hand, besonders im Umgang mit dem Berliner diplomatischen Korps, ließen "nichts verderben", wie Holstein zutreffend beobachtet hat[328].

Auch über mangelnde Loyalität konnte der Chef sich nicht beklagen, obwohl der Staatssekretär gerade zum Kronprinzenpaar ein enges Verhältnis hatte und dort laufend verkehrte.

Die erste Hälfte der achtziger Jahre brachte keine dramatischen Entwicklungen der internationalen Lage, so daß sich Hatzfeldt während seiner Amtszeit großen Herausforderungen nicht gegenüber sah. Eine besondere Anteilnahme an der nach 1883 aufkommenden Kolonialpolitik hat er nicht gezeigt, wenn er auch an den Vorbereitungen für die Berliner Kongo-Konferenz maßgebend beteiligt war[329]. Dabei konnte er sich auf die vom Kolonialreferenten von Kusserow mit großer Energie betriebene Arbeit stützen. Aus Krankheitsgründen vermochte er die Konferenz nicht zu leiten.

---

[323] PA, Pers.-Akte Nr. 27.

[324] Ebel, Bd. 1, S. 458, Anm. 5.

[325] Stamm, S. 89.

[326] Ebel, Bd. 1, S. 434.

[327] Schweinitz stellte bei einem Besuch in Berlin Hatzfeldts völlige Überlastung fest. Bd. 2, S. 271.

[328] Holstein, Bd. 2, S. 128, 130, 159, 209.

[329] Ebel, Bd. 1, S. XXXVI.

Eine ernsthafte koloniale Verwicklung dieser Jahre betraf eine Inselgruppe im südlichen Stillen Ozean, die Karolinen. Anfang 1885 bat eine Hamburger Firma, die das Handelsmonopol auf den Inseln erworben hatte, um Schutz durch das Deutsche Reich. Während dieser Antrag im Auswärtigen Amt geprüft wurde, bekundete Spanien die Absicht, die Inseln zu besetzen und zwar aufgrund alter Besitztitel. Da diese aus der Berichterstattung der Botschaft Madrid nicht hinreichend ersichtlich waren und die Begründung der spanischen Ansprüche in Berlin noch nicht bekannt war, bestand im Auswärtigen Amt die Absicht schnell zuzugreifen. Der Kanzler billigte das. Der Staatssekretär hatte dieser Sache wenig Aufmerksamkeit geschenkt, ging dann auf Krankheitsurlaub, und als der neue Kolonial-Dezernent, Dr. Krauel, von Handelskreisen immer mehr gedrängt wurde, die Schutzherrschaft zu erklären, setzte man die spanische Regierung am 4. August 1885 von dem deutschen Vorhaben in Kenntnis. Ein spanischer Protest machte in Berlin nur wenig Eindruck und Ende August 1885 wurde auf einer der Inseln die deutsche Flagge gehißt. Nun fanden in Madrid Demonstrationen vor der deutschen Gesandtschaft statt, eine wilde Pressekampagne folgte und die deutsche Ausfuhr nach Spanien erlitt schwere Einbußen. Jetzt erst stellte man im Auswärtigen Amt fest, daß die spanische Seite doch vorrangige Rechtstitel hatte und willens war, sie durchzusetzen. Inzwischen hatten Hatzfeldt und Herbert Bismarck, der ebenfalls krank gewesen war, die Bearbeitung der Sache wieder übernommen und waren zum Einlenken bereit, als die deutsche Seite sich einer immer mehr aufgebrachten öffentlichen Meinung in Spanien gegenübersah. Am 29. September 1885 schlug die deutsche Seite den Papst als Schiedsrichter vor. So konnte man das Gesicht wahren, während das Auswärtige Amt unter der Hand durchblicken ließ, daß Deutschland bereit sei, die spanische Souveränität anzuerkennen, wenn nur die Handelsbeziehungen in altem Umfang wieder aufgenommen würden. Ein päpstlicher Schiedsspruch machte der Sache ein Ende. Holstein notierte in sein Tagebuch: "Nun, der erste échec der Bismarck'schen Außenpolitik ist da"[330].

Wenn von Hatzfeldts Mitwirkung an der Kolonialpolitik während seiner Zeit als Staatssekretär wenig zu erkennen ist, hat er doch später als Botschafter in London 1889/90 mit großem Geschick dazu beigetragen, die Spannungen, die damals wegen Ostafrika mit England auftraten, beizulegen. So war Bismarck bereit, Hatzfeldts Empfehlung zu folgen und den Vorschlag Lord Salisburys anzunehmen, sich einem Schiedsspruch zur Bereinigung dieser kolonialen Streitigkeit zu unterwerfen. Nach Bis-

[330] Holstein, Bd. 2, S. 256. 14 Jahre später kaufte das Reich die Inseln von Spanien.

marcks Entlassung sind diese Dinge schließlich durch den Helgoland-Sansibar-Vertrag geregelt worden.

Alles in allem hat die Tätigkeit Hatzfeldts im Amt kaum Spuren hinterlassen; er trat dienstlich nicht hervor und verhielt sich der Berliner Gesellschaft gegenüber sehr zurückhaltend. Anders in London als Botschafter: dort kamen seine Begabung und Fähigkeiten wieder voll zur Geltung. Er erwarb sich rasch das Vertrauen der englischen Politiker, besonders das des schwer zugänglichen Premierministers Lord Salisbury.

Interessant ist, daß der Botschafter schon bald nach seinem Dienstantritt[331] einer Beurteilung Salisburys gerecht werden sollte, wonach er sich "sogar unter dem Fürsten Bismarck eine gewisse Unabhängigkeit der Gedanken bewahrt und sich [...] nicht gescheut habe, die Verantwortlichkeit einer eigenen Meinung auf sich zu nehmen"[332]. In Übereinstimmung mit Holstein hat er nämlich gelegentlich versucht, einer Politik das Wort zu reden, die nicht den Intentionen des Kanzlers entsprach. Wenn er sich 1885-87 um eine möglichst enge Verbindung Englands mit Österreich bemühte, weil dies die deutsche Position zu entlasten versprach, befand er sich auf der Bismarck'schen Linie. Aber eine gleichzeitig angedeutete deutsche Unterstützung, auch etwaiger österreichischer Initiativen in Bulgarien, lag nicht im Interesse des Kanzlers. Dieser und sein Sohn meinten, daß England versuchen könne, sich durch Österreich - und Deutschland - auf dem Balkan die "Kastanien aus dem Feuer" holen zu lassen und selbst das Risiko einer Auseinandersetzung mit Rußland möglichst gering halten wolle. Das war seit langem die Einschätzung der Lage durch den Kanzler, der schon auf einem Bericht der Botschaft Wien vom 3. Juli 1874 vermerkte: "England rechnet für Constantinopel auf Österreich und wird dessen Kraft dafür gern verbrauchen"[333].

Als Hatzfeldt unter dem 13. August 1883 von einer Äußerung Salisburys berichtete, "daß Österreich dazu berufen sei, den Theil der Aufgabe zu übernehmen, den England als Seemacht nicht ausführen könne und [...] eventuell militärisch die Ruhe auf dem Balkan aufrecht zu erhalten habe"[334], notierte Bismarck: "Österreich kann England unterstützen, aber nicht vertreten. England versucht, Österreich ins Feuer zu schicken". Diese Einstellung des Kanzlers war Hatzfeldt geläufig, denn er hat Salisbury im November 1885 darauf aufmerksam gemacht, daß England Österreich nicht "die Aufgabe zuweisen könne, die ganze Gefahr eines

---

331 7. November 1885.

332 GP 13, S. 24.

333 PA, R 5653.

334 Krausnick, Hatzfeldt, S. 575.

großen Krieges zu tragen, ohne eines nachhaltigen Rückhalts sicher zu sein"[335].

Bismarcks Politik war darauf ausgerichtet, daß ein deutsches Eingreifen zu Gunsten Österreichs nur bei dessen ernstlicher Gefährdung in Frage komme; in der Orientfrage sollte Deutschland neutral bleiben[336]. Der Kanzler meinte, daß ein entscheidendes Engagement Englands auf dem Balkan und Beistand für Österreich zur Entspannung der Lage beitragen könne, besonders wenn die englische Regierung das auch in St. Petersburg erklären würde[337]. Damit steht nun aber eine Bemerkung Hatzfeldts gegenüber dem englischen Premierminister, Deutschland werde auf Österreichs Seite "mittun", nicht in Einklang. Nach Bismarcks Einschätzung war solches eher geeignet, die englische Regierung in ihrer Zurückhaltung zu bestätigen; ein englisches Engagement auf dem Balkan könne eher durch eine desinteressierte deutsche Haltung erreicht werden[338].

In einem späteren Erlaß an Hatzfeldt im Zusammenhang mit der Mittelmeer-Entente hat der Kanzler die Voraussetzungen für die Fortdauer des Friedens dahin umrissen, "daß Frankreich gegenüber *wir* das Gleichgewicht bilden, und daß gegen Rußland das durch Italien und England gestützte Österreich die Waage hält"[339].

Etwa zur gleichen Zeit hatte Holstein bei seinen - ohne Wissen der Amtsleitung geführten - Gesprächen mit dem österreichischen Geschäftsträger von Tavera durchblicken lassen, daß österreichische Initiativen - etwa in Bulgarien - deutsche Unterstützung erhalten würden[340].

Was das englische Engagement betraf, so meinte Hatzfeldt im Rahmen seines brieflichen Gedankenaustauschs mit Holstein im September 1886, daß die Österreicher mit dem Ersuchen um englische Unterstützung auf die Londoner Regierung zukommen sollten. Das verspreche Erfolg[341].

---

335 GP Bd. 4, S. 265ff.

336 Krausnick, Hatzfeldt, S. 575, weist auf Bismarcks Schreiben an Salisbury vom 22. November 1878 hin.

337 Vgl. die Randbemerkung Bismarcks auf Bericht London vom 5. Dezember 1886, PA, R 5654.

338 Hinweise auf diese Äußerung gibt es nicht in der Korrespondenz Hatzfeldts mit Holstein. Krausnick, Hatzfeldt, S. 575, stützt sich auf einen im Wiener Haus-, Hof- und Staatsarchiv gefundenen Brief des Grafen Kinsky, eines Beamten der österreichischen Botschaft London, der durch Schatzkanzler Randolph Churchill davon erfahren haben will.

339 GP, Bd. 4, S. 310.

340 Krausnick, Geheimpolitik, S. 19, 30, 31, 43, 67, 71, 192.

341 Krausnick, a.a.O., S. 58; Krausnick, Hatzfeldt, S. 573. Ob Hatzfeldt von den "Ratschlägen" Holsteins an Tavera wußte, ist ungeklärt. Belegt ist durch einen bei Elzer, S. 852 (Anm. 472), in der ungekürzten, unveröffentlichten Dissertation (phil. Bonn, 1990), erwähnten Brief vom 20. Juli 1886, daß Holstein angeregt hatte, der erste Schritt auf Österreich zu müsse von England ausgehen; vgl. Ebel, Bd. 1, S. 509.

Da Holstein dies an Tavera weitergab, hätte im österreichischen Außenministerium der Eindruck entstehen können, die englische Regierung würde bereit sein, österreichische Initiativen mitzutragen.

Hatzfeldts eigenmächtige Äußerung beruhte wohl darauf, daß es ihm - ebenso wie Holstein - darauf ankam, Englands Unterstützung für Österreich - und damit auch für Deutschland - zu gewinnen, weil er einen Zusammenstoß mit Rußland und Frankreich als unvermeidlich ansah[342]. Das war ein Abweichen von der amtlichen Politik, wenn es auch keine Folgen hatte. Später entsprach die Art und Weise, wie er sich um das Zustandekommen des Mittelmeerabkommens Anfang 1887 bemühte, ganz Bismarcks Wünschen. Nur einmal noch zeigte sich der Einfluß Holsteins, als Hatzfeldt sich ohne Weisung bei Salisbury dafür einsetzte, daß dieser Österreich zum Beitritt zur englisch-italienischen Entente auffordern solle. Das war nicht im Sinne von Bismarck, ihm wäre solche direkte Einflußnahme zu weit gegangen[343].

---

[342] Die in GP 4, Nr. 879, wiedergegebene Äußerung Hatzfeldts bei einem Gespräch mit Salisbury im Februar 1887, England könne nichts "heilsameres" passieren, als an einem "guten Krieg" teilzunehmen, paßt dazu.

[343] Elzer hat diese "Eigenmächtigkeit" Hatzfeldts festgestellt und sich auf S. 212f seiner Dissertation damit auseinandergesetzt. Vgl. Elzer, Bismarcks Bündnispolitik von 1887. Erfolg und Grenzen einer europäischen Friedensordnung, 1990, vollständige unveröffentlichte Fassung (Diss. phil., Bonn, 1990).

C.II. Billigung oder Ablehnung von Bismarcks Außenpolitik

C.II.1. Friedrich von Holstein - Beamter zwischen Disziplin, Loyalität und Politik auf eigene Faust

Von den Beamten des Auswärtigen Dienstes der Bismarckzeit ist es Friedrich von Holstein, dem die größte Aufmerksamkeit der Nachwelt gegolten hat, und der ihre Phantasie anregte. Obwohl im Rang nicht an oberster Stelle, fand seine Person höchste Beachtung, nicht so sehr der Zeitgenossen, denen sein Wirken noch weitgehend verborgen blieb, dafür umso mehr nach dem Ersten Weltkrieg bei den Historikern und in der Publizistik. Das ließ ihn bekannt werden wie wohl keinen anderen deutschen Diplomaten[1].

Holstein war einer der engsten Mitarbeiter Bismarcks. Dieser hatte 1860 nach einer abschlägig beschiedenen Bewerbung des Referendars beim Kammergericht eine Aufnahme des Dreiundzwanzigjährigen in den diplomatischen Vorbereitungsdienst empfohlen[2]. Daraufhin wurde Holstein mit "allerhöchster Genehmigung zur diplomatischen Laufbahn unter Entbindung der von ihm nicht vollständig absolvierten Bedingungen" zugelassen und zur preußischen Gesandtschaft in St. Petersburg versetzt. Bismarck nahm sich der Ausbildung des ihm schon als Kind eines pommerschen Gutsnachbarn bekannten Attachés an und bot ihm Familienanschluß. Der als 2. Sekretär an der Gesandtschaft tätige Kurd von Schlözer führte ihn in den Geschäftsbetrieb einer Auslandsvertretung ein.

Nach einiger Zeit war Holstein eine Art "Privatsekretär" Bismarcks geworden, der Diktate aufnahm, chiffrierte und dem Gesandten schon einmal mit Berichtsentwürfen zur Hand ging. Dieser bescheinigte ihm in einer berühmt gewordenen Beurteilung "unermüdlichen Diensteifer, sehr gute natürliche Anlagen, gute wissenschaftliche Vorbildung und Sprachkenntnisse, Eigenschaften, die von Nutzen für den Dienstbetrieb" gewesen seien und die Aussicht böten, daß Holstein "für den Auswärtigen Dienst in hohem Grade brauchbar zu werden" verspreche[3].

Schon 1862 erhielt Holstein die Themen für die staatsrechtliche, die staatswissenschaftliche und die historisch-politische Probearbeit, die er wegen eines Nervenfiebers erst Anfang 1863 fertigstellen konnte. Sie wurden mit "gut" bewertet[4]. Ein besonderes Lob erhielt die Behandlung

---

[1] Biographien von Rich, Richter, Rogge, von Trotha und anderen.

[2] In der Vorlage an den Prinzregenten wird von einer "Empfehlung von achtbarer Seite" gesprochen; PA Pers.-Akte Nr. 28.

[3] J. Saß, Bismarcks Petersburger Bericht über Holstein, Preußische Jahrbücher 219 (1930), S. 234.

[4] PA, Pers.-Akte Nr. 28.

der "Russischen Emanzipationsfrage" als eine kurze, klare und prägnante Darstellung auf 54 Seiten. Darin behauptete Holstein, daß die "überschwenglichen Erwartungen der Bauern, ihre Hoffnung auf die zweite Freiheit, d.h. unentgeltliche Überlassung des Landes" nur schwer zu verwirklichen sein würden angesichts der Verschuldung der Grundbesitzer und fehlender Finanzierungsmöglichkeiten für diese Reform. Dagegen seien beim "freien Arbeiter höhere Produktivität und Wohlstand schneller zu erwarten". Nach der mündlichen Prüfung fand die Kommission Holstein "für die diplomatische Laufbahn gut vorbereitet".

Entsprechend seinem Wunsch, "außerhalb Europas" Verwendung zu finden, wurde er nach Rio de Janeiro entsandt. Das bedeutete noch keine etatsmäßige Anstellung mit Gehalt, da, wie ihm mitgeteilt wurde, "die Anzahl der Kandidaten für die diplomatische Laufbahn, welche das Examen bestanden haben, das Bedürfnis bei weitem übersteigt"[5].

Mit der Tätigkeit, die ihm an der Gesandtschaft geboten wurde, war er nicht zufrieden. Darüber klagten auch andere 3.Sekretäre[6]. Die "deutschen Bummler zu unterstützen" empfand er nicht als Erfüllung seines Strebens nach selbständigem Wirken, und auch die Reisen "ins Innere" Brasiliens vermochten den klugen und ehrgeizigen Beamten auf die Dauer nicht zu befriedigen[7]. Da im übrigen sein Verhältnis zu dem Gesandten nicht angenehm war, bat er schon nach wenigen Monaten in einem an Bismarck persönlich gerichteten Brief um seine Abberufung. Sein in bemerkenswert vertraulichem Ton vorgebrachter Wunsch wurde alsbald erfüllt[8], und das Jahr 1864 sah Holstein im preußischen Außenministerium, von wo er nach Ausbruch des dänischen Krieges dem Verbindungsstab des Ministerpräsidenten zum militärischen Hauptquartier zugeteilt wurde. Dort bewährte sich Holstein nicht nur bei der Lösung völkerrechtlicher Fragen, sondern er nahm auch als Hilfskraft der Johanniter am Sturm auf die Düppeler Schanzen teil und stand Verwundeten bei.

Im Mai 1864 schickte ihn das Außenministerium anläßlich der internationalen Konferenz über die verfassungsmäßige Neuordnung der schleswig-holsteinischen Herzogtümer als Verstärkung zur Londoner Gesandtschaft. Er kam sich aber dort nicht genügend ausgelastet vor, weil der Gesandte und der 1. Sekretär zu wenig laufende Arbeit für ihn übrig ließen. Er wandte sich Ausarbeitungen über die irische Frage, die Vereinig-

---

5 PA, Pers.-Akte Nr. 28.

6 Auch in der Zentrale beschäftigte man die jungen Beamten während der Ausbildungszeit mit "schematischen, formalistischen, ganz und gar untergeordneten Aufgaben", Raschdau, Unter Bismarck und Caprivi, S. 42; Rennell Rodd, S. 75: "In those days all clerical work was done by attachés and junior secretaries".

7 PA, Pers.-Akte Nr. 28.

8 PA, Pers.-Akte Nr. 28.

ten Staaten und Kanada zu. Im Sommer 1865 ließ er sich einen Urlaub für eine viermonatige Reise in die Vereinigten Staaten erteilen. Auf ausgedehnten Fahrten sah er sich dort um und ging auf die Jagd. Im Januar 1866 wurde er der Gesandtschaft Washington "attachiert", und Ende des Jahres erhielt er dort eine etatsmäßige Stelle. Die Entwicklung in den Vereinigten Staaten nach dem Bürgerkrieg und sein Interesse für die amerikanische Demokratie ließ Holstein die ursprüngliche Absicht, den Aufenthalt nicht lange auszudehnen, aufgeben, so daß er Bismarck im April 1867 bat, noch ein Jahr bleiben zu dürfen. Der Gesandte unterstützte diesen Wunsch wärmstens. Währenddessen war aber seine Versetzung nach Berlin verfügt worden. Nach Eingang des entsprechenden Erlasses nahm Holstein seine Bitte zurück, reiste ab und trat im August seinen Dienst im Auswärtigen Amt an.

In der Literatur ist die Versetzung Holsteins auf die Intervention des Vorsitzenden des Außenpolitischen Ausschusses im amerikanischen Senat, Sumner, zurückgeführt worden. Dieser habe daran Anstoß genommen, daß Holstein seiner jungen Frau den Hof gemacht und ein wertvolles Halsband geschenkt habe. Daß Bismarck der von Sumner verlangten Abberufung nachgekommen sei, habe dazu geführt, daß Holstein eine Animosität gegen Bismarck entwickelt habe, sein Charakter sich verhärtet habe und er ein unverträglicher, ja hinterhältiger Sonderling wurde[9]. Dieses Ereignis, meint eine Richtung in der Geschichtswissenschaft der zwanziger und dreißiger Jahre, die Ursachen für Vorgänge, deren Beweggründe nicht deutlich erkennbar sind, mit psychologischer Deutung in den persönlichen Beziehungen der Akteure zu finden suchte, habe letzten Endes den "unheilvollen" Einfluß Holsteins auf die unglückliche deutsche Außenpolitik vor dem Ersten Weltkrieg zur Folge gehabt[10]. Welcher Art die Beziehung zu Mrs. Sumner gewesen ist und ob sie zur Abberufung geführt hat, läßt sich nicht nachweisen. Es ist aber unwahrscheinlich, daß die Bitte Holsteins und seines Missionschefs, die Versetzung aufzuschieben, geäußert worden wäre, wenn eine Beschwerde Sumners vorgelegen hätte.

Ausgangspunkt für die Erörterung von Holsteins "Liebesaffäre" in Memoiren und Literatur nach dem Ersten Weltkrieg scheint eine Meldung der "Frankfurter Zeitung"[11] gewesen zu sein, die nach der Vernehmung Holsteins im Prozeß gegen Botschafter Graf Arnim vor dem Berliner Stadtgericht erschien, und es könnte sein, daß sie von Arnim oder seinen

---

9 Hallgarten, S. 83; Krausnick, Geheimpolitik, S. 174, 340; Brauer, Erinnerungen, S. 109; Richter, Mitarbeiter Bismarcks, S. 178. Hamman, Kaiserzeit, S. 66f, spricht von einer "krankhaften Veranlagung zum Unheilvollen".

10 So Hallgarten und Krausnick, a.a.O.

11 Frankfurter Zeitung vom 3. Januar 1875.

Mitarbeitern lanciert wurde, um Holstein zu schaden. Holstein hat dazu nie Stellung genommen und zu seinen Lebzeiten ist die Sache nicht wieder publizistisch behandelt worden[12].

Insgesamt ein Jahr war Holstein vertretungsweise, als Geschäftsträger, an den Gesandtschaften in Stuttgart, Florenz und Kopenhagen sowie in der Politischen Abteilung tätig. Die gestellten Aufgaben konnten ihn aber nicht befriedigen; er hatte das Gefühl, seine Arbeitskraft sei nicht richtig genutzt. 1868 wurde ihm ein mehrjähriger Urlaub bewilligt, damit er in das von einem belgischen Freund gegründete Unternehmen eintreten konnte, für das Max Eydt, der Ingenieur und Schriftsteller, eine neues Verfahren zum Betrieb der Schleppschiffahrt entwickelt hatte[13]. Obwohl Holstein unermüdlich für dieses Vorhaben tätig war und das ererbte Vermögen einsetzte, blieb der Erfolg aus.

Im Sommer 1870 kehrte Holstein in das Auswärtige Amt zurück. Er wurde sogleich von Bismarck nach Italien geschickt, um dort unabhängig von der preußischen Gesandtschaft in Florenz festzustellen, wie das Angebot von italienischen Republikanern, ein Freikorps gegen Frankreich aufzustellen, zu beurteilen sei. Noch bevor Holstein den Auftrag ausführen konnte, war die Sache angesichts der durchschlagenden deutschen Siege erledigt.

Für den Rest des Jahres 1870 machte sich Holstein in der Politischen Abteilung nützlich. Staatssekretär von Thile lobte die oben erwähnten Aufsätze in der "Times" 1870 über die französische Deutschlandpolitik seit Ludwig XIV.

Anfang Januar 1871 hielt es ihn nicht länger in Berlin, er begab sich eigenmächtig nach Versailles und schloß sich dem "mobilen" Auswärtigen Amt an. Bismarck hatte keine Einwendungen und setzte ihn für die Vorbereitung des Präliminarfriedens ein. Legationsrat Graf Hatzfeldt war Holstein mit seinen guten Französisch-Kenntnissen höchst willkommen. Er hat später gemeint, ohne Holstein hätte er die Arbeit nicht schaffen können.

Mitte März 1871 wurde Holstein zum Vertreter des Auswärtigen Amts beim Generalgouverneur im besetzten Frankreich ernannt. In dieser Eigenschaft führte er Gespräche mit einem Vertreter der Pariser Kommune. Ab Juni 1871 gehörte er zur wiedererrichteten deutschen Gesandtschaft in

---

[12] Die ungeklärte "Liebesgeschichte" ist nicht das einzige "Geheimnis", mit dem Publizistik und Historiographie die Person Holsteins umgeben hat. Es kommen hinzu: die Rolle, die er bei der "Affäre Arnim" gespielt haben soll, seine "Geheimpolitik" Ende der achtziger Jahre und angebliche Börsenspekulationen großen Stils.

[13] Auf Flüssen und Kanälen in Europa und Amerika sollten sich Schlepper mit Hilfe von am Grund befestigten Tauen vorwärts bewegen und ein Vielfaches der herkömmlichen Leistung erbringen.

Paris. Während das Verhältnis zu dem vorläufigen Leiter der Vertretung, Generalstabsoberst Graf Waldersee, nicht besonders freundlich war, kam er mit dem ab 1872 als Botschafter amtierenden Grafen Arnim zunächst gut aus. Das änderte sich, als Holstein Arnim näher kennenlernte, dessen Umgang mit den Franzosen kritisch betrachtete und die deutsche Frankreichpolitik zwischen Arnim und der Zentrale strittig wurde. Holstein vertrat die Bismarck'sche Haltung des Wohlwollens für Präsident Thiers und die republikanischen Kräfte. Eine Wiederkehr der Monarchie, so war man in Berlin überzeugt, könne die Bündnisfähigkeit Frankreichs in einer für das Reich unvorteilhaften Weise verbessern.

Im Laufe des Jahres 1872 gelangte Holstein immer mehr zu der Überzeugung, daß Graf Arnim als Botschafter in Paris fehl am Platze sei, und äußerte dies auch in seinem Briefwechsel mit dem Vortragenden Rat Bucher und Graf Herbert von Bismarck. Bei einer Aussprache mit dem Botschafter über die Frankreichpolitik teilte er seinen Standpunkt sowie den Briefwechsel mit Freunden in Berlin offen mit und stellte seine Abberufung anheim. Während Graf Arnim darauf nichts unternahm und Holstein in Paris blieb, beschränkte sich der Verkehr zwischen beiden auf das Nötigste. An den 1873 bis zur Abberufung Arnims im Frühjahr 1874 immer heftiger werdenden Auseinandersetzungen des Botschafters mit der Zentrale war Holstein nicht beteiligt.

Bei der Hauptverhandlung im Strafverfahren gegen Arnim vor dem Berliner Stadtgericht im Dezember 1874 konnte Holstein Vorwürfe entkräften, er sei vom Auswärtigen Amt eingesetzt gewesen, Arnim zu überwachen, und habe Akten verschwinden lassen, deren Fehlen Arnim angelastet wurde. Wenn auch Holstein bei seiner Aussage eine gute Figur machte und danach von Kaiser Wilhelm I. empfangen wurde, sorgten doch die mit Arnim verbundenen Kreise dafür, daß die Verdächtigungen gegen Holstein immer wieder verbreitet wurden und in der Öffentlichkeit haften blieben. Dennoch war Holsteins Stellung in Paris bis zu seiner Versetzung im Jahre 1876 unangefochten, und zum neuen Botschafter Fürst Hohenlohe entwickelte sich ein enges Verhältnis, das sich auch fortsetzte, als der Fürst Statthalter in den Reichslanden wurde und später Reichskanzler.

Die neue Tätigkeit in Berlin sagte Holstein mehr zu als eine Verwendung im Ausland, wo ihm die starke Beanspruchung durch gesellschaftliche Veranstaltungen nicht erstrebenswert erschien. Als Hilfsarbeiter in der Politischen Abteilung übernahm er die Bearbeitung der westeuropäischen Länder, insbesondere Frankreichs, vertretungsweise aber auch das Orientreferat. Von den Dezernenten spielte der Gesandte von Radowitz die größte Rolle, nicht nur, weil er für die damals die europäische Politik beherrschende Orientfrage zuständig war, sondern auch weil Bismarck ihn sehr schätzte und ihm Sonderaufträge erteilte wie die Petersburger Mission 1875 oder das Sekretariat des Berliner Kongresses. Holstein war nur ungern bereit, sich Radowitz unterzuordnen; er glaubte, zu kurz zu kommen. Dazu hatte er aber keine Veranlassung, denn auch ihm galt Bismarcks besonderes Wohlwollen, was sich darin zeigte, daß Holstein häufig in Varzin eingesetzt und 1878 zum Wirklichen Legationsrat und Vortragenden Rat befördert wurde.

Freundschaftlich gestaltete sich damals sein Verhältnis zu Herbert von Bismarck, den er schon bei der Vorbereitung auf die diplomatische Prüfung beraten und unterstützt hatte und der seit 1876 dem Vater als persönlicher Sekretär diente. Wenn der Kanzler sich in Varzin aufhielt, versorgte Holstein seinen Freund Herbert - und auf diese Weise den Kanzler - mit Wissenswertem aus Berlin, das nicht der vorgelegten amtlichen Korrespondenz zu entnehmen war.

Zu dieser Zeit weitete sich Holsteins Briefwechsel mit Angehörigen der Auslandsvertretungen immer mehr aus, und er erhielt über die amtliche Berichterstattung hinaus wichtige Nachrichten, die er dienstlich verwendete. Vom Aufbau eines "Informationsdienstes" bzw. "-apparats" für den Kanzler zu sprechen, ist aber übertrieben, denn Holstein unterhielt eine persönliche Korrespondenz, wie sie zwischen Angehörigen eines über die Welt verbreiteten Dienstes üblich war - allerdings in größerem Umfang[14]. Die sich daraus ergebenden Erkenntnisse stellte er dem von Berlin abwesenden Kanzler schriftlich zur Verfügung, wie es in Berlin von seiten enger Mitarbeiter im persönlichen Gespräch üblich war.

Holstein hatte bald erheblichen Einfluß im Auswärtigen Amt erlangt, der nach dem Tode des Staatssekretärs von Bülow (1879) weiter wuchs[15]. Während Bismarck mit der Ernennung des neuen Staatssekretärs zögerte, war Holstein bemüht, für einen ihm angenehmen Kandidaten Stimmung zu machen. Er konnte zufrieden sein, als sich Bismarck 1882 endlich für den Grafen Hatzfeldt entschied. Nun kam sein Einfluß nicht nur über Herbert Bismarck zur Geltung, sondern sein Rat stand auch bei Hatzfeldt hoch in Kurs.

Die Verbindungen zum Hause Bismarck lockerten sich als seit Ende der siebziger Jahre Graf Rantzau als Schwiegersohn und persönlicher Sekretär vieles von dem erledigte, was vorher Holstein zugefallen war. Nachdem Herbert Bismarck an die Stelle Hatzfeldt getreten und im Mai 1886 Staatssekretär geworden war, gestaltete sich Holsteins enges Verhältnis zur Leitung des Auswärtigen Amts nicht mehr so wie vorher. Es

---

[14] Richter, Mitarbeiter Bismarcks, S. 71.

[15] Die durch Maximilian Harden im Juni 1906 geprägte Charakterisierung als "Graue Eminenz" kann allerdings für die Bismarckzeit keine Geltung beanspruchen.

stellte sich auch eine persönliche Entfremdung zu dem alten Freund ein. Dennoch blieb Holsteins Position im Amt stark, weil er nach dem Ausscheiden des Vortragenden Rats Bucher dienstältester Referent in der Politischen Abteilung war und als solcher gelegentlich den Staatssekretär vertrat. Er genoß den Vorzug, in dem begehrten Einzelzimmer neben dem Staatssekretär zu sitzen.

Seit Anfang der achtziger Jahre hatte Holstein an Bismarcks Politik zu zweifeln begonnen und sich innerlich von ihr distanziert. Der Kanzler werde alt, seine geistigen Fähigkeiten ließen nach, er beherrsche den Akteninhalt nicht mehr, meinte Holstein, und er stehe unter dem Einfluß des rußlandhörigen Sohnes[16]. Nachdem er diesem gegenüber verschiedentlich offen Kritik geübt hatte, glaubte er 1885, es nicht bei amtsinterner Ablehnung belassen zu sollen, sondern entschloß sich dazu überzugehen, die politische Entwicklung in seinem Sinne unmittelbar zu beeinflussen.

Während der zweiten Hälfte des Jahres 1885 stand die orientalische Frage wieder im Vordergrund der Großen Politik, nachdem zuvor der Konflikt zwischen England und Rußland in Asien abgeflaut war. Nun traten erneut Spannungen zwischen Rußland, Österreich und England auf, die sich auch auf Deutschland auswirken konnten. So war nach dem Einrücken Bulgariens in Ostrumelien im Herbst 1885 die internationale Lage unübersichtlich geworden.

Für Bismarck kam es darauf an, alles zu vermeiden, das geeignet war, das Verhältnis der Dreikaisermächte untereinander zu beeinträchtigen, besonders natürlich seine Beziehungen zu Rußland, dem Bulgarien im Berliner Kongreß als Einflußgebiet zuerkannt war[17].

Kaiser Alexander III. war empört darüber, daß der einst von ihm geförderte Alexander von Battenberg sich ohne russische Zustimmung an die Spitze der bulgarischen Einheitsbewegung gesetzt hatte, und lehnte die eigenmächtige Revision des beim Berliner Kongreß vereinbarten Status quo ab, während die panslawistische Presse ein bewaffnetes Eingreifen gegen den "abenteuerlichen" Fürsten forderte. Auch Bismarck meinte, es gehe nicht an, das "revolutionäre" Vorgehen des Battenberger Fürsten anzuerkennen, wenn von den Signatarmächten eine dies nicht billige[18]. Was den als Folge des bulgarischen Vorgehens ausgebrochenen Krieg mit

---

[16] Holstein, Bd. 2, S. 21, 37, 169. Solche Urteile finden sich nicht nur in Holsteins Tagebüchern, sondern wurden auch gegenüber Herbert Bismarck geäußert, wie Richter einer unveröffentlichten im Friedrichsruher Archiv gefundenen Korrespondenz entnommen hat. Richter, Mitarbeiter Bismarcks, S. 99ff.

[17] In Art. 2 des Dreikaiservertrags und Art. 5 des Zusatzprotokolls vom 18. Juni 1881 war das und auch der status quo (Trennung von Bulgarien und Ostrumelien) festgeschrieben worden.

[18] Erlaß vom 14. Oktober 1885, PA, R 4611.

Serbien anging, so konnte Rußland das in Aussicht gestellte Eingreifen Österreichs nicht recht sein, und Bismarck riet dringend davon ab[19]. So wie die Dinge in Fluß waren, wollte Bismarck die deutsche Mitwirkung an einer Konferenz über die bulgarische Frage oder gar Vermittlungsaktionen für einen Waffenstillstand, wie sie von österreichischer Seite ins Auge gefaßt wurden, möglichst vermeiden, um nicht Partei nehmen zu müssen: Unterstützung österreichischer Initiativen käme nur in Frage, wenn man sich mit Rußland einig sei. Und wenn England die bulgarischen Bestrebungen förderte, so hatte Bismarck nichts dagegen[20], solange es nicht dazu führte, daß die britische Regierung von Österreich und Deutschland erwartete, daß diese Rußland am Vorgehen gegen Alexander von Battenberg hinderten[21]. Erneut warnte er Anfang November 1885 die Österreicher: für sie sei das Wichtigste der Frieden mit Rußland[22].

Für den 13. November 1885 bat Holstein den österreichischen Geschäftsträger, Schmitt Ritter von Tavera, in sein Dienstzimmer und erklärte ihm, daß die österreichische Politik während des serbisch-bulgarischen Krieges "im Auswärtigen Amt der vollsten und wärmsten Anerkennung" begegnete[23]. Bei einem weiteren Gespräch, bald darauf, wiederholte er das, ließ allerdings durchblicken, daß es um seine "persönliche Ansicht" handele[24]. So konnte der Eindruck entstehen, im Auswärtigen Amt gebe es eine abweichende Strömung, die die amtliche, vom Staatssekretär betriebene Politik für nicht den "wahren Intentionen des Fürsten Bismarck" entsprechend ansah[25]. Holstein ließ durchblicken, der Kanzler könne nicht, wie es seinen "innersten Ansichten" entspreche, offen gegen Rußland Stellung nehmen[26].

Mit der Bitte, bei der Berichterstattung die Quelle geheimzuhalten, leitete Holstein eine Reihe von vertraulichen Gesprächen mit der österreichischen Botschaft ein, die drei Jahre dauern sollten[27]. Deutlich erkennbar liefen seine Mitteilungen den Bemühungen Bismarcks zuwider, die - unter

---

[19] In seinem Erlaß an den Botschafter in Wien vom 6. Dezember 1885 (GP 5, Nr. 969, S. 29) gibt der Kanzler seiner Enttäuschung darüber Ausdruck, daß die wiederholt von deutscher Seite erbetene Zusage einer zurückhaltenden Balkanpolitik bisher nicht erfolgt sei.

[20] Gall, S. 229.

[21] PA, R 4576, Erlaß vom 5. November 1885.

[22] PA, R 4578: Randbemerkung auf dem Bericht London vom 9. November 1885; R 4577, Erlaß Wien vom 9. November 1885.

[23] Krausnick, Geheimpolitik, S. 18.

[24] A.a.O., S. 31.

[25] A.a.O., S. 18.

[26] A.a.O., S. 18.

[27] A.a.O., S. 21, 23.

ungarischem Druck stehende - Balkanpolitik des Ballhausplatzes zu mäßigen und dem russischen Einfluß in Bulgarien Vorrang zu lassen[28]. Während Bismarck nämlich alles tat, damit sich die österreichisch-russischen Beziehungen nicht verschlechterten, war Holsteins Sprache geeignet, Österreich gegen Rußland den Rücken zu stärken und so eine gespannte Lage möglicherweise zu verschärfen.

Nach der Vereinigung von Ostrumelien mit Bulgarien und dem überraschenden Ausgang des serbisch-bulgarischen Krieges war Österreich geneigt, seinen Einfluß in Bulgarien zu verstärken. Das mußte Rußland umso mehr treffen, da auch England zugunsten eines vereinigten Bulgariens Partei nahm. St.Petersburg erwartete aber deutsche Unterstützung[29].

Diese krisenhafte Entwicklung, die geeignet war, dem Drei-Kaiser-Bündnis ein Ende zu bereiten, bedeutete eine höchst unerwünschte Belastung für die deutsche Außenpolitik, die sich gleichzeitig in Westeuropa herausgefordert sah. In Frankreich wurde die "Revanche"-Stimmung seit dem Abtreten des Kabinetts Ferry (1885) immer militanter und die "Patriotenliga" fand seit Januar 1886 in dem neuen Kriegsminister, General Boulanger, einen lautstarken Wortführer, der auf Kriegsvorbereitungen drängte. Die Hoffnungen auf eine erfolgversprechende Revanche wuchsen, da sich seit Mitte der achtziger Jahre Anzeichen für ein mögliches Zusammengehen mit Rußland mehrten.

In dieser gefahrvollen "Doppelkrise" kam es Bismarck darauf an, einer Verbindung der Bedrohungen aus Ost und West zu begegnen, dabei die Unabhängigkeit der deutschen Großmacht zu wahren[30] und dafür die zwischen England und Rußland bestehenden Gegensätze zu nutzen. Auf keinen Fall aber durfte die deutsche Außenpolitik in den Sog österreichischer Ambitionen auf dem Balkan geraten. Ein Präventivschlag gegen Rußland, wie er vom Wiener und Berliner Generalstab und auch in der Öffentlichkeit jetzt erörtert wurde, um der russischen Bedrohung entgegenzutreten,

---

28 Am 7. Dezember 1885 weist der Reichskanzler den Botschafter in Wien an, daß er - eindringlicher als bisher - die Österreicher auf Zurückhaltung im serbisch-bulgarischen Konflikt hinzuweisen habe (vgl. GP Bd. 5, S. 26ff). In diesem Sinne fol-gen weitere Erlasse, die von Herbert Bismarck entworfen und geheim eingestuft wa-ren. Wenn sich darauf auch kein "gesehen"-Zeichen Holsteins befindet, so muß man doch davon ausgehen, daß ihm ihr Inhalt bekannt war.

29 In einem an den Londoner Botschafter gerichteten Erlaß vom 13. November 1885, dessen Inhalt Holstein bekannt gewesen sein muß, bezeichnete Bismarck eine Verständigung zwischen Österreich und Rußland über die europäische Türkei als "für das Reich lebenswichtig. Ein Bruch zwischen den beiden Kaisermächten wäre eine große Verlegenheit" für Deutschland, "die wir unter allen Umständen zu verhüten bestrebt" sein müßten; PA, R 10237. Dies ist nur eine der zahlreichen Äußerungen des Kanzlers zur Balkankrise. Canis, S. 146 nennt weitere gleichen Inhalts vom Herbst 1885.

30 Hildebrand, Deutsche Außenpolitik, S. 17.

kam für den Kanzler nicht in Frage. Im Gegenteil, der Staatssekretär erklärte dem russischen Botschafter, das Reich werde sich einem Einschreiten Rußlands in Bulgarien nicht entgegenstellen[31].

In der gespannten Situation des Jahres 1886 versuchte Holstein, die Vertreter der österreichischen Botschaft in Berlin dazu zu bestimmen, nach Wien darüber zu berichten, daß es auf deutscher Seite Beifall finden könne, wenn Österreich eine aktive Bulgarien-Politik treibe und sich dem Fürsten Alexander von Battenberg annäherte[32]. Insbesondere bei den Vorgängen um die Abdankung des bulgarischen Fürsten im August/September 1886 bemühte sich Holstein, die deutsche Haltung so darzustellen, als sei die Unterstützung des Battenbergers gegen Rußland im Verein mit Österreich möglich[33], obwohl er wußte, daß die deutsche Beistandspflicht aus dem Zweibund bei einem auf den Balkan begrenzten Konflikt nicht zum Zuge kommen konnte. Trotz Bismarcks eindeutigem Ausspruch, "wegen Bulgarien wollen wir nicht fechten"[34], empfahl Holstein der österreichischen Seite "zuzugreifen", Deutschland "käme dann schon mit"[35]. Noch mehrfach hat Holstein bis zur Abdankung Alexander von Battenbergs im Sinne einer größeren Entschiedenheit der österreichischen Balkanpolitik auf Tavera eingewirkt und dabei auch auf die günstigen Aussichten eines Einverständnisses Österreichs mit England hingewiesen, obwohl Bismarck diese Beurteilung damals nicht teilte[36].

Im September 1886 war deutscherseits festgestellt worden, daß die englische Regierung zögerte, ohne weiters mit Österreich gegen Rußland in der Bulgarienkrise zusammenzugehen[37]. Holstein aber ließ Geschäftsträger von Tavera verstehen, daß die Aussichten des englischen Beistands bei deutscher Unterstützung, die so gut wie sicher sei, günstig wären. Die österreichische Regierung solle der englischen einen entsprechenden Wink geben[38]. Nach allem mußte der österreichischen Seite klar werden, daß Holsteins Empfehlungen, "Winke", wie Krausnick sie nennt, gerade

---

31 GP, Bd. 5, S. 81, 85, 124.

32 Krausnick, Geheimpolitik, S. 19.

33 A.a.O., S. 30f.

34 A.a.O., S. 96. Schon am 5. Dezember 1876 fielen im Reichstag (Sten. Berichte, Bd. 1, S. 114f.) die bekannten Worte, daß ein Engagement Deutschlands auf dem Balkan nicht "die gesunden Knochen eines einzigen pommerschen Musketiers wert" wäre.

35 Krausnick, a.a.O., S. 43, 71, 192; Richter, Mitarbeiter Bismarcks, S. 123, fragt, ob damit auch militärisches Eingreifen gemeint gewesen sei. Die deutsche Öffentlichkeit war für eine Unterstützung Bulgariens.

36 Krausnick, a.a.O., S. 47, 104, 105.

37 A.a.O., S. 45; vgl. hier S. 202.

38 A.a.O., S. 28, 43, 45.

auch, was die Beziehungen zu dem - beim russischen Kaiser in Ungnade stehenden - Fürsten von Bulgarien betraf, im Gegensatz zur amtlichen deutschen Politik standen[39]. An Bismarcks ablehnender Haltung gegenüber Alexander von Battenberg, und zwar sowohl seiner Persönlichkeit als auch dessen Politik, hatte sich ebenso wenig geändert wie an der deutschen Balkanpolitik[40]. Für den österreichischen Außenminister, der immer wieder unter dem Druck antirussischer Bestrebungen in Ungarn stand, stellte sich die Frage: Lag hier etwa ein doppeltes Spiel vor? Wäre es vielleicht der deutschen Seite erwünscht gewesen, wenn Österreich "die Widerstandskraft des Fürsten vermehre" während in Berlin erklärt würde, daß man "nicht gewillt sei, für Fürst Alexander Partei zu ergreifen", um "jede Verstimmung Rußlands zu vermeiden"[41] ? Holstein gab Tavera zu erkennen, daß dies richtig sei. Für ihn kam es eben darauf an, die antirussische Stimmung zu nähren[42] und Österreich zu aggressiverem Vorgehen gegen Rußland zu veranlassen.

Nachdem Ende September 1886 Botschaftsrat von Tavera Holstein mitgeteilt hatte, daß der österreichische Außenminister ihm für die vertraulichen Informationen und Hinweise danken lasse, aber doch geglaubt habe, sich bei seinen Entscheidungen an die Erklärungen des deutschen Botschafters in Wien als den "wirklichen Anschauungen des Reichskanzlers" halten zu müssen[43], schränkte Holstein für kurze Zeit den Nachrichtenfluß ein.

Im Oktober 1886 versuchte der Staatssekretär in Gesprächen mit Tavera, die österreichische Seite für eine Abgrenzung von Interessensphären auf dem Balkan zu gewinnen, um die Spannungen zu verringern. Er hob die Vorteile einer "Demarkationslinie"[44] auf dem Balkan hervor,

---

39 A.a.O., S. 32.

40 A.a.O., S. 32 und 203, Anm. 36: Einzig im November 1885 während des serbisch-bulgarischen Krieges hatte sich Bismarck anerkennend über Alexander von Battenberg geäußert, Holstein, Bd. 2, S. 294. Zugunsten des Battenbergers hat Holstein mit allen Mitteln gearbeitet: so behauptete er Botschafter Graf Hatzfeldt gegenüber im März 1887, Herbert Bismarck habe sich für die Wiedereinsetzung des Fürsten ausgesprochen, obwohl es dafür überhaupt keinen Anhaltspunkt gab, Stamm, S. 305. Die deutsche Oppositionspresse allerdings erklärte sich für den Battenberger und griff Bismarck wegen seiner Orientpolitik an, Corti, S. 264.

41 Krausnick, a.a.O., S. 32.

42 Es war Holstein wohl weniger darum zu tun, sich zusammen mit Hofmarschall Graf Radolin beim Kronprinzenpaar für die Zeit nach dem Thronwechsel eine günstige Position zu verschaffen, obwohl er wußte, daß er im Sinne des kronprinzlichen Hofes handelte (A.a.O., S. 87, 112ff).

43 Für Österreich sei "der gute Moment gekommen, größere Orientpolitik zu treiben", so im Bericht der Botschaft Wien vom 5. Mai 1886, PA, R 4608. Dagegen der Erlaß an die Botschaft Wien vom 3. Dezember 1886.

44 Krausnick, Geheimpolitik, S. 91.

"bei der Rußland nur die östliche Hälfte zur Sicherung des freien Ausgangs aus dem Schwarzen Meer beanspruchen dürfe". Holstein riet Tavera, diese Vorschläge zwar nicht "unbedingt abzulehnen", sie aber "dilatorisch zu behandeln"[45]. Er tat das, obwohl er wußte, daß diese Vorschläge geeignet waren, zur Entspannung der Lage beizutragen, und das Auswärtige Amt an einer österreichischen Zustimmung sehr interessiert war[46].

In der Folge kam es zu Gesprächen mit dem österreichischen Botschafter, Graf Szechenyi, bei denen Holstein auch allgemeine Urteile über die Politik des Reichskanzlers abgab. So etwa nach der Reichstagsrede vom 11. Januar 1887, als Bismarck erklärt hatte, daß ein Angriff auf Frankreich für ihn nicht in Frage komme[47] und er überhaupt einen Krieg niemals aus dem Grunde empfehlen werde, "weil er später vielleicht geführt werden müsse". Holstein dagegen sprach sich dahin aus, "er, für seine Person, [...] sei der Meinung, daß es [...] vorteilhaft sein würde, dem [...] unausweichlichen französischen Angriff [...] zuvorzukommen"[48]. Der Kaiser und der Reichskanzler seien allerdings "zu alt und ruhebedürftig für ein Vorgehen von solcher Tragweite"[49].

Das geschah zu einer Zeit, da Bismarck rastlos damit beschäftigt war, für Deutschland unmittelbar oder mittelbar wirksame defensive Sicherungen zur Verhinderung von Konflikten zustande zu bringen, wie etwa das Mittelmeerabkommen, die Erneuerung des Dreibunds mit den bilateralen italienischen Zusatzabkommen, den Rückversicherungsvertrag und schließlich den Orientdreibund. Ein so feingeknüpftes und dadurch auch anfälliges Geflecht von Maßnahmen entsprach nicht den Vorstellungen Holsteins. Ihm erschien die Auseinandersetzung mit Rußland unvermeidlich, und für ihn kam alles darauf an, Österreich zu stützen. Den "Draht nach St.Petersburg" hielt er für nutzlos, ja schädlich.

Bismarck war sich der Unvollkommenheit seiner Schöpfung bewußt und sah den Bestand des in einer besonderen internationalen Konstellation entstandenen Reiches[50] durch einen europäischen Krieg gefährdet, der angesichts der geographischen Lage Deutschlands auf zwei Fronten

---

45 A.a.O., S. 92f.

46 Seit langem war Holstein bekannt, wie sehr Bismarck die Einigung über eine Demarkation auf dem Balkan begrüßt hätte. Mit Erlaß an die Botschaft Wien vom 29. November 1885 wollte das Auswärtige Amt auf die "Verständigung der befreundeten Kaiserhöfe über eine Demarkationslinie hinwirken, welche Österreich den Einfluß in Serbien und Rußland den in Bulgarien mit der Aufgabe, dort Ordnung zu halten, zuteilt". PA, R 10237.

47 GP, Bd. 6, Nr. 1244.

48 Krausnick, a.a.O., S. 117.

49 A.a.O., S. 117.

50 Hildebrand, Krimkriegssituation, S. 37ff.

drohte. Deshalb hatte für ihn die Erhaltung des Friedens Vorrang. Darüber war man sich im Auswärtigen Amt im Klaren, Holstein aber wußte, daß eine solche Politik nicht überall Zustimmung fand. Durch militärische Schläge einer zukünftigen Bedrohung zuvorzukommen, das wurde nach dem deutsch-französischen Krieg in Deutschland wiederholt erörtert. Obwohl der Generalstab bei Gelegenheit darauf drängte, hat Bismarck es abgelehnt, "einen Krieg zu führen, weil es wahrscheinlich sei, daß der Gegner ihn später besser gerüstet beginnen werde"[51]. Nicht, daß Bismarck den Krieg als Mittel der Politik ausgeschlossen hätte, aber er hatte 1871 erkannt, was ein moderner Volkskrieg bedeutete und im Auswärtigen Amt geäußert: "Man weiß, wo ein Krieg anfängt, man weiß nicht, wie er aufhört"[52]. Graf Waldersee und seine Generalstabsoffiziere neigten dagegen zum Zuschlagen[53], da "die Zeit gegen das Deutsche Reich läuft", die deutsche Armee Ende der achtziger Jahre mit ihrer vorteilhafteren Bewaffnung einen Vorsprung habe und die bessere Führung[54]. Holstein teilte die Überzeugung, daß Deutschland bedrohlichen politischen Entwicklungen mit militärischen Mitteln entgegenwirken solle. Er befand sich damit in Übereinstimmung auch mit Kreisen der Öffentlichkeit, wie aus einem Artikel im Berliner Tageblatt hervorgeht, in dem ein "gesunder Krieg" gutgeheißen wurde[55]. Ungeachtet dessen beharrte Bismarck auf seiner Meinung: "Solange ich Minister bin, werde ich meine Zustimmung zu einem prophylaktischen Angriff auf Rußland nicht geben"[56]. Es kam hinzu, daß Bismarck eine "völlige Niederwerfung Rußlands" für unmöglich hielt[57].

Mit Kaiser Wilhelm I. wußte sich Bismarck darin einig, daß "ein prévenir spielen", ehe der Gegner "fertig ist mit seinen Rüstungen" für die Reichsleitung nicht in Frage kam. "Um glücklich Krieg zu führen, muß den Angegriffenen alle Sympathie aller edelgesinnten Menschen zur Seite stehen und dem, der ungerecht den Krieg zuträgt, die öffentliche Stimme den Stein werfen [...]. Wer ungerechtfertigt zu den Waffen greift [...], wird keinen Alliierten finden [...], meinte der Kaiser[58]. Bismarck seiner-

---

51 Bismarcks Schreiben an Wilhelm I. vom 13. August 1875, nach Bismarck, Werke in Auswahl, Bd. 8, S. 361.

52 Holstein, Bd. 1, S. 92.

53 Aber auch liberale Politiker wie Miquel, vgl. Pflanze, Bd. 3, S. 321.

54 Holstein, Bd. 2, S. 412. Das lief auf einen sog. Präventivkrieg hinaus, der von einer Eröffnung der Feindseligkeiten gegen den bevorstehenden Angriff eines Gegners zu unterscheiden ist, der letzte Vorbereitungen trifft; vgl. Verdross, Simma, S. 240.

55 "Berliner Tageblatt" im August 1886, erwähnt in Bismarcks Reichstagsrede am 13. Januar 1887, Kohl, Bd. 12, S. 255ff; vgl. auch Gall, S. 770 (Anm. zu S. 638).

56 Schreiben an Botschafter Prinz Reuß, zit. nach Stürmer, S. 244.

57 Heller, Zweifrontenkrieg, S. 590f. Elzer, S. 704.

58 Randbemerkung des Kaisers vom 16. Mai 1875, PA, FrKr, Bc 83, Bd. 1.

seits hatte Zweifel, ob beim Präventivkrieg das Deutsche Volk genügend "Kampfbereitschaft" aufweisen würde. Dessen "volle Kraft [...] werde nur für einen defensiven Krieg" mobilisiert[59].

Bismarck hatte sich Ende der achtziger Jahre eingehend mit der Möglichkeit eines Präventivkriegs beschäftigt. Als dem Reichskanzler nämlich in der allseits als gefährlich angesehenen Lage im Herbst und Winter 1887/88 die Aufmarschpläne des deutschen und österreichischen Generalsstabs bekannt wurden, mußte er sich mit dem militärischen Szenario auseinandersetzen. Vor diesem Hintergrund ist seine Äußerung zu verstehen, daß es "für uns notwendig sein werde, im Falle des russisch-österreichischen Krieges unsererseits Frankreich anzugreifen, so daß dann ein orientalischer, von Österreich, Italien, wahrscheinlich auch England und den Balkanstaaten gegen Rußland und in Westeuropa ein deutsch-französischer Krieg gleichzeitig geführt werden würde"[60].

In der langanhaltenden Winterkrise hat sich Bismarck dann im Einzelnen mit den Generalstabsplänen für den Kriegsfall im Osten befaßt und versucht, die Dinge dahin zu beeinflussen, daß eine Eskalation und Konfrontation mit Rußland "auf Leben und Tod" vermieden würde[61].

Der deutsche Generalstab hielt eine schnelle Niederringung Rußlands für möglich und im Interesse des Reichs für unerläßlich. Bismarck meinte, Rußland sei letztlich nicht zu besiegen[62] und deshalb die frühe, ausgleichsweise Beendigung eines Krieges, wäre er nun einmal ausgebrochen, anzustreben. Im übrigen drängte er darauf, daß die Aufmarschpläne defensiven Charakter haben sollten und Rußland nicht provozieren oder gar geeignet sein dürften, Österreich zum Präventivschlag zu verleiten[63].

Maßnahmen wie sie vom Generalstab gefordert und im Auswärtigen Amt von Holstein für notwendig gehalten wurden, kamen für Bismarck einem Vorgriff auf die Zukunft gleich, und die "Wege der göttlichen Vorsehung" könne man "niemals sicher genug erkennen"[64]. Ein militärisches Praevenire sollte nur stattfinden, wenn ein Schlag des Gegners unmittelbar bevorstehe.

---

[59] GP, Bd. 6, Nr. 1186.

[60] PA, I A Deutschland secr. Bd. 11, Aufzeichnung von Graf Rantzau vom 19. Oktober 1887. Auch im Jahre 1873 schloß man einen Präventivschlag gegen Frankreich nicht aus, GP, Bd. 1, Nr. 137, S. 221.

[61] Elzer, Ein Aufmarschplan für Österreich. Militärstrategische Ideen Bismarcks vom Januar 1888 im Spannungsfeld zwischen Staatskunst und Kriegshandwerk, dem Verfasser im Manuskript zugänglich, S. 45; vgl. auch PA, IA, Deutschland 143 geh., Bd. 3; GP 6 Nr. 1196.

[62] Vgl. hier S. 204, Anm. 57.

[63] Elzer, Aufmarschplan, S. 47f.

[64] Immediatbericht vom 17. August 1875, PA, R 6510.

Die damals stattfindende Diskussion über einen deutschen Präventivschlag blieb nicht auf die Akteure der hohen Politik beschränkt, sondern fand in der Öffentlichkeit ein großes Echo. Das zeigt ein Artikel im "Berliner Börsenkurier" vom 21. Juni 1888: "Fürst Bismarck vertritt [...] das Princip, daß [...] es [...] oberster Grundsatz sein müsse, einen Krieg so lange als möglich hinauszuschieben, selbst, wenn man von der Überzeugung durchdrungen sei, der Krieg werde doch kommen und dann unter ungünstigeren materiellen Bedingungen aufgenommen werden müssen". Die Zeitung meinte, daß demgegenüber die "Militärs [...] lieber den Zeitpunkt für eine Kriegserklärung selbst wählen wollten, als sich denselben vom Gegner bestimmen zu lassen"; und weiter: Bismarcks Politik sei darauf gerichtet, "das Vertrauen in die unbedingte Friedfertigkeit der Gesinnung Deutschlands" zu erhalten.

Es weist in die Zukunft, daß maßgebende Beamte wie Holstein die militärischen Gesichtspunkte so hoch einschätzten, daß sie dem Kanzler nicht folgen zu können glaubten, als dieser sich mit dem Generalstab auseinandersetzte. Bismarck war es, der damals "Zwänge" militärischer Planungen zurückwies. Sein gleichzeitiger Einsatz für die Verstärkung des Heeres (Septennat) stand dem nicht entgegen.

Zur bulgarischen Frage äußerte sich Holstein während des ganzen Jahres 1887, und zwar weiterhin in einer Weise, die der Rußlandpolitik des Kanzlers nicht entsprach. Ob Holstein bei der "geheimen Mission" des Berliner Arztes Prof. Dr. Langenbuch[65] zugunsten einer Rückkehr des Battenbergers als Fürst von Bulgarien im Frühjahr 1887 seine Hand im Spiele hatte, ist u.a. von Krausnick untersucht worden[66]. Belege für eine unmittelbare Verbindung Holsteins zu der höchst undurchsichtigen Langenbuchschen Aktion wurden nicht gefunden[67]. Es gibt zwar persönliche Schreiben Holsteins, in denen er in der fraglichen Zeit eine Wiederwahl Alexander von Battenbergs als wünschenswert bezeichnet, sie lassen indessen keine eindeutigen Schlüsse zu[68].

Im Herbst 1887 befanden sich die deutsch-russischen Beziehungen wegen des Treibens der Slawophilen, der demonstrativ freundlichen Aufnahme revanchistischer französischer Politiker[69], der russischen Aufrü-

---

65 Langenbuch hatte während des bulgarisch-serbischen Konflikts als Chirurg in Sofia gearbeitet.

66 Krausnick, Holsteins großes Spiel, S. 388.

67 Auch die Vermutung, daß Bismarck die Langenbuchsche Mission insgeheim unterstützt habe (vgl. Corti, Alexander von Battenberg, Sein Kampf mit dem Zaren und Bismarck, Wien 1920, S. 295, 300) hat sich inzwischen als haltlos herausgestellt (vgl. Trützschler, S. 13).

68 Holstein, Bd. 2, S. 379, Anm. 22.

69 Deroulède in Rußland, August 1887.

Errata

S. 104, Z. 11 v. u.
statt: 22.600 M - richtig: 31.000 M

S. 120, Z. 4
statt: nah - richtig: nahm

S. 121, Z. 10
statt: verdächtige - richtig: verdächtigte

S. 178, Z. 6 v. u.
statt: Chiarivari - richtig: Charivari

S. 254, Z. 13 v. u.
statt: Philippsborn - richtig: Philipsborn

stung, überhaupt der allgemeinen deutschfeindlichen Stimmung, an einem Tiefpunkt. Reichskanzler und Staatssekretär waren beunruhigt und bemühten sich, das Zustandekommen einer Oriententente zwischen Österreich, Italien und England zu fördern. Überdies rieten sie der österreichischen Regierung, Anstrengungen zu wirksamer Sicherung gegen einen russischen Überraschungsangriff in Galizien zu unternehmen[70]. Es bestand aber kein Zweifel darüber, daß das Auswärtige Amt nicht die Absicht hatte, die "Brücke nach Rußland endgültig abzubrechen"[71]. Gerade das wollte jedoch Holstein, und er erklärte dem Nachfolger Taveras, Botschaftsrat von Eißenstein, am 17. Oktober 1887, Deutschland habe zwischen Rußland und Österreich zu wählen gehabt und sich für das "Festhalten an der Allianz mit Österreich-Ungarn entschieden"[72].

Mit der ungünstigen Entwicklung der deutsch-russischen Beziehungen fand sich Holstein bestätigt und ließ das die österreichischen Partner merken. Holsteins Äußerungen standen also deutlich gegen die Absichten der Leitung der deutschen Außenpolitik, die ein Zuwarten bei der österreichischen Politik auf dem Balkan forderte und zu vermeiden trachtete, in einen Konflikt mit Rußland hineingezogen zu werden. Dem widersprach auch nicht Bismarcks Wunsch, England so an den Dreibund heranzuholen, daß es als Gegengewicht gegen Rußland selber Verantwortung zu tragen hätte und nicht die Verteidigung seiner Interessen Österreich und Deutschland überlassen könnte[73].

Holsteins Haltung war geeignet, bei den österreichischen Partnern den Eindruck einer doppelzüngigen deutschen Politik hervorzurufen[74]. Das konnte destabilisierende Folgen für den Frieden zeitigen und war daher ein Verstoß gegen seine Amtspflichten ebenso wie die in das Gespräch eingeflochtene Behauptung, Bismarcks Fähigkeit zur Führung der Staatsgeschäfte hätte infolge des "Verbrauchs seiner Kräfte" nachgelassen[75].

Holsteins geheimer Verkehr mit der österreichischen Botschaft blieb nicht nur im Auswärtigen Amt unerkannt[76] und fand in den Akten, nicht

---

70 Krausnick, Geheimpolitik, S. 149.

71 A.a.O., S. 145.

72 A.a.O., S. 143.

73 Vgl. persönliches Schreiben Graf Hatzfeldts an Herbert Bismarck vom 5. Dezember 1885, PA, R 461.

74 Vgl. hier S. 218.

75 Krausnick, a.a.O., S. 114, 118.

76 Es handelte sich ja um einen der für Österreich zuständigen Referenten, an den der Staatssekretär selber die österreichische Botschaft verwiesen hatte, Krausnick, a.a.O., S. 17.

einmal andeutungsweise, einen Niederschlag[77], sondern tauchte auch nach dem Ersten Weltkrieg in Veröffentlichungen über die deutsche Außenpolitik und ihre Protagonisten zunächst nicht auf. Im Auswärtigen Amt der achtziger Jahre des 19. Jahrhunderts vermochte nicht einmal der Umstand, daß vertraulich zu behandelnde Pläne des Reichskanzlers im Zusammenhang mit einem Kaisertreffen in Gastein an die österreichische Seite gelangt waren, was nur durch Holstein möglich geworden sein konnte, die Aufmerksamkeit auf dessen bedenkliche Beziehungen zur österreichischen Botschaft zu lenken[78].

Erst Ende der zwanziger Jahre unseres Jahrhunderts stieß Helmut Krausnick im Wiener Haus-, Hof- und Staatsarchiv auf Berichte, "in denen kein anderer als der vielumstrittene Geheimrat des deutschen Auswärtigen Amts, Friedrich von Holstein, eine eigentümliche Rolle spielte"[79]. Später entstand eine Dissertation, aus der 1941 unter dem Titel "Holsteins Geheimpolitik in der Ära Bismarck 1886-90" eine 381 Seiten umfassende Monographie hervorging. An Authentizität und Wahrheitsgehalt der dort wiedergegebenen Berichterstattung der österreichischen Diplomaten dürften keine Zweifel bestehen.

Krausnick gelangte zu der höchst unerwarteten Feststellung, daß einer der leitenden Beamten des Auswärtigen Amts und engen Mitarbeiter Bismarcks während einer europäischen Krise versucht hatte, die vom verantwortlichen Minister verfolgte Politik zu hintertreiben[80]. Und das, obwohl ihm als dem dienstältesten Rat in der Politischen Abteilung alle Vorgänge bekannt waren und er mit dem Dezernenten für Bulgarien, dem Wirklichen Legationsrat Dr. Brauer, zusammenarbeitete. Dieser unterstützte Herbert Bismarck, damals amtierender Staatssekretär, der sich die Bearbeitung des Vorgangs "Vereinigung Ostrumeliens mit Bulgarien" vorbehalten hatte.

Die Erlasse nach Wien, Petersburg, London und Konstantinopel wurden auf Grund von Weisungen des Kanzlers von Brauer entworfen und

---

77 In seinem persönlichen Schriftwechsel hat Holstein sich gern doppeldeutig ausgedrückt und nur der Eingeweihte konnte erkennen, was gemeint war. Es fällt überhaupt schwer, den Wahrheitsgehalt Holsteinscher Aussagen festzustellen. Das läßt der Interpretation oder Spekulation breiten Spielraum. Angesichts Holsteins wechselnder, widersprüchlicher und undurchsichtiger Argumentation bleibt sogar bei Richters akribischen Untersuchungen in seiner Holstein-Biographie vieles offen, zum Beispiel beim Brief an Graf Hatzfeldt vom 19. März 1887 betreffend Alexander von Battenberg, Richter, Mitarbeiter Bismarcks, S. 140f.

78 Vgl. dazu Krausnick, Geheimpolitik, S. 21f.

79 A.a.O., S. 7f.

80 Hatzfeldt hat einmal versichert, "daß es keinen einzigen unter den Untergebenen des Reichskanzlers gab, Lothar Bucher auch nicht ausgenommen, welchem der Gedanke überhaupt gekommen wäre, einer Anordnung desselben [...] nicht Folge zu leisten", Ebel, Bd. 1, S. 29.

entweder vom Kanzler oder Herbert Bismarck gezeichnet. Das bedeutete aber nicht, daß Holstein die Entwicklung der bulgarischen Frage nicht in allen Einzelheiten gekannt hätte[81]. Das zeigen seine Vermerke über Gespräche mit ausländischen Diplomaten[82], die er als Vertreter des Staatssekretärs zu führen hatte.

Daß die den österreichischen Diplomaten gegebenen Hinweise und Ratschläge nicht Bismarcks Politik entsprachen, liegt auf der Hand. Holstein hatte während seiner Zeit an der Pariser Botschaft erlebt, wie das instruktionswidrige Verhalten eines Angehörigen des Auswärtigen Dienstes im Deutschen Reich beurteilt wurde, und kannte die während des ersten Arnim-Prozesses nach dem Urteil des Stadtgerichts Berlin eingeführte strafrechtliche Bestimmung für Beamte des Auswärtigen Dienstes (§ 353a RStGB). Außerdem wußte er, daß nach dem Reichsbeamtengesetz disziplinäre Maßnahmen für pflichtwidriges Verhalten vorgesehen waren. Und doch setzte sich Holstein darüber hinweg[83]. Er hatte seine Hinweise zwar als "private Meinungen" bezeichnet, das ändert aber nichts daran, daß Holstein in der Wilhelmstraße 76 als Amtsperson auftrat und seine Äußerungen entsprechend gewertet werden konnten[84]. Daraus folgerte die österreichische Seite anfänglich, daß Holstein vielleicht doch im Auftrag des Kanzlers spreche. Man hielt es eben kaum für möglich, daß ein Vortragender Rat auf eigene Faust handelte[85]. Das galt umso mehr, als Herbert Bismarck für den Fall seiner Verhinderung die österreichische Botschaft an Holstein verwiesen hatte.

Bei der Beurteilung von Holsteins Verhalten scheiden Rechtfertigungsgründe, die für einen Widerstand aus politischer Verantwortung hätten maßgebend sein können, wie sie im Arnimschen Prozeß erörtert worden

---

81 Holstein sah alle Eingänge und Ausgänge der Politischen Abteilung, ab 1890 paraphierte er alle Ausgänge, Raschdau, Erinnerungen, S. 58; Otto Hamman, Bilder aus der letzten Kaiserzeit, Berlin 1922, S. 37. Holstein hatte auch keinen Grund, sich über mangelnde Kontakte zum Kanzler oder zum Staatssekretär zu beklagen und darüber, keine Kenntnis von der Bismarckschen Politik zu haben. In seinen Tagebuchblättern sind für die gesamten achtziger Jahre laufend Vorsprachen beim Kanzler und Einladungen in dessen Haus verzeichnet, vgl. Holstein, Bd. 2, S. 301. Die Angaben von Brauer, Erinnerungen, S. 114, es habe "keine Einladungen" mehr gegeben, treffen nicht zu. Auch mit Herbert und Bill Bismarck gab es immer wieder Aussprachen und Briefwechsel (wenn diese nicht in Berlin waren) über anstehende politische Fragen, so etwa über die deutsche Unterstützung kolonialer Anliegen der Regierung Ferry in Paris, vgl. Stamm, S. 73.

82 Mit dem österreichischen Geschäftsträger und dem serbischen Gesandten am 23. September 1885, PA R 4560; mit dem italienischen Geschäftsträger am 26. September 1885, R 4561.

83 Krausnick, Holsteins großes Spiel, S. 421, spricht von "Eigenmächtigkeit von äußerster politischer Tragweite unter größtem persönlichen Risiko".

84 Krausnick, Geheimpolitik, S. 58f.

85 A.a.O., S. 41.

waren, aus. Holstein, dem ein ausgeprägtes, persönliches Machtstreben zu eigen war[86], hat versucht, eigenmächtig und gegen die Amtspflicht eine von ihm für richtig gehaltene Politik zu betreiben. Dabei ist nicht nur der Mangel an Disziplin und Loyalität erstaunlich, sondern auch, daß ein Mitarbeiter des Kanzlers es wagte, seine Ablehnung nach außen erkennbar werden zu lassen, und daß er meinte, sich gegen Autorität und Prestige Bismarcks durchsetzen zu können. Er fühlte sich als Exponent einer Gruppe, die eine von Bismarck abweichende Konzeption für die deutsche Außenpolitik vertrat, und ging, wie Unterstaatssekretär Graf Berchem, Botschafter Graf Hatzfeldt[87] und General Graf Waldersee, mit denen er sich im Restaurant Borchardt traf[88], davon aus, daß das Bismarck'sche "System" mit seinen verschiedenen und wechselnden Ausrichtungen Klarheit vermissen lasse und inkonsequent sei. Was er "Schaukel-Politik" nannte, sei nicht geeignet, Deutschlands Sicherheit zu gewährleisten. Der Zweifrontenkrieg erscheine ihm unvermeidlich. Darauf habe man sich diplomatisch auszurichten und militärisch vorzubereiten, um für die deutsche Position im Kriegsfall feste Grundlagen zu gewinnen. Holstein glaubte, daß die Bemühungen - besonders des Staatssekretärs -, Rußland - im Rahmen der auf Erhaltung eines europäischen Gleichgewichts und damit des Friedens gerichteten Politik an der Seite Deutschlands zu sehen, hoffnungslos seien und eher geeignet, England oder Österreich "abzuschrecken"[89] und von Deutschland zu entfernen. Er war von seiner antirussischen Haltung beherrscht und fühlte sich durch die Stimmung im Generalstab, beim kronprinzlichen Hof und in anderen politischen Führungskreisen, ja von einem Teil der öffentlichen Meinung, bestätigt[90].

Es zeigt sich, daß Holstein Bismarcks Vorstellungskraft und Gesamtschau ebenso fehlte wie ein weit zurückreichender Erfahrungshorizont. Er

---

86 Krausnick (a.a.O., S. 41) spricht von "leidenschaftlichem Machtwillen", der Holstein trieb, "Einfluß zu üben".

87 Die Übereinstimmung des deutschen Botschafters in London mit der antirussischen Politik Holsteins geht aus dem zwischen beiden Beamten geführten persönlichen Briefwechsel deutlich hervor, vgl. Holstein, Bd. 2, S. 11, 97, 128, Bd. 3, S. 148.

88 Krausnick, a.a.O., S. 162.

89 Holstein, Bd. 1, S. 380, 408.

90 Er ist wohl auch davon ausgegangen, daß Meinungsverschiedenheiten zwischen dem Reichskanzler und dem Staatssekretär über die Führung der Rußland-Politik bestanden und er, Holstein, die Politik des Kanzlers betreibe, vgl. Krausnick, a.a.O., S. 85, Stamm, S. 255f. In Wirklichkeit gab es zwischen Vater und Sohn nur gelegentlich unterschiedliche Beurteilungen, die aber nie zu einer abweichenden Politik von Herbert Bismarck führten. Es sind keine Anhaltspunkte dafür ersichtlich, daß Holstein an einen "deutsch-orientierten mitteleuropäischen Block" (Lutz, Österreich-Ungarn und die Gründung des Deutschen Reiches, Frankfurt, 1979) als Alternative zur Bismarck'schen Politik gedacht hätte.

hatte nicht erfaßt, welche Bedeutung außenpolitischer Beweglichkeit zukam. Als dem Verfasser treffender Analysen hätte Holstein eigentlich der Kern Bismarck'scher Friedenspolitik klar vor Augen stehen müssen: für ihn galt es nicht, Kriege vorzubereiten, sondern sie zu vermeiden. Bündnisse hatten diesem Zweck zu dienen. In Bismarck, 1815 geboren, war die Zeit der napoleonischen Kriege mit ihren Umwälzungen noch lebendig geblieben und hatte mehr abschreckende Wirkung als bei der späteren Generation, der Holstein angehörte. Bismarcks Rußlandpolitik in der zweiten Hälfte der achtziger Jahre hat er nicht zutreffend eingeschätzt, ebensowenig wie dessen Meisterschaft bei der Beherrschung der Doppelkrise von 1887. Er hielt jedes Bemühen um gute Beziehungen zu Rußland für zwecklos und - angesichts eines von ihm für ausgeschlossen gehaltenen Zusammenwirkens beider Flügelmächte - auch für nicht notwendig. Zudem neigte er wie viele Zeitgenossen zu einer Konfliktbereitschaft, die auf der Überschätzung der deutschen Machtbasis und der Verkennung der gefährlichen Mittellage des neuen Großstaates beruhte. Er war davon überzeugt, daß Deutschland nach drei siegreichen Kriegen zukünftige Auseinandersetzungen ebenso erfolgreich bestehen würde. Bismarck dagegen bezweifelte, daß die Kräfte der Mittelmächte ausreichen würden, um Rußland entscheidend niederzuringen[91]. Andererseits kam für ihn eine russische Option - in der Art der Juniorpartnerschaft Preußens zur Mitte des 19. Jahrhunderts - nicht in Frage. So räumte er einer - noch so zerbrechlichen Verbindung mit Rußland Vorrang ein vor dem Zusammengehen mit Österreich "auf Gedeih und Verderb". Holstein dagegen wollte eine unumstößliche Bindung an die Donaumonarchie als Ausgangsposition für den erwarteten Krieg; aber - wie sich gezeigt hat - ist das keine den Bestand des Reichs sichernde, zukunftsträchtige Perspektive gewesen. Hier kündigt sich der Wendepunkt im europäischen Vertragssystem vom Gleichgewichtsdenken zur Blockbildung an.

Vor diesem politischen Hintergrund fanden die Gespräche Holsteins mit der österreichischen Botschaft statt. Die Diplomatie am Ballhausplatz war so einsichtig, sich nicht an Holsteins "Geheimpolitik" zu halten und operierte auf dem Balkan vorsichtig, so daß die Rußlandpolitik des Reichskanzlers und seines Staatssekretärs letzten Endes nicht beeinträchtigt wurde[92].

---

91 PA R 2213: In einem Erlaß an die Botschaft Wien vom 3. Mai 1888 werden Zweifel daran geäußert, "daß Rußland, wie Graf Kalnocky sich ausdrückt, zertrümmert werden könnte. Ein derartiges Ergebnis liegt aber auch nach den glänzendsten Siegen außerhalb aller Wahrscheinlichkeit".

92 Vgl. Krausnick, a.a.O., S. 41.

C.II.2. Graf Herbert von Bismarck - Sohn des "Chefs" und Staatssekretär im Auswärtigen Amt

Nach dem Abgang von Graf Hatzfeldt im November 1885 stand die Ernennung eines neuen Staatssekretärs an. Bismarcks Wünsche richteten sich auf seinen Sohn Herbert. Dieser war erst 36 Jahre alt, konnte aber für den Posten durchaus geeignet erscheinen, weil er befähigt und gut vorbereitet war. Der Vater hatte sich nämlich eine vielseitige Ausbildung seines ältesten Sohnes seit dessen Eintritt in den Auswärtigen Dienst angelegen sein lassen.

Die Schulbildung erhielt Herbert von Bismarck zunächst durch Privatunterricht und dann in Berlin am Gymnasium. Das Abitur bestand er 1869 mit guten Noten. Danach begann er das Jura-Studium in Bonn und leistete gleichzeitig beim 1. Rheinischen Husaren Regiment Nr. 7 (sogenannte Königshusaren) Militärdienst. Er war Mitglied einer schlagenden Verbindung und wurde bei einer Mensur verletzt. Im Januar 1870 wechselte er auf Wunsch der Eltern zum 1. Gardedragoner Regiment nach Berlin über und immatrikulierte sich an der dortigen Universität. Als Fähnrich rückte er in den deutsch-französischen Krieg aus, wo er bei einer Kavallerieattacke in der Nähe von Mars-la-Tour am 16. August 1870 verwundet wurde. Als Sekondelieutenant, mit dem Eisernen Kreuz 2. Klasse ausgezeichnet, kehrte er 1871 in die Berliner Garnison zurück. Da ihn der Offiziersberuf nicht ausfüllte, studierte er nebenbei, unternahm 1873 eine Reise nach Italien und ließ sich im Januar 1874 zur Dienstleistung in Auswärtige Amt kommandieren. Schon während er als Attaché den preußischen Gesandtschaften in Dresden und München zugeteilt war, wurde er gelegentlich in der Zentrale beschäftigt. Im April 1875 erfolgte die Einberufung in den Vorbereitungsdienst für die diplomatische Laufbahn. Die diplomatische Prüfung im März 1876 bestand er mit dem Prädikat "sehr gut".

Für die Probearbeiten hatte er folgende Themen zu behandeln: Das Elsaß in der neueren Geschichte; Darstellung der deutschen Auswanderung nach transatlantischen Ländern; die Verschiedenheit von Staatsgut, landesherrlichem Haus- und Fideikommißgut sowie eine Darstellung der Reichskriegsverfassung Deutschlands seit dem Ende des Mittelalters. Die Arbeiten wurden von der Prüfungskommission durchweg gut bewertet; sie zeugten von wissenschaftlicher Arbeitsweise, großem Fleiß (die historische z.B. hatte 153 Seiten) und Beurteilungsvermögen für die gesellschaftlichen und wirtschaftlichen Grundlagen der Auswanderung, hieß es. Man hob die Klarheit der Gedankenführung, die gründlichen geschichtlichen Kenntnisse und die der französischen Sprache hervor. Unmittelbar nach der Prüfung wurde Herbert von Bismarck zum Legationssekretär ernannt und als 2. Sekretär zur Gesandtschaft in Bern versetzt. Von dort erfolgte 1877 eine Abordnung nach Wien und 1878 die Versetzung nach Dresden. Schon ein Jahr später kam er als Hilfsarbeiter in die Politische Abteilung. Als solcher erhielt er 1880 den Charakter als Legationsrat.

C.II.2.a Ausbildung

Herbert Bismarck hatte während seiner Auslandsverwendung von Zeit zu Zeit dem Vater als Sekretär zur Verfügung gestanden, meist bei dessen Land- und Kuraufenthalten. So ist beispielsweise das berühmte "Kissinger Diktat" vom Sommer 1877 von Herbert Bismarck niedergeschrieben worden. Auch beim Berliner Kongreß im Sommer 1878 arbeitete er zur Zufriedenheit des Vaters an Fragen des Protokolls und einer Regelung der Inbesitznahme Bosniens und der Herzegowina durch Österreich, bis er Ende 1881 an der Londoner Botschaft zunächst kommissarisch und ab November 1882 als 1. Sekretär eingesetzt war. In dieser Dienststellung bewährte er sich, hatte ein zufriedenstellendes Verhältnis zu dem vom Reichskanzler nicht besonders geschätzten Botschafter Graf Münster[93], zeigte politische Begabung ebenso wie geschäftliche Routiniertheit, war fleißig im Büro und gewandt im gesellschaftlichen Umgang. Von allen Seiten brachte man ihm in London Anerkennung und Sympathie entgegen, und diese Beliebtheit beruhte durchaus nicht nur darauf, daß er der Sohn des deutschen Kanzlers war. Sehr günstig ließ sich der britische Außenminister Lord Granville über den jungen Bismarck aus, dessen persönliche Eigenschaften und Fähigkeiten er lobte und von dem er meinte, "he is going to be a great favourite in England"[94].

Die Lebensart der englischen Oberschicht sprach Herbert Bismarck besonders an, und er fand in diesen Kreisen Freunde, die ihm ein Leben lang zugetan blieben, insbesondere Lord Rosebury, der spätere Außenminister. Dem parlamentarischen Regierungssystem in England stand er jedoch fremd gegenüber. Wie für den Vater bedeutete demokratische und parlamentarische Regierung für ihn nicht nur Beeinträchtigung der Führung außenpolitischer Geschäfte, sondern er konnte sie nur als eine Vor-

---

[93] Nostitz, S. 112, 146, 148.

[94] Schreiben von Lord Ampthill an Fürst Bismarck vom 22. Dezember 1881, PA, Pers.-Akte Nr. 84 vol. II.

stufe für Umsturz und Chaos betrachten[95]. Daß Herbert Bismarck bei aller Wertschätzung der englischen Verhältnisse und Lebensformen anders als die anglophilen Liberalen kein Verständnis und keinen Zugang zum dortigen Regierungssystem fand, entsprach dem Urteil konservativer Zeitgenossen in Deutschland. Auch Buchers - letzten Endes - negative Bewertung des britischen Parlamentarismus mag dazu beigetragen haben[96].

Die Jahre 1879-81 stürzten Herbert Bismarck in eine Lebenskrise, die nicht ohne nachhaltige Wirkung auf die Entwicklung seiner Persönlichkeit bleiben sollte: sie war hervorgerufen durch die Liebesbeziehung zu der Fürstin Elisabeth Carolath. Herbert Bismarck galt als begehrter Junggeselle: eine stattliche Erscheinung, dazu geistreich und witzig, Sohn des Reichskanzlers. So verfehlte er nicht auf die Fürstin, die unglücklich verheiratet war, Eindruck zu machen. Seine leidenschaftliche Liebe zu der schönen und eleganten Frau, die sich 1881 in der Erwartung einer Ehe mit Herbert Bismarck scheiden ließ, fand jedoch in der Person seines Vaters ein unüberwindbares Hindernis. Nicht, weil Konventionen einer Ehe entgegengestanden hätten[97] kam es zu schweren, erschütternden Auseinandersetzungen mit den Eltern, sondern weil der Vater annahm, der "geliebte älteste Sohn könne durch die bismarckfeindliche Verwandtschaft der Frau - Tochter der Fürstin Hatzfeldt-Trachenberg - seinem Haus und seiner Politik entfremdet werden"[98]. Es kam zu dramatischen Szenen, und Herbert Bismarck hat behauptet, der Vater habe ihm gedroht, "nicht weiter zu leben, wenn diese Heirat zustande käme"[99]. Er sollte auch des Majorats und der Laufbahn verlustig werden[100]. Da das Projekt außerdem das Leben der kranken Mutter zu gefährden drohte[101] , hat Herbert Bismarck aus Liebe zu den Eltern und aus Loyalität zu dem bewunderten Vater aufgegeben. Er hat all dem umso mehr gelitten, als ihm unehrenhaftes Verhalten vorgeworfen wurde. Gewisse persönliche Züge, die in

---

[95] Aus einer Aufzeichnung Herbert Bismarcks über einen Besuch in England vom 24. August 1887, PA, R 2213: "weil die auswärtige Politik nicht in die Hände der ungebildeten Menge gehört"; vgl. Bußmann, Herbert Bismarck, S. 26. Diese Meinung findet auch in einem Bericht des Botschafters von Marschall vom 26. Mai 1899 (PA, R 4610) Ausdruck: "Wir verlangen von einer Regierung, daß sie selbst von starken Volksströmungen sich nicht leiten und lenken läßt, sondern daß sie umgekehrt dieselben beherrscht und in geordnete Bahnen führe".

[96] Bucher, Der Parlamentarismus wie er ist, Berlin 1855, vgl. auch Studt, S. 167ff.

[97] Die Fürstin war katholisch und geschieden.

[98] Bußmann, Herbert Bismarck, S. 17.

[99] Eulenburg, Aus 50 Jahren, S. 92.

[100] Bußmann, a.a.O., S. 18.

[101] Eulenburg, a.a.O., S. 92.

der Folgezeit stärker hervortraten, wie Anmaßung, Schroffheit, Heftigkeit gegenüber dem Personal, Zuspruch zum Alkohol[102], Besessenheit von der Arbeit, werden mit der Verbitterung in Verbindung gebracht, die aus dieser unglücklichen Liebesepisode herrührte[103].

Herbert Bismarcks Berichte aus London über die Entwicklung der deutsch-englischen Beziehungen, die er häufig in Vertretung des Botschafters abfaßte, fanden nicht nur beim Chef des Auswärtigen Amts Beifall, sondern auch beim Kaiser, der anregte, die "hervorragende" Stellung Herbert Bismarcks in englischen Regierungskreisen für das Reich "dauernd" nutzbar zu machen[104]. Der Vater hatte jedoch andere Pläne und entsandte den Sohn Anfang 1884 an die Botschaft in St.Petersburg, damit er auch die dortigen Verhältnisse kennenlerne, und um der russischen Regierung zu zeigen, wie sehr ihm das Einvernehmen mit Rußland und die Beziehungen der drei Kaiserreiche am Herzen lagen[105]. Herbert Bismarck wurde zur Vertretung des Botschaftsrats von Plessen für einige Monate abgeordnet, wobei man übrigens versäumte, den Botschafter davon vorher zu unterrichten[106].

Neben der amtlichen Berichterstattung schrieb Herbert Bismarck laufend seinem Vater, Holstein und anderen über seine Eindrücke und Gespräche[107]. Er wurde überall gut aufgenommen und zeigte sich von der besten Seite. Im übrigen leistete er nützliche Arbeit bei den Verhandlungen über die Erneuerung des Dreikaiserbündnisses im März 1884.

So wurde der Aufenthalt in Petersburg zur sinnvollen Ergänzung der Londoner Zeit und war eine Vorbereitung für spätere Aufgaben.

---

102 Ein guter Beobachter wie Rennell Rodd, S. 87, bescheinigt Herbert Bismarck Trinkfestigkeit: er habe immer einen klaren Kopf behalten.

103 Stamm, S. 104. In vielen Memoiren und auch in der Historiographie (Erich Eyck, Wilhelm Treue) wird Herbert Bismarcks Leben und Wirken überwiegend negativ verzeichnet. Ein Beispiel dafür ist auch die Biographie von Snyder, in der Herbert von Bismarck als eine dem Alkohol verfallene Existenz geschildert wird, die neben der Persönlichkeit des Vaters als dessen willenloses Werkzeug keinen Bestand und keine Vorzüge, sei es beruflicher, sei es persönlicher Art, aufweisen konnte. Nachdem Bußmann den Briefwechsel Herbert Bismarcks erschlossen und bewertet hat und von Stamm eine ausführliche Würdigung unter dem Titel "Herbert Bismarck als Staatssekretär des Auswärtigen Amts" vorliegt, hat sich das Bild geändert, und es treten nunmehr die Leistungen des Bismarck-Sohnes stärker hervor. Allerdings hatte schon Windelband 1921 festgestellt, daß Herbert Bismarcks "Anteil an der diplomatischen Leistung wesentlich höher einzuschätzen ist, als das bisher allgemein geschieht" (Deutsche Revue, S. 193ff.).

104 Stamm, S. 40.

105 Bußmann, a.a.O., S. 40.

106 Schweinitz, Bd. 2, S. 257.

107 Stamm, S. 49.

Botschafter von Schweinitz äußerte sich gegenüber dem Reichskanzler günstig über dessen Sohn und meinte, er habe "noch keinen Sekretär gehabt, welcher die Geschäfte, und zwar die laufenden ebenso wie die hochpolitischen, mit so viel Ernst und Eifer auffasse [...]"[108]. War der Botschafter zunächst von Herbert Bismarcks Entsendung überrascht worden, so hatte das Auswärtige Amt keinen Zweifel über die kurze Dauer dieses Aufenthalts gelassen. Es fiel indessen schwer, Kaiser Wilhelm I. davon zu überzeugen, daß Herbert Bismarck Petersburg so bald wieder verlassen sollte. Schließlich gelang dies, und Herbert Bismarck wurde am 11. Mai 1884 zum Gesandten in Den Haag ernannt[109]. Des Kanzlers Absicht war, ihn von dem nah gelegenen und kaum mehr als nominell bekleideten Posten aus in der Zentrale zu verwenden.

Die Jahre 1883 und 1884 brachten die Anfänge der deutschen Kolonialpolitik. Bismarck sah, wie Gall bemerkt, "daß der deutschen Politik die bisherigen Einwirkungsmöglichkeiten auf das internationale System zu entgleiten begannen", wenn man sich in dem "außereuropäischen Raum, der zu einem konkurrierenden Entscheidungszentrum wurde", nicht engagierte[110]. Solches kam unerwartet und wurde in London zuerst nicht recht zur Kenntnis genommen, d.h. die plötzlich auftauchenden Fragen fanden im Foreign Office und im Kolonialministerium kaum Beachtung, worüber die deutsche Seite verstimmt war. Daraufhin wurde Herbert Bismarck im Juni 1884 nach London entsandt, um die englische Haltung wegen südwestafrikanischer Gebiete und der Fidji-Inseln zu erkunden. Er führte Außenminister Granville die Berliner Absichten und Anliegen energischer vor Augen als zuvor Botschafter Graf Münster es glaubte tun zu müssen und forderte eindeutige englische Stellungnahmen, die bisher ausgeblieben waren[111]. Mit dem Einverständnis des englischen Kabinetts zur Verständigung über die offenen Fragen kehrte Herbert Bismarck ins Auswärtige Amt zurück. Die deutsch-englischen Spannungen waren bereinigt, und es war das Geschick des jungen Diplomaten, der dies - im Rahmen der von Bismarck bestimmten Politik - bewirkt hatte.

Auch bei weiteren Missionen in Kolonialangelegenheiten 1884/85, die nach London und Paris[112] führten, hatte er Erfolg und zeigte seine Eig-

---

108 Schweinitz, Bd. 2, S. 269f.

109 Jahreseinkommen 48.000 M.

110 Gall, Bismarck und England, S. 58; vgl. hier S. 170.

111 Stamm, S. 67ff; von englischer Seite ist behauptet worden, daß Graf Münster von Berlin angewiesen worden sei, den deutschen Fragen-Katalog nicht im Außenamt vorzulegen und die deutsche Verstimmung über das Ausbleiben einer Antwort nicht gerechtfertigt sei, Rennell Rodd, S. 67f.

112 Der günstige Eindruck, den Herbert Bismarck 1884 auf den französischen Ministerpräsidenten Ferry machte, geht aus einer Aufzeichnung hervor, die in Ferrys Nachlaß gefunden wurde, Goldschmidt, S. 240.

nung für Leitungsaufgaben in der Zentrale. Die erhielt er schon im Oktober 1885 mit der Ernennung zum Unterstaatssekretär. Gleichzeitig wurde er Wirklicher Geheimer Legationsrat. Der Reichskanzler sah diese Ernennung seines Sohnes als Vorstufe zur Ablösung von Graf Hatzfeldt an, und er brauchte den Sohn angesichts eigener Überlastung, die infolge bequemer Dienstauffassung und lässigen Arbeitsstils seines damaligen Staatssekretärs eingetreten war. Aber auch Unterstaatssekretär Dr. Busch war keine vollwertige Entlastung gewesen, da er "bei allem Fleiß und Tüchtigkeit [...] als früherer Dragoman" nicht in der Lage schien, das "zu leisten, was vom Staatssekretär erwartet wurde"[113]. So rückte Herbert Bismarck nach einem Jahrzehnt gründlicher Vorbereitung mit 36 Jahren an die zweite Stelle in der Hierarchie des Auswärtigen Amts. Die Arbeitslast, der er von nun an unterworfen war, ging weit über das gewöhnliche Maß hinaus, zumal Graf Hatzfeldt immer häufiger abwesend war, und gewisse Angelegenheiten wie die Kolonialfragen von Herbert Bismarck persönlich bearbeitet werden mußten[114].

Für den Geschäftsgang im Auswärtigen Amt erwies sich bald, wie nützlich der ständige unmittelbare Zugang des neuen Unterstaatssekretärs zum Reichskanzler war: vieles konnte schneller erledigt werden. Herbert Bismarcks Gesundheit war dem aber nicht gewachsen: im Sommer 1885 ließ sich dank einer Kur in Königstein noch das Schlimmste vermeiden, im Frühjahr 1886 brach er jedoch zusammen, nachdem er wieder monatelang als Staatssekretär amtiert hatte. Die Wiederherstellung seiner Gesundheit dauerte bis September 1886.

Von Kollegen und Mitarbeitern im Auswärtigen Amt wurde Herbert Bismarcks Intelligenz, Sachkenntnis und Arbeitskraft Respekt und Anerkennung gezollt. Außerdem hatten viele das Bedürfnis, sich mit dem Sohn des Kanzlers und zukünftigem Chef im Interesse der eigenen Laufbahn gut zu stellen. Dies geschah manchmal in Form dessen, was damals "Schmeichelei" und "Kriechertum" genannt wurde, und führte bei Herbert Bismarck zu einer gewissen menschenverachtenden Haltung gegenüber seiner Umgebung[115]. Freundschaften bestanden nur mit wenigen Kollegen: Bülow, Philipp Eulenburg, von Stumm und von Plessen. Mit Holstein verband ihn viel: er hatte ihn schon als Junge kennengelernt, stand seit dieser Zeit mit ihm im Briefwechsel und erhielt nach dem Eintritt in den Auswärtigen Dienst Ratschläge für Examen und Laufbahn. Es war also zu erwarten, daß angesichts dieser Verbindung eine besonders

---

[113] Vgl. eine Aufzeichnung von Herbert Bismarck im Freidrichsruher Archiv, Bestand D 46, die Stamm auf S. 88ff. zitiert.

[114] Stamm, S. 112.

[115] Eulenburg, Aus 50 Jahren, S. 105; Holstein, Bd. 3, S. 35.

enge Zusammenarbeit zustande kommen würde. Dies trat aber nicht ein. Die Art, wie Herbert Bismarck in Berlin auftrat, paßte Holstein nicht[116], und das enge Beieinander im Auswärtigen Amt bot immer wieder Anlaß zu Kritik an dem alten Freund[117], ja es entwickelte sich ihm gegenüber eine zunehmende Abneigung sowohl im persönlichen wie politischen Bereich.

C.II.2.b Staatssekretär

Seitdem des Kanzlers Entschluß feststand, Graf Hatzfeldt zum Botschafter in London zu ernennen, gab es keinen Zweifel mehr daran, daß Herbert Bismarck sein Nachfolger werden würde. Andere Beamte des Auswärtigen Dienstes, die für den Posten des Staatssekretärs in Frage kamen und bereit gewesen wären, ihn anzutreten, etwa Botschafter von Radowitz, mochte Bismarck nicht an seiner Seite haben. Im übrigen drängte die Zeit, da angesichts des Alters Kaiser Wilhelms I. mit der baldigen Nachfolge des Kronprinzen gerechnet werden mußte, der dem Hause Bismarck wenig freundlich gegenüberstand. Anfang 1886 legte Bismarck dem Kaiser mehrfach dar, daß er "niemand geeigneteren als seinen Sohn vorzuschlagen wisse". Im schriftlichen Vorschlag heißt es weiter: Keiner der verfügbaren Beamten ist mit der Gesamtheit der Geschäfte in dem Maße vertraut wie mein Sohn infolge des Ganges seiner Vorbereitung zu dieser Stellung"[118]. Der Kaiser, der Herbert Bismarck sehr schätzte, mag wohl bei dieser Ernennung Bedenken gehabt haben[119], schließlich erklärte er doch sein Einverständnis. Durch Bestallung vom 10. Mai 1886 erfolgte die Ernennung zum Staatssekretär mit Wirkung vom 17. Mai 1886, als Herbert Bismarck während des Sanatoriumsaufenthalts die Urkunde ausgehändigt wurde. Daß dagegen Vorwürfe wie Nepotismus und Verletzung des Grundsatzes der Anciennität laut werden würden, war allen Beteiligten klar, und Herbert Bismarck hatte schon ein Jahr zuvor dem Bruder gegenüber geäußert: "Staatssekretär möchte ich jetzt noch nicht werden. Das Geschimpfe würde zu groß und mir das Geschäft erschwert werden, wenn ich jetzt schon Exzellenz werde, lieber nicht"[120]. Dem wurde insoweit Rechnung getragen, als die übliche Verleihung des Titels Wirklicher Geheimer Rat mit dem Prädikat Exzellenz ebenso unterblieb

---

[116] Holstein, Bd. 2, S. 200, 215f.

[117] Holstein, a.a.O., S. 57, 66.

[118] PA, Personalakte Nr. 84.

[119] Waldersee, Bd. 1, S. 292.

[120] Bußmann, Herbert Bismarck, S. 284.

wie die Ernennung zum preußischen Staatsminister[121]. Exzellenz wurde Herbert Bismarck erst Weihnachten 1887 und preußischer Minister ohne Portefeuille als Mitglied des Staatsministeriums am 27. April 1888. Der Wirkliche Geheime Legationsrat Graf Berchem, bislang Direktor der Abteilung II, wurde Unterstaatssekretär. Auch Holstein hatte wohl dafür zur Wahl gestanden, und es heißt, Herbert Bismarck hätte ihn eigentlich vorgezogen[122].

Herbert Bismarck hatte als Staatssekretär die Tätigkeiten des Amtschefs mit seiner Eigenschaft als Sohn des Reichskanzlers in Einklang zu bringen. Das dürfte nicht schwierig gewesen sein; auch bisher hatten sich im Auswärtigen Amt die Staatssekretäre mit dem Willen des Reichskanzlers in Übereinstimmung gefunden. Da überdies zwischen Vater und Sohn ein besonders enges Vertrauensverhältnis bestand, bedeuteten die familiären Verbindungen für den Entscheidungsprozeß in der Behörde einen Vorteil, weil keine Zeit- und Reibungsverluste auftraten und das, obwohl der Kanzler Ende der achtziger Jahre sehr häufig und lange von Berlin abwesend war. Der enge Kontakt mit Friedrichsruh brachte es mit sich, daß Herbert Bismarck dem Vater in anderen Bereichen als den der auswärtigen Politik zur Hand gehen mußte. Dem jungen Staatsekretär gelang dieses gut, nicht zuletzt dank seiner großen Arbeitskraft.

Die Folge all dessen war allerdings eine Monopolisierung des Zugangs zum Leiter der deutschen Außenpolitik durch den Staatssekretär, so daß die Dezernenten des Auswärtigen Amts sich von ihrer gewohnten Verbindung zum Kanzler abgeschnitten fühlten[123]. Ihnen fehlten Vortrag und Aussprache beim Kanzler und daher - wie Stamm meint - der "uneingeschränkte Einblick in die tiefsten Gedanken und Bismarcks politische Ziele"[124]. In solchem Führungsstil sei der "Samen für die bald aufgehende Saat der Unzufriedenheit und des Mißverstehens der betriebenen Politik [...] angelegt gewesen". Dafür trage Herbert Bismarck die Verantwortung[125].

Man klagte darüber, daß der neue Staatssekretär im Umgang mit dem Personal eine Sprache führe, wie sie bisher nicht üblich gewesen sei.

---

121 Cecil, Diplomatic Service, S. 202, meint, daß dies auf Wunsch des Kaisers geschehen sei.

122 Stamm, S. 148, bezieht sich auf Moritz Busch, Tagebuchblätter, Bd. 3, S. 198 und Rich, Bd. 1, S. 166f. Quellenbelege wurden nicht gefunden. Ob Holstein selbst gern Unterstaatssekretär geworden wäre, ist ungeklärt. Bekanntlich hat er später nie eine höhere Position als die innegehabte angestrebt.

123 Raschdau, Erinnerungen, S. 64.

124 Stamm, S. 612.

125 Stamm, S. 298.

Nicht nur, daß alte Formen (Kurialien) im Schriftverkehr abgeschafft[126] oder der Rotstift für den Staatssekretär eingeführt wurden, bei Beanstandungen herrschte oft ein abstoßender, rüder Ton. Dienstanwesenheit wurde angeordnet, obwohl dafür keine Notwendigkeit bestand[127]. Herbert Bismarck hat geglaubt, die Mitarbeiter immer wieder "antreiben" müssen, ja sich Außenstehenden gegenüber gerühmt, das "ganze Auswärtige Amt zittere vor ihm"[128]. Bei den Mitarbeitern zeigte er offenbar rauhe Umgangsformen[129], ihn aber als "Tier- und Menschenquäler" zu bezeichnen[130], ist sicher übertrieben. Auch jener Vorfall, als er eine neue Schrotflinte vom Garten aus mit einigen Schüssen in ein Fenster der Wilhelmstraße 76 ausprobierte, ist wohl eher als ein Streich zu werten, dem mehr junkerhafter Übermut als Bösartigkeit zugrunde lag[131]. Fest steht allerdings, daß Herbert Bismarck kein beliebter Chef war, wenn er auch im Amt nicht ganz ohne Freunde gewesen ist.

Über die Führung der Außenpolitik gab es zwischen dem Kanzler und dem neuen Staatssekretär keinerlei sachliche Differenzen, höchstens gelegentlich im Stil einer Weisung. Weithin ist Herbert Bismarck deshalb als willenloses Werkzeug, als Handlanger des Vaters, angesehen worden. Es fragt sich aber, welche Veranlassung der neue Staatssekretär, der sich als Beamter verstand[132], hätte haben sollen, neben dem in drei Jahrzehnten erfolgreichen Staatsmann eine andere Politik zu entwickeln ?

Wie er die Außenpolitik des Vaters beurteilte, zeigt das Abschiedsgesuch vom 21. März 1891, wo er von sich sagt: [...] daß ich mich mit ihm eins wußte in allen politischen Anschauungen [...]"[133]. Als Grundkonzept der deutschen Außenpolitik in den achtziger Jahren galt für ihn die

---

[126] Bis 1887: "Sofern Eure Majestät nicht anders befehlen, werde ich der Audienz beizuwohnen nicht ermangeln". Neu: "Der Audienz werde ich meinerseits nicht verfehlen beizuwohnen [...]". Bisher: "Es freut mich Euer pp. zu benachrichtigen". Neu: "Euer pp. benachrichtige ich"; ab 1887: "hochlöblich" fällt weg.

[127] Botschafter Graf Hatzfeldt mußte - vom Urlaub - am Sonntag zurückkehren, obwohl Minister Salisbury erst am Montag im Amt sein konnte (PA, Personalakte Nr. 27). Der Staatssekretär veranlaßte das Zentralbüro einmal, nach Dienstschluß stundenlang auf ihn zu warten. Er kam aber nicht, weil er an einer Studentenkneipe teilnahm (Holstein, Bd. 2, S. 312).

[128] Holstein, Bd. 2, S. 294.

[129] Gall, Bismarck, S. 629, nennt seine Sprache "burschikos".

[130] Raschdau, Erinnerungen, S. 126; Ebel, Hatzfeldt, Bd. 1, S. 529.

[131] Holstein, Bd. 2, S. 298, 300; Otto von Bismarck soll auf Kniephof als Student ins Fenster von Logierbesuch geschossen haben, so Heyck, Johanna von Bismarck, S. 27.

[132] Vietsch, S. 268, meint, Herbert Bismarck habe keine "staatsmännischen Züge" gezeigt, sein "Aufgehen im väterlichen Willen sei eher unnatürlich".

[133] PA, Personalakte Nr. 84.

Vermeidung eines Krieges der Großmächte und das Zusammengehen der drei Kaiserreiche. Zu verhindern, daß dies durch die österreichische Balkanpolitik gestört wurde, war sein Bemühen gegenüber der österreichischen Diplomatie; oft in scharfer Form, die Anlaß zu Mißverständnissen, etwa bei Holstein, gab. Dabei wollten beide Bismarcks nichts, als die Wiener Regierung zur Zurückhaltung veranlassen - aus Besorgnis, Deutschland könne in einen Krieg mit Rußland verwickelt werden. Geradezu beschwörend heißt es in einer von Graf Berchem gezeichneten Weisung an die Botschaft Wien vom 8. Mai 1886 im Zusammenhang mit einem befürchteten Angriff Frankreichs bei "Komplikationen im Osten", daß das Reich darauf "angewiesen" sei, "daß im Osten Friede gehalten wird"[134]. Holstein hat seit 1885/86 Herbert Bismarck vorgeworfen, er sei "rußlandhörig" und betreibe auf dem Balkan eine prorussische Politik[135], seine Haltung sei auf Ressentiments gegen Österreich[136] und Alexander von Battenberg zurückzuführen; er beeinflusse den Vater entsprechend. Herbert Bismarck vertrat des Vaters Konzeption einer auf Enthaltsamkeit und Gleichgewicht beruhenden Friedenspolitik, die Holstein fremd war[137]: diesem ging es um den Bestand des deutsch-österreichischen Bündnisses, ihm schwebte die Vision einer antirussischen Koalition vor, und er meinte, man müsse - ohne die Leitung des Auswärtigen Amts - dafür wirken.

Anfang 1887 sahen beide Bismarcks eine Chance, das Verhältnis zu Rußland zu verbessern und zwar durch eine bilaterale Abmachung als Ersatz für den auslaufenden und maroden Dreikaiservertrag. Die geheimen Verhandlungen wurden in Berlin vom Staatssekretär und vom Kanzler geführt, die zuständigen Räte waren nicht unmittelbar beteiligt. Holstein, der die Dinge beobachtete, sah in diesem Vorhaben keine Vorteile für die deutsche Außenpolitik[138], er meinte, daß Herbert Bismarck jetzt völlig unter den Einfluß des russischen Botschafters Paul Schuwalow geraten sei[139]. In Wirklichkeit hat der Staatssekretär über diesen Vertrag mit kühler Distanz verhandelt und ihn keineswegs als die beste Regelung der deutsch-russischen Beziehungen angesehen[140]. Immerhin stelle er ein "Druckmittel" auf den Zaren dar und sei angesichts dessen Annäherung

[134] PA, R 10238.

[135] Wehler, Imperialismus, S. 251.

[136] "Weil er dort im Jahre 1877 als Attaché schlecht behandelt wurde", Holstein, Bd. 2, S. 297; eine vordergründige Betrachtungsweise, so auch Stamm, S. 259.

[137] Rich, Bd. 1, S. 98; Richter, S. 114.

[138] GP, Bd. 7, S. 22.

[139] Holstein, Bd. 2, S. 373.

[140] Als "anodyn" (harmlos) bezeichnete er ihn. Vgl. Bußmann, Herbert Bismarck, S. 457.

an Frankreich "etwa wert", weil er dem Reich "im Ernstfall die Russen wohl doch 6 bis 8 Wochen länger vom Hals hielte"[141]. Diese Beurteilung des Rückversicherungsvertrags entspricht dem, was Ulrich Noack und später Gall Bismarcks "System der Aushilfen" genannt haben[142].

Holstein hat die gleichzeitigen Bemühungen, die Lage des Reichs und seiner Verbündeten durch Mittelmeerentente und Orientdreibund abzusichern, nicht in einem positiven Zusammenhang mit dem Rückversicherungsvertrag gesehen, sondern nur die Widersprüche herausgestellt[143]. Das zeigt, daß der dienstälteste Beamte in der Politischen Abteilung die Bemühungen von Kanzler und Staatssekretär bei der Bewältigung der Doppelkrise des Jahres 1887 nicht positiv beurteilte, ja glaubte, ihnen entgegenwirken zu müssen. Vielleicht ist das darauf zurückzuführen, daß der Staatssekretär für seine Politik bei den Mitarbeitern nicht überzeugend geworben und sie nicht genügend daran beteiligt hat[144].

Nachdem bereits Anfang der achtziger Jahre die Englandpolitik Herbert Bismarcks besonderes Feld gewesen war, das er mit Erfolg bearbeitet hatte, boten sich dort in der zweiten Hälfte dieses Jahrzehnts lohnende Ziele. 1885 galt es, eine delikate Entscheidung zu treffen über die an den Reichskanzler von London vertraulich herangetragene Bitte, er möge zwischen England und Rußland wegen Grenzstreitigkeiten in Afghanistan als Schiedsrichter walten. Im Auftrag des Vaters lehnte der Staatssekretär dieses Anliegen ab.

Dadurch wurde aber das Verhältnis zur Londoner Regierung nicht beeinträchtigt, denn, während über die Verlängerung des Dreibundabkommens verhandelt wurde, gelang es der deutschen Seite, England näher an Italien und Österreich heranzuziehen und für einen stärkeren eigenen Einsatz auf dem Balkan zu gewinnen[145]. Daß England sich an der Seite der mit Deutschland verbündeten Staaten erstmalig engagiert hatte, durften Kanzler und Staatssekretär als Erfolg ansehen, umso mehr als dies ohne weitere Belastung der deutsch-russischen Beziehungen hatte erreicht werden können.

Im Mai 1887 brach der Staatssekretär wieder nach England auf und hinterließ dem Vater die Verhandlungen über den Rückversicherungsvertrag, während Graf Berchem ihn im übrigen vertrat. Gegenstand die-

---

[141] Bußmann, a.a.O., S. 457.

[142] Hildebrand, System der Aushilfen, S. 108.

[143] Holstein, Bd. 2, S. 400.

[144] Holstein, Bd. 2, S. 275, wirft Herbert Bismarck im Tagebuch (15. Oktober 1885) vor, er behandele die österreichische Regierung wie "eine untergeordnete" Behörde.

[145] Vereinbarungen am 12. Februar 1887 mit Italien, am 23. März 1887 mit Österreich.

ser Mission war die Einwirkung auf die britische Regierung, in Bulgarien russischen Wünschen entgegenzukommen, um dadurch Zugeständnisse in der afghanischen Frage zu erreichen[146]. Wie schon bei früheren Gelegenheiten kamen die Engländer den Wünschen des Staatssekretärs in der Kolonialfrage entgegen. Er wurde von Salisbury dadurch ausgezeichnet, daß dieser ihn in der deutschen Botschaft aufsuchte.

Eine weitere Englandreise fand im August 1887 statt. Sie stand im Zeichen englischer Überlegungen für eine neue Rußlandpolitik. Dem wollte man deutscherseits durch Vorschläge über ein noch engeres Zusammenwirken mit den Partnern der Mittelmeerentente begegnen. Herbert Bismarck gelang es, dem englischen Premierminister und Außenminister die Vorteile der neuen Entente nahezubringen und England in ein Abkommen zur Erhaltung des Status quo im Orient einzubinden, das nach wochenlangen Verhandlungen gegen Ende 1887 durch Notenwechsel zwischen England, Italien und Österreich zustandekam. Die Türkei war dabei stiller Teilhaber. Eine zusätzliche Entlastung der deutschen Außenpolitik durch die weitere Annäherung Englands an die Mittelmächte war zu verzeichnen. Die vom Staatssekretär maßgeblich beeinflußte Darlegung im Schreiben des Kanzlers an Salisbury vom 22. November 1887 zur deutschen Haltung im Falle kriegerischer Verwicklungen dürfte dazu beigetragen haben[147].

Die letzte Mission des Staatssekretärs nach England fand im März 1889 statt und zwar im Zusammenhang mit dem Angebot eines Defensivbündnisses, das der Reichskanzler im Januar 1889 durch Botschafter Graf Hatzfeldt in London hatte unterbreiten lassen. Welche Aussichten man im Auswärtigen Amt diesem Bündnisfühler einräumte, ist nicht festzustellen[148]. Jedenfalls entsprach eine englische Absicherung gegen einen französisch-russischen Angriff seit langem den Vorstellungen von Kanzler und Staatssekretär. Herbert Bismarck wird allerdings gewußt haben, wie schwer das in London zu erreichen war, und dürfte kaum überrascht gewesen sein, als Premierminister Salisbury ihm zu dem Vorschlag sagte: "We leave it on the table, without saying yes or no: that is unfortunately all I can do at present"[149]. Bei diesem Aufenthalt in London wurde der Staatssekretär auf einen Tausch von Helgoland gegen das deutsche Kolonialgebiet Angra Pequena in Südwestafrika angesprochen. Im Einverständnis mit dem Vater hielt er sich jedoch zurück, weil die englische Re-

---

[146] GP, Bd. 5, Nr. 1037, S. 175.

[147] Vgl. hier S. 42f.

[148] Vgl. dazu Ritter, England, S. 545-52; Rothfels, Bündnispolitik, S. 119; Eyck, Bd. 3, S. 553.

[149] GP, Bd. 4, Nr. 945, S. 946.

gierung sich der Sache noch nicht angenommen hatte und eine deutsche Initiative damals nicht erfolgversprechend erschien. Dieser Standpunkt wurde vom Kanzler und im Auswärtigen Amt aufrecht erhalten, obwohl Wilhelm II. eine Verwirklichung des Vorhabens anläßlich seines England-Besuchs im Sommer 1889 gern gesehen hätte.

Der Staatssekretär hatte zu einem guten Teil des Kanzlers Verkehr mit dem Hof und dem diplomatischen Korps übernommen. Die langen Aufenthalte des Vaters in Friedrichsruh zwangen Herbert Bismarck immer häufiger, zum Immediatvortrag anzutreten[150]. Wilhelm I. schätzte den knappen und klaren Stil des jungen Staatssekretärs und überhaupt den Umgang mit ihm. Schwierig war indessen das Verhältnis zum kronprinzlichen Hof, der seit langem in Spannung mit dem Kanzler lebte. Um so bemerkenswerter ist es, daß bei den Berührungen mit Herbert Bismarck niemals Peinlichkeiten auftraten. Angesichts der tödlichen Erkrankung Friedrichs III. scheint allerdings der Staatssekretär anderen gegenüber seine Erleichterung über die zu erwartende kurze Dauer der Regierungszeit des Monarchen in wenig taktvoller Weise kundgetan zu haben[151].

Zu Wilhelm II. hatte sich Herbert Bismarcks Verhältnis zunächst geradezu freundschaftlich gestaltet. Die beiden lernten sich bei einem offiziellen Besuch des damaligen Prinzen in St.Petersburg näher kennen. Herbert Bismarcks Wertschätzung für den Thronfolger ließ dann aber nach, als - auf Wunsch des Kanzlers - Wilhelm im Auswärtigen Amt zur Einweisung beschäftigt war und man feststellen mußte, daß er es an Arbeitswillen und Stetigkeit fehlen ließ. Trotz aller Begeisterung des leicht beeinflußbaren Prinzen für den Kanzler, schienen Herbert Bismarck die Aussichten für eine spätere Zusammenarbeit ungünstig[152].

An der Schwelle des letzten Jahrzehnts des 19. Jahrhunderts befanden sich Stellung, Wirken und Prestige des ersten Reichskanzlers in einem fortschreitenden Abnutzungsprozeß. So erwarteten viele, nachdem der junge Kaiser den Thron bestiegen hatte, ein Ende der Ära Bismarck im Gefühl des "breite Kreise beherrschenden Unbehagens über die allzulange Herrschaft eines Mannes"[153]. Diese Stimmung war langsam entstanden, ihre Wurzeln lagen weniger in konkreten sachlichen Gegensätzen als in einer Atmosphäre allgemeiner Unzufriedenheit mit der "selbstverordneten Bewegungslosigkeit" (Klaus Hildebrand) der deutschen Außenpolitik. Es war die Zeit, daß "aus allen Richtungen des politischen und öffentlichen

---

150 Bußmann, Herbert Bismarck, S. 57.

151 Ders., a.a.O., S. 443; Stamm, S. 221.

152 Holstein, Bd. 2, S. 242; Stamm, S. 223.

153 Bußmann, Zeitalter Bismarcks, S. 236.

Lebens die Vorwürfe [...] einer zukunftslosen Politik der Stagnation" laut wurden[154].

Kristallisationspunkt für die Anti-Bismarck-Bewegung war der neue Kaiser. Nach dem Thronwechsel hatte es nicht lange gedauert, bis aus seiner Verehrung für den Kanzler die Entschlossenheit wurde, den mächtigen Mann loszuwerden. Auch im Auswärtigen Amt war diese Einstellung anzutreffen. Der Überdruß an dem Kanzler paarte sich mit der Kritik am Staatssekretär. Von den leitenden Beamten hatte Holstein wesentlichen Anteil am Abbau der Position beider Bismarcks, wobei er sich übrigens - aus dem Hintergrund - in einer der Politik des Kanzlers abträglichen Weise in die Diskussionen über die sozialpolitischen Reformvorhaben einschaltete[155].

Seine Bemühung, die Stimmung gegen den Kanzler zu schüren, wurde von denjenigen, die sich von Bismarck nicht gut behandelt fühlten, wie etwa Botschafter Graf Münster, entsprechend aufgenommen. Dieser meinte, es sei "höchste Zeit, daß das Haus Bismarck abtrete"[156].

Die Stellung der Dezernenten der Politischen Abteilung, einst eng mit dem Kanzler verbunden, hatte sich seit längerer Zeit von ihm entfernt, besonders seit Herbert Bismarck Staatssekretär geworden war[157]. Hierin ist eine der Ursachen gesehen worden, warum man der vom Reichskanzler betriebenen Politik nur ungern oder nicht mehr folgen wollte. Deshalb soll nach Auffassung des Holstein-Biographen Rich der älteste Rat in der Politischen Abteilung versucht haben, seine Gedanken in die Tat umzusetzen, d.h. der österreichischen Außenpolitik eine Richtung vorzugeben, die der Kanzler nicht wollte. Wenn Holstein sich von Bismarcks Außenpolitik losgesagt habe, liege das darin begründet, meint Rich, daß den Mitarbeitern kein Einblick in "sein politisches Denken" und die "Linie seiner Politik" zuteil geworden sei[158]. Eine solche Schlußfolgerung, die übrigens mit einer Äußerung von Abeken übereinstimmt[159], begegnet

---

154 Hildebrand, Außenpolitik, S. 17, spricht von dem Paradox der "existenzsichernden Zukunftslosigkeit".

155 Pflanze, Bd. III, S. 355.

156 Stamm, S. 632; Nostitz, S. 190.

157 Raschdau, Erinnerungen, S. 64.

158 Rich, Bd. 1, S. 94f, 110f; Stamm, S. 298, spricht von der "für die Mitarbeiter nicht durchsichtigen Zusammenarbeit der beiden Bismarck".

159 Abeken, S. 490: "Diese Schweigsamkeit des Ministers gegen seine Untergebenen über das, was er gerade vorhat, ist ein Charakterzug bei ihm - er will der Alleinherrscher sein, nur Befehle erteilen, aber keie Meinung hören". Ganz anders: Aegidi in: Poschinger, S. 188: "Bismarck hielt mir gegenüber mit nichts zurück, er weihte mich mit einer unglaublichen Offenheit in alle Phasen des politischen Reichswerks ein".

aber Bedenken, denn die Grundsätze der Bismarckschen Außenpolitik in den achtziger Jahren waren allen Beamten der Politischen Abteilung bekannt und wurden ihnen durch die Erlasse an die Botschafter[160] oder grundsätzliche Ausführungen - etwa in dem an Lord Salisbury gerichteten Schreiben[161] und durch die Reichstagsreden oder Presseartikel[162] laufend vor Augen geführt. Wenn vielleicht nicht jede taktische Wendung den Referenten der Politischen Abteilung gleich mitgeteilt wurde, so wußten sie doch, daß die österreichische Seite immer wieder auf die Notwendigkeit der Zurückhaltung beim Vorgehen gegenüber Serbien oder Bulgarien und auf das deutsche Interesse an einer Abgrenzung von Einflußsphären auf dem Balkan hingewiesen worden war. Man darf voraussetzen, daß Holstein als der u.a. für Österreich zuständige Dezernent den Erlaß gekannt hat, mit welchem dem Botschafter in Wien im September 1883 die Grundzüge Bismarck'scher Außenpolitik dargelegt wurden[163] und denjenigen mit der Weisung vom Dezember 1885, den Österreichern eindringlicher als bisher Zurückhaltung im serbisch-bulgarischen Konflikt zu empfehlen[164]. In der Folgezeit hat der Reichskanzler wiederholt erkennen lassen, wie sehr es ihm "erwünscht" sei, wenn Österreich sich dazu entschließen würde, sich im Falle eines "russischen Einmarsches in Bulgarien nicht zu rühren, sondern denselben ruhig geschehen zu lassen"[165].

C.II.2.c. Die Entlassung des Reichskanzlers und des Staatssekretärs

Ende des Jahres 1889 war klar, daß die Meinungsverschiedenheiten zwischen dem Kaiser und dem Reichskanzler sich immer mehr vertieften.

---

[160] Die Erlasse an die Botschaft Wien sind in ihrer Ausführlichkeit kaum zu übertreffen: oft waren es 20 Seiten.

[161] Vgl. hier S. 44ff.

[162] Im Berliner Börsenkurier vom 21. Juni 1888 wird Bismarcks Politik der "Friedfertigkeit Deutschlands" erläutert.

[163] GP, Bd. 3, S. 294. Der Erlaß vom 8. September 1883 befindet sich in einer Akte, die von Holstein laufend bearbeitet wurde: PA, R 1947.

[164] Erlaß vom 13. Dezember 1885; GP, Bd. 5, S. 26ff; PA, R 4611.

[165] Erlaß des Staatssekretärs an Botschafter Prinz Reuß vom 11. März 1887 in der Akte "betreffend Beitritt Österreich-Ungarn am 24. März 1887 zu der englisch-italienischen Übereinkunftvom 12. Februar 1887", PA, R 6076. Dieser Erlaß trägt zwar keine Paraphe Holsteins, aber daraus, daß fast allen anderen Aktenstücke des Vorgangs Bearbeitungsvermerke Holsteins aufweisen, ist zu schließen, daß er den Inhalt dieses Erlasses kannte. Ein Bericht von Prinz Reuß vom 15. März 1887 zum selben Thema ist von Holstein paraphiert ebenso wie ein solcher vom 31. Dezember 1887, wonach sich Österreich "aller Handlungen enthalten wolle, die von Rußland als Provokation aufgefaßt werden könnten", PA, R 2401.

Waren es zunächst hauptsächlich innenpolitische Fragen, die der Entfremdung Vorschub leisteten und das Verhältnis belasteten, so gab später auch die Außenpolitik Konfliktstoff her. Dem Kaiser paßte es nicht, wie im Auswärtigen Amt die Frage des in der Schweiz wegen Agentenwerbung verhafteten Polizeiinspektors Wohlgemut behandelt wurde. Ebenso wenig war er mit der Konvertierung der russischen Eisenbahnanleihen einverstanden. Differenzen gab es auch wegen einer Internationalen Arbeiterschutzkonferenz und gewissen Entscheidungen in der Kolonialpolitik.

Während die Auseinandersetzungen über die sozialpolitischen Vorstellungen des Kaisers und andere innenpolitische Streitfragen wie die Verlängerung des Sozialistengesetzes sich Anfang 1890 zuspitzten, und der Monarch die Rücknahme der Kabinettsorder von 1852 über den Vortrag der Minister beim König verlangte[166], kam es auch im außenpolitischen Bereich zu einer schweren Auseinandersetzung: es ging um die Vorlage von Berichten des deutschen Konsuls in Kiew über russische Truppenverschiebungen. Der Kaiser behauptete, daß ihm ein Teil dieser Berichte zu spät zugegangen, ja vorenthalten worden sei, um einseitig, d.h. rußlandfreundlich, zu unterrichten.

Das alles trug dazu bei, daß Kaiser Wilhelm II. sich dem Entschluß einer Trennung vom Kanzler immer mehr näherte. Dabei war er Einflüssen ausgesetzt, die ihm rieten, den Kanzler zu veranlassen, seinen Abschied einzureichen. Holstein gehörte zu denjenigen, die - durch Mittelsmänner, etwa Graf Eulenburg[167] - versuchten, dem Kaiser ein Bild von den vermeintlichen Gefahren Bismarck'scher Innen- und Außenpolitik vorzuhalten[168], und dahin wirkten, daß die Dinge immer mehr auf den Bruch zusteuerten[169]. Das war dann nach den Kontroversen um die Einberufung einer Arbeiterschutzkonferenz, um das Sozialistengesetz und die Redemptoristen-Frage nicht mehr zu vermeiden.

---

166 "Kabinetts-Ordre" vom 8. September 1852 und Verfügung vom 4. März 1890 ließ den "Immediatverkehr der Herren Minister in den laufenden Geschäften" zu. Der Ministerpräsident sollte "in wichtigen Angelegenheiten" vorher von deren Inhalt in Kenntnis gesetzt werden.

167 Stamm, S. 656; Rich, Bd. 1, S. 280.

168 Bei Cecil, Diplomatic Service, S. 262, Anm. 21, ist eine Aufzeichnung Holsteins genannt, die als "analysis of the errors of Bismarck's Russian policy" bezeichnet wird. Sie befindet sich im Holstein-Nachlaß unter Nr. 3842 H 196879 d-99. Es handelt sich um ein 100 Seiten starkes Notizheft, das allerdings erst um die Jahrhundertwende von Holstein eng beschrieben wurde, in Bd. 1 der Geheimen Papiere, S. 115ff, abgedruckt ist und eine emotional gefärbte Abrechnung mit Bismarck darstellt.

169 Vgl. dazu Röhl, Staatsstreichplan, S. 610ff.

Nachdem es am 15. März 1890 zu erregten Auseinandersetzungen mit dem Kaiser gekommen war, reichte der Kanzler am 18. März sein Abschiedsgesuch ein, und zwar sowohl für den Geschäftsbereich der preußischen Angelegenheiten wie der des Reiches. Zeitweilig hatte er überlegt, ob es nicht möglich sein würde, sich auf ein "Altenteil im Auswärtigen Amt" zurückzuziehen, d.h. sich auf die Leitung der Außenpolitik zu beschränken[170]. Am 20. März nachmittags erhielt er die Entlassungsurkunde. Für Herbert Bismarck war es ausgemacht, daß er nun ebenfalls das Auswärtige Amt verlassen würde. Der Kaiser und seine Umgebung dagegen legten Wert darauf, daß der Staatssekretär bliebe: "die Sache macht sich vor der Welt besser, wenn Graf Herbert erst nach einiger Zeit dem Vater folgt", das hatte Graf Waldersee schon am 18. Februar 1890 notiert[171].

Von vielen Seiten wurde Herbert Bismarck gedrängt, auf seinem Posten zu bleiben[172], auch vom Kaiser, der ihn am 20. März 1890 mit der Leitung des preußischen Ministeriums der Auswärtigen Angelegenheiten betraute. Solche Gunstbezeugung blieb aber ohne Wirkung auf des Staatssekretärs Entscheidung: am 21. März sandte er dem Kaiser das Abschiedsgesuch. Zur Begründung stellte er gesundheitliche Rücksichten in den Vordergrund, insbesondere die voraufgegangene längere Krankheit. Diese hätte ihn, so schrieb er, selbst bei einem Verbleiben im Amt veranlaßt, um längeren Urlaub zu bitten. Dabei würde er allerdings vorausgesetzt haben, das sein Vater "Reichskanzler geblieben wäre und die deutsche Außenpolitik weiter geleitet hätte". Überhaupt würde er sich, selbst bei "voller Gesundheit", nicht in der Lage gesehen haben, "das Kapital an Prestige annähernd zu ersetzen", das "durch das Ausscheiden des bisherigen Reichskanzlers [...] verloren gegangen sei"[173].

Herbert Bismarcks Entscheidung ist nicht zuletzt aus der Erwartung einer anderen Außenpolitik zu erklären, die er nicht bereit war mitzutragen. Während nämlich die Kanzlerkrise auf dem Höhepunkt war, stand eine wichtige außenpolitische Frage zur Entscheidung: der russische Botschafter hatte am 17. März 1890 den Reichskanzler aufgesucht, um Verhandlungen über eine Verlängerung des Rückversicherungsvertrages aufzunehmen. Als Paul Schuwalow aber erfuhr, daß die Entlassung des Reichskanzlers bevorstand und der Staatssekretär nicht im Amt bleiben werde, wollte er nicht mehr verhandeln. Rußland müsse auf eine Verlän-

---

170 Gagliardi, Bd. 1, S. 117.

171 Waldersee, Bd. 2, S. 103.

172 Stamm, S. 573; Gradenwitz, S. 183.

173 PA, Personalakte Nr. 84.

gerung des Vertrages verzichten, meinte er zu Herbert Bismarck[174]. Selbst nach Unterredung mit dem Kaiser am 20. März 1890, in der dieser erklärte, an den Beziehungen mit Rußland solle sich nichts ändern, zeigte sich der Botschafter nicht bereit zu verhandeln[175]. Nach Auffassung des Botschafters war nach des Reichskanzlers Entlassung und des Sohnes Abschiedsgesuch kein Verhandlungspartner vorhanden. Dies mag bei Herbert Bismarck die Hoffnung genährt haben, der Kaiser könnte die Entlassung des Kanzlers rückgängig machen.

Inzwischen war aber der neue Reichskanzler ernannt worden. Während der Staatssekretär sich zeitweilig nicht um die Amtsgeschäfte kümmerte, ließ sich General von Caprivi die Aktenvorgänge über die deutsch-russischen Beziehungen, insbesondere den - unter besonderem Verschluß gehaltenen - Rückversicherungsvertrag kommen[176] und auf Holsteins Anregung durch diesen, Graf Berchem und Raschdau über den Sachstand unterrichten. Bei dieser Besprechung am Sonntag, dem 23. März 1890, gelang es Holstein, Reichskanzler von Caprivi davon zu überzeugen, daß der Rückversicherungsvertrag nicht erneuert werden sollte.

Herbert Bismarck, der erst am 24. März von der Aushändigung der Akten und der Besprechung erfuhr, hatte dem Kaiser angesichts der Haltung Schuwalows bereits am 20. März vorgeschlagen, die Verhandlungen zu einem späteren Zeitpunkt in St.Petersburg durch Botschafter von Schweinitz führen zu lassen. Er wiederholte diesen Vorschlag gegenüber dem russischen Botschafter am 25. März.

Nachdem am 26. März das Entlassungsgesuch Herbert Bismarcks genehmigt war, wurde am 27. März auf Vortrag des Reichskanzlers und des in Berlin anwesenden Botschafters von Schweinitz beim Kaiser beschlossen, den Vertrag nicht zu erneuern[177]. Holstein, bei allem die treibende Kraft, war mit seinen Warnungen vor einer als Folge des Vertrages eintretenden deutschen Abhängigkeit von Rußland und der Verunsicherung der Verbündeten durchgedrungen.

Mit der Kabinettsorder vom 26. März 1890 hatte der Kaiser Herbert Bismarck von den Ämtern des Staatsministers und Leiters des Preußischen Ministeriums für Auswärtige Angelegenheiten und als Staatssekretär des Auswärtigen Amts entbunden und "In Anerkennung der

---

[174] Uebersberger, S. 323.

[175] Uebersberger, S. 324, spricht vom 21. März; in GP Bd. 7, S. 10 heißt es richtig 20. März 1890.

[176] Die Vertragsakten wurden gesichert aufbewahrt und durften nur "auf Verfügung des Staatssekretärs entsiegelt" werden, Raschdau, S. 121. Von den Dezernenten kannte sie nur Holstein.

[177] Uebersberger, S. 328, nennt den 28. März. Es ist aber tatsächlich der 27. März gewesen, wie Schweinitz, S. 404 mitteilt und aus GP Bd. 7, S. 10, hervorgeht.

geleisteten Dienste unter Belassung des bisherigen Ranges und Titels als Staatsminister mit der gesetzlichen Pension" entlassen. Dies geschehe, so die Urkunde, "in der Hoffnung, daß Ihr Gesundheitszustand eine baldige Verwendung Ihrer bewährten Kraft im Dienste des Vaterlandes ermöglichen werde"[178].

Die vom Auswärtigen Amt durch Verfügung vom 28. März 1890 getroffene Pensionsregelung fand nicht die Zustimmung des Reichsschatzamts. Man war bei Abteilung I B davon ausgegangen, daß die Versetzung in den Ruhestand auf eigenen Antrag wegen Dienstunfähigkeit erfolgt sei und - nach § 55 RBG - erst mit "Ablauf des Vierteljahres, welches auf den Monat folgt, in welchem die Entscheidung über die Pensionierung bekannt gemacht wurde" wirksam werde. Bis zum 30. Juni 1890 wären also Dienstbezüge zu zahlen gewesen, vom 1. Juli an Pension.

Die daraufhin angeforderte gutachtliche Äußerung des Reichsjustizamts vom 30. März 1890 ging jedoch davon aus, daß Graf Bismarck zu den in § 35 RGB genannten politischen Beamten gehört habe, die auch ohne Dienstunfähigkeit jederzeit ihre Entlassung erhalten könnten. Im vorliegenden Fall habe der Kaiser die "alsbaldige Beendigung des Dienstverhältnisses bewilligen" wollen. Demzufolge finde die Zahlung des Gehalts mit der "Behändigung des Abschieds" ihr Ende. Dieser Auslegung des Reichsbeamtengesetzes trat der Justitiar des Auswärtigen Amts, Geheimer Legationsrat von Frantzius, in einem 27 Seiten umfassenden Gutachten entgegen mit der Begründung, daß "regelmäßig beim Ausscheiden eines Beamten aus dem Dienst die Gehaltszahlung nicht sofort erlischt" sondern "das volle Gehalt noch während eines viertel Jahres nach Ablauf des Sterbemonats oder, falls er in den Ruhestand tritt, nach Ablauf des Monats, in welchem ihm die Entscheidung bekannt gemacht wird" zu zahlen sei. Diese Regelung müsse bei der Entlassung des Staatssekretärs Anwendung finden. Reichskanzler von Caprivi schloß sich aber der Meinung des Reichsjustizamts "als der für die Beurteilung der Rechtsfrage zuständigen Stelle" an und teilte am 5. Mai 1890 dem Grafen Bismarck zu seinem "Bedauern" mit, daß keine Gehaltszahlung sondern nur die Pensionszahlung - in Höhe von 10.800,- M jährlich - ab 27. März 1890 zu erfolgen hätte. Da Herbert Bismarck sich nicht weiter gegen die Entscheidung gewandt hat, ist es dabei geblieben.

Die Entlassung des Staatssekretärs stand im Schatten des Abschieds des Reichskanzlers. Immerhin fand sie eine gewisse Resonanz in der Presse. Außer dem Wortlaut des Entlassungsschreibens und der Nachricht über die Höhe der Pension erschienen Kommentare. Bereits am 19. März 1890

---

[178] Personalakte, Nr. 84, Bd. VIII. In der Urkunde heißt es "des" Auswärtigen Amts. Gelegentlich wird auch im amtlichen Verkehr die Präposition "im" gebraucht.

war einem Leitartikel der "Kölnischen Zeitung" zu entnehmen, daß der Kaiser wohl kaum den Abschied des Staatssekretärs bewilligen werde. "Unter unseren deutschen Diplomaten gibt es wenige, die dermaßen in der politischen Schule des Reichskanzlers groß geworden sind, wie gerade er [Herbert Bismarck]." Als Sekretär des Vaters habe er Gelegenheit gehabt,

> die Grundzüge der Politik des Reichskanzlers kennenzulernen und in sich aufzunehmen [...], in einer Reihe von schwierigen Missionen [...] seine politische Begabung zu zeigen und sich die volle Anerkennung seines Kaisers und des Reichskanzlers zu erringen. Als Staatssekretär steht er mit großem Erfolg an der Spitze des Auswärtigen Amts.

Dieser Artikel wurde von der "Germania" am 20. März und der "Norddeutschen Allgemeinen Zeitung" am 28. März 1890 in deren "Journal-Revue" abgedruckt.

Am 5. April 1890 gab es eine "Abschiedssoirée" für die Herren des Auswärtigen Amts, bei der Graf Berchem dem Scheidenden "Auf Wiedersehn" zurief und Legationsrat von Wildenbruch eine launige Rede in Versen hielt[179]. Holstein fehlte[180].

---

[179] Norddeutsche Allgemeine Zeitung vom 9. April 1891.

[180] Als einziger, wie es bei Stamm, S. 607, heißt; Holstein entschuldigte sich schriftlich (Bußmann, Herbert von Bismarck, S. 567). Bei Moritz Busch, Bismarck. Some secret pages of his history, heißt es: When count Bismarck gave a farewell dinner to the officials four of them - Holstein, Lindau, Kayser and Raschdau - declined the invitation" (S. 341). Diese Angabe sollte aus einem Brief Buchers an M. Busch (ohne Datum) stammen. Die kurz darauf erschienene deutsche Ausgabe, "Tagebuchblätter" enthielt den Brief Buchers nicht und auch sonst keine Angaben über das Abschiedsessen. Nach Grunows Bemerkungen zu dem Werk von Busch sind in der deutschen Ausgabe "nicht abgedruckt [...] vor allem eine Reihe von Briefen und Dokumenten, die in die englische Ausgabe aufgenommen sind, weil die Herausgeber [...] sich nicht dazu berechtigt glaubten". Dazu sollen "Äußerungen Buchers gehört haben, die zwar ihren sachlich berechtigten Kern aber einen rein persönlichen Charakter" hatten; Grunow, Buschs Tagebücher und die deutsche Presse, S. 6. Wilhelm Mommsen hält den Quellenwert der Schriften von Moritz Busch für zweifelhaft, HZ 132 (1925), S. 509. Bei Raschdau, Erinnerungen, ist von einer Absage die Rede, der von Holstein (S. 153). Raschdau erzählt, daß er am 8. April bei Herbert Bismarck zu Gast gewesen sei, als sich der Kaiser überraschend angesagt habe (S. 154). Unter den 15 Gästen seien vom Auswärtigen Amt gewesen: Graf Berchem, Dr. Krauel, von Kiderlen-Wächter, von Rottenburg. Eine "glänzend" verlaufene Veranstaltung, der "Kreuzzeitung" vom 9. April zufolge, die bis "nach Mitternacht" dauerte.

D. Schlußbetrachtung

Das Auswärtige Amt als Instrument der Außenpolitik in der Ära Bismarck

Das Auswärtige Amt in der Ära Bismarck entsprach mit seiner Organisation, der Befähigung und Leistung des Personals den wachsenden Aufgaben und Anforderungen, die der zunehmende zwischenstaatliche Verkehr während der siebziger und achtziger Jahre an die deutsche Außenpolitik stellte. Die allgemeine Anerkennung für die Ausrichtung des Berliner Kongresses 1878 und der Kongo-Konferenz 1884 in Berlin sind ein Zeichen dafür. Das einwandfreie Funktionieren der Behörde beruhte auf dem Talent Bismarcks, den Geschäftsgang zu beherrschen, sowie auf der Qualität des Personals, gerade auch der im Büro- und Kanzleidienst tätigen Beamten. Zu Ende des 19. Jahrhunderts nahm das Tempo der technischen und wirtschaftlichen Entwicklung in Deutschland bei gleichzeitiger Ausdehnung der Staatssphäre immer schneller zu. Das Auswärtige Amt war bemüht, mit dieser Bewegung Schritt zu halten und im Einklang damit ein wirksames Instrument der Außenpolitik zu sein.

Da der Reichskanzler sich die Leitung des Auswärtigen Amts vorbehalten hatte, und auf diese Weise ein erfahrener Diplomat an der politischen Spitze stand, konnte die deutsche Außenpolitik maßgebend von dort aus gestaltet werden. Versuche von anderer Seite, etwa aus Hofkreisen oder dem Generalstab, dem Reichstag, der Presse, Einfluß zu nehmen, blieben angesichts der beherrschenden Stellung Bismarcks im Reich ohne Folgen. Daß dem konstitutionellen Monarchen in der Außenpolitik eine Mitsprache zustand, war unumstritten. Kaiser Wilhelm I. zeigte sich dank der Berichte der Auslandsvertretungen gut informiert und hat oft seine Meinung geäußert. Manchmal mußte ihm eine Entscheidung abgerungen werden wie bei dem deutsch-österreichischen Vertrag 1879. Gelegentlich erwies sich seine Lagebeurteilung als richtig gegenüber einer anderen im Auswärtigen Amt vertretenen, so während der "Krieg-in-Sicht-Krise" 1875. Damals hätte das Auswärtige Amt mit besserer Beobachtung und Einschätzung der europäischen Mächtekonstellation die zeitweilig eingetretene Beeinträchtigung der Position des Deutschen Reichs vermeiden können.

Eine kritische Betrachtung der Personalpolitik ergibt, daß der höhere Auswärtige Dienst nicht ausschließlich dem Adel vorbehalten blieb. Der Ausspruch des Grafen Limburg-Stirum, daß Bismarck die "brauchbaren

Leute" nehme, wo er sie finde[1], wirft ein Licht auf die damalige Personalpolitik. Diese wurde nicht nur durch die sich langsam vollziehenden gesellschaftlichen Veränderungen beeinflußt sondern mit Hilfe des für Bismarck maßgebenden Leistungsprinzips gestaltet. So waren die Stellen in der Politischen Abteilung zeitweise zur Hälfte mit Bürgerlichen besetzt. Die Chefs der Auslandsmissionen, besonders an königlichen Höfen, gehörten jedoch überwiegend zum Adel. Es gab auch jüdische Beamte in der Zentrale und solche jüdischer Abstammung. Der landsmannschaftlichen Herkunft nach waren die Meisten Preußen, weil aus dem preußischen Außenministerium das Auswärtige Amt gebildet worden war. So herrschte die evangelische Konfession vor, wenngleich mit Hatzfeldt, Radowitz oder Dr. Clemens Busch auch Katholiken Schlüsselpositionen besetzten. Der Kanzler hatte auch in dieser Hinsicht, selbst während des Kulturkampfs, keine Vorurteile.

Das Weltbild der deutschen Diplomaten entsprach dem der Oberschicht anderer europäischer Großmächte; man sah sich als staatstragende Kraft, stand zu seinem Vaterland und zur Monarchie. Die Diplomaten vertraten Deutschland ohne aggressiven Nationalismus und verschafften sich im internationalen diplomatischen Korps ein gutes Ansehen. Was "Talent und Können" anlangt, hielt der Auswärtige Dienst "während der Bismarckzeit wohl dem Vergleich mit jedem anderen auswärtigen Dienst in Europa stand"[2], urteilt ein angelsächsischer Historiker. Was den deutschen Diplomaten fehlte, war die Orientierung an einem ideellen Grundgedanken und "die Idee einer ostensiblen Mission" (Klaus Hildebrand).

Das Auswärtige Amt unter Bismarck trug dessen "persönlichen Stempel"[3]. Das Personal wurde straff geführt, was bei der auf die Welt verteilten Behörde nicht leicht fiel.

Bismarcks Diplomaten waren Beamte und galten nicht, wie früher, als Staatsmänner. Der Vorrang des Ministers wurde weithin sichtbar in den Prozessen gegen Botschafter Graf Arnim durchgesetzt. Um so erstaunlicher mutet es an, daß Friedrich von Holstein versuchte, eine Politik auf eigene Faust zu betreiben und dies seinerzeit unerkannt blieb.

Die Außenpolitik wurde eindeutig von Bismarck geführt, aber er benötigte die Mitarbeit der Beamten. Ob beim Berliner Kongreß oder bei der neuen Kolonialpolitik, der Gestaltung der Englandpolitik oder der deutsch-türkischen Beziehungen, die Angehörigen des Auswärtigen Amts haben die politischen Konzeptionen Bismarcks ins Werk gesetzt. Nicht immer ist der Einfluß der Staatssekretäre und der Vortragenden Räte aus

---

1 PA, Personalakte Nr. 50.

2 Craig, Deutsche Geschichte, S. 129.

3 Morsey, Reichsverwaltung, S. 284.

den Akten deutlich zu erkennen. Oft fanden die Gedanken geschätzter Mitarbeiter wie Abeken, Radowitz oder Bucher beim Vortrag oder im Gespräch Eingang in die Überlegungen des Chefs. In diesem Zusammenhang verdient der Einfluß erwähnt zu werden, den die vom Auswärtigen Amt abgestellten Reisebegleiter Wilhelms I. wie Abeken und Otto von Bülow ausgeübt haben[4] .

Das Ende der Ära Bismarck wurde im Auswärtigen Amt als tiefer Einschnitt empfunden, jedoch von leitenden Beamten wie Holstein ungerührt, ja mit Erleichterung aufgenommen. Man dachte schon seit längerer Zeit an neue Orientierungen und eine Revision des "alten Kurses", dabei besonders an das Verhältnis zu Rußland. Es war Bismarck nicht gelungen, den Mitarbeitern einzuprägen, daß vor allem die Friedenspolitik nach der Reichsgründung die Grundidee einer deutschen Außenpolitik zur Sicherung der Existenz des neuen Staates zu sein hatte.

---

4 Goldschmidt, Preußische Jahrbücher, Bd. 235, S. 31f, stellt besonders die Verdienste Otto von Bülows 1879 bei der Einwirkung auf den Kaiser wegen des deutsch-öster-reichischen Vertrages heraus.

E. Quellen- und Literaturverzeichnis

E.I. Ungedruckte Quellen im Politischen Archiv des Auswärtigen Amts

Die unten genannten Akten sind durch den "Catalogue of files and microfilms of the German Foreign Ministery Archives" erschlossen und vom "American Historical Association committee for the study of war documents", Waddon Hall, 1959, aufgeführt. Die unten angegebenen Zahlen entsprechen meist der Neusignierung des Aktenbestands des Auswärtigen Amts vor 1945. In das Quellenverzeichnis sind Akten, die nur einmal genannt wurden, nicht aufgenommen. Sie werden in den Anmerkungen des Textes genau bezeichnet.

R 253-270	Arnim-Prozesse
R 284-286	Verteilung von Berichten
R 287	Form von Berichten
R 687	Bundesrat, diplomatischer Ausschuß
R 740	Diplomatische Vertretungen der Deutschen Staaten
R 1005	Diplomatische Vertretungen des Reiches
R 1017	Empfang deutscher Diplomaten
R 1023+1033	Reichstagsreden Bismarcks
R 1128	Graf Hatzfeldts Ernennung zum Staatssekretär
R 1129	Herbert Bismarcks Ernennung zum Staatssekretär
R 1137	Radowitz in Konstantinopel
R 1145	Nachlaß Bucher in Wien
R 1537	Presseberichte im Auswärtigen Amt 1886 (Lindau)
R 2401	Korrespondenz Staatssekretär mit Botschaft Wien
R 2411	Diplomatische Vertretung des Auslands an deutschen Höfen
R 2421	Geschäftsgang bei Abteilung I A
R 2477	Veröffentlichung der Akten des Auswärtigen Amts
R 2575	Nachlaß Graf Hatzfeldt

R 3855	Schriftstücke aus Nachlaß Wilhelms I. (u.a. Bismarcks Entlassungsgesuch 4. Mai 1875)
R 4196	Welfenfonds
R 4335-36	Belgien (geplantes Bismarck-Attentat)
R 4560-63	Bulgarien-Krise 1885
R 4576-79	Bulgarien-Krise 1885
R 4584	Bulgarien-Krise 1886
R 4592-94	Bulgarien-Krise 1886
R 4595-96	Bulgarien-Krise 1886
R 4607-08	Bulgarien-Österreich
R 4610	Bulgarien
R 4988	Alexander von Battenberg
R 5653-54	Beziehungen England zu Österreich/ Italien 1884/86
R 6334	Frankreich 1873
R 6336	Frankreich 1873
R 6470	Frankreich 1874
R 6474-75	Krieg-in-Sicht-Krise 1875
R 6511	Frankreich 1876-79
R 6515	Weltausstellung Paris 1876
R 6615	Die französische Presse 1881
R 7137	Französische Diplomatie im Ausland
R 7158	Diplomatisches Korps in Paris 1886
R 10217	Gortschakow-Interview in Baden-Baden 1879
R 10237-38	Beziehungen Deutschland, Rußland, Österreich
R 10556	Russische Gesandte an deutschen Höfen
R 12836-38	Berliner Kongreß
R 12851-55	Berliner Kongreß
R 12856-62	Berliner Kongreß
R 12873-74	Berliner Kongreß
R 138622-23	Wilhelmstr. 76
R 138819	Dienstgebäude Auswärtiges Amt

IB Rep IV Pers. Nr. 4a	Diplomatische Prüfung
IB Rep IV Nr. 7	Rang und Titel
IB Rep IV Nr. 10 L	Laufbahnrichtlinien

IB Rep IV	Geschäftsgang Nr. 11	Bd. 1-24
IB Rep IV	Nr. 50	Metallographische Anstalt
IB Rep IV	Pers.Nr. 51	Konfessionelle Verhältnisse der Beamten
IB Rep IV	Nr. 68	Feldjäger

Personalakten

Abeken	(8)
Aegidi	(19)
Alvensleben	(12)
Arco-Valley	(21)
Arnim (Harry)	(10)
Arnim (Hermann)	(R 264)
Balan	(16)
Berchem	(72)
Bismarck (Herbert)	(84)
Brandt	(44)
Brauer	(78)
Brück	(147)
Bucher	(53)
Bülow (Alfred)	(12)
Bülow (Bernhard)	(83)
Bülow (Sohn)	(77)
Busch (Clemens)	(50)
Busch (Moritz)	(68)
Dönhoff	(13)
Eckhardstein	(43)
Eulenburg	(17)
Frantzius	(18)
Gasperini	(281)
Hatzfeldt	(27)
Haxhausen	(106)
Hohenlohe	(55)
Holstein	(28)
Keudell	(32)
Kiderlen-Wächter	(66)
Knappe	(88)
Kusserow	(27)
Le Maistre	(22)
Limburg-Stirum	(20)
Lindau	(42)
Metzler	(19)
Philipsborn	(14)
Plessen	(56)
Pourtales	(39)
Radowitz	(34)
Rantzau	(51)
Raschdau	(88)
Reuß	(29)
Richthofen	(62)
Roland	(11)
Rössler	(133)
Rottenburg	(63)
Sanden	(197)
Schlözer	(29)
Schön	(5)
Schweinitz	(64)
Stolberg-Wernigerode	(95)
Stumm	(62)
Thile	(3)
Wagner	(10)
Wesdehlen	(29)
Wildenbruch	(57)
Willich	(25)

Die im Politischen Archiv (PA) des Auswärtigen Amts befindlichen Nachlässe von Holstein und Radowitz wurden benutzt.

Folgende Akten des Reichskolonialamts (RKA) wurden benutzt:
Nr. 9039-9043.

E.II. Gedruckte Quellen

Abeken, Heinrich, Ein schlichtes Leben in bewegter Zeit, Berlin 1898.

Aegidi, Ludwig, Eintritt in das Auswärtige Amt, in: Deutsche Revue, 23. Jg. IV 107/14 (1898), S.109ff.

Arnim, Harry Graf von, Pro Nihilo. Zur Vorgeschichte des von Arnimschen Prozesses, Zürich 1875.

Bismarck, Otto von, Die gesammelten Werke (Friedrichsruher Ausgabe), 15 Bände, Berlin 1924-1935.

Ders., Erinnerung und Gedanke, Werke in Auswahl, Darmstadt 1975.

Blowitz, Henri Stephan, My Memoirs, London, 3. Aufl. 1903.

Brauer, Arthur von, Im Dienste Bismarcks. Persönliche Erinnerungen, bearbeitet und herausgegeben von Helmuth Rogge, Berlin 1936.

Ders., Die deutsche Diplomatie unter Bismarck, in: Deutsche Revue, 31 (1906), S. 69ff.

Busch, Moritz, Bismarck, Some secret pages of his history, 3 Bde., London, New York 1898.

Ders., Graf Bismarck und seine Leute, 2 Bde., Leipzig 1878.

Ders., Tagebuchblätter, 3 Bde., Leipzig 1899.

Bußmann, Walter (Hrsg.), Staatssekretär Graf Herbert von Bismarck. Aus seiner politischen Privatkorrespondenz, Göttingen 1964.

Darstellung der in der Untersuchung wider den Wirklichen Geheimen Rath Grafen Arnim vor dem Königlichen Stadtgericht Berlin im Dezember 1874 stattgehabten öffentlichen Verhandlungen unter Benutzung amtlicher Quellen, herausgegeben Auswärtiges Amt, Berlin 1875.

Dreux, André, Dernières années en Allemagne de Monsieur de Gontaut-Biron 1874-1877, d`après ses notes et papiers diplomatiques, Paris 1907.

Ebel, Gerhard (Hrsg.), Botschafter Paul Graf von Hatzfeldt, Nachgelassene Papiere 1838-1901, 2 Bde., Boppard 1976.

Eckardstein, Hermann, Frhr. von, 2 Bde., Lebenserinnerungen und politische Denkwürdigkeiten, Leipzig 1919.

Eulenburg-Hertefeld, Philipp zu, Aus 50 Jahren, Tagebücher und Briefe aus dem Nachlaß des Fürsten Philip zu Eulenburg-Hertefeld, Berlin 1923.

Geiss, Immanuel (Hrsg.), Der Berliner Kongreß 1878, Koblenz 1978.

Hahn, Ludwig, Fürst Bismarck. Sein politisches Leben und Wirken, Bd. 1-5, Berlin 1878-1891.
Hamman, Otto, Bilder aus der letzten Kaiserzeit, Berlin 1922.
Ders., Der neue Kurs, Erinnerungen, Berlin 1918.
Harden, Maximilian, Der Redner Bismarck, in: Die Zukunft, 19. 1897, S. 289ff.
Hohenlohe-Schillingsfürst, Chlodwig, Fürst zu, Denkwürdigkeiten, Stuttgart, Leipzig 1906.
Holborn, Hajo (Hrsg.), Aufzeichnungen und Erinnerungen aus dem Leben des Botschafters von Radowitz, Berlin 1925.
Holstein, Friedrich von, Die geheimen Papiere Friedrich von Holstein, hrsg. von Rich, Norman/Fischer, M. H., Deutsche Ausgabe von Werner Frauendienst, 4. Bde., Göttingen 1956-1963.
Huber, Ernst Rudolf, Dokumente zur deutschen Verfassungsgeschichte, 4 Bde., Stuttgart, Berlin, Köln, Mainz, 3. Aufl., 1986.

Keudell, Robert von, Fürst und Fürstin Bismarck, Erinnerungen aus den Jahren 1846-72, Berlin, Stuttgart 1901.
Kohl, Horst (Hrsg.), Die politischen Reden Bismarcks, 13 Bde., Stuttgart/Berlin 1892-1905.
Kühlmann, Richard von, Die Diplomaten, Berlin 1939.
Ders., Erinnerungen, Heidelberg 1948.

Lerchenfeld-Koefering, Hugo Graf von, Erinnerungen und Denkwürdigkeiten, Berlin, 2. Aufl., 1935.
Lucius von Ballhausen, Robert Frhr. von, Bismarck, Erinnerungen des Staatsministers, Stuttgart, Berlin, 6. Aufl., 1921.

Nowak, Karl-Friedrich und Friedrich Thimme (Hrsg.), Erinnerungen und Gedanken des Botschafters Anton Graf Monts, Berlin 1932.
Newton, Lord, Lord Lyons, A Record of British Diplomacy, 2. Bd., London 1913.

Die Große Politik der Europäischen Kabinette 1871-1914, Sammlung der diplomatischen Akten des Auswärtigen Amts. Im Auftrag des Auswärtigen Amts herausgegeben von Johannes Lepsius, Albrecht Mendelsohn-Bartholdy, Friedrich Thimme, Bd. 1-7, Berlin 1922

Raschdau, Ludwig, Unter Bismarck und Caprivi, Erinnerungen eines deutschen Diplomaten aus den Jahren 1885-94, Berlin 1939.
Rennell Rodd, James, Social and diplomatic memories 1884-1893, London 1922.

Rich, Norman/Fisher, N.H. (Hrsg.), Die geheimen Papiere Friedrich von Holsteins, Deutsche Ausgabe von Werner Frauendienst, 4. Bd., Göttingen 1956-1963.
Rogge, Helmuth, Friedrich von Holstein, Lebensbekenntnis in Briefen an eine Frau, Stuttgart 1932.
Rosen, Friedrich, Aus einem diplomatischen Wanderleben, 2 Bde., Berlin 1931.

Schweinitz, Hans Lothar von, Denkwürdigkeiten des Botschafters General von Schweinitz, hrsg. von Wilhelm v. Schweinitz, 2 Bde., Berlin 1927.

Tiedemann, Christoph von, Aus sieben Jahrzehnten, 2. Bd., Sechs Jahre Chef der Reichskanzlei unter dem Fürsten Bismarck, Leipzig 1910.

Vierhaus, Rudolf (Hrsg.), Das Tagebuch der Baronin Spitzenberg, Göttingen 1960.

Waldersee, Alfred Graf von, Denkwürdigkeiten des Generalfeldmarschalls, 3 Bde., hrsg. von Heinrich Otto Meisner, Berlin 1922/23.

E.III. Literatur

Andreas, Willy, A. von Brauer, In: Neue Deutsche Biographie, Bd. 1, Berlin 1955, S. 548f.

Baumgart, Winfried, Prolog zur Krieg-in-Sicht-Krise, Bismarcks Versuch den Kulturkampf in die Türkei zu exportieren (1873/74), in: HZ 236 (1983), S. 297ff.
Berber, Friedrich, Lehrbuch des Völkerrechts, 3. Bde., München, Berlin 1960.
Bußmann, Walter, Das Zeitalter Bismarcks, Handbuch der deutschen Geschichte, Bd. 3, II. Teil, Frankfurt a.M., 4. Aufl., 1968.
Ders., Holsteins diplomatischer Dienst unter Bismarck, in: Aus der Schule der Diplomatie. Festschrift zum 70. Geburtstag von Peter Pfeiffer, Düsseldorf/Wien 1965.

Canis, Konrad, Bismarck und Waldersee, Die außenpolitischen Krisenerscheinungen und das Verhalten des Generalstabs 1882-90, Berlin 1980.

Cecil, Lamar, The German Diplomatic Service 1871-1914, Princeton, 1976.
Ders., Der diplomatische Dienst im kaiserlichen Deutschland, in: Klaus Schwabe (Hrsg.), Das diplomatische Korps, Boppard 1985, S. 15ff.
Contag, Wilhelm, Die Amtsdelikte im diplomatischen Dienst: § 353a StGB (Arnim-Paragraph), Diss. jur., Breslau 1913.
Corti, Egon Cäsar, Alexander von Battenberg - Sein Kampf mit dem Zaren und Bismarck, Wien 1920.
Ders., Alexander von Battenberg, London 1954.
Craig, Gordon A., Bismarck and his Ambassadors - The Problem of Discipline, in: Foreign Service Journal XXXIII (Juni 1956).
Ders., Deutsche Staatskunst von Bismarck bis Adenauer, Düsseldorf 1961.
Ders., Deutsche Geschichte 1866-1945, München 1980.

Dehio, Ludwig, Gleichgewicht oder Hegemonie, Krefeld 1948.
Ders., Deutschland und die Epoche der Weltkriege, in: Deutschland und die Weltpolitik im 20. Jahrhundert, München 1955.
Disscho, Joachim von (Pseudonym für J. von Rantzau), Adel im Übergang, Stuttgart 1961.
Donald, David, Charles Sumner and the Rights of Man, New York 1970.
Doß, Kurt, Vom Kaiserreich zur Weimarer Republik, in: Klaus Schwabe (Hrsg.), Das diplomatische Korps 1871-1945, S. 81-101.
Ders., The history of the German Foreign Office, in: Zara Steiner, Times Survey of Foreign Ministeries of the World, London 1982, S. 225ff.
Dülffer, Jost, Deutschland als Kaiserreich (1871-1918), in: Deutsche Geschichte, Hrsg. M. Vogt, Stuttgart 1987.
Ders., Bismarck und das Problem des europäischen Friedens, in: Otto von Bismarck, Person - Politik - Mythos, hrsg. von Dülffer, Jost u. Hans Hübner, Berlin 1993, S. 107-122.

Elzer, Herbert, Bismarcks Bündnispolitik von 1887. Erfolg und Grenzen einer europäischen Friedensordnung, Frankfurt 1991.
Engelberg, Ernst, Bismarck, Urpreuße und Reichsgründer, Berlin 1985.
Ders., Bismarck, Das Reich in der Mitte Europas, Berlin 1990.
Eyck, Erich, Bismarck, 3. Bd., Erlenbach-Zürich 1944.

Gagliardi, Ernst, Bismarcks Entlassung, 2 Bde., Tübingen 1927-41.
Gall, Lothar, Bismarck und England, in: Paul Klucke und Peter Alter (Hrsg.), Aspekte der deutsch-britischen Beziehungen im Laufe der Jahrhunderte, Stuttgart 1978.
Ders., Bismarck. Der weiße Revolutionär, Frankfurt 1980.

Ders. und Karl-Heinz Jürgens, Bismarck - Lebensbilder, Bergisch-Gladbach 1990.
Ders., Bismarck, Ein Lebensbild, Bergisch-Gladbach 1991.
Goldschmidt, Mitarbeiter Bismarcks im außenpolitischen Kampf, Preußische Jahrbücher, Bd. 235 (1934), S. 29-48; Bd. 236 (1934), S. 27-51 u. 236-261.
Gollwitzer, Heinz, Heinrich Abeken, in: Neue Deutsche Biographie, 1. Bd., 1953, S. 8.
Gradenwitz, Otto, Bismarcks letzter Kampf 1888-89, Berlin 1924.
Grunow, J., Buschs Tagebücher und die deutsche Presse, Ein Kapitel aus dem Kampfe um Bismarcks Andenken zur Abwehr herausgegeben, Leipzig 1899.
Gundermann, Iselin, Berlin als Kongreßstadt 1878, Berlin 1878.

Hampe, Karl-Alexander, Neues zum Kissinger Diktat Bismarcks, Historisches Jahrbuch, 108. (1988), S. 204ff.
Hallgarten, George W.C., Imperialismus vor 1914, 2. Bd. München 1963.
Hartung, Fritz, Deutsche Verfassungsgeschichte, 5. Aufl., Stuttgart 1950.
Heller, Ernst, Bismarcks Stellung zur Führung des Zweifronten Krieges, in: Archiv für Politik und Geschichte 7 (1926), S. 677-698.
Helms, Alfred, Der Botschafter Hans Lothar von Schweinitz und seine politische Gedankenwelt, Schwerin 1933.
Herzfeld, Hans, Die deutsch-französische Kriegsgefahr von 1875, Berlin 1922.
Ders., Die moderne Welt, 1. Teil, Die Epoche der bürgerlichen Nationalstaaten 1789-1890, 2. Bd., Braunschweig, Berlin, Hamburg, Kiel, 1. Aufl. [wahrscheinlich 1951].
Heyck, Eduard, Johanna von Bismarck, Bielefeld und Leipzig 1907.
Hildebrand, Klaus, Von der Reichseinigung zur Krieg-in-Sicht-Krise. Preußen/Deutschland als Faktor der britischen Außenpolitik 1866-1875, in: Stürmer (Hrsg.), Das kaiserliche Deutschland, Düsseldorf 1970, S. 205-235.
Ders., Von Kusserow, in: Neue Deutsche Biographie, 13. Bd., Berlin 1982, S. 343f.
Ders., Deutsche Außenpolitik 1871-1918, München 1989.
Ders., Die Krimkriegssituation: Wandel und Dauer einer historischen Konstellation der Staatenwelt, in: Deutschland in Europa - Kontinuität und Bruch, Gedenkschrift für Andreas Hillgruber, hrsg. von Jost Dülffer, Frankfurt, Berlin 1990, S. 37-52.
Ders., "System der Aushilfen", Chancen und Grenzen deutscher Außenpolitik im Zeitalter Bismarcks, in: Gregor Schöllgen (Hrsg.),

Flucht in den Krieg, Die Außenpolitik des kaiserlichen Deutschland, Darmstadt 1991, S. 108ff.
Hillgruber, Andreas, deutsche Großmacht- und Weltpolitik im 19. und 20. Jahrhundert, Düsseldorf 1977.
Ders., Bismarcks Außenpolitik, Freiburg, 2. Aufl., 1993.
Hintze, Otto, Regierung und Verwaltung, Göttingen 1967.
Holborn, Hajo, Die europäische Politik zu Beginn der siebziger Jahre und die Mission Radowitz', Berlin 1925.
Huber, Ernst Rudolf, Deutsche Verfassungsgeschichte seit 1789, Bd. 3 und 4, Stuttgart, Berlin, Köln, Mainz 1969.

Jeismann, Karl-Ernst, Das Problem des Präventivkrieges im europäischen Staatensystem mit besonderem Blick auf die Bismarckzeit, München 1957.
Jöhlinger, Otto, Bismarck und die Juden, Berlin 1921.

Kaernbach, Andreas, Bismarcks Konzepte zur Reform des Deutschen Bundes. Zur Kontinuität der Politik Bismarcks in der Deutschen Frage, Göttingen 1991.
Kastl, Jörg, Am straffen Zügel, Bismarcks Botschafter in Rußland 1871 - 1892, München 1994.
Kent, George O., Arnim and Bismarck, Oxford 1968.
Kissinger, Henry A., The White Revolutionary, Reflections on Bismarck, Daedalus-Journal of the American Academy of Arts and Sciences, 1968, S. 888-924. Deutsche Übersetzung in: Gall, Lothar (Hrsg.), Das Bismarckproblem in der Geschichtsschreibung nach 1945, Köln 1971.
Knak, Lotte, Clemens August Busch, Neue Deutsche Biographie, 3. Bd., Berlin 1957, S. 59f.
Kolb, Eberhard, Der schwere Weg zum Frieden. Kriegsbeendigung 1870/71, in: HZ 241 (1985), S. 51-79.
Ders., Der Weg aus dem Krieg. Bismarcks Politik im Krieg und die Friedensanbahnung 1870/71, München 1989.
Kratzsch, Gerhard, Harry von Arnim. Bismarcks Rivale und Frondeur, Göttingen, Frankfurt, Zürich 1974.
Kraus, Herbert, Der Auswärtige Dienst des Deutschen Reichs (Diplomatie und Konsularwesen), Berlin 1932.
Krausnick, Helmuth, Holsteins Geheimpolitik in der Ära Bismarck 1886-90, Hamburg, 2. Aufl., 1942.
Ders., Botschafter Graf Hatzfeldt und die Außenpolitik Bismarcks, HZ 167 (1943), S. 566ff.

Ders., Holsteins großes Spiel im Frühjahr 1887, in: Festschrift für Hans Rothfels, Göttingen 1963, S. 382ff.
Krüger, Peter, Struktur, Organisation und Wirkungsmöglichkeiten der leitenden Beamten des Auswärtigen Dienstes, in: Schwabe, Das diplomatische Korps 1871-1945, S. 101ff.

Laband, Paul, Das Staatsrecht des Deutschen Reichs, Tübingen 1911.
Lappenküper, Ulrich, Die Mission Radowitz. Untersuchungen zur Rußlandpolitik Otto von Bismarcks (1871-1875), Göttingen 1990.
Lauren, Gordon, Diplomats and Bureaucrats. The first institutional responses to 20th century Diplomacy in France and Germany, Stanford, California 1976.

Mayer, Gustav, Bismarck und Lassalle, Ihr Briefwechsel und ihre Gespräche, Berlin 1928.
Meyer, Arnold Oskar, Odo Russell, Berliner Monatshefte 17 (1939), S. 152ff.
Meisner, Heinrich Otto, Lothar Bucher, in: Zeitschrift für die gesamte Staatswissenschaft 110 (1954), S. 536ff.
Ders., Lothar Bucher, in: Neue Deutsche Biographie, Bd. 2, Berlin 1955, S. 698f.
Ders., Bernhard Ernst von Bülow, in: Neue Deutsche Biographie, Bd. 2, Berlin 1955, S. 728ff.
Mommsen, Wilhelm, Rezension zu: Hajo Holborn, Bismarcks europäische Politik zu Beginn der siebziger Jahre und die Mission Radowitz, HZ 132 (1925), S. 509ff.
Mommsen, Wolfgang, Bismarck, The Concert of Europe and the Future of West Africa 1883-1885, in: Bismarck, Europe and Africa, The Berlin Conference 1884-85 and the outset of Partition, by S. Förster, W.J. Mommsen, R. Robinson, Oxford 1988.
Ders., Das Ringen um den nationalen Staat. Die Gründung und der innere Ausbau des Deutschen Reichs unter Otto von Bismarck 1850-1890, Berlin 1993.
Morsey, Rudolf, Die oberste Reichsverwaltung unter Bismarck 1867-1890, Münster 1957.
Ders., Zur Pressepolitik Bismarcks, Publizistik, 1 (1956), S. 177ff.
Münch, Fritz, Bismarcks Affäre Arnim. Die Politik des Diplomaten und die Verantwortlichkeit des Staatsmanns, Berlin 1990.

Naujoks, Eberhard, Bismarck und die Organisation der Regierungspresse, HZ 205 (1967), S. 46ff.

Ders., Bismarcks auswärtige Pressepolitik und die Reichsgründung (1865-1871), Wiesbaden 1968.
Ders., Rudolf Lindau und die Neuorientierung, HZ 215 (1972), S. 299ff.
Ders., Eine Abrechnung über den Welfenfonds (1. April bis 31. Dezember 1869), in: Publizistik 14 (1969), S. 16-29.
Nicolson, Harold, Diplomacy, London/New York/Toronto 1952
Nipperdey, Deutsche Geschichte 1866-1918, Machtstaat vor der Demokratie, München 1992.
Noack, Ulrich, Bismarcks Friedenspolitik und das Problem des deutschen Machtverfalls, Leipzig 1928.
Noack, Wolfgang, Eine besondere Strafvorschrift für den Auswärtigen Dienst, Zeitschrift der Vereinigung deutscher Auslandsbeamten, Heft 2, 1963.
Nöll von der Nahmer, Robert, Bismarcks Reptilienfonds, aus den Geheimakten Preußens und des Deutschen Reichs, Mainz 1968.
Nostitz, Herbert von, Bismarcks unbotmäßiger Botschafter, Fürst Münster von Dernburg, Göttingen 1968.

Oppenheim, L., International Law, 2 Bde., 7. Aufl., hrsg. H. Lauterpacht, London 1948.

Palmer, Alan, Bismarck, Eine Biographie, Düsseldorf 1976.
Pfitzer, Albert, Prinz Heinrich VII. Reuß, General von Schweinitz, Fürst Münster als Mitarbeiter Bismarcks, Diss. Tübingen 1931 (Teildruck).
Pflanze, Otto, Bismarck and the Development of Germany, Bd. 2: The period of Consolidation 1871-1880, Princeton 1991, Bd. 3: The period of Fortification 1880-1898, Princeton 1990.
Philippi, Hans, Zur Geschichte des Welfenfonds, Niedersächsisches Jahrbuch für Landeskunde 1959.
Ders., Das deutsche diplomatische Korps 1871-1914, in: Klaus Schwabe (Hrsg.), Diplomatisches Korps 1871-1945, Boppard 1985, S. 41ff.
Ders., Graf von Hatzfeldt-Wildenburg, Neue Deutsche Biographie, 8. Bd., 1991, S. 65f.
Plessner, Helmuth, Die verspätete Nation, Stuttgart 1959.
Pöls, Werner, Bleichröder und die Arnim Affäre, in: HZ 211 (1970), S. 64-76.
Pohl, Hans, Wirtschaft und Gesellschaft 1871-1918, in: Jeserich, H. Pohl, Georg-Christoph von Unruh (Hrsg.), Deutsche Verwaltungsgeschichte, Bd. 3, S.16-71
Poschinger, Heinrich von, Stunden mit Bismarck, Wien 1910.
Ders., Lothar Buchers Leben und Werke, 3. Bde., Wien, 1890-94.

Raschdau. Ludwig, Bismarck als Leiter der Politischen Abteilung, in: Deutsche Rundschau 1911, S.47-54.
Ders., Über Holstein, in: Deutsche Rundschau 1924, S. 47ff.
Ders., Unter Bismarck und Caprivi. Erinnerungen, Berlin 1939.
Real, Willy, Karl-Friedrich Savigny 1814-1875. Ein preußisches Diplomatenleben im Jahrhundert der Reichsgründung, Berlin 1991.
Rich, Norman, Friedrich von Holstein. Politics and Diplomacy in the Era of Bismarck and Wilhelm II. Cambridge 1965.
Richter, Günther, Friedrich von Holstein, in: Neue Deutsche Biographie, 9. Bd., 1972, S. 550ff.
Ders., Friedrich von Holstein. Ein Mitarbeiter Bismarcks, Lübeck/ Hamburg 1966 (Historische Studien, Heft 397).
Ritter, Gerhard, Das Bismarckproblem, in: Merkur 1950, S. 657-676.
Ders., Bismarcks Verhältnis zu England und die "Politik des Neuen Kurses", in: Archiv für Politik und Geschichte 2, (1924), S. 511-570.
Ders., Die deutschen Militärattachés und das Auswärtige Amt, Heidelberg 1959.
Rogge, Helmuth, Holstein und Hohenlohe. Neue Beiträge zu Friedrich von Holsteins Tätigkeit als Mitarbeiter Bismarcks und Ratgeber Hohenlohes, Stuttgart 1957.
Röhl, John C.G., Staatsstreichplan oder Staatsstreichbereitschaft, in: HZ 203 (1966), S. 610ff.
Ders., Beamtenpolitik im Wilhelminischen Deutschland, in: Das Kaiserliche Deutschland - Politik und Gesellschaft 1870-1918, hrsg. von Michael Stürmer, Düsseldorf 1970, S. 287ff.
Ders., Kaiser, Hof und Staat. Wilhelm II. und die deutsche Politik, München 1988.
Ders., Glanz und Ohnmacht des deutschen diplomatischen Dienstes, in: Schwabe, Das diplomatische Korps 1871-1945, Boppard 1985, S. 262ff.
Rothfels, Hans, Bismarcks englische Bündnispolitik, Stuttgart 1924.
Ders., Bismarck, Stuttgart 1970.
Ders., Außenpolitik, Archiv für Politik und Geschichte, 8 (1926) S. 391.

Sasse, Heinz Günter, Die Entstehung der Bezeichnung "Auswärtiges Amt", in: Zeitschrift der Vereinigung deutscher Auslandsbeamter, 1956, Heft 10.
Ders., Zur Geschichte des Auswärtigen Amts, in: 100 Jahre Auswärtiges Amt, Bonn 1970.
Ders., Aus Bismarcks Werkstatt, Anweisungen für den diplomatischen Dienst, in: Vorträge und Studien zur preußisch-deutschen Geschichte 4 (1925), hrsg. von Oswald Hauser, Köln, Wien 1983, S. 151-158.

Scholtyseck, Joachim, Alliierter oder Vasall? Italien und Deutschland in der Zeit des Kulturkampfes und der "Krieg-in-Sicht-Krise" 1875, Köln 1994.

Schwabe, Klaus (Hrsg.), Das diplomatische Korps 1871-1945, Büdinger Forschungen zur Sozialgeschichte, Boppard 1985.

Snyder, Louis L., Diplomacy in iron. The Life of Herbert von Bismarck, Malabar 1985.

Sule, Tibor, Preußische Bürokratietradition, Zur Entwicklung von Verwaltung und Beamtenschaft in Deutschland 1871-1918, Göttingen 1988.

Stamm, Heinrich, Graf Herbert Bismarck als Staatssekretär des Auswärtigen Amts, Braunschweig 1979.

Steglich, Wolfgang, Bismarcks englische Bündnissondierungen und Bündnisvorschläge 1887-89, in: Historia Integra, Festschrift für Erich Hassinger, hrsg. von Hans Fenske, Wolfgang Reinhard, Ernst Schulin, Berlin 1977, S. 283-348.

Steiner, Zara, The Foreign Office and Foreign Policy 1898-1914, Cambridge 1969.

Steltzer, Hans Georg, Die Deutschen und ihr Kolonialreich, Darmstadt 1985.

Stern, Fritz, Gold und Eisen, Bismarck und sein Bankier Bleichröder, Frankfurt, Berlin 1978.

Stolleis, Michael, Geschichte des öffentlichen Rechts in Deutschland, 2.Bd., München 1992.

Studt, Christoph, Lothar Bucher (1817-1892). Ein politisches Leben zwischen Revolution und Staatsdienst, Göttingen 1992.

Stürmer, Michael, Das ruhelose Reich, Deutschland 1866-1918, Berlin 1983.

Ders., Bismarck und die preußisch-deutsche Politik, München 1970.

Treue, Wilhelm, "Männlich und doch nicht schöpferisch", Graf Herbert von Bismarck, "Die Zeit", Nr. 8, Februar 1965.

Trotha, Friedrich von, Fritz Holstein als Mensch und Politiker, Berlin 1931.

Trützschler von Falkenstein, Heinz, Bismarck und die Kriegsgefahr des Jahres 1887, Berlin 1924.

Uebersberger, Hans, Ende des Rückversicherungsvertrages, in: Hans Hallmann (Hrsg.), Zur Geschichte und Problematik des deutsch-russischen Rückversicherungsvertrages von 1887, Darmstadt 1968.

Verdross, Alfred/Simma, Bruno, Universelles Völkerrecht, Berlin 1976.

Verdross, Alfred/Simma, Bruno, Universelles Völkerrecht, Berlin 1976.
Vietsch, Eberhard von, Herbert von Bismarck, in: Neue Deutsche Biographie, Bd.2, 1955, S. 268.

Wahl, Adolf, Vom Bismarck der siebziger Jahre, Tübingen 1920.
Wehler, Hans-Ulrich, Bismarck und der Imperialismus, Köln/Berlin 1969.
Ders., Bismarcks Imperialismus und späte Rußlandpolitik unter dem Primat der Innenpolitik, in: Stürmer (Hrsg.), Das kaiserliche Deutschland. Politik und Gesellschaft 1870-1918, Düsseldorf 1970.
Ders., Rezension von: Kent, Arnim und Bismarck, HZ 211 (1970), S. 445.
Wertheimer, Eduard von, Bismarck im politischen Kampf, Berlin 1930.
Wetzel, J. Bismarck contra Arnim. Der Kampf um die Macht im Kaiserreich, in: Jahrbuch für Geschichte Berlins 37 (1988), S. 55ff.
Windelband, Wolfgang, Herbert Bismarck als Mitarbeiter seines Vaters, in: Deutsche Revue 46 (1921), S. 19-31.
Ders., Bismarck und die europäischen Großmächte, Essen 1940.
Winkler, Heinz, Krieg-in-Sicht-Krise, Zeitschrift für Ostforschung 14 (1965), S. 671ff.
Wittram, Reinhard, Bismarck und Gortschakow 1875, Nachrichten der Akademie der Wissenschaften, Göttingen, I Philologisch-Historische Klasse 7 (1955), S. 221-284.
Wolter, Heinz, Harry von Arnim, Rivalisierender Diplomat und konservativer Frondeur, in: Gustav Seeber (Hrsg.), Gestalten der Bismarckzeit, Bd.1, Berlin 1978, S. 286-305.

F. Abkürzungsverzeichnis

AA	Auswärtiges Amt
a.a.O.	am angegebenen Ort
adh.	adhibendum
Art.	Artikel
Bd.	Band
Bl.	Blatt
DDF	Documents Diplomatiques Français
FAZ	Frankfurter Allgemeine Zeitung
f., ff.	folgende
Gg	Geschäftsgang
GP	Große Politik der europäischen Kabinette 1871-1914
GW	Bismarck, Gesammelte Werke (Friedrichsruh)
HZ	Historische Zeitschrift
NAZ	Norddeutsche Algemeine Zeitung
NDB	Neue Deutsche Bibliographie
PA	Politisches Archiv des Auswärtigen Amts, Bonn
RBG	Reichsbeamtengesetz
RGBl	Reichsgesetzblatt
RKA	Reichskolonialamt
RV	Reichsverfassung von 1871
StS	Staatssekretär
StVG	Stellvertretergesetz
VO	Verordnung

Danksagung

Der Verfasser dankt allen, die zum Gelingen dieser Arbeit beigetragen haben. An erster Stelle meinem verehrten Lehrer, Herrn Prof. Dr. Klaus Hildebrand, für die mir gewährte Beratung und Unterstützung. Er hat mir in seinen Seminaren und Einzelgesprächen immer wieder neue Perspektiven aufgezeigt. Ebenso hat sein Assistent, Dr. Christoph Studt, die Arbeit mit großer Sachkunde und nimmermüder freundschaftlicher Anteilnahme gefördert. Ihm bin ich zu Dank verpflichtet ebenso wie Herrn stud. phil. Christoph Franzen und Frau Vortragender Legationsrätin Dr. Maria Keipert, die mich jahrelang mit kollegialem Rat begleitet hat. Den übrigen Damen und Herren des Politischen Archivs des Auswärtigen Amts habe ich für ihre Hilfsbereitschaft zu danken und Frau Margot Buchholz sowie Herrn stud. phil. Christian Moos dafür, daß sie ein häufigen Neufassungen unterworfenes Manuskript mit gleichbleibender Aufmerksamkeit geschrieben haben.

Bonn, den 26. März 1995 Karl-Alexander Hampe

Personenregister

Bei den Personennamen sind die Autoren durch Kursivschrift kenntlich. Der Name Otto von Bismarck ist wegen der Häufigkeit des Vorkommens nicht aufgenommen.

Sachregister